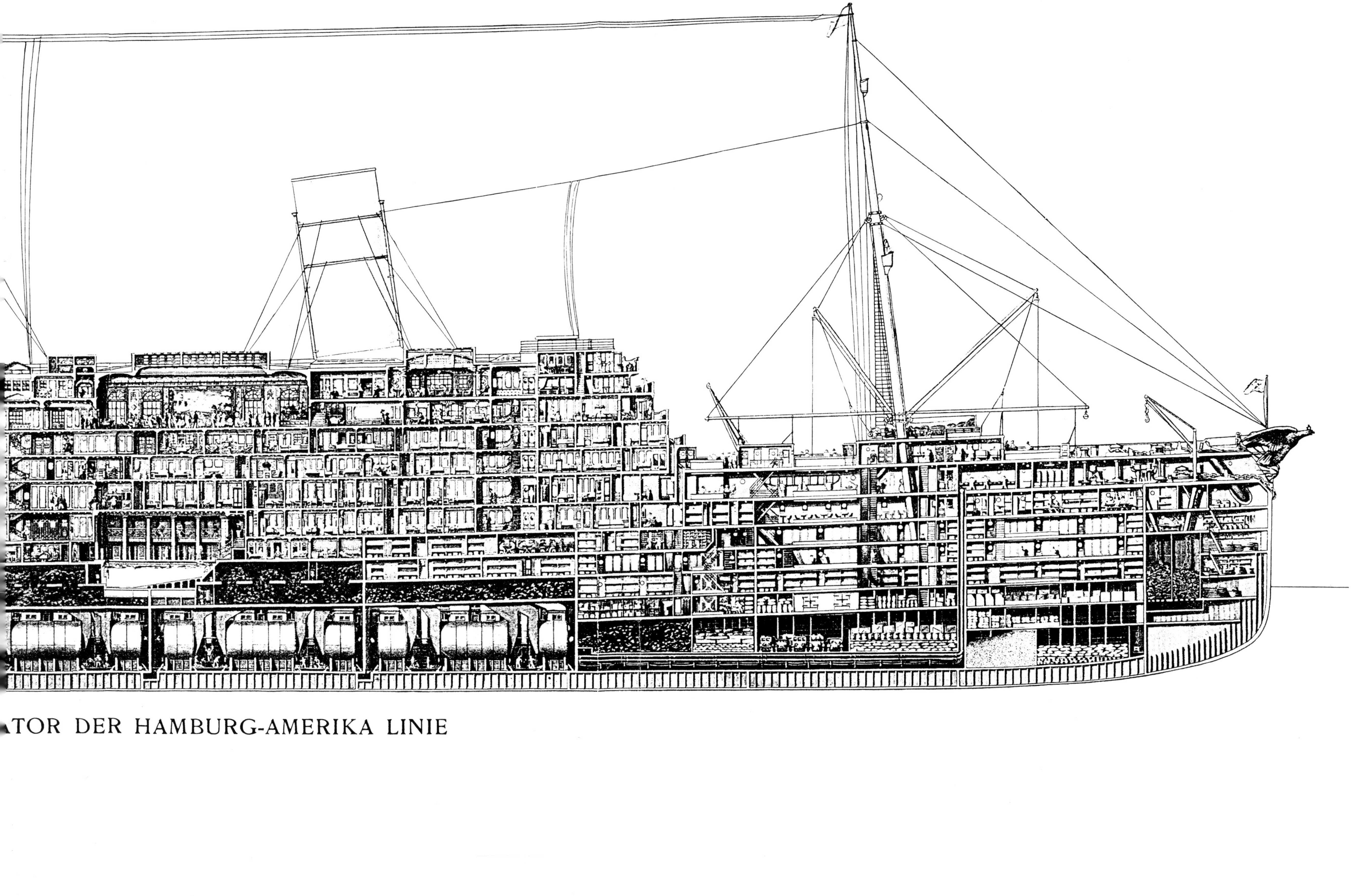

…TOR DER HAMBURG-AMERIKA LINIE

DIE GROSSEN DEUTSCHEN PASSAGIERSCHIFFE

»IMPERATOR«
»VATERLAND«
»BISMARCK«

NAUTIK HISTORIE VERLAG
HAMBURG

DIE GROSSEN DEUTSCHEN PASSAGIERSCHIFFE

»IMPERATOR«
»VATERLAND«
»BISMARCK«

PETER ZERBE

DIE GROSSEN DEUTSCHEN PASSAGIERSCHIFFE
Umschlag: Seitenriß »Bismarck«

ISBN 3-929231-11-5 / 1. Auflage 1999

Herausgeber und Copyright by: Nautik Historie Verlag
Hohwachter Weg 5, 22143 Hamburg, Tel. 040 / 677 67 63
Gestaltung und Satz: Nautik Historie Verlag, Hamburg
Lithographien und Druck: Steinmeier, Nördlingen

Dieser Bildband wurde konzipiert und herausgegeben vom Nautik Historie Verlag, Hamburg. Die einzelnen Kapiteltexte wurden (soweit nicht anders ausgewiesen) von Peter Zerbe, Schiffahrts- und Wirtschaftsredakteur der großen deutschen Tageszeitung DIE WELT verfaßt.

Bildbeschreibungen und kursiv gedruckte Texte sowie einige Kapiteltexte wurden z. T. aus den Originalunterlagen im damaligen Sprachgebrauch übernommen und sind in ihrer ursprünglichen Formulierung möglichst belassen worden. Diese Texte und Erläuterungen sind deshalb auch in der Gegenwart wiedergegeben.

Der Bildquellennachweis befindet sich bei den jeweiligen Photographien. Eine möglichst genaue Datierung und Urheberschaft wurde nach bestem Wissen realisiert:
Historisches Archiv der Hapag-Lloyd AG Hamburg / Deutsches Schiffahrtsmuseum, Bremerhaven / Deutsches Technikmuseum, Berlin / Medienzentrum Hamburg / Süddeutscher Verlag, München / Ullstein-Bilderdienst, Berlin / Archiv Axel Springer Verlag, Hamburg / Staatsarchiv Hamburg.

Besonderer Dank gebührt: Hans-Jürgen Capell, Leiter des Historischen Archivs der Hapag-Lloyd AG / Harro Christiansen, Blohm+Voss / Harald Döring, ehem. Leiter der Reprographie Blohm+Voss / Dieter Jaufmann, Reederei F. Laeisz / Klaus-Peter Kiedel, Leiter des Archivs des Deutschen Schiffahrtsmuseums / Dr. Jürgen Wessel und Gösta Schwiers, Blohm+Voss / Klaus Holzhausen, Lektor des Buches / Frau Beate Christians, Medienzentrum Hamburg / Jörg Lampertius, Ullstein-Bilderdienst, Berlin / Herbert Studtrucker, Deutsches Museum in München.

INHALTSVERZEICHNIS

Die Schiffahrt übte von jeher einen besonderen Reiz aus, der mit wachsendem Abstand von der Küste an Intensität zunahm. Dies galt besonders in einer Zeit, die weder Kino noch Fernsehen kannte. Schiffe, vor allem die mit immer größerem Luxus ausgestatteten Passagierschiffe zu Beginn des 20. Jahrhunderts, avancierten zu den ersten internationalen „Medienstars". Das Rennen um das legendäre „Blaue Band" für die schnellste Ozeanüberquerung wurde von den Menschen auf beiden Seiten des Nordatlantiks fasziniert verfolgt, wie dies heute vielleicht nur noch bei großen Sportveranstaltungen der Fall ist. Technik- und Fortschrittsbegeisterung, Nationalstolz und nicht zuletzt Fernweh konzentrierten sich auf diese Schiffe.

Unsere beiden Vorgängergesellschaften, die 1847 gegründete Hamburg-Amerikanische Packetfahrt-Actien-Gesellschaft, kurz Hapag genannt, sowie der 1857 in Bremen etablierte Norddeutsche Lloyd, nahmen beide um die Jahrhundertwende für sich in Anspruch, größte Reederei der Welt zu sein. Ihre Schiffstonnage übertraf diejenige ganzer Handelsflotten anderer europäischer Länder. „Mein Feld ist die Welt", ein altes Motto aus Hansezeiten, das Albert Ballin, der große Generaldirektor der Hapag, zum Wahlspruch der Reederei erkor und das bis heute die Hauptverwaltung der Hapag-Lloyd AG am Hamburger Ballindamm ziert, traf auf beide Wettbewerber zu.

Albert Ballin gilt als der Vater der Kreuzschiffahrt. Er setzte die »Augusta Victoria«, einen Schnelldampfer, der wegen der Witterung im Winter nutzlos auf Reede lag, für eine „Excursion", eine lange Vergnügungsreise ins Mittelmeer und in den Orient, ein und entdeckte damit eine Marktlücke. Wenig später wurden sogar eigene „Traumschiffe" nur für Vergnügungsreisen gebaut. Ein neuer Geschäftszweig war geboren, aus der reinen Reederei war schon 1891 zusätzlich ein Touristik-Anbieter geworden.

Es begann die große Zeit der „klassischen" Passagierschiffahrt, die ihren Höhepunkt mit dem Bau der Schiffe der »Imperator«-Klasse fand. Am 23. Mai 1912 lief das größte Schiff der Welt, der erste von drei neuen Hapag-Giganten, vor Zehntausenden jubelnder Zuschauer vom Stapel. Getauft wurde es von Kaiser Wilhelm II. persönlich - auf den Namen »Imperator«, der Herrscher. Die Hapag wollte den Luxusliner ursprünglich mit einer verbindenden Geste »Europa« taufen. Den herausfordernden Namen »Imperator« hatte er auf ausdrücklichen Wunsch seines kaiserlichen Taufpaten erhalten. Das Schiff war übrigens männlich, hieß also nicht „die", sondern „der" »Imperator«. 1913 folgte der »Vaterland«. Der dritte Neubau, der »Bismarck«, wurde erst nach Ende des Ersten Weltkriegs fertiggestellt.

Ballin hatte versucht, den Krieg mit allem persönlichen Einsatz zu verhindern - erfolglos. 1919, im Friedensschluß von Versailles, ging nahezu die gesamte deutsche Flotte an die alliierten Siegermächte. Die Hapag-Spitzenschiffe »Imperator«, »Vaterland« und »Bismarck« fuhren fortan für britische und amerikanische Reedereien. Eine weitere Zäsur brachte der Zweite Weltkrieg, der wiederum zum Verlust der Flotten beider Reedereien führte.

Der Neuaufbau forderte alle Kräfte. Als 1966 die ersten Container über den Nordatlantik nach Deutschland kamen und den Transport revolutionierten, wurde den Verantwortlichen schnell bewußt, daß die daraus resultierenden Investitionen nicht im Wettbewerb gegeneinander zu finanzieren sein würden. 1970 wurde durch die Fusion der Hapag mit dem Norddeutschen Lloyd die Geburtsstunde der Hapag-Lloyd AG, die sich heute als ein moderner, wirtschaftlich erfolgreicher und zukunftsorientierter Transport- und Touristikkonzern präsentiert. Ein neuer Abschnitt in der Hapag-Lloyd-Geschichte begann 1998, als der Preussag-Konzern die Aktienmehrheit übernahm.

Seine bis heute andauernde Erfolgsgeschichte begründete das international renommierte Unternehmen in der Schiffahrt. Zunächst waren es Auswanderer, die ihren Weg in die „neue Welt" auf Hapag- oder Lloyd-Schiffen antraten, später erschlossen die beiden Reedereien dem Außenhandel neue Märkte in aller Welt. Heute ist die Hapag-Lloyd Container Linie einer der führenden Anbieter im weltweiten Haus/Haus-Verkehr mit einem umfassenden Paket von Serviceleistungen für den Kunden. Insgesamt ist die Hapag-Lloyd Container Linie mit mehr als 500 Vertriebsbüros in über 90 Ländern präsent. In der zum Konzern gehörenden Rickmers-Linie sind die konventionellen Seetransporte zusammengefaßt. Mit der Pracht Spedition + Logistik in Haiger/Hessen verfügt Hapag-Lloyd über ein renommiertes und leistungsfähiges Unternehmen, das im europäischen Sammelladungsverkehr sowie in der Lagerung und Distribution von Konsumgütern engagiert ist.

Bernd Wrede
Vorsitzender des Vorstands der Hapag-Lloyd AG, Hamburg

Seit der Übernahme einer Mehrheit an Europas bedeutendstem Reiseveranstalter, der Touristik Union International (TUI), im Sommer 1998, ist die Touristik zu einem entscheidenden Unternehmenszweig geworden. Hapag-Lloyd ist heute ein integrierter Touristikkonzern, der den Kunden alle Stufen der touristischen Wertschöpfungskette bietet: Reiseveranstalter, Hotels, Fluggesellschaft, Reisebüros und nicht zuletzt die Seetouristik mit ihren Traumschiffen. An der Spitze die neue »Europa«, die im Herbst 1999 in Dienst gestellt wird. Sie bietet 420 Gästen allen erdenklichen Luxus und den weltweit größten Raum pro Passagier auf einem Kreuzfahrtschiff.

Die Entwicklung zeigt, daß Hapag-Lloyd bei allem Geschichtsbewußtsein nicht in Traditionen erstarrt ist. Wir haben uns immer wieder auf Marktveränderungen eingestellt und neue Wege beschritten. Dabei vertrauen wir auf Prinzipien, an denen wir in der Vergangenheit festgehalten haben und auch zukünftig festhalten werden: die Innovationsfähigkeit in Transport und Touristik, die Qualität unserer Dienstleistungen und vor allem die Orientierung an Kundenwünschen.

Herbert von Nitzsch
Vorsitzender der Geschäftsführung Blohm+Voss GmbH

Schiffe, Schiffahrt und Schiffbau standen zu Anfang dieses Jahrhunderts im Mittelpunkt des technischen, des wirtschaftlichen und auch zu einem großen Teil im Mittelpunkt des politischen Interesses. Ausschlaggebend hierfür waren große Entwicklungssprünge in Naturwissenschaft und industrieller Technik, die sich in der Schiffstechnik in zahlreichen Gebieten wiederfinden. Die Hamburger Großwerften der damaligen Zeit - Blohm & Voss und Vulcan (inzwischen in Blohm+Voss aufgegangen) - hatten an diesen Entwicklungen von Anfang an erheblichen Anteil.

Aus der Vielzahl von Entwicklungen, die den Schiffbau vor Ausbruch des Ersten Weltkrieges beeinflußten, seien einige erwähnt. Der rasante Anstieg der Schiffsgrößen bei Marine und Handelsschiffahrt machte immer leistungsstärkere Antriebsmaschinen erforderlich. Dieses vermochten bald nur noch Dampfturbinen, die die technisch ausgereiften Dreifach-Kolben-Expansionsmaschinen ablösten. Entsprechend waren die Schiffe der »Imperator«-Klasse auch mit Dampfturbinen ausgerüstet. In der Zeit unmittelbar vor dem Ersten Weltkrieg beginnt auch der Wechsel von der Kohle zum leichten Heizöl als bedienungsfreundlichem Brennstoff.

Mit dem Wunsch nach besserer Beleuchtung hielt auch die Elektrotechnik ihren Einzug an Bord aller Schiffe, um bald nicht nur Glühbirnen, sondern auch Kreiselkompasse, die den Magnetkompaß ablösten, um die Funktelegraphie und schließlich auch, zum größeren Komfort der Fahrgäste, um beispielsweise elektrische Personenfahrstühle mit Strom zu versorgen. Wie überhaupt der Standard der Dienstleistungen für die Passagiere an Bord der Schnelldampfer in der Zeit vor dem Ersten und auch noch vor dem Zweiten Weltkrieg nie wieder erreicht werden dürfte.

Die Arbeit auf der Werft selbst erfuhr erhebliche Verbesserungen, mit denen die Produktivität gesteigert und das Maß an körperlicher Arbeit verringert wurde. Dazu zählte z.B. der Übergang vom „Nieten von Hand" zum Preßluftnieten, und vor allen Dingen brachte die Einführung des autogenen Brennschneidens im Jahre 1908 auf der Werft Arbeitserleichterungen, die beinahe als noch wertvoller angesehen werden können, als dies von dem ab den zwanziger Jahren sukzessiv eingeführten Elektro-Schweißen angenommen werden muß. Inbegriff für die überragende Leistungsfähigkeit einer Industrienation war der Bau von Schnelldampfern, mit denen die europäischen Schiffahrtsnationen den Nord- und Südatlantik überquerten. Für das kaiserliche Deutschland gipfelte dieser Wettbewerb um die größten und schönsten Passagierschiffe auf dem Nordatlantik im Bau der Schiffe:

»IMPERATOR« - »VATERLAND« - »BISMARCK«

Die Tatsache, daß der Reeder Albert Ballin alle drei Schiffe in Hamburg bauen ließ, wobei »Vaterland« und »Bismarck« bei Blohm & Voss gebaut wurden, beweist, wie groß das Vertrauen war, das sich die beiden Ingenieure Hermann Blohm und Ernst Voss in der relativ kurzen Zeit nach der Gründung ihres Unternehmens im Jahre 1877 erwerben konnten. Es ist auch ein Beweis für die bewunderungswürdige Lebensleistung dieser beiden Männer, die zur weltweiten Reputation des deutschen Schiffbaus sehr viel beigetragen haben. Die Schiffe hatten eine Vermessung von weit über 50.000 BRT und blieben für mehr als 80 Jahre die größten Fahrgastschiffe, die auf einer deutschen Werft gebaut wurden.

Seit dem Stapellauf der drei großen Schnelldampfer für die Hapag von Albert Ballin sind mehr als 80 Jahre vergangen, und den Personentransport über den Atlantik haben längst die Großraumflugzeuge von Airbus und Boeing übernommen. Die Innovationen im Schiffbau und insbesondere im Passagierschiffbau gibt es dennoch weiterhin. Nach dem Zweiten Weltkrieg wurden noch einige spektakuläre Schnelldampfer wie die »United States«, »France«, »Queen Elizabeth 2« gebaut, die dann teilweise stillgelegt bzw. aufgelegt wurden. Mit dem steilen Aufstieg des Kreuzfahrtgeschäftes kamen einige dieser Einheiten mit neuer Bestimmung wieder in Fahrt, und längst hat ein Wettbewerb um die größten und schönsten Neubauten innerhalb der Kreuz-fahrtflotte den seinerzeitigen Wettbewerb im Schnelldampferbau ersetzt. Die derzeit größten Passagierschiffseinheiten, vermessen über 100.000 Tonnen, sind damit doppelt so groß wie die damaligen Schiffe. Deutschland und hier insbesondere Hamburg spielt nach wie vor eine bedeutende Rolle sowohl als Reedereistandort für Kreuzfahrtschiffe, als auch als Werftstandort und Technologiezentrum für Kreuzfahrtschiffs-Neubauten. Blohm+Voss als ehemalige Bauwerft der zwei großen Ballin-Schiffe partizipiert an diesem neuen Boom; nicht mehr bei Wind und Wetter auf der Helling, sondern in modernen Hallen entstehen an diesem traditionsreichen Standort die mit Abstand schnellsten Kreuzfahrtschiffe ihrer Klasse.

Dem Autor ist zu danken, daß die Schiffbauepoche, die von den Schiffen der »Imperator«-Klasse repräsentiert wird, auf diese Weise wieder lebendig wird, um so den technischen Wandel, den wir seitdem erfahren haben, erkennbar und greifbar zu machen. Auch wenn es sich nicht ganz vermeiden läßt, daß wir etwas wehmütig auf das zurückblicken, was einmal war und nicht wiederkommen wird, so gibt es auch Gewißheit, daß gerade der technische Wandel immer wieder neue und glanzvolle Entwicklungen möglich macht.

PASSAGIERSCHIFFAHRT AUF DEM NORDATLANTIK

Mit der Einrichtung regelmäßiger Schiffsverbindungen entwickelte sich insbesondere der Nordatlantik zu einer ausgesprochenen Schiffsrennstrecke. Zunächst verkehrten kleinere, später größere Segelschiffe, die Frachtpartien und Menschen von der Alten in die Neue Welt brachten. Auf den Rückreisen kamen Felle und andere den Indianern abgehandelte Waren nach Europa. Mit dem Aufkommen der Dampfschiffe hatte sich der Handelsaustausch mit den Vereinigten Staaten von Amerika und Kanada etabliert. Die Schiffe wurden größer und schneller.

An Komfort für die Auswanderer-Passagiere dachte zunächst kaum eine der beteiligten Reedereien. Als die ersten Auswanderer-Wellen auf den Erdteil Amerika zuliefen, wurden die Menschen auf vielen Segelschiffen wie Sklaven unter Deck eingepfercht. Verpflegung hatte man entweder selbst dabei oder mußte nehmen, was für diese sogenannten Zwischendeckspassagiere angeboten wurde. Bei den wochenlangen Reisen brachen Krankheiten aus, und Menschen starben. Mit dem Einsatz von Dampfern änderte sich daran zunächst nicht viel. Doch da die Reisen immer kürzer wurden, besserte sich auch der Gesundheitszustand der Auswanderer. Diese Passagiere waren eine lukrative Angelegenheit. Untergebracht in Gemeinschaftsräumen und Schlafsälen, verursachten sie kaum Kosten. Sie bildeten für viele Schiffahrtsgesellschaften die Grundauslastung der Schiffe. Und so wurden sie eine umworbene Gruppe, auch wenn die Reedereien mit ihren Kabinen für die oberen Klassen groß die Reklametrommel rührten. Ziel der Hapag war es seit ihrer Gründung, diese unmenschlichen Verhältnisse zu verbessern.

Das Nordatlantik-Geschäft teilten sich praktisch der Norddeutsche Lloyd in Bremen, die Hamburg-Amerikanische Packetfahrt-Actien-Gesellschaft in Hamburg, die beiden britischen Reedereien Cunard Line und White Star Line in Liverpool sowie die American Line in New York. Diese fünf Reedereien beförderten zusammen 70 Prozent der First-Class- und 60 Prozent der Second-Class-Passagiere. Die anderen Schiffahrtsgesellschaften spielten auf dieser Hauptschlagader des damaligen Weltverkehrs eine unbedeutende Rolle.

Um höhere Preise und eine effizientere Auslastung der immer größer und schneller werdenden Ozeanriesen zu erzielen, entwickelte Hapag-Chef Albert Ballin Pläne und Ideen. Doch besonders der Norddeutsche Lloyd, der zunächst über den größeren deutschen Anteil am Nordatlantik-Geschäft verfügte, widersetzte sich den Hamburger Vorstellungen, alte Schiffe aus dem Verkehr zu ziehen und abzuwrakken oder sich Selbstbeschränkungen aufzuerlegen. Auch eine von Ballin inszenierte „Atlantic Conference", die Passagierquoten unter den Linienreedereien festlegte, paßte nicht in die Vorstellungen des Norddeutschen Lloyd. Mit allerlei Finten versuchte man deshalb, die Hamburger hinzuhalten.

Der weitsichtige Ballin hatte 1905 mit der »Amerika« das bis dahin luxuriöseste Passagierschiff der Welt in Fahrt gesetzt. Ein Jahr später folgte, wie man heute sagen würde, der Kreuzfahrer »Kaiserin Auguste Victoria«. Mit 24.581 Bruttoregistertonnen war sie seinerzeit das größte Schiff auf den Weltmeeren. Nationaler Stolz, Prestige und ein harter Wettbewerb brachten in kurzer Folge immer größere Passagierschiffe in Fahrt.

Die Cunard-Reederei hatte mit der »Lusitania« und »Mauretania« zwei mehr als 30.000-BRT-Schiffe geordert, die diese gut zehnjährige deutsche Vorherrschaft auf dem

Das Gebäude an der Bergstraße/Ecke Mönckebergstraße, gegenüber St. Petri, beherbergt nach 1910 ein Reisebüro der Hamburg-Amerika Linie mit einer eindrucksvollen Schaufensterdekoration für den interessierten Reisenden, u.a. mit einem Modell und der Schnittzeichnung des neuen Dampfers »Imperator« (J. und H. Hamann, Medienzentrum Hamburg).

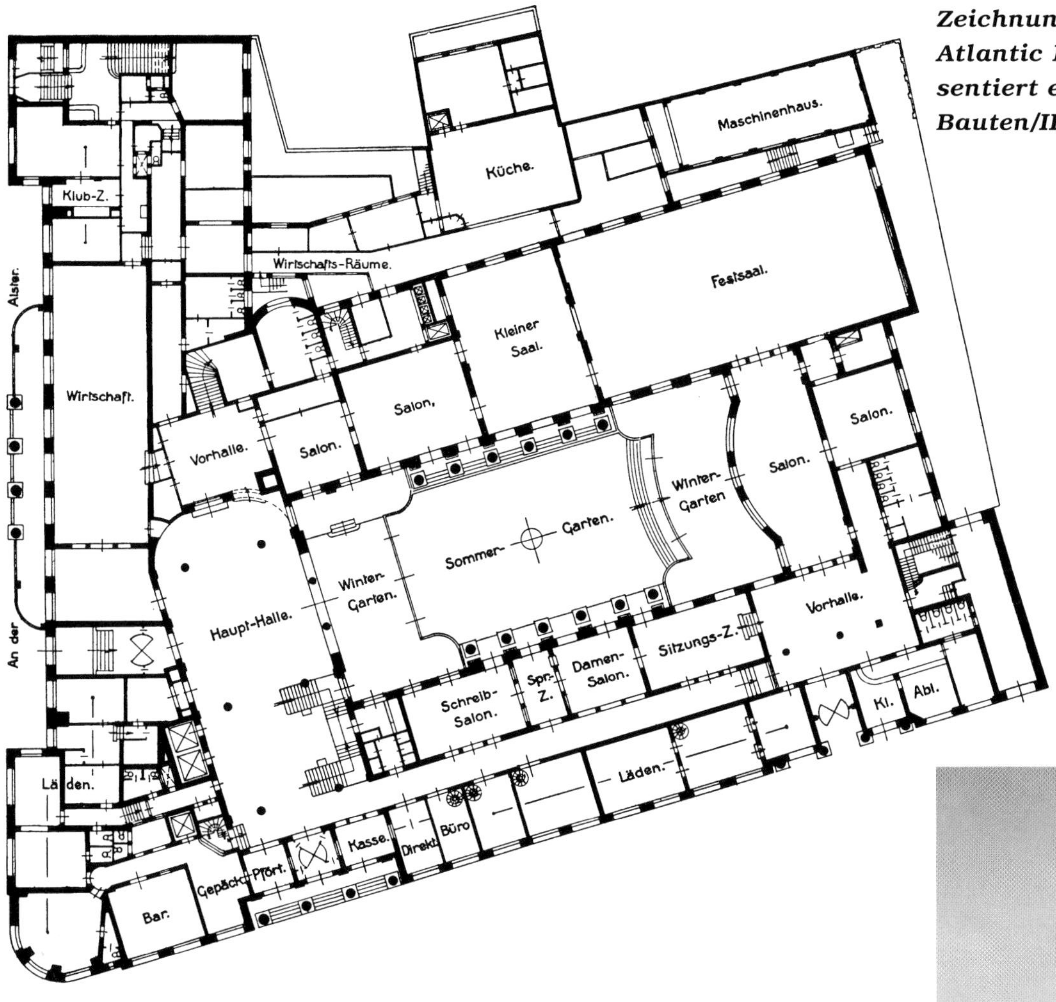

Zeichnung links: An der Alster 72, Grundriß vom Erdgeschoß des Atlantic Hotels am Anfang des 20. Jahrhunderts. Der Bau repräsentiert einen Wert von 5.533.360 Mark (aus: Hamburg und seine Bauten/II).

Das Atlantic Hotel eröffnet am 2. Mai 1909 seinen Betrieb. Der imposante Neubau in der unvergleichlichen Lage am Alsterufer mit dem wundervollen Blick auf die weite Wasserfläche hat über 250 Zimmer mit 350 Betten und 100 überaus luxuriöse Badezimmer. In unmittelbarer Nähe des Hamburger Hauptbahnhofs erbaut, wird der neue Prunkbau äquivalente Übernachtungsmöglichkeiten für den Passagierverkehr des sich zu einer Metropole des Welthandels entwickelnden Hamburg anbieten. Albert Ballin zählt bald zu den Freunden des Hauses, das jetzt sehr eng mit der Hamburg-Amerika Linie zusammenarbeitet.

In den folgenden Jahren ist das Atlantic Hotel für die wohlhabenderen Passagiere eine feststehende Durchreisestation, sowohl für die Abreisenden wie für die Ankommenden. Der „Logis-Durchschnittspreis" beträgt 1912 genau 11,48 Mark. In diesem Jahr werden 63.504 Gäste empfangen. Im darauffolgenden Jahr wird der »Imperator« in Dienst gestellt. Das Hotel beherbergt nun bis zu 260 Fahrgäste der 1. Kajüte bei einer jeden Reise des großen Schiffes der Hapag (J. und H. Hamann, Medienzentrum Hamburg).

Atlantik brechen sollten. Mit ihren Ausmaßen und ihrer Geschwindigkeit waren sie führend. Doch in England reiften bei der White Star Line auch Pläne heran, größere und schnellere Schiffe in Dienst zu stellen. Mit ihren drei 45.000-BRT-Einheiten, der »Olympic«, »Titanic« und »Britannic«, die etwa je 3.000 Tonnen größer waren als die beiden Vorbauten, wollte man dem Norddeutschen Lloyd, der Hapag und Cunard den Rang ablaufen. Doch mit dem Untergang der »Titanic« 1912 aufgrund menschlichen Versagens fiel die White Star Line zunächst im Wettbewerb zurück.

Im Kontorhaus der Hapag hatte man die Pläne der Engländer sehr genau verfolgt. Albert Ballin sah sich gezwungen zu handeln. Und so reiften an der Elbe Pläne, noch größere und komfortablere Ozeanriesen zu bauen. Zwar sollten diese Luxusschiffe auch schnell sein, aber nicht die schnellsten. Die soliden Hamburger legten mehr Wert auf Ausstattung und Wohlbefinden ihrer Passagiere. Die Reise über den Atlantik sollte zumindest für die Reisenden der ersten und zweiten Kajüte ein Erlebnis sein, nicht nur eine Beförderung von Hafen zu Hafen. Den Kampf um das „Blaue Band" für die schnellste Atlantik-Überquerung überließ man anderen. Ballin wollte zwar schnelle Hapag-Liner, sie mußten aber vor allem wirtschaftlich sein.

ALBERT BALLIN - ARCHITEKT DER GRÖSSTEN REEDEREI DER WELT

Hart zu arbeiten war für den jungen Albert Ballin nichts Ungewöhnliches. Als jüngstes von 13 Kindern erlebte er, wie sein Vater, der aus Dänemark eingewanderte Samuel Joel Ballin, mit verschiedenen Unternehmungen seine Familie in Hamburg durchbrachte. Die Geschäfte liefen nicht so recht. Erst als er in einer Agentur für britische Reedereien die Auswanderung von Hamburg via London organisierte, ging es auch der Familie besser. Der am 15. August 1857 geborene Albert besuchte ordentliche Hamburger Schulen. Doch erfolgreich war er dabei nicht. Die englische Sprache brachte er sich erst später selbst bei und fiel damit sogar in den britischen Regierungskreisen angenehm auf.

Was den jungen Mann von vielen anderen unterschied, waren sein gutes Gedächtnis und sein logisches Denkvermögen. Schneller als andere erfaßte er Zusammenhänge, kam auf den Punkt und konnte ohne Umschweife Dinge zurückverfolgen, um daraus die richtigen Schlüsse zu ziehen. Vieles hatte er sich bei seinem Vater abgeguckt, denn Wohnung und Kontor am Stubbenhuk 17 waren zunächst identisch. Als der Vater stirbt, er war Teilhaber der Firma Morris & Co., ist Albert Ballin gerade 17 Jahre alt. Der ältere Bruder Joseph betätigt sich mehr als Fondsmakler, als daß er im gemeinsamen Auswanderer-Geschäft tätig ist. Also muß Albert die große Familie fast allein ernähren. Im Alter von 22 Jahren wird er bereits Teilhaber der kleinen Agentur.

Doch das sollte nicht lange so bleiben. Ballin erkannte sofort, vermutlich noch zu Lebzeiten seines Vaters, daß mit den indirekten Auswanderern, also mit Passagieren, die sich nicht gleich in englischen Häfen einschifften, sondern über einen deutschen Hafen erst nach London oder Southampton fahren mußten, nicht viel Geld zu verdienen war. Daher wollte er Schiffe auf dem direkten Weg von Hamburg in die Neue Welt schicken.

Jetzt kam ihm die Bekanntschaft mit Edward Carr, Neffe des Reeders Robert Miles Sloman jr., zu Hilfe. Als dieser in New York zwei Frachtschiffe kauft, schlägt Ballin ihm vor, die Zwischendecks für Auswanderer auszubauen. Überseepassagen zum Billigtarif von einem deutschen Hafen aus sollten die Auswandererströme anlocken. Und sie taten es. Ballin und Carr waren erfolgreich im Geschäft.

Zu dieser Zeit durchlief die am 27. Mai 1847 gegründete Hamburg-Amerikanische Packetfahrt-Actien-Gesellschaft (Hapag) eine Krise. In der Chefetage fehlte eine Persönlichkeit mit Weitblick. Und Carr und Ballin setzten dem angeschlagenen Riesen außerdem tüchtig zu. So schickten sie von 1866 an jeden Sonnabend einen Dampfer von Hamburg nach New York. Die Hapag springt schließlich über ihren Schatten und kauft sich den jungen Ballin. Am 1. Juni 1886 fängt er als Leiter der „Passage-Abteilung" bei der Hapag an. Drei Jahre später sitzt er bereits im Vorstand. Und als 42jähriger wird er 1899 Generaldirektor der Hamburg-Amerika Linie und baut in den folgenden Jahren die Hapag zur größten Schiffahrtsgesellschaft der Welt aus.

In Hamburg ist er der König, heißt es in der Bevölkerung. Dem Deutschen Kaiser in Berlin ist er zunächst Berater und später auch ein guter Freund. Doch in der entscheidenden Stunde hört man in Berlin nicht auf den Rat des in aller Welt geachteten Schiffahrtsmagnaten. Auch ein letzter Versuch von ihm im Sommer 1914, den Krieg zwischen Deutschland und England zu verhindern, scheitert. Ballin

Bild Seite 10 unten: Albert Ballin (1857 - 1918) ist von 1899 bis zu seinem Tode Generaldirektor der Hamburg-Amerika Linie, der größten Reederei der Welt. Er verhilft Deutschland zu einer hervorragenden Stellung in der Weltschiffahrt und ist ein enger Vertrauter Kaiser Wilhelms II. (Medienzentrum Hamburg).

Bild Seite 10 oben: Ballins Villa in der Feldbrunnenstraße 58 im Hamburger Stadtteil Rotherbaum (Archiv Hapag-Lloyd).

Bild auf dieser Seite: Das 1903 fertiggestellte Verwaltungsgebäude am Alsterdamm 25, dem späteren Ballindamm, der im Jahre 1847 von 41 hamburgischen Kaufleuten gegründeten „Hamburg-Amerikanischen Packetfahrt-Actien-Gesellschaft", nach den Anfangsbuchstaben der fünf Wörter dann „Hapag" und ab 1893 offiziell „Hamburg-Amerika Linie" genannt. Entworfen im Neorenaissancestil vom Hamburger Architekten Martin Haller, ist es aus hellem Oberkirchener Sandstein gefertigt. Auf dem Dach steht ein sieben Meter hoher kupferner Neptun mit Rossen vom erst später berühmt werdenden Bildhauer Ernst Barlach (Archiv Hapag-Lloyd).

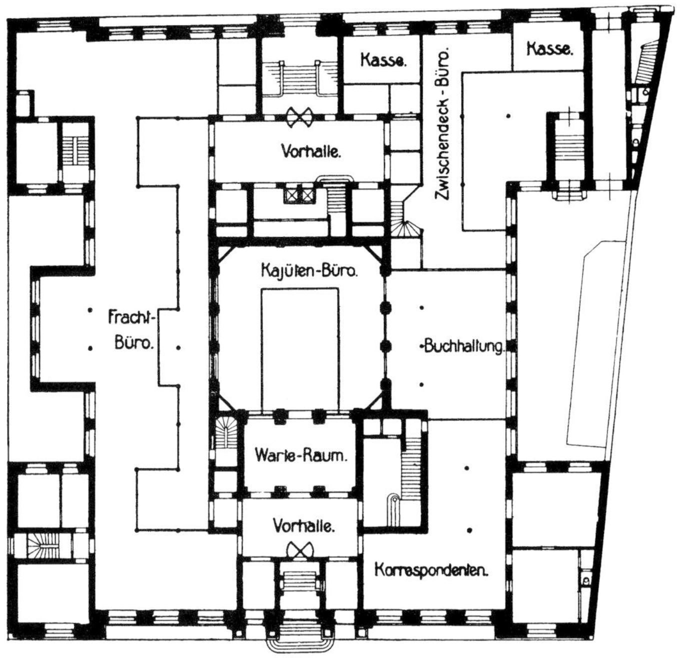

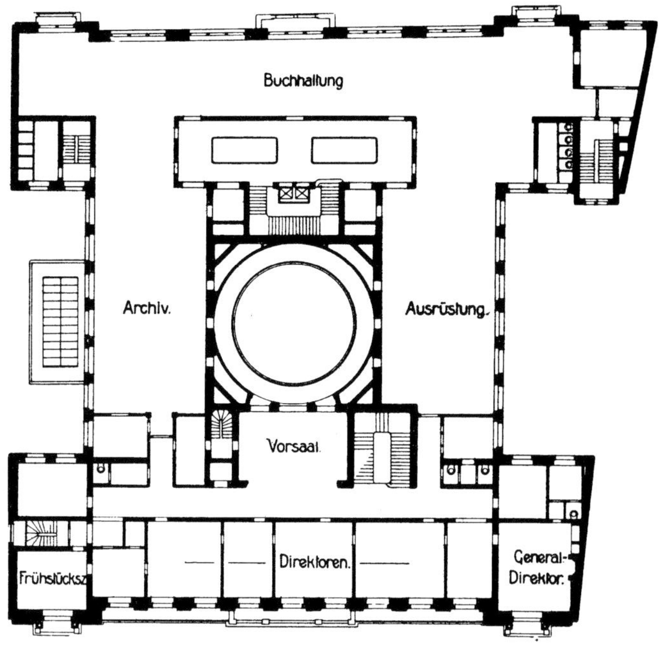

ahnt, die 175 Schiffe der Hapag mit zusammen 1,038 Millionen Bruttoregistertonnen, die in 74 Liniendiensten verkehren, werden für immer verlorengehen. Darunter auch seine schwimmenden Luxuspaläste »Imperator« und »Vaterland« sowie »Bismarck«, kurz vorm Krieg vom Stapel gelaufen - alle drei liebevoll als Ballins „dicke Dampfer" bezeichnet. »Imperator« und »Vaterland« absolvierten im Nordatlantik-Dienst nur wenige Reisen, »Bismarck« kam gar nicht mehr zum Einsatz und mußte nach dem Krieg für die Siegermächte fertiggestellt werden. Der Luxusliner war Großbritannien zugesprochen worden. Neuer Eigentümer wurde die britische White Star Line, die auch die »Titanic« betrieben hatte.

Es waren die seinerzeit größten Passagierschiffe der Welt, vermessen mit jeweils mehr als 50.000 Bruttoregistertonnen. Mit den beiden ersten Einheiten setzte Ballin in der Schiffahrt Maßstäbe, die zum Teil selbst heute noch nicht wieder erreicht wurden. Und das internationale Publikum wußte die deutschen Luxusliner bald zu schätzen.

Der Scham über die Niederlage seines Vaterlandes, den Niedergang seiner Vaterstadt und den Ruin seines Lebenswerkes lassen den 61jährigen Reeder, als Arbeiter- und Soldatenräte auch am Alsterdamm die Macht übernommen haben, zu einer Überdosis Schlafmittel greifen. Während der Kaiser mit dem Zug ins Exil nach Holland fährt, stirbt Albert Ballin am 9. November 1918. Sein Diener und ein Arzt hatten den mit dem Leben ringenden Ballin noch von seinem Haus in der Feldbrunnenstraße in ein nahegelegenes Krankenhaus gebracht. Doch der Tod war schneller. Das Herz des Reeders des Kaisers, dessen Wahlspruch „Mein Feld ist die Welt" war, hatte aufgehört zu schlagen. Eine Ära war zu Ende gegangen.

DIE AUSWANDERER

Seit dem 16. Jahrhundert lassen sich Auswanderungen aus Europa nachweisen. Es waren Gruppen von Menschen, die sich in vielen europäischen Ländern verfolgt fühlten oder aber sich in anderen Erdteilen ein besseres Leben versprachen. Besonders Nord- und Südamerika sowie Australien waren damals die bevorzugten Ziele der europäischen Auswanderer. Ihr Transport mit Segelschiffen bedeutete für die Reeder zwar eine gute Einnahmequelle, war aber nicht das Hauptgeschäft. Sie waren oft normale Passagiere, die auf den Frachtenseglern mitfuhren. Erst nach dem Jahr 1800 wuchs der Drang nach mehr Freiheit, denn die politischen und wirtschaftlichen Mißstände in Europa nahmen zu, Landarbeiter wurden geknechtet, und in den großen Städten gab es immer mehr Menschen, die entwurzelt waren. Zudem war das Bevölkerungswachstum groß. Auch lockte das Abenteuer. Besonders als es sich in Europa herumsprach, im amerikanischen Westen sei Gold zu finden, machten sich zusätzliche Menschenmassen auf, um in der Ferne ihr Glück zu suchen.

Die Schiffahrtsgesellschaften entdeckten bald die lukrative Möglichkeit, Menschen mit geringen Ansprüchen über die Meere zu befördern. Für diese Einweg-Passagiere war das Billigste gerade gut genug. Untergebracht wurden sie unter Deck in Sälen, nachts oft nach Männern und Frauen getrennt. Nur bei Familien zeigten sich die Reeder etwas großzügiger. Aus den Hängematten und Pritschen entwickelten sich sehr schnell Etagenbetten - noch mehr Menschenfracht paßte so ins Zwischendeck, also zwischen Deck und Laderäumen. Die Verpflegung auf den zum Teil wochenlangen Reisen war einseitig. Vitaminreiche Kost gab es nicht. Und war an Bord eine Seuche ausgebrochen, erreichte oft nur ein geringer Teil der Zwischendecker sein Ziel. In Segel eingenäht wur-

1901 wurden von der Hamburg-Amerika Linie in bedeutend größerem Umfange neue Auswandererhallen auf der Veddel erbaut, die im Jahre 1906/07 nochmals erheblich erweitert worden sind. Die ganze Anlage ist mit einer Mauer umgeben, so daß eine vollständige Absperrung möglich ist. Mit ihren gefälligen Unterkunftshäusern, Kirchen und Gartenplätzen bildet sie eine freundliche und geräumige Ansiedlung zur gleichzeitigen Unterkunft von etwa 5.000 Menschen; sie ist gewissermaßen eine kleine Stadt für sich.
Die Anlage zerfällt in drei scharf getrennte Teile:
A) die unreine Seite für die ankommenden Auswanderer;
B) die reine Seite für die gebadeten und ärztlich für gesund befundenen Auswanderer, die hier bis zur Abreise wohnen;
C) die Beobachtungsanlage. Durch ein vom Bahnhof Wilhelmsburg abzweigendes Gleis ist für die Auswanderer eine besondere Aussteigemöglichkeit geschaffen worden. Hierdurch ist es möglich, die Auswanderer in die Hallen zu bringen, ohne daß sie mit der Stadt Hamburg in Berührung kommen.
Die Speisehallen liegen rings um die Küchenanlage, die ebenfalls für Juden und Christen getrennt ist. Die Küche kann mehr als

3.000 Personen in einer Stunde beköstigen. Zu beiden Seiten der älteren Speisehallen liegen noch zwei weitere Gebäude, die - als „Hotel Nord" und „Hotel Süd" bezeichnet - für wohlhabendere Auswanderer bestimmt sind und besser eingerichtete Zimmer enthalten. Jedes Hotel hat einen abgeschlossenen Garten mit Spielplätzen für die mitreisenden Kinder.

Bild auf Seite12: Ankunft von neuen Auswanderungswilligen auf der Veddel. Der Nichtraucherwagen trägt ein Schild mit der Aufschrift „Nur für Auswanderer. Von Myslowitz nach Hamburg".

Bild und Zeichnung auf dieser Seite: Die Auswandererhalle mit Durchgang zum Speisesaal auf der Veddel in Hamburg. Über der Uhr ist der Spruch angebracht »Mein Feld ist die Welt«, den auch die Bugverzierung mit dem Adler und der Weltkugel des »Imperator« trägt. Von 1830 bis 1914 wandern über 5 Millionen Deutsche in die Vereinigten Staaten aus. Um Krankheiten und Seuchen vorzubeugen, erfolgen vor der Einschiffung Reihenuntersuchungen.

Bilder auf den Seiten 14 und 15

Bild Seite 14 oben: Ein aus Holz gefertigtes Modell der geplanten Erweiterungen der Auswandererhallen auf der Veddel in Hamburg mit Anschluß für Reichsbahn und städtische Straßenbahn wird auf der Weltausstellung 1900 in Paris präsentiert.

Bild Seite 14 unten: Hauptgebäude und Eingang zu den Auswanderungshallen der Hamburg-Amerika Linie an der Wilhelmsburger Straße im Jahr 1909. Auf dem ca. 60.000 qm großen Gelände finden in den verschiedenen Häusern mehrere tausend Menschen gleichzeitig Platz. Die einzelnen Pavillons beherbergen unterschiedlich große Schlafsäle mit jeweils 22 bis 40 Betten.

Bild Seite 15: Auswanderer mit ihrem Gepäck auf dem Weg zum Schiff bzw. zum Zubringerschiff, begleitet durch eine Blaskapelle, die von der Hamburg-Amerika Linie zu diesem Zweck gestellt wird (Photos: J. und H. Hamann, Medienzentrum Hamburg).

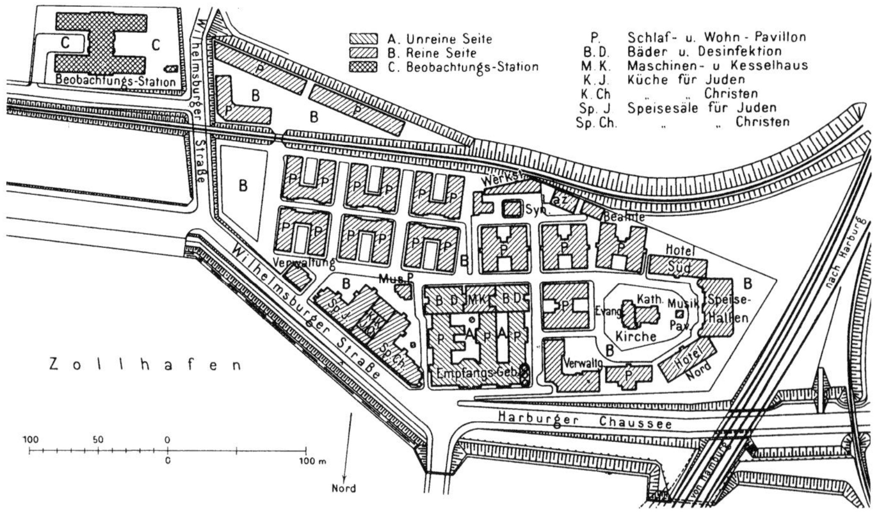

den die Opfer der See übergeben - beerdigt nach Seemannsart. Zwar wurde später von den Regierungen vorgeschrieben, daß ein Arzt an Bord sein müsse, viel half es nicht. Es wurde gespart, wo man nur konnte. Dagegen wurde für die Passagegäste der ersten und zweiten Kajüte alles nur Erdenkliche getan, um diese Reisenden bei Laune zu halten. Sie sollten ja öfter bei der Reederei buchen. Auch waren sie von den Zwischendecks-Reisenden abgeschottet. Es gehörte sich nach damaligen Vorstellungen einfach nicht, gehobene Stände mit den minderbemittelten Zwischendeckern in Kontakt treten zu lassen.

Mit den Dampfern - sie wurden schnell größer als die Segelschiffe - verkürzten sich die Reisezeiten beträchtlich. Doch die Unterbringung der Auswanderer war zunächst nicht viel besser als auf den Tiefwasserseglern, was sich aber bald änderte. Besonders die Todesfälle nahmen ab, zumal sich auf den Dampfschiffen die hygienischen Verhältnisse verbesserten. Mitte des vergangenen Jahrhunderts nahm der Kampf um die Auswanderer erheblich zu. Man unterbot sich gegenseitig, um möglichst viele Passagiere zu gewinnen. Da das Auswanderer-Geschäft deutscher Reeder noch gering war, versuchten Makler diese Menschenströme vom Kontinent nach England zu locken, damit sie von der Insel aus Abschied von Europa nahmen. Zwischen 1821 und 1932 wanderten mehr als 60 Millionen Menschen in fremde Länder, meist aus Europa nach Übersee, aus. Allein die Vereinigten Staaten von Amerika nahmen in dieser Zeit über 34 Millionen Menschen auf, Kanada etwa sieben Millionen. Seit 1846 übertrafen im sehr armen Irland die Auswanderungen sogar das natürliche Wachstum der Bevölkerung. Albert Ballin war sich bewußt, mit einer neuen Schiffsgeneration müsse auch dieser Passagiergruppe mehr Komfort geboten werden, wenn

man sich diese Menschen für spätere Reisen sichern wollte. Denn die Seeschiffe, ob Frachter mit Passagegelegenheit oder Passagierschiff, mußten bei allen Reisen ausgelastet sein, wenn die Kasse stimmen sollte. Immer mehr Gedanken machte der Generaldirektor der Hapag sich auch darüber, wie Auswanderer menschenwürdiger reisen könnten.

Hamburg und Bremen waren in der zweiten Hälfte des vergangenen Jahrhunderts die beiden deutschen „Auswanderer-Häfen“. In Hamburg war es die Hapag und in Bremen der Norddeutsche Lloyd, die mit ihren Schiffen Tausende in die Neue Welt brachten. Im Sommer 1892 wurden in Hamburg auf dem Kleinen Grasbrook deshalb die ersten Baracken für Auswanderer aufgestellt. Bis zu 1.400 Menschen warteten hier auf einen Platz auf einem der Hapag-Dampfer. Besser betuchte Auswanderer hatten sich in privaten „Logierhäusern“ am Hafen eingemietet. Auch aufgelegte Linienschiffe und öffentliche Gebäude dienten den Menschen als Quartier, bis sie einen Zwischendecksplatz zugewiesen bekamen.

Der Hamburger Senat hatte der Hapag bald zur Auflage gemacht, die Auswanderer zu sammeln und in geeigneten Gebäuden unterzubringen. Man befürchtete, daß die Menschen aus dem Osten und Südosten Europas, wo die gesundheitliche Kontrolle noch ungenügend war, Seuchen nach Hamburg einschleppen könnten. Immerhin wurden allein im Jahr 1891 in der Hansestadt fast 145.000 Auswanderer registriert. Doch die Anordnung des Senats kam zu spät. Kurz nach Eröffnung der Auswanderer-Zwischenstation brach in Hamburg trotz aller Vorsichtsmaßnahmen die Cholera aus. Erst mit der für 5.000 Menschen ausgelegten „Auswanderer-Stadt“ auf der Veddel, die um die Jahrhundertwende belegt wurde, besserte sich für diese Menschen vieles.

DIE NEUEN GROSSEN SCHIFFE

Mit drei „dicken Dampfern“ wollte die Hapag, an der Spitze Albert Ballin, der Welt zeigen, wie ein Passagierverkehr über den Atlantik wirtschaftlich betrieben werden konnte. Ursprünglich hatte der Reedereichef nur vor, Schiffe von 38.000 Registertonnen in Fahrt zu setzen, um dem Norddeutschen Lloyd mit seinen 4 großen Vierschornstein-Schnelldampfern von 15.000 bis 20.000 Registertonnen den Rang abzulaufen. Auch wollte die Hapag der britischen und amerikanischen Konkurrenz zeigen, daß mit größeren Schiffen auch mehr Luxus zu bieten war. Albert Ballin war davon überzeugt, mit schwimmenden Palästen zahlungskräftiges Publikum anlocken zu können. Nach seinen Vorstellungen sollte es kein Grandhotel an Land mit den neuen Hapag-Schiffen aufnehmen können. Schwimmhallen und Sportgeräte, alles, was heute unter den Namen „Fitness-Center“ oder „Spa“ bekannt und selbstverständlich ist, sollte an Bord der neuen Luxusliner vorhanden sein - eine Erlebniswelt, für die es kein Vorbild gab. Mit dieser Vision war Ballin weiter voraus, als es die anderen Reedereien auch nur erahnen konnten.

Um die Jahrhundertwende hatte sich die Stettiner Vulcan-Werft zur modernsten Produktionsstätte für Seeschiffe entwickelt. Doch die Wasserverhältnisse der Oder setzten der Schiffsgröße Grenzen. In Stettin hatte man erkannt, daß man etwas ändern mußte, wenn man langfristig im Geschäft bleiben wollte. So reifte nach der Jahrhundertwende der Plan, sich einen zweiten Schiffbauplatz an der Nordseeküste zu suchen. So schnell Ballin auch den ersten seiner drei Neubauten haben wollte, ging er doch vorsichtig dabei zu Werke. 1909 erteilte die Reederei dem Vulcan in Hamburg den Auftrag zum Bau eines etwa 38.000 Registertonnen großen Schiffes. Mehr als ein Jahr brauchten dann die Ingenieure des Vulcan in Abstimmung mit den Experten der „Technischen Abteilung“ der Hapag, um die Bauvorschriften und Baupläne für das Schiff fertigzustellen. Am Ende war der Dampfer über 50.000 Registertonnen groß geworden. Damit würde der Neubau das größte Passagierschiff der Welt werden. Doch mit der Auftragsvergabe allein war es nicht getan. Auf den Bau derartiger Giganten war seinerzeit keine Werft vorbereitet. Die Schiffsklassifizierungsgesellschaft Germanischer Lloyd (GL) hatte bisher nur Bauvorschriften für Einheiten bis ca. 30.000 Tonnen vorgenommen. Mit 50.000 Registertonnen trafen auch hier die Schiffbaufachleute auf Unbekanntes. Mit endlosen Berechnungen tasteten sich die Ingenieure in Sachen Stabilität und Sicherheit voran. Welcher Stahl in welcher Stärke sollte verarbeitet werden? Wie groß durfte der Spantenabstand sein? Wie sollte das Schiff angetrieben werden? Fragen über Fragen warteten auf Antworten, bevor mit dem Bau begonnen werden konnte. So manches Hindernis mußte überwunden werden.

Am 18. Juni 1910 konnte endlich der Flachkiel für den 50.000 Bruttoregistertonnen großen Neubau mit Turbinenantrieb für eine Geschwindigkeit von 23 Knoten oder fast 43 Kilometer in der Stunde gelegt werden. Vorgesehen für mehr als 4.000 Passagiere in vier Klassen und über 1.000 Besatzungsmitglieder. Als Liefertermin hatte sich die Werft auf das Frühjahr 1913 festgelegt. Der Bau, der gleichzeitig ein Wettlauf mit der Zeit war, lief auf vollen Touren an. Technische Einzelheiten waren geklärt.

Ballin und sein Stab wußten jetzt, was realisierbar war. Um ihre Pläne durchzusetzen, schrieb die Hapag deshalb zwei weitere Schiffe dieser Größenordnung aus. Das Ziel der Reederei dabei war: Jedes Jahr ein neues Schiff für die Hapag-

Kaiser Wilhelm II. - im Jahr 1912 in einer Admiralsuniform - ist ein begeisterter Förderer des Geschehens zu Wasser in Deutschland. Anläßlich einer Regatta 1901 auf der Unterelbe formuliert er seine maritimen Visionen, die schon bald Wirkung zeigen sollten: „Wir haben uns einen Platz an der Sonne erkämpft. Es wird nun meine Aufgabe sein, daß dieser Platz an der Sonne unbestritten erhalten bleibt, damit ihre Strahlen befruchtend wirken können auf Handel und Wandel nach außen, Industrie und Landwirtschaft nach innen und auch den Segelsport in den Gewässern; denn unsere Zukunft liegt auf dem Wasser.“ Auf seine Intervention hin einigen sich die beiden größten deutschen Reedereien, die Hapag in Hamburg und der Norddeutsche Lloyd in Bremen, die zugleich Konkurrenten im lukrativen Nordatlantikgeschäft sind, eine Interessensgemeinschaft zu bilden. Die zukünftigen Geschäftsergebnisse werden auf 55,8 % für die Hapag und 44,2 % für den Lloyd ausgelegt (Archiv Axel Springer Verlag).

***Bild oben:** Vom Hamburger Juwelier Wilkens 1911 erstellt, die Nachbildung des »Imperator«. Das in Tafelsilber nach einer Werftzeichnung in 3.250 Stunden gebaute Abbild wiegt 9,171 Kilogramm. Kaiser Wilhelm II. schenkt das Modell dem Reeder Albert Ballin zur Taufe des Schiffes (Archiv Axel Springer Verlag).*

***Bild unten:** Stolz läßt sich die bessere Gesellschaft vor einem überdimensionalen Gemälde des größten Passagierdampfers der Welt „en famille" ablichten (Archiv Deutsches Schiffahrtsmuseum).*

Flotte. Die Vulcan-Werft als Pionier für diese Schiffsgröße war sich ihrer Erfahrung wohl bewußt und gab ein neues Angebot ab. Aber die Hamburger Werft Blohm & Voss war inzwischen, von der Öffentlichkeit nur noch nicht bemerkt, zur leistungsfähigsten deutschen Werft aufgestiegen und bot mit. Mit ihren Handelsschiffen und Marinefahrzeugen hatten sich die Hamburger, die ihre Werft in den vorangegangenen Jahren ebenfalls für den Großschiffbau vorbereitet hatten, einen internationalen Ruf erworben. Man bestellte eben bei Blohm & Voss. Wider Erwarten erteilte Ballin jetzt nicht dem Vulcan, sondern den Schiffbauern von Blohm & Voss den Auftrag - und zwar gleich für beide Schiffe. Die Werft hatte nicht nur das bessere Angebot unterbreitet, die Ingenieure hatten auch technisch interessantere Details vorgeschlagen. Ballins Mannschaft im mächtigen Hapag-Hauptquartier am damaligen Alsterdamm erkannte sofort, daß hier bahnbrechende Ideen vorlagen, die umgehend verwirklicht werden mußten, um im Wettbewerb die Nase vorn zu haben.

In der Tat, was die Schiffbauer und Ingenieure von Blohm & Voss damals ausgearbeitet hatten, setzte sich schnell als internationaler Standard durch. Kontrahiert wurden die beiden Luxusschiffe zur Lieferung im Frühjahr 1914 und 1915. Damit fühlte sich Ballin für das Geschäft gut gerüstet und war sich sicher, so schnell könnte niemand folgen. Daß das zweite und dritte Schiff jeweils gut 2.000 Bruttoregistertonnen größer ausfielen als der Vulcan-Dampfer, war wohlwollend akzeptiert. Es gab eben noch mehr Platz an Bord. Die Arbeiten kamen gut voran, und man konnte sich in Ruhe um die künftige Auslastung der gigantischen Schiffe kümmern. Der Vulcan-Neubau sollte 1913 als größtes Schiff der Welt in Fahrt kommen, ein Jahr später käme dann ein noch größeres Passagierschiff auf den Nordatlantik.

DIE WERFTEN

Vulcan-Werke Hamburg

Ausgerechnet zwei Hamburger, Franz F. D. Früchtenicht und Franz W. Brock, machten einen Umweg über Berlin, um an der Oder eine Werft für Stahlschiffe zu gründen. Man schrieb das Jahr 1851. Der Ort hieß Bredow und war durch eine holprige Chaussee mit Stettin verbunden. Kurz vor der Jahrhundertwende - die Stadt hatte sich immer weiter in Richtung Norden ausgedehnt - wurde der Ort eingemeindet. Bredow war jetzt nur noch ein Stadtteil von Stettin. So schnell wie sich die Stadt ausgedehnt hatte, so schnell wuchs auch die Firma Früchtenicht & Brock. Die beiden Hanseaten hatten sich für einen Schiffbauplatz an der Oder entschieden, weil sich der größte Teil des damaligen deutschen Seeverkehrs auf der Ostsee abspielte. Nur wenige Schiffe kamen zunächst über Ostsee und Nordsee hinaus. Beide hatten aber erkannt, daß dem Stahlrumpf und dem Maschinenantrieb die Zukunft gehörte. Mit hölzernen Segelschiffen war auf Sicht in der Ostsee kein Geschäft zu machen. Und damit sollten sie recht behalten.

Als erstes Schiff verließ »Die Dievenow« den kleinen Helgen auf sumpfigem Untergrund, eines der ersten von einer deutschen Werft hergestellten Stahlschiffe, solide gebaut, so daß der 35 Meter lange Raddampfer 45 Jahre lang für den Reeder J.F. Braeunlich zwischen Stettin und Swinemünde verkehrte. Die kleine Werft hatte bewiesen, daß man sein Handwerk verstand, die Aufträge häuften sich. Gleichwohl geriet die Werft 1856 in Schwierigkeiten. Doch acht einflußreiche Stettiner und Berliner, Männer mit Weitblick, wußten das Unternehmen zu retten. Sie gründeten eine Aktiengesellschaft und bekamen am 9. März 1857 dafür auch den Segen des preußischen Königs Friedrich Wilhelm IV. Die beiden Vorbesitzer Früchtenicht und Brock bildeten den ersten Vorstand. Das neue Unternehmen hieß jetzt „Stettiner Ma-

***Zeichnung unten:** Am 21. Juni 1906 eröffnet die Hamburger Werft des „Vulcan", deren Gebäude von der Firma Gustav Schrader gebaut worden sind, mit einer Fläche von 232.000 qm bei einer Wasserlänge von 1.150 Meter ihren Betrieb. Sie verfügt über zwei der Kuhwärdereinfahrt zugekehrte Hellinge von 250 Meter (1) und 217 Meter (2) Länge und je 35 Meter Breite. Auf der größten Helling können Schiffe bis 305 Meter Länge und 30 Meter Breite gebaut werden. Die Hellinge sind durch offene Krangerüste überbaut und mit je sechs Laufkränen von 6 t Hubkraft ausgerüstet. Die Schiffbauhallen (12) mit 10.000 qm, das Plattenlager (17) und die Schiffsbalken- und Winkelschmiede (10) liegen in unmittelbarer Nähe. Die mechanischen Werkstätten (5) nehmen 8.400 qm, die Dampfturbinenhalle (3) 3.850 qm Grundfläche ein. Dazu gehören die Hammerschmiede (4), die elektrische Zentrale (6), ein Magazingebäude (7), die Schiffsschlosserei und Klempnerei (8), Verzinkerei (9), der Spantenplan (11), der Zulageplan (18) und die Metallgießerei (19). Die vier Schwimmdocks haben ein Tragvermögen von 6.000 t (14), 9.500 t (15), 17.500 t und 25.000 t (16) und eine Länge von jeweils 122, 133, 185 und 220 Meter und sind bis zu 35 Meter breit. Es sind ein 200-Tonnen-Turmdrehkran, ein 100-Tonnen-Schwimmkran und je ein 45- und 10-Tonnen-Turmdrehkran vorhanden. Die elektrische Kraftanlage arbeitet mit 3.600 P.S., Kompressoren von zusammen 2.700 P.S. betreiben die Luftdruckwerkzeugmaschinen. Die Speisehalle (13) wird wechselnd von den zur Zeit 8.000 tätigen Beamten und Angestellten benutzt (aus: Hamburg und seine Bauten/II).*

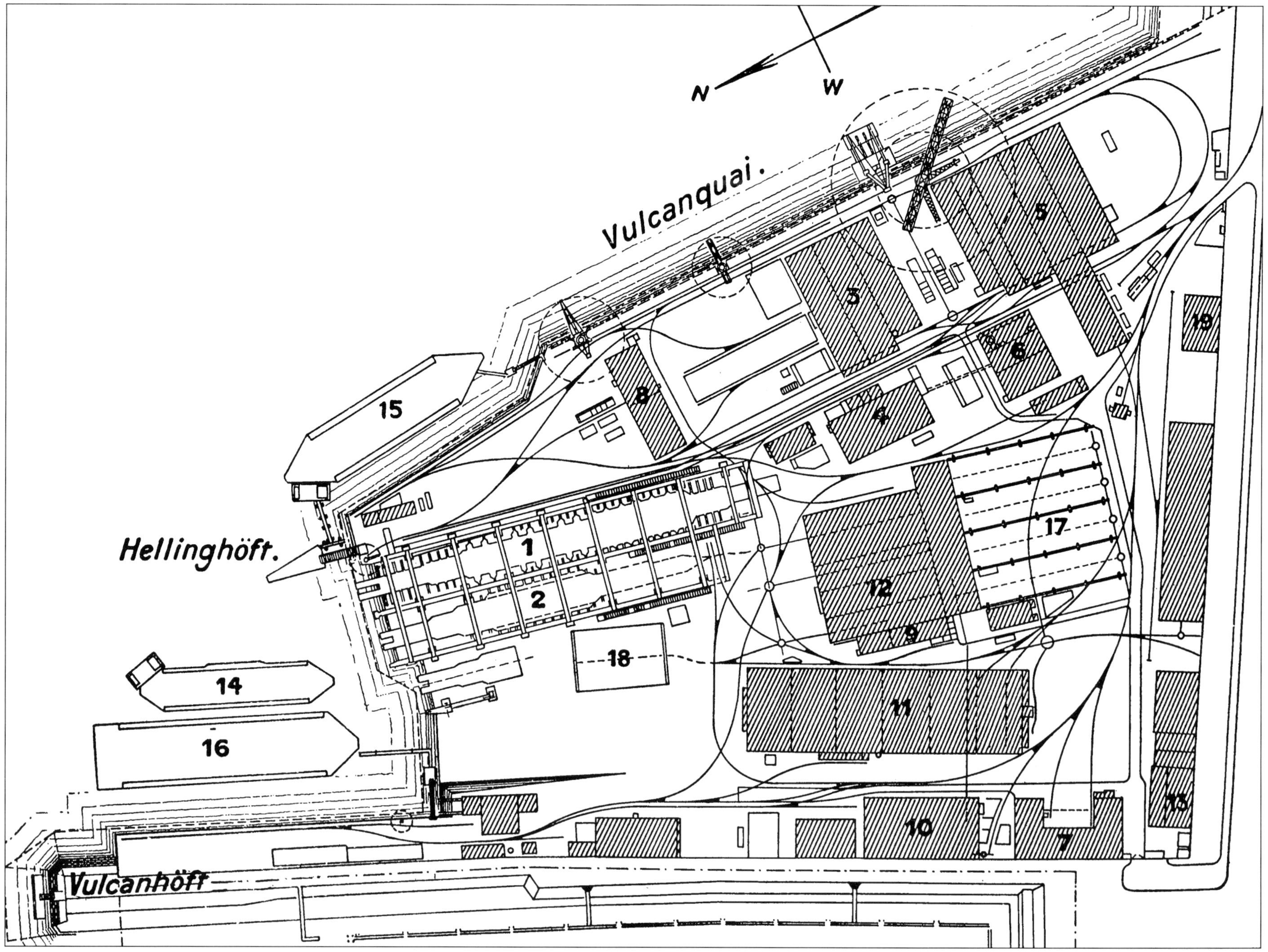

Bilder auf dieser Seite

***Bild links:** Eine Werft im Entstehen. In einer Höhe von über 50 Meter liegen die Helgenkräne im aufragenden Gerüst über der Helling 1 und 2. Die gesamte Länge des Gerüstes beträgt 300 Meter, die Breite 75 Meter (Staatsarchiv Hamburg).*

***Bild unten:** Die neue Helling der Vulcan-Werft in Hamburg wird erst am 21. Juni 1909 von Kaiser Wilhelm II. im Beisein seiner Frau Auguste Victoria eingeweiht. Im Vordergrund der Roßhafen und der Anleger Roßquai. Die Stadt Hamburg hat im Werftbereich für eine Wassertiefe von 10 Meter für den Bau auch größter Schiffe garantieren müssen. Die Photos zeigen die Anlage im Jahr 1908 im Bau (J. u. H. Hamann, Medienzentrum Hamburg).*

Von der Hamburger Werft der Vulcan-Werke A.G., Hamburg und Stettin werden Linienschiffe größter Abmessungen, wie »Friedrich der Große« (erstes deutsches Linienschiff mit Turbinenantrieb, Stapellauf am 10. Juni 1911) und »Großer Kurfürst«, gebaut, ein weiteres Linienschiff befindet sich im Bau. Für die Hamburg-Amerika Linie wird der Riesendampfer »Imperator«, für die Hamburg-Süd der Doppelschraubendampfer »Cap Trafalgar« gebaut (aus: Hamburg und seine Bauten/II).

schinenbau Actien-Gesellschaft Vulcan". Das erste Jahr des Unternehmens ließ sich gut an. Dann gab es erneut wirtschaftliche Schwierigkeiten. Franz W. Brock schied aus dem Unternehmen aus. Für ihn kam der Kaufmann Franz Eduard Hermsdorf, bislang Prokurist der Hartmann'schen Fabrik in Chemnitz. Das Unternehmen war stark im Lokomotivbau. Und so verlegten sich die Stettiner zunächst auf den Bau von Lokomotiven und überstanden damit weitere sechs Jahre. Der Schiffbau ruhte indes aber nicht, sondern wurde „nebenbei" weitergeführt. In dieser Zeit entstanden einige Frachtdampfer zwischen 300 und 500 Bruttoregistertonnen. Mit dem Bau des Panzerschiffes »Preußen« (6.763 Tonnen Verdrängung) erzielte die Werft 1876 ihren Durchbruch. Die Schiffbauer an der Oder mischten jetzt mit im Konzert der anerkannten Werften. Aus dem Schiffbauplatz Bredow wurde nun eine Großwerft. Doch erst nach einem verheerenden Brand am 4. März 1883, der die bisherigen Anlagen fast ganz vernichtete, wurde die Werft grundlegend modernisiert.

Die Bredower hatten von der Hapag mit der »Rugia« (3.467 BRT) den ersten Auftrag einer Reederei im Überseeverkehr erhalten. Das 106,6 Meter lange kombinierte Fracht- und Passagierschiff konnte 96 Passagiere in der ersten Klasse und 1.100 Reisende im Zwischendeck befördern. Mit »Kaiser Wilhelm der Große« (1897, 14.349 BRT, Norddeutscher Lloyd) und »Kaiserin Auguste Victoria« (1906, 24.581 BRT, Hapag) lieferten die Stettiner sogar die seinerzeit größten Schiffe der Welt ab.

Aufgrund der Bedeutung Hamburgs - damals der größte europäische Hafen - gründete der „Vulcan" ab 1905 hier einen Zweigbetrieb. Geeignetes Gelände stand ausreichend zur Verfügung. 1909 waren die Hamburger Werftanlagen fertig.

Blohm & Voss

Es war ein ungeschriebenes Gesetz: Ein Hamburger Reeder orderte Tee in London und bestellte seine Schiffe bei englischen Werften. Erst nach dem Deutsch-Französischen Krieg 1870/71 wandten sich deutsche Werften verstärkt dem Eisenschiffbau zu, bauten zunächst aber noch Segelschiffe. Dampfer kamen weiterhin von der „anderen Seite des Kanals". Zwei junge Schiffbau-Ingenieure mit reichhaltiger England-Erfahrung, Hermann Blohm (29) aus Lübeck und Ernst Voss (39) aus Fockbek bei Rendsburg, waren beide von dem Plan besessen, in Deutschland eine Werft nach englischem Vorbild zu gründen. Zunächst dachten sie an Lübeck, wegen der Ostsee-Schiffahrt. Doch auf der damaligen Elbinsel Kuhwärder konnten sie ein günstiges Gelände vom Senat pachten und blieben so in Hamburg. Am 5. April 1877 erfolgte der erste Spatenstich für die „Kuhwärder Schiffswerft" und der Eintrag unter den Namen der beiden Gründer ins Handelsregister. Doch mit den Aufträgen tat man sich schwer. Und weil die Maschinenfabrik noch nicht betriebsbereit war, baute das junge Unternehmen zunächst eine Bark mit Stahlrumpf. Die Bauzeit wurde immer wieder unterbrochen, um zwischendurch kleine Aufträge und Reparaturen auszuführen. Im Dezember 1880 wurde die »Flora« (ursprünglicher Name »National«) für 240.000 Mark verkauft. Im Oktober 1878 war dann der erste Schiffbauauftrag verbucht worden, für einen 43,3 Meter langen Raddampfer. Das Schiff wurde ein Glanzstück und kam auch zum 50jährigen Jubiläum der Werft.

Den Durchbruch erzielte die Werft schließlich 1882 mit ihrem ersten von Voss selbst konzipierten Schwimmdock. Jetzt konnte man größere Schiffe bauen und auch besser reparieren. Sie mußten nicht mehr gekrängt werden, um im

***Zeichnung unten:** Die Schiffswerft bedeckt nach der „Expansion" eine Fläche von 460.000 qm bei einer Wasserfront von 3.000 Meter. An der Elbseite liegen fünf Helgen für Schiffe bis 200 Meter Länge und an der Werfthafenseite weitere fünf Helgen, überspannt von einem Gerüst mit Helgenkrananlagen, für Schiffe bis 330 Meter Länge und 33 Meter Breite. In zwei Maschinenbauhallen werden Kolbendampfmaschinen und Großdampfturbinen gebaut, in zwei Werkstätten Zylinderkessel und Wasserrohrkessel angefertigt. Eine Bronze- und Stahlgießerei sorgt für Bronzeteile, Propellerflügel usw. sowie eine Kleinbessemerei für Stahlguß. Des weiteren sind vorhanden eine Verzinkerei und Verkupferei sowie die Schlosserei und eine Tischlerei. Den Betrieb vervollständigen die Schiffsschmiede, das Sägewerk, die Zimmerei, die Modelltischlerei, Kupferschmiede, Klempnerei und Malerwerkstätte. Die Werft verfügt über einen großen Hammerwippkran von 250 t Zugkraft am Steinwärder Ufer, einen 150-Tonnen-Kran mit 20 bis 32 Meter Ausladung und einen 50-Tonnen-Portalkran am Werfthafen sowie einen Scherenkran von 100 t Tragfähigkeit am Schanzengraben. Die Kraftwerke von zusammen 10.000 PS sind mit Dampfdynamos, Luftkompressoren und Druckwasserwerken ausgestattet. Eine Gasanlage liefert Sauerstoff, Wasserstoff, Azetylen und Wassergas. Die Werft besitzt fünf von ihr erbaute Schwimmdocks von 3.000 t, 4.700 t, 17.000 t, 17.500 t und 46.000 t Tragvermögen. Das Gebäude der kaufmännischen und technischen Verwaltung liegt am Werfteingang. Es sind etwa 10.000 Beamte und Arbeiter beschäftigt (aus: Zeitschrift „Schiffbau" 21/1913).*

Bilder Seite 21

***Bild links:** Die Begründer und Namensgeber der Hamburger Werft, Hermann Blohm und Ernst Voss (Archiv Blohm+Voss).*

***Bild rechts:** Die Werftanlage um die Jahrhundertwende (J. und H. Hamann, Medienzentrum Hamburg).*

***Bild unten:** Die Anlage um 1922, rechts neben den bisherigen Helligen 6 bis 8 die neuen hohen Gerüste. Hinter dem rechten Schornstein ragt das Verwaltungsgebäude vor (Archiv Blohm+Voss).*

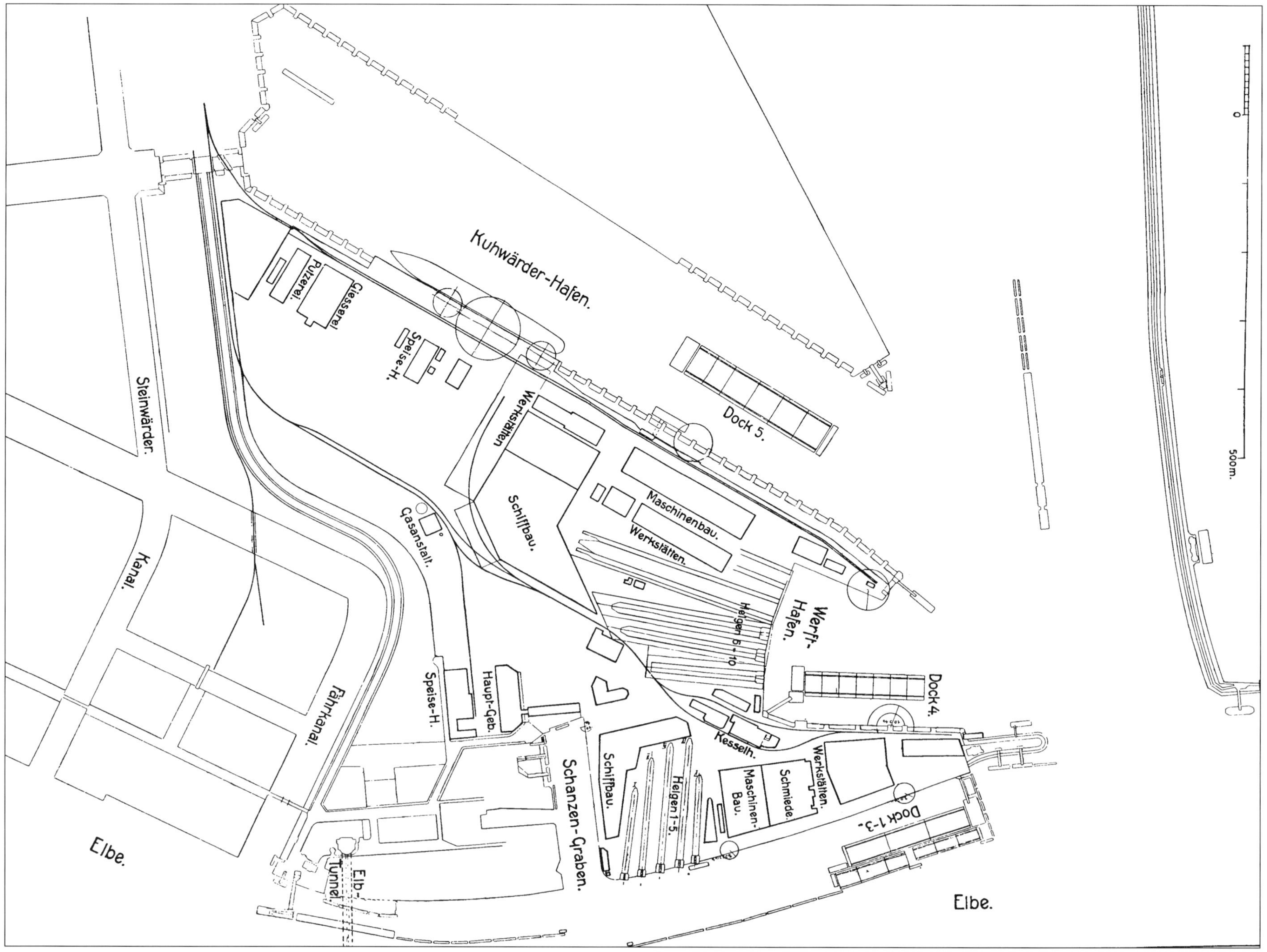

Unterwasserbereich arbeiten zu können. Das „Dock I" hatte eine Hebefähigkeit von 3.000 Tonnen. Nach der Reparatur des Kohledampfers »St. Pauli« und des britischen Frachters »Euphrates« fand auch dieser Geschäftszweig Anerkennung. Schon damals war das Unternehmen für seine Termintreue bekannt. Besonders unter Kapitän F.M.C. Brandt und Dockmeister Hans von Appen wurden zugesagte Termine genauestens eingehalten. Das mußte auch der Reeder Carl F. Laeisz spüren, als er ein Schiff länger als verabredet im Dock liegen lassen wollte. Nach einem heftigen Wortwechsel verpaßte Laeisz daraufhin dem Dockchef Brandt kurzerhand den Titel „Docktyrann". Trotzdem wurde die Reederei Dauerkunde der Werft. Etwa bis 1884 hat es gedauert, bis die Werft wirklich anerkannt war, denn Hamburger Reeder ließen jetzt auch hier ihre Schiffe bauen.

Noch vor der Jahrhundertwende liefen für die renommierten Hamburger Reeder erste Segel- und Dampfschiffe von den Helgen. 1885 trat die kaiserliche Marine an die Werft heran und bestellte einen kleinen Kreuzer. Als die »Condor« 1892 nach dem Abebben der Cholera-Seuche endlich übergeben werden konnte, ließ sich die Marine Zeit. Erst ein Donnerwetter von Werftchef Hermann Blohm veranlaßte die Marine-Offiziere, an Bord zu kommen und zu arbeiten. Die Werft hatte aufgrund dieser Erfahrungen genug von der Marine und wollte eigentlich keine Schiffe mehr für den Kaiser bauen. Deswegen wurden Angebote mit überhöhten Preisen abgegeben. Doch wider Erwarten störte dies die Herren vom Reichsmarineamt nicht. Das erste speziell für Kreuzfahrten vorgesehene Schiff bauten die Hamburger mit der »Prinzessin Victoria Luise« (4.409 BRT) 1900 für die Hapag. Damit war der Grundstein für weitere Großschiffe gelegt.

»IMPERATOR«

Bild Seite 23: Der »Imperator« vor Southampton (W. M. U. Kirk & Sons, Cowes).

Bilder auf den Seiten 24 und 25

Bild Seite 24 oben: 16. Juni 1910, Vorbereitungen zur Kiellegung des »Imperator« mit der Baunummer 314 auf dem neuen Helgen 1 der Vulcan-Werke Hamburg (Deutsches Technikmuseum, Berlin).

Bild Seite 24 unten: Dezember 1910, das erste Stück des Doppelbodens. Dieser erhält zu beiden Seiten des Mittelträgers je 550 halbe Bodenwrangen von 1,80 Meter Höhe und bis 13 Meter Breite. Das größte Gewicht einer ganzen Bodenwrange beträgt 7.200 kg. Der Doppelboden könnte 6,5 Millionen Liter aufnehmen.

Bild Seite 25: Im Dezember 1911 wird der Steven errichtet, dieser ragt 15 Meter über die Helling auf gemauerten Stützpfeilern mit bis zu 8,5 Meter Höhe hinaus (Photos: Archiv Hapag-Lloyd).

Hapag-Chef Albert Ballin und die Geschäftsführung der Hamburger Vulcan-Werft waren sich nach langen Verhandlungen 1909 einig geworden über den Bau eines Passagierschiffes von 50.000 Bruttoregistertonnen für rund 4.000 Passagiere und 1.200 Besatzungsmitglieder. Anfang 1910 wurde der Auftrag dann offiziell vergeben. Die Ablieferung war für das Frühjahr 1913 vereinbart worden. Dabei wußten sowohl Reederei als auch Werft, daß mit diesem Schiff von fast 280 Meter Länge und 30 Meter Breite in der Schiffbaugeschichte Neuland betreten wurde.

In den neuen Hallen des „Vulcan", wie die Werft von den Hamburgern genannt wurde, hatte man sich bereits an die Arbeit gemacht und formte die Spanten. Die Kiellegung wurde auf den 18. Juni 1910 festgesetzt. Unter Teilnahme der Reedereispitze und der Werftleitung wurden die Kielteile auf dem Helgen abgesetzt. Die neue Werft arbeitete an ihrem ersten Großauftrag. Fast zwei Jahre sollten vergehen, bis das gewaltige Schiff zum Stapellauf bereit war.

Konzipiert wurde der Neubau als Vierschrauben-Schiff. Dadurch sollte auch gewährleistet sein, daß bei Ausfall des Ruders das Schiff nicht steuerlos war. Der über die gesamte Länge des Schiffes verlaufende Doppelboden besteht aus drei bis sechs Zentimeter dicken Stahlplatten. Acht Turbinen (für jede Schraube ist eine Anlage für Vorwärts- und eine für Rückwärtsfahrt vorhanden), die ihren Dampf von 46 kohlebefeuerten Kesseln erhalten, lassen die vier Bronzepropeller bis zu je 185 Umdrehungen in der Minute leisten.

Damit erreicht das Schiff bei maximal 64.000 PS eine Höchstgeschwindigkeit von 24 Knoten oder knapp 45 Kilometer in der Stunde. Normalerweise waren 23 Knoten oder 42,75 Kilometer bei einer Leistung von 61.000 PS vorgesehen gewesen.

Als erster Atlantikfahrer erhielt der Hapag-Gigant ein über die Höhe von drei Decks reichendes Hallenbad von 19,5 Meter Länge und 12,5 Meter Breite, ausstaffiert mit dorischen Säulen und Mosaiken. Von einer Galerie aus konnten Zuschauer das Treiben im Bad verfolgen.

Ballin wollte mit dem »Imperator« nicht in den Kampf um das „Blaue Band" für die kürzeste Fahrzeit - gemessen zwischen der Südwestspitze Englands und dem Ambrose-Feuerschiff vor New York - eingreifen. Träger dieser Auszeichnung war seit 1909 die englische »Mauretania«, die mit durchschnittlich 26 Knoten oder gut 48 Kilometer pro Stunde über den Atlantik gedampft war. Ziel des Neubaus und der geplanten zwei Schwesterschiffe waren vielmehr die imposanten Ausmaße, verbunden mit einer prunkvollen Ausstattung, die einen bis dahin nicht gekannten Reisekomfort bieten sollten. Dazu trugen auch die „Frahm'schen Schlingertanks" bei. Diese mit 500 Tonnen Seewasser gefüllten Behälter sorgten bei starkem Seegang durch Gegenbewegung für eine Reduzierung der Schlingerperioden. Die Hapag warb damit, daß dadurch die Seekrankheit gar nicht erst aufkomme.

Der Bau des Schiffes ging zügig voran. Die Helgenkonstruktion und ein stählernes Krangerüst über dem Bauplatz erlaubten es der Werft, vorgefertigte Teile genau über ihrem Einbauplatz abzusetzen. Dieses bedingte eine sorgfältige millimetergenaue Fertigung. Erst wenn alle vorgesehenen Nieten paßten, wurden die Teile losgeschlagen und weitere Bleche und Träger hinzugefügt. Die Ingenieure haben lange rechnen müssen, da bisher noch keine Erfahrungen mit derartig großen Schiffbauten gesammelt werden konnten. Neben dem Doppelboden erhielt der Neubau aus Sicherheitsgründen noch 12 Querschotten, sämtlich gut 17 Meter hoch. Sie reichten bis zum 2. Deck und endeten damit weit über der Wasserlinie. Mit 36 wasserdicht schließenden Türen, von denen 23 unterhalb der Wasserlinie von der Kommandobrükke aus hydraulisch bedient werden konnten, galt das Schiff als nahezu unsinkbar.

Wenige Wochen bevor der Rumpf ablaufen sollte, hatten sich Schwierigkeiten aufgebaut. Die Werftarbeiter, alle noch nicht eingespielt, versuchten Lohnerhöhungen durchzusetzen. Nach einem kurzen Streik konnte aber die verlorene Zeit mit durchgehenden Schichten wieder aufgeholt werden. Die Werft kämpfte um Renommee und Prestige und natürlich Aufträge für weitere Schwesterschiffe.

Als der schwarzgestrichene Schiffsrumpf fertig war und vom Helgen in die Elbe gleiten konnte, war zwischen dem obersten Deck und den Laufkatzen des Krangerüstes kaum noch Platz. Gut 27.000 metrische Tonnen betrug das Ablaufgewicht. Um das Schiff nicht zu schwer zu machen, hatte man die Turbinen noch nicht in den auf dem Helgen liegenden Rumpf eingebaut. Die Montage erfolgte erst am Ausrüstungskai. Unmittelbar nach dem Stapellauf konnte mit dem Einbau der Antriebsanlage begonnen werden.

Die Anlage, auf dem der »Imperator« herangewachsen war, war so stark dimensioniert, daß hier 1963 das erste deutsche 100.000-Tonnen-Schiff, die »Esso Deutschland«, ohne Schwierigkeiten gebaut werden und ablaufen konnte. Es folgten noch drei etwas größere Tanker für polnische Rechnung, die ebenfalls auf den »Imperator«-Helgen entstanden.

»IMPERATOR« IM BAU

Der erste Luxusliner von Albert Ballin war der 314. Bau des Stettiner Vulcan, erhielt bei der neuen Werft aber die prestigeträchtige Baunummer „1". Am 18. Juni 1910 begannen die Arbeiten unter der 50 Meter hohen Krananlage des Helgens. Die Schiffbauer fingen mit dem Mittelteil an und ließen das bestellte Schiff nach vorn und achtern wachsen. Dabei schlossen sich die Bodenwrangen zunächst links und rechts an den Kiel. 275 Bodenwrangen an jeder Seite, wie die Gräten bei einem Fisch, nahmen zunächst die 10 mal 2 Meter großen, je 4,3 Tonnen schweren Stahlplatten von bis zu sechs Zentimeter Stärke auf. Durch die Ummantelung, gehalten durch Nieten mit einem Einzelgewicht von bis zu 2,5 Kilogramm, entstand das „Schiffsfundament", das das schwimmende „Grandhotel" tragen und ihm gleichzeitig die notwendige Sicherheit verleihen sollte. Der durchgehende Doppelboden des »Imperator« war 234 Meter lang und beim Hauptspant bis zu 26 Meter breit.

Im Spätherbst 1911 war das grandiose Bauwerk bereits als Schiff zu erkennen. Die mächtigen Wellenblöcke für die äußeren Schrauben, jeder 28 Tonnen schwer, konnten endlich eingebaut werden. Die beiden inneren Wellenblöcke, die mit dem Rudersteven - dem Träger des Ruders - eine Einheit bildeten, wogen 110 Tonnen. Gefertigt wurde der Rudersteven bei Krupp in Essen. Das Ruder selbst hing an fünf Ösen des Stevens. Es wog allein 90 Tonnen. Um das Vorschiff, das 15 Meter über den Helgen hinausragte, fertigstellen zu können, wurden Kiel und Bug auf nachträglich gemauerten Pfeilern abgestützt.

Um für Ankermanöver beim Stapellauf gerüstet zu sein, wurden fünf Anker beschafft; der kleinste wog 2,25 Tonnen, die großen jeweils 12 Tonnen. Dazu gehörten 1.170 Meter Ankerketten, geschmiedet aus bestem Stahl. Zusammen wogen Anker und Ankerkette ungefähr 220 Tonnen.

Auch die Turbinenanlagen, das Herz des Schiffes, waren in dieser Größenordnung noch nie in einem Passagierschiff eingebaut worden. Der Antrieb erfolgte über vier Vorwärts- und vier Rückwärtsturbinen. Die ersteren bestanden aus Hoch-, Mittel- und Niederdruckturbine und ermöglichten in Verbindung mit vier Turbadium-Bronzepropellern von mehr als 5 Meter Durchmesser bei 185 Umdrehungen in der Minute eine Geschwindigkeit von 22½ Seemeilen in der Stunde. Insgesamt 62.000 PS standen für die Vorwärtsfahrt zur Verfügung. Die Rückwärtsturbinen bestanden aus Hoch- und Niederdruckturbine. Um bei Manövern angemessen reagieren zu können, wurden die Rückwärtsfahrt-Turbinen mit 35.000 PS versehen. Der Niederdruckläufer der Turbine war 5,2 Meter lang und hatte einen Durchmesser von 3,6 Meter. Besetzt war der Läufer mit über 50.000 Turbinenschaufeln. Mit Gehäuse wog eine Niederdruckturbine 380 Tonnen. In den Turbinen saßen insgesamt 760.000 Bronzeschaufeln, die dem durch das Gehäuse strömenden Dampf Widerstand boten und den Läufer zum Drehen brachten. Um die Turbinenlager zu schmieren, waren sechs Ölpumpen notwendig. Zwei weitere Pumpen versorgten auch die Wellenlager mit genügend Schmiermittel.

Neben den nautischen und technischen Vorschriften des Germanischen Lloyd hatte die Werft auch noch die Regeln der Seeberufsgenossenschaft, die Bestimmungen des deutschen Auswanderergesetzes und der Seemannsordnung zu beachten. Damit Passagiere aus England, Frankreich und den Vereinigten Staaten befördert werden durften, waren deren Gesetzesvorgaben ebenfalls zu beachten.

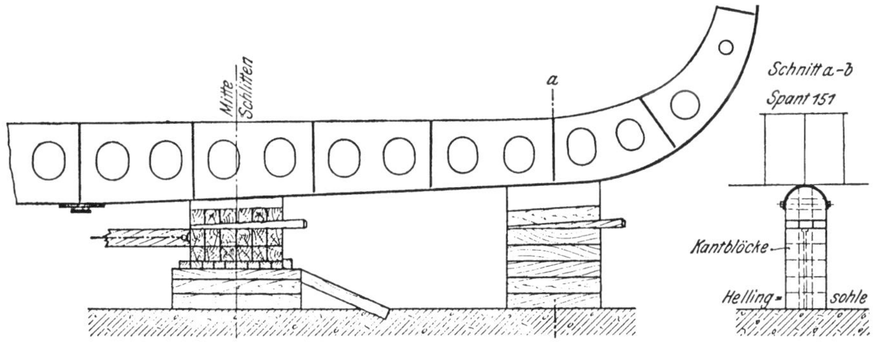
Mitte
Schlitten
a
Schnitt a–b
Spant 151
Kantblöcke
Helling-sohle

VULCAN-WERFT

Bilder Seite 26

Bild oben links: Insgesamt ist der gegen möglichen Wassereinbruch schützende Doppelboden 234 Meter lang und bis zu 26 Meter breit. Der achtere Teil des Doppelbodens wird noch durch ein wasserdichtes Querschott abgeschlossen. Dahinter setzt sich der Schiffskörper ca. 30 Meter fort.

Bild oben Mitte: Die Außenhaut für die Ummantelung des inneren Wellenpaares wird später dem vorgeformten Spant angepaßt.

Bild oben rechts: Eine halbe Bodenwrange des Doppelbodens und einzelne Kielplatten. Das Gewicht der zweimal 10 Meter großen Kielplatte, auf der der Meister steht, beträgt 4.300 kg. Die Kielnieten zum Verbinden der Platten sind bis zu 2½ kg schwer.

Bild unten links und Zeichnung Mitte links: Unter dem Doppelboden besteht auf der Hellingsohle ein begehbarer freier Durchgang zwischen Ablaufbahn und Stützbalken.

Bild unten Mitte: Das Nieten des Doppelbodens ist beschwerlich. Nachdem ein Niet vom Nietenjungen im Kohlenfeuer genügend erwärmt ist, wird dieser von zwei Arbeitern abwechselnd mit schweren Hämmern eingetrieben. Im Innern des Doppelbodens hält ein Arbeiter mit einem „Dolly" dagegen, so daß der Niet auch auf dieser Seite seine markante Kopfform erhält und die jeweils 3 bis 6 Zentimeter dicken Stahlplatten verbindet. Die Männer links reiben mit Preßluftbohrern die Nietlöcher auf. Die stellenweise erforderlichen Nieten von 25 und mehr Millimeter Durchmesser lassen sich durch die Handhämmer zweier Arbeiter nicht genügend schnell und fest zusammenschlagen, die Niete würde erkalten. Deshalb kommen schwere hydraulische Pressen zum Einsatz, die über Druckwasser die Niete schnell und sauber in die Löcher der zu verbindenden Teile pressen (Medienzentrum Hamburg).

Bild unten rechts: Der 28 Tonnen schwere seitliche Steuerbord-Wellenbock ist ein einziges Gußstück und wird mit der Hilfe von 5 Kränen, die am Helgengerüst laufen, am 7. September 1911 angesetzt (Photos: Archiv Hapag-Lloyd).

Bilder auf dieser Seite

Bild unten links: Bauzustand am 27. Mai 1911. Im Vordergrund ist der wasserdichte Rohrtunnel im Vorschiff zu erkennen, der unmittelbar über dem Doppelboden einen übermannsgroßen Gewölbegang bildet. Dieser nimmt verschiedene Dampfrohr- und Kabelleitungen auf und dient auch als Notausgang für das in den unteren Schiffsräumen arbeitende Maschinen-, Heiz- und Schmierpersonal. Dieses kann bei Gefahr durch den ca. 40 Meter langen Tunnel, unter Ladung und Kohlen hindurch, zu einem senkrechten Rohrschacht, der auf das 1. Deck führt, gelangen (Atelier L. & A. Schaul, Hamburg, Archiv Hapag-Lloyd).

Bild unten rechts: Die Montage des aus einem Stück gegossenen eisernen Wellenbockes von über 110 Tonnen für die beiden mittleren Schrauben und der beiden unteren Befestigungsösen des Ruderschaftes, hergestellt von der Firma Krupp in Essen. Die Stopfbüchse nimmt später die ¾ Meter im Durchmesser große Ruderspindel auf (Atelier L. & A. Schaul, Staatsarchiv Hamburg).

Bild links: *Noch fehlt das komplette Vorschiff. Die verschiedenen Decks sind provisorisch mit Balken abgestützt. Der Rohrtunnel liegt auf Kielmitte über dem Doppelboden. Der Kiel ist als genieteter Plattenkiel mit senkrechter Mittelkielplatte und einem über die ganze Länge des Schiffes laufenden Schutzkiel ausgeführt. Der Doppelboden reicht von Spant 30 bis Spant 306 und hat mittschiffs eine Breite von 26 Meter. Der aus 30 wasserdichten Abteilungen bestehende Doppelboden enthält Wasserballast, Frisch- und Kesselspeisewasser (J. und H. Hamann, Medienzentrum Hamburg).*

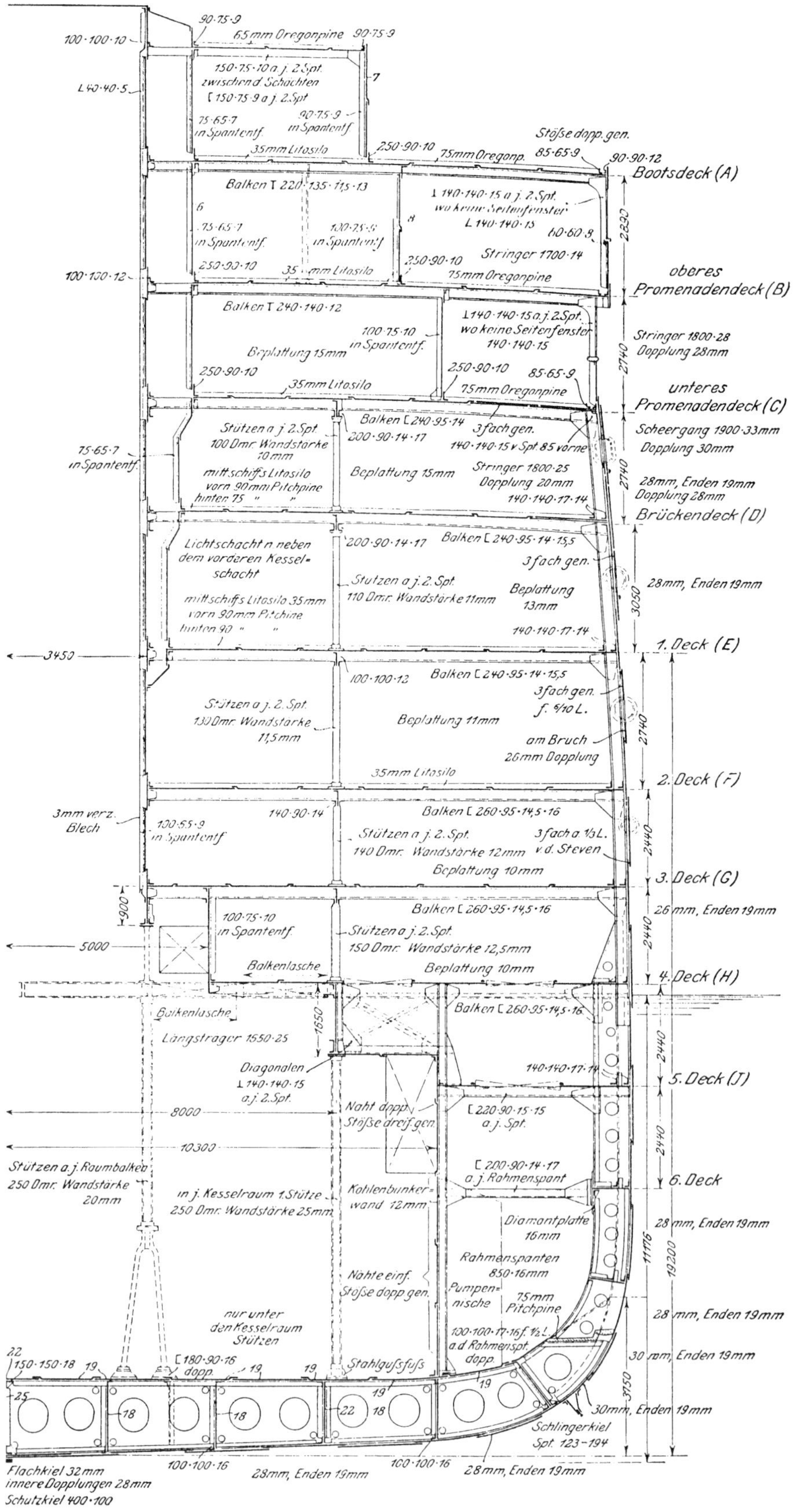

Die Spanten, die mit einer Länge von bis zu 31 Meter aus einem Stück gefertigt sind, stehen in Abständen von 570 und 850 mm.

Zeichnung Seite 28

Fortschreitend mit dem Bau der Schotte werden die Decke, mittschiffs beginnend, nach den beiden Schiffsenden zu vorgebaut und schließlich an Vorder- und Hintersteven angeschlossen. Von unten nach oben gezählt, ist der ganze Schiffskörper in folgende 11 Decke unterteilt:

1. *Deck 7, teilweise Raumdeck im Vorschiff,*
2. *Deck 6, teilweise Raumdeck im Vorschiff und Hinterschiff,*
3. *Deck 5, durchlaufendes Stahldeck,*
4. *Deck 4, durchlaufendes Stahldeck,*
5. *Deck 3, durchlaufendes Stahldeck,*
6. *Deck 2, Salon- oder Schottendeck, durchlaufendes Stahldeck,*
7. *Deck 1, Oberdeck, durchlaufendes Stahldeck,*
8. *Brückendeck, lange Back,*
9. *Unteres Promenadendeck, Aufbaudeck,*
10. *Oberes Promenadendeck, Aufbaudeck,*
11. *Bootsdeck, Aufbaudeck.*

Bild auf dieser Seite rechts: Das Hinterschiff am äußeren Backbordwellenrohr. Unzählige Nietenreihen halten die wechselweise übereinanderliegenden Stahlplatten zusammen, die eine Stärke von 3 bis 6 Zentimeter haben. Die Ausbuchtungen am Unterwasserschiffskörper verdecken die Schraubenwellen und erfordern sorgfältiges Anpassen der vorgebogenen Platten. An jeder Schiffsseite wird ein Schlingerkiel mit dreieckigem Querschnitt von 550 mm Höhe zwischen Spant 123 und Spant 194 vorgesehen (J. und H. Hamann, Medienzentrum Hamburg).

Zeichnungen unten: Die Abstützung des Schiffsrumpfes (als Ablaufschlitten für die backbordseitige innere Schraubenwelle) bei Spant 15 und Spant 30.

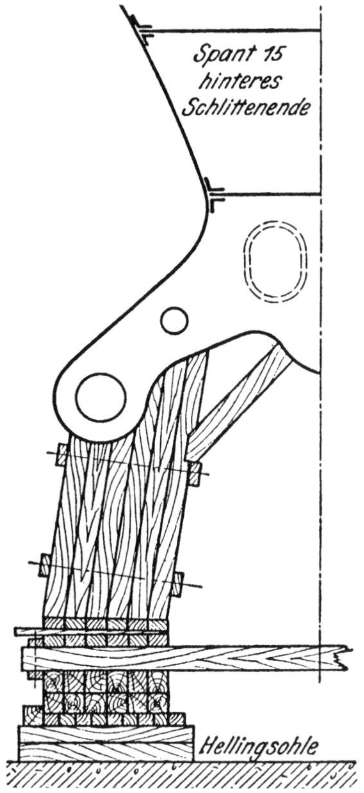

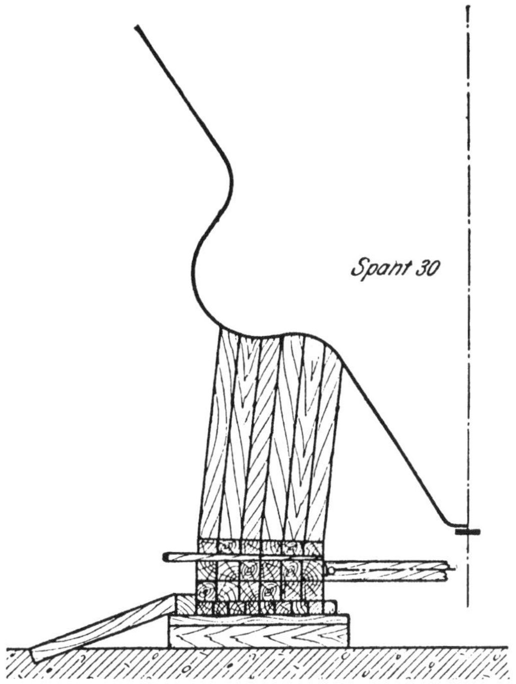

Die Sicherheitsvorschriften des Germanischen Lloyd und der Seeberufsgenossenschaft erfordern wasserdichte, abtrennbare Abteilungen. Insgesamt ist der Rumpf mit 12 ca. 17 Meter hohen Querschotten in wasserdichte, für sich schwimmfähige Querräume unterteilt. Das Kollisionsschott vorn reicht bis zum 1. Deck, die anderen bis zum 2. Deck des Schiffes und damit weit über die Wasserlinie des vollbeladenen Dampfers hinaus. Dazu kommen noch wasserdichte Längsschotten im Bereich des Maschinenraums. Im Vorschiff ziehen sich wasserdichte Seitenlängsschotte vom Kollisionsschott, von Spant 305 bis Spant 232, hin. Der vordere, sich über die ganze Schiffsbreite erstreckende Maschinenraum ist ebenfalls durch wasserdichte Seitenlängsschotte geschützt. Ein Mittellängsschott reicht durch den gesamten hinteren Raum der Hauptmaschinenanlage, so daß drei getrennte, für sich wasserdichte Maschinenräume geschaffen sind. Im Hinterschiff erstreckt sich ein wasserdichtes Mittellängsschott von Spant 30 bis Spant 19 durch den Tunnelraum der beiden mittleren Wellenleitungen. Von den 36 wasserdichten Schottentüren können 23 von der Brücke mittels Hydraulik bedient werden.

Bilder auf dieser Seite

Bild rechts oben: Vorbereitungen für den Stapellauf auf dem bereits weitgehendst geschlossenen Deck des Rumpfes. Die beiden Aufbauten gehören zu den Kesselschächten, die später zu den vorderen Schornsteinen führen.

Bild unten links: Aufbau des girlandengeschmückten Podestes und der Taufkanzel. Deutlich zu sehen der vordere doppelte Ablaufschlitten am Bug (Photos: Hamann, Medienzentrum Hamburg).

Bild unten rechts: Am Heck sind Name und Heimathafen provisorisch aufgebracht (Atelier L. & A. Schaul, Staatsarchiv Hamburg).

Bild Seite 31

Der fast fertige Schiffsrumpf auf dem Helgen 1 der Vulcan-Werft, ganz links im Bild das 9.500-t-Schwimmdock (J. und H. Hamann, Medienzentrum Hamburg).

IMPERATOR
VULCAN

Fünf Wochen nach dem tragischen Untergang der »Titanic« erfolgt die Einladung der Hamburg-Amerika Linie zum Stapellauf des größten Passagierschiffes der Welt.

Ein Hamburger Journalist schreibt unter dem Eindruck des gewaltigen Schiffsrumpfes: „Ehern, ein Werk von gigantischen Formen und einer fühlbar ungeheuren Schwere, hochragend und in seinem Baugerüst fast unübersehbar langgestreckt, hat der Dampfer »Imperator« Monate hindurch, täglich wachsend und wachsend, wie ein neues Wahrzeichen Hamburgs von der Halbinsel Ross auf das wimmelnde Leben der Elbe und des Hamburger Hafens herabgeblickt."

Der Riesendampfer »Imperator« ist 276,12 Meter lang, 29,87 Meter breit und 19,2 Meter tief, von Oberkante Kiel bis Oberkante des Oberdecksbalkens gemessen. Die Tiefe bis zum Bootsdeck beträgt 30,6 Meter und der Tiefgang 10,36 Meter. Das Fahrzeug hat bei Volladung eine Wasserverdrängung von 57.000 mt. Die Ladefähigkeit beträgt bei dem oben angegebenen Tiefgang von 10,36 Meter 12.000 mt. Das Schiff vermißt etwa 52.000 Brutto-Registertonnen. Der Dampfer ist nach den Vorschriften der höchsten Klasse des Germanischen Lloyds als Volldeckschiff mit Eisverstärkung aus deutschem Stahl erbaut. Er liegt auf ebenem Kiel, über den sich ein 1,80 hoher, 234 langer und 26 Meter breiter Zellendoppelboden aufbaut.

Der Vordersteven ist gerade und etwas nach vorn ausfallend, das elliptische Heck baut sich auf geradem Achtersteven auf. Das Schiff wird durch eine große Anzahl jeweils bis zum zweiten Deck reichender Längs- und 12 Querschotten in 13 einzelne wasserdichte Abteilungen geteilt, die in Verbindung mit den fünf wasserdichten durchlaufenden Stahldecks sowie dem einen im Hinterschiff und den zwei im Vorderschiff angeordneten teilweisen Raumdecks eine außerordentlich große Sicherheit gegen das Sinken bieten. Auf die genannten Decks setzen sich sechs freie Decks auf, so daß 11 Decks übereinanderliegen. Sämtliche wasserdichten Schotten, die, soweit sie im Bereiche der Maschinen- und Kesselgelasse liegen, notwendigerweise durchbrochen und mit Schiebetüren versehen sein müssen, können an Ort und Stelle, sowohl vom Oberdeck und im Falle einer Gefahr auch von der Kommandobrücke aus durch die Schiffsführung, ohne weiteres durch Wasserdruck - Anwendung findet hierbei das Dörr'sche Verfahren - geschlossen werden (aus: Hamburg und seine Bauten/II).

Bild Seite 32

Der hochaufragende Bug im Bauzustand am 20. Mai 1912 wird eines Tages majestätisch die Meere der Welt durchschneiden, zum Stolz einer ganzen Nation (J. und H. Hamann, Archiv Hapag-Lloyd).

Bilder auf dieser Seite

Bild rechts: Das Geländer der Treppe zur Taufkanzel wird aufgebaut. Der riesige Schiffskörper füllt das die Helling umgebende Werftgerüst fast vollständig aus. Er ist doppelt so lang wie die Rümpfe der größten Panzerkreuzer der kaiserlichen Marine.

Bild unten: Backbordansicht des Schiffes im letzten Baustadium unmittelbar vor dem Stapellauf, ebenfalls am 20. Mai 1912 aufgenommen. Die außerordentliche Dimension zeigt sich im Vergleich mit dem im Vordergrund stehenden, 100 Meter langen und mehrstöckigen Werkstattgebäude der Schiffsschlosserei und Klempnerei (Photos: Atelier L. & A. Schaul, Archiv Hapag-Lloyd).

Bild Seite 34: Die letzten Vorbereitungen werden getroffen.

Bilder Seite 35
Bild oben links: Seine Majestät Kaiser Wilhelm II. ist eingetroffen und betritt in Begleitung von Hamburgs Bürgermeister Dr. Johann Heinrich Burchard, Generaldirektor Albert Ballin und Geheimrat Flohr das Werftgelände der Vulcan-Werke.

Bild rechts: Nach der Weiherede von Bürgermeister Burchard und der Taufe durch Kaiser Wilhelm II. in Admiralsuniform zerschellt die Sektflasche - ausgelöst durch Knopfdruck auf einen Flaschenwurfmechanismus - am hochaufragenden Steven.

Bild links unten: Der Kaiser verläßt die girlandengeschmückte, nur für diesen kurzen Augenblick aufgebaute, zehn Meter hohe Taufkanzel. Bevor das Schiff abläuft, begibt sich der Kaiser zu einem besseren Aussichtsplatz. Mehrere tausend Menschen verfolgen dieses festliche Ereignis, z.T. von den Dächern der umliegenden Häuser aus (Photos: Atelier Schaul, Archiv Hapag-Lloyd).

STAPELLAUF »IMPERATOR« 23. MAI 1912

Zwischen Kaiser Wilhelm II., der Reederei und dem Vulcan werden Taufe und Stapellauf auf den 23. Mai 1912 festgelegt. Der Kaiser will „sein Schiff" unbedingt selbst taufen. Nach dem eigentlichen Taufakt - bei typischem Hamburger Nieselregen - fährt er mit einer Barkasse zu einer der Helling gegenüberliegenden Landzunge, dem Ellerholzhöft, und verfolgt von einem Podest aus den Stapellauf des »Imperator«. Ohne Schwierigkeiten gleitet der Riese in sein Element. Eine derartige Stapellaufwelle hat man bislang auf keiner deutschen Werft beobachten können. Die an Ketten und Seilen hängenden Anker stoppen den Täufling schnell. Der Kaiser und sein Gefolge klatschen begeistert Beifall, als der »Imperator« im Elbwasser aufschwimmt. Auch die Dampfpfeifen der umliegenden Dampfer begrüßen das neue Schiff. Die Zeitungen kennen an diesen Tagen nur ein Ereignis: die Taufe und den Stapellauf des größten deutschen Schiffes sowie den Besuch des Kaisers in Hamburg.

Auf der neuen Werft am Roßhafen hatten sich aus diesem Grunde nicht nur die geladenen Ehrengäste eingefunden, um dem Kaiser zu huldigen, sondern auch zahlreiche Hamburger und ihre Freunde sowie Gäste. Sie alle hatten sich auf den Weg gemacht, um den Stapellauf des ersten der drei geplanten Giganten des Atlantiks zu verfolgen. Auch die Werftarbeiter hatten ihrerseits ihre Familienangehörigen mitgebracht. Der Stapellauf wurde zu einem unvergeßlichen Ereignis, einem Volksfest gleich. Und wer nicht auf die Werft durfte, der fuhr auf einer der zahlreichen Barkassen und Hafenfähren mit, in der Hoffnung, ganz dicht dabeizusein. Doch die Wasserschutzpolizei hatte aus Sicherheitsgründen die Wasserflächen in der Nähe der Helling weiträumig abgesperrt. Schließlich gab es in Hamburg ja noch keine Erfahrungen mit einem derartigen Stapellauf.

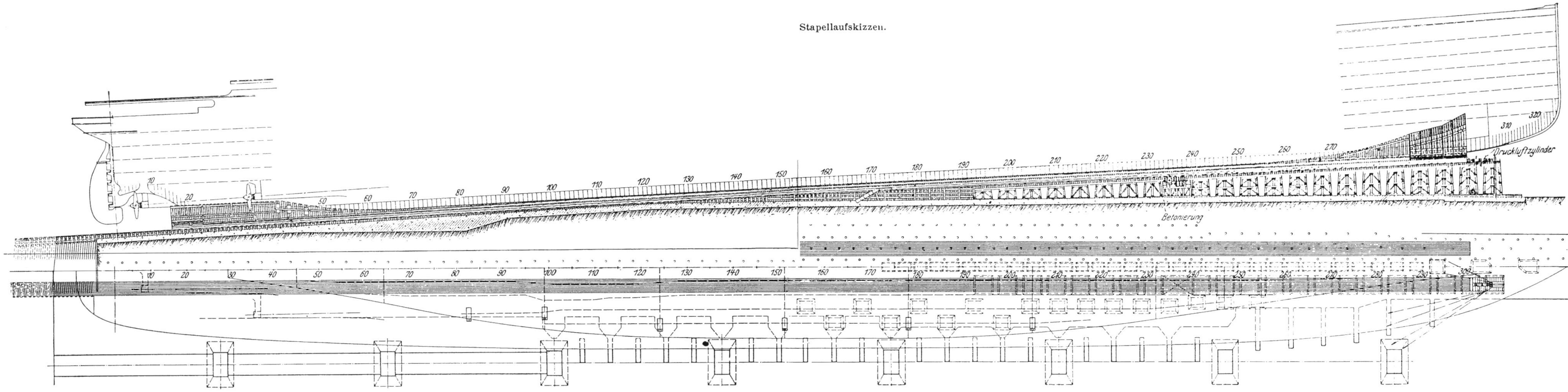

Bild links: Kaiser Wilhelm II. (mit weißer Mütze) und Albert Ballin (links daneben) verlassen nach dem Taufakt die girlandengeschmückte Kanzel (Archiv Hapag-Lloyd).

Bild oben rechts: Bevor das Schiff zu Wasser geht, verläßt Seine Majestät der Kaiser die Vulcan-Werft und setzt zur Ablaufkanzel über, die auf dem Ellerholzhöft von der Hamburg-Amerika Linie aufgebaut worden ist (Archiv Deutsches Schiffahrtsmuseum).

Bild unten rechts: Ellerholzhöft, der Kaiser ist von der Barkasse gegangen. Noch liegt der Rumpf von Deutschlands größtem Schiff unbeweglich auf der Helling. Erst nach Hissen der Kaiserstandarte werden die wartenden Werftarbeiter die letzten Verbindungen lösen. Um genau 9.43 Uhr ist es soweit, der riesige Rumpf setzt sich, mittels Druckluftmaschinen, unmerklich in Bewegung (Altonaer Museum/Archiv Deutsches Schiffahrtsmuseum).

Zeichnungen oben und unten: Die Helling mit den Ablaufeinrichtungen, den am Bug angeordneten Druckluftzylindern sowie den Druckwasser-Haltevorrichtungen (aus: „Schiffbau", 1914).

Das Ablaufgewicht beträgt 27.000 Tonnen und übertrifft damit das Gewicht des gepanzerten Linienschiffes »Friedrich der Große« um 3.000 Tonnen, welches als erstes Schiff auf der neuen Vulcan-Werft gebaut wurde und am 10. Juli 1911 vom Helgen 2 lief.

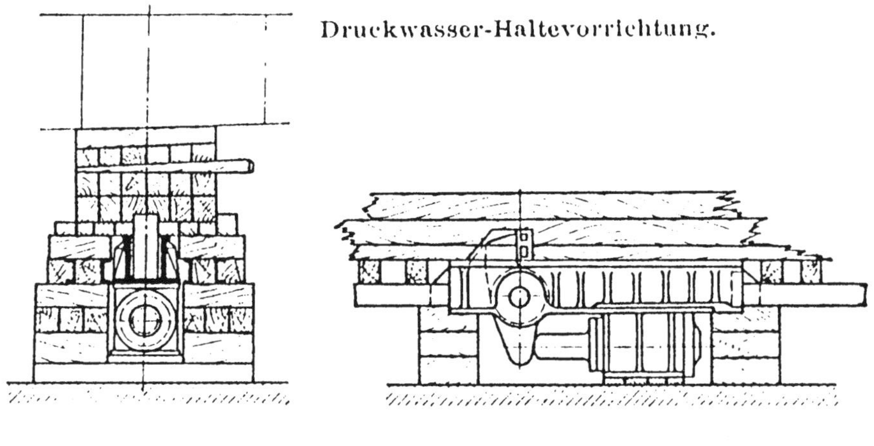

Druckwasser-Haltevorrichtung.

Bürgermeister Dr. Burchard bei der Taufrede: „Kein Verständiger wird das kühne Wagnis tadeln, das die Hamburg-Amerika Linie mit dem Bau und der Indienststellung einer so großartigen Schiffsklasse unternimmt. Der Anteil Deutschlands an der Beherrschung des Weltmeeres scheint damit ein gutes Stück in die Zukunft hinein von neuem sichergestellt."

Bild rechts: Ein eindrucksvolles Bild vom Helgengerüst und der Größe des Neubaus. Ursprünglich war für das Passagierschiff auch der Name »Europa« diskutiert worden. Doch dem Kaiser erschien »Imperator« angemessener. Ganz dem Herrschaftsgeist entspricht auch die ungewohnt männliche Titulierung, der »Imperator« (Atelier Schaul, Staatsarchiv Hamburg).

Bild unten: Das Schanzkleid des Schiffes ist mit Girlanden geschmückt. Mit inzwischen beträchtlichem Schwung gleitet der Rumpf des »Imperator« ins Hafenbecken, die Anker sind - falls erforderlich - bereit zum Fallenlassen. Deutlich ist die Funktion des vorderen Ablaufschlittens zu erkennen (Archiv Hapag-Lloyd).

Bilder auf dieser Seite

Bild unten: Der Stapellauf hat begonnen, das Heck taucht bereits ins Wasser, während aus allen Typhonen, Schiffssirenen und Dampfpfeifen der begleitenden Barkassen und Schiffe ein Sturm losbricht. Der Ponton, über den der Kaiser das Werftgelände verließ, ist aufgrund der zu erwartenden Wasserbewegung von Schleppern zurückgezogen worden (Archiv Hapag-Lloyd).

Bild oben links: 6 Schlepper übernehmen die Leinen vom aufgeschwommenen Rumpf (Atelier Schaul, Staatsarchiv Hamburg).

Bild oben rechts: »Imperator« wird an den Ausrüstungskai verholt. Rechts ein Besan-Ewer mit Gästen (Deutsches Schiffahrtsmuseum).

Bild Seite 39: Zahlreiche Ausflugsschiffe und Barkassen umkreisen den Neubau. Links der girlandengeschmückte Ponton, von dem der Kaiser die Werft verließ. Im Hintergrund das Werftgerüst von Blohm & Voss (Atelier Schaul, Staatsarchiv Hamburg).

Über viele Wochen hielten die Zeitungen und Zeitschriften die Nation über jede Einzelheit des großen Ereignisses auf dem Laufenden. In den „Hamburger Nachrichten“ vom 23. Mai 1912, dem Tag des Stapellaufs, stand u. a.: „Und nun wünschen wir dem heutigen Stapellauf des Riesenschiffes denjenigen schönen, großartigen und erhebenden Verlauf, der sowohl der Bedeutung des »Imperator« für die Seeschiffahrt entspricht, wie der Teilnahme des Deutschen Kaisers an der Feierlichkeit. Möge der »Imperator« die ihm zugedachte Mission auf dem Ozean vollauf erfüllen zu Ehren und Ruhm der deutschen Seeschiffahrt und ihres erhabenen Protektors, des Deutschen Kaisers. Heute sind alle Blikke auf Hamburg gerichtet: Der deutsche Kaiser vollzieht den Taufakt an dem neuen Riesendampfer der Hamburg-Amerika Linie, dem »Imperator«, der nicht nur das größte Schiff Deutschlands, sondern der ganzen Welt sein wird. Der Imperator des deutschen Reiches tauft den Imperator der Seeschiffe. Dieser Umstand allein genügt, um die Aufmerksamkeit aller Welt auf den heutigen Festakt zu lenken.“

Die „Berliner Illustrirte“ am 2. Juni 1912: „Der Kaiser, der ursprünglich die Taufrede halten wollte, hatte dies dem Hamburger Bürgermeister Dr. Burchard überlassen und sprach selbst nur die Taufformel. Dabei zerplitterte er die übliche Flasche Sekt am Bug des Schiffes. Dafür war eine sinnreiche Vorrichtung erfunden worden: die Sektflasche war an einem Metallhebel befestigt, der noch mit einem Gewicht beschwert war. Der Kaiser drückte auf einen Knopf, der Hebel schnellte zurück und gegen das Schiff, so daß die Flasche prompt zerbrach. Dann erfolgte der Ablauf. Es lag eine so atemlose Spannung über dem Publikum, daß ringsum kein Laut gehört wurde und erst als der »Imperator« ruhig im Hafen schwamm, erhob sich ein gewaltiges Beifallsgetöse.“

Stapellauf "Imperator"

Aus einer Broschüre, herausgegeben vom Literarischen Bureau der Hamburg-Amerika Linie zum Stapellauf am 23. Mai 1912:

Dampfer "Imperator", das größte Schiff der Welt

Der Dampfer "Imperator", der auf der Hamburger Vulcan-Werft nunmehr vom Stapel laufen soll, ist das größte Schiff Deutschlands und der ganzen Welt und der erste Vierschrauben-Turbinen-Dampfer der deutschen Handelsflotte; er verkörpert mit diesen beiden Eigenschaften einen neuen gewaltigen Fortschritt in der an Erfolgen reichen Geschichte unserer noch so jungen Seeschiffahrt.

Das größte Ozeanschiff Deutschlands! Was das bedeutet, weiß nur, wem die schon heute in Fahrt befindlichen Riesenschiffe unter deutscher Flagge bekannt sind und wer zugleich weiß, daß der neue Dampfer diese Riesen um das Doppelte ihres Raumgehalts übertreffen wird. Eine "Amerika", eine "Kaiserin Auguste Victoria" wurden bei ihrer Indienststellung vor sechs Jahren mit Recht als außerordentliche Schöpfungen kaufmännischen und technischen Wagemuts angestaunt; ihre Rauminhaltszahlen, die 22.600 und 24.500 Brutto-Registertons erreichten, wären unseren älteren Kapitänen in ihren jüngeren Jahren noch als die Tonnagen ganzer Flotten erschienen, Nun aber erweist die schaffensfrohe Gegenwart, daß noch ganz andere Möglichkeiten der Entwicklung im Seeverkehr vorhanden sind, und schon geht sie daran, mit kühner Kraftanspannung diese Möglichkeiten auszunutzen, indem sie eine ganz neue, alle bisherigen überragende Schiffsklasse ins Leben ruft. Nicht lange wird der Dampfer "Imperator" in seiner Art und Größe allein stehen. Überblicken wir im Geiste noch einmal alles, was von dem schon vollendeten Bau und den noch kommenden Bauarbeiten erzählt werden konnte, so wird man die zuversichtliche Erwartung hegen dürfen, daß der Dampfer "Imperator" den schönsten Schiffen unter deutscher Flagge ebenbürtig, ja ihnen in vieler Beziehung überlegen sein wird.

Außer ihm hat die Hamburg-Amerika Linie zwei Schwesterschiffe in Auftrag gegeben, eine Flotte von drei so außerordentlichen Fahrzeugen, daß sie allein ihre Eigentümerin in die Reihe der Großreedereien stellen würden. Den Dampfer "Imperator" erbauen die Vulcan-Werke als erstes Handelsschiff auf ihrer neuen Hamburger Werft, die beiden Schwesterschiffe die alteingesessene und nicht minder berühmte Hamburger Schiffbauanstalt von Blohm & Voss.

Im "Hamburger Fremdenblatt" vom 24. Mai 1912 erscheint in der Beilage "Illustrierte Rundschau" ein ausführlicher Bericht:

Das größte Schiff der Welt ist vom Stapel gelassen worden – ein Werk der deutschen Technik und des deutschen Gewerbefleißes. Nicht aber darin liegt seine ganze Bedeutung, daß es für jetzt das größte Ozean-Fahrzeug ist, das auf den Wellen schwimmt; nicht darauf kommt es an, ob dieses neue Schiff einige Meter länger oder kürzer ist, als seine Vorgänger es waren und seine Nachfolger es sein werden, das Wunder ist in der Tatsache zu suchen, daß hier ohne Phrase und ohne Gleichnis, sondern wirklich und wahr eine ganze schwimmende Stadt, deren Straßen und Wohnungen natürlich noch ausgebaut werden müssen, dem Wasser übergeben worden ist.

Diese schwimmende, von Erz rund umschlossene deutsche Stadt, denn von ihren Zinnen und Türmen wird neben der Hamburger die Flagge des Reichs wehen, diese schwimmende Vorstadt Hamburgs wird in ihren Mauern 5.000 Bürger beherbergen können. Keine Stadt auf dem festen Land wird ihre sozialen und sanitären Einrichtungen, ihren Kulturreichtum und ihre Möglichkeiten, das Dasein anregend und angenehm zu machen, mit dem vergleichen können, was die schwimmende Stadt in ihrem Innern birgt.

Gestern lag dieser Leviathan noch auf dem Platz, der sein Werden und Wachsen miterlebt hat, auf der Hamburger Werft der Vulcan-Werke, riesenhaft ragten seine die Vorstellung des Laien fast überbietenden Maße in die Luft hinaus, aber von allen Seiten stützten ihn Tausende aufgerichteter starker Hölzer, ungeheure Bäume nach außen hin, kleiner werdende Blöcke da, wo der Riesenleib sich verjüngt und in langer Kurve zum Kiel herabfällt, dessen gewaltige Länge auf dem Schlitten der Helling ruht, jederseits von zwei Metern Breite.

Als der Mittag herannahte, entwickelte sich in den weiten Gründen der Vulcan-Werft, besonders aber rund um das ragende eiserne Gebäude, das den Riesen umschloß, eine fieberhafte Tätigkeit. Mit Staunen sah der, dem die Werften des Schiffbaus kein alltäglicher Anblick sind, wie Tausende von Arbeitern am Werk waren, die gewaltigen Stützen wegzuschlagen, große und kleine, nahe und ferne. Noch einige Stunden solcher Tätigkeit, und der Riese wird mit seinem ungeheuren Gewicht von allen Seiten ganz frei auf der schmalen Bahn liegen, die den Kiel stützt, allein gehalten durch den Druck seiner Masse und durch sein wunderbares Ebenmaß, das die Materie auf beiden Seiten des Kiels ganz gleich und harmonisch verteilt. Nur der ungeheure Vordersteven ruht auf einer massiv gemauerten Säule, die noch einen Holzkranz trägt, und eine Anzahl letzter Sicherheitsstützen wird sich am Heck befinden, da wo der Koloß dem Element, das auf ihn harrt, am nächsten ist.

Vor nicht ganz zwei Jahren erst, am 18. Juni 1910, hat der Bau des "Imperator" begonnen, heute ist er in Gegenwart des Deutschen Kaisers glücklich zu Wasser gelassen worden.

Ankunft des Kaisers auf dem Dammtorbahnhof

Schon früh strömten heute in den Morgenstunden große Menschenmassen nach der Umgebung des Dammtorbahnhofes, um sich einen guten Platz zu sichern, den Kaiser zu sehen. Die ganz Klugen fuhren mit der Vorortbahn in den Bahnhof hinein und blieben dann auf dem Bahnsteig stehen. Sie kamen aber nicht ganz auf ihre Kosten, denn der Empfang des Kaisers wurde durch den Sonderzug, der den Kaiser gebracht hatte, fast ganz verdeckt. Auf dem mit Teppichen belegten und mit Blattpflanzen bestellten Fernbahnsteig waren zum Empfang erschienen die Bürgermeister Dr. Burchard und Dr. Schröder, der preußische Gesandte v. Bülow, Staatssekretär des Reichsmarineamts v. Tirpitz, Legationsrat Graf v. Bassewitz und Polizeidirektor Dr. Roscher.

Punkt 8 Uhr 20 Minuten fuhr der kaiserliche Sonderzug in den Bahnhof. Der Kaiser stand in Admiralsuniform hinter dem Fenster der Ausgangstür seines Wagens und erwiderte die Grüße, die ihm dargebracht wurden. In das Wetter schien der Kaiser kein allzu großes Vertrauen gesetzt zu haben, denn er war bereits mit Regenmantel und Kapuze bekleidet, als er frisch und elastisch dem Wagen entstieg. Liebenswürdig und freundlich begrüßte er zunächst Dr. Burchard, dann Admiral von Tirpitz, mit dem er sich längere Zeit unterhielt, und schließlich den preußischen Gesandten. Nach der Begrüßung ging der Kaiser, begleitet vom Bürgermeister und seinem Gefolge, die Treppe hinunter zu den draußen harrenden Wagen. Über Dammtordamm, Stephansplatz, Ringstraße, Holstenplatz, Holstenwall, Helgoländer Allee ging die Fahrt nach den St.-Pauli-Landungsbrücken.

Der Stapellauf

Der Stapellauf des größten und schönsten Schiffes der Welt ist nicht die Angelegenheit einer Werft oder einer Schiffahrts-Gesellschaft, nicht diejenige einer Stadt oder einer Nation, sondern eine Angelegenheit der Kulturmenschheit. Keiner abgesonderten Gemeinschaft, sei sie so groß oder klein, wie sie wolle, sondern der ganzen Welt sind die Errungenschaften, die mit diesem gewaltigen Schiffstyp in Erscheinung treten, zu dienen berufen. Schon Goethe sagt, daß die Menschheit ergriffen, tief das Ungeheure fühle, wie sehr man ihr das Gefühl auch verteure.

Ein Hauch dieses Ungeheuren ging heute morgen auch über Hamburg hin, als schon früh ein Wogen und Wallen in der Stadt entstand, das alle seine Wellen in die Richtung des Hafens sandte. Die Plätze, wo Wagen und Autos zu stehen pflegen, waren leer. Alles war im Dienst und in Bewegung. In unzähligen Karossen, Automobilen und Droschken, auch per pedes, zieht es hafenwärts, in der Helgoländer Allee staut es sich schon kurz nach 7 Uhr zeitweilig ob der Fülle des Verkehrs. Unter einem grauen, wolkenverhangenen, aber warmen Frühlingshimmel, der baldigen Regen verheißt, steht die Riesengestalt des Bismarck-Rolands und scheint stolz über den Hafen hinwegzublicken bis zu jener Stelle, wo ein anderer Riese, der "Imperator", still auf das Wasser hinabschaut.

Von den Landungsbrücken beginnen die Dampfer abzufahren, die das unabsehbare Volksgewimmel vom Lande aufs Wasser versetzen, Staatsdampfer mit geladenen Gästen der Vulcan-Werke und der Hamburg-Amerika Linie sowie die Schar der Vergnügungsdampfer bunt durcheinander. Bald gewährt der Strom einen entzückenden Anblick, wohin man sieht, große und kleine, meist offene Dampfschiffe, alle bunt bewimpelt mit Fähnchen, die im schwachen Winde flattern, und mit ihrer lebendigen Fracht von Tausenden und aber Tausenden aufgeregter, erwartungsvoller Menschen. Vom Strom aus sieht man, daß ein Ponton der Landungsbrücken mit Blumen, Gewächsen und farbigen Tüchern geschmückt ist. Hier wird der Kaiser das Staatsschiff, den "Johannes Dalmann", besteigen, um zur Vulcan-Werft zu fahren. Mitten durch das Gewimmel der kleinen Schiffe zieht stolz ein gewaltiger Südamerikaner, die "Cap Verde", bis unter die Mastknöpfe beflaggt, wie eine weiße riesige Luftbarke.

Alle die kleinen Dampfer und auch größere Vergnügungsschiffe schwenken links in den Ellerholzkanal ein und legen sich hier unter den Augen der Hafenpolizei zurecht. Ganz dicht an die Bahn des "Imperator", nachdem er zu Wasser gegangen ist, dürfen sie nicht heran, denn niemand weiß vorher, ob er rasch oder langsam, stürmisch oder sanft in sein Element eintauchen und ob nicht eine gewaltige Woge durch den Hafen brausen wird. Die Staatsschiffe legen an einem Ponton von Vulcanhöft an, und die Tausende von Gästen, die diesen Schiffen entsteigen, eilen mit ihren weißen und blauen Karten versehen den Tribünen zu, die den Koloß umgeben. Auf dem Ankunftsponton ist ein Kaiserzelt errichtet, dessen Goldgelb hell durch die graue Luft leuchtet; weit drüben auf der Spitze von Ellerholzhöft, also jenseits des Kanals, leuchtet in Rot die Ablaufkanzel des Kaisers. Von hier aus will der Monarch das gewaltige Schauspiel beobachten.

Ganz im Gegensatz zu gestern, dem letzten Tag vor dem Stapellauf, herrscht auf den weiten Plätzen der Vulcan-Werft jetzt eine imposante Ruhe, um so eindringlicher, da jetzt neben den Beamten und Arbeitern Tausende von Gästen auf den Platz verteilt sind. Neben der Tribüne C an Backbord des "Imperator" haben die Plöner Kadetten Aufstellung genommen, die Tribüne selbst hat sich schon gefüllt, auch die Senatstribüne, unmittelbar neben der Taufkanzel, sowie die Tribüne auf der andern Seite, am Steuerbord, scheinen bis auf den letzten Platz gefüllt. Die Taufkanzel, unmittelbar vor dem Vordersteven errichtet, ist ein schmuckes, kleines, weißes Gebäude. Eine zierliche Treppe führt empor zu einem länglichen, offenen Pavillon, aber über diesem erhebt sich noch die eigentliche Taufkanzel. Hier wird der Kaiser stehen und die Sektflasche mit dem "Taufwasser" gegen den Bug des Schiffes schleudern. Er wird dies nicht direkt mit seiner Hand tun, eine metallene Vorrichtung, die in ihren Klammern die Sektflasche hält, sieht man über das Gerüst hinausragen, der Kaiser wird nur auf einen Knopf drücken und der messingene Arm wird die Flasche mit einer solchen Leidenschaft gegen das Schiff schleudern, daß sie in tausend Scherben zerbrechen muß, ob sie nun will oder nicht.

Auf dem weiten Platz schweigende Spannung. Man achtete nicht des leichten Regens, der in der Mitte, etwa zwischen 8 und 9 Uhr, herabzugehen beginnt und sich nach und nach leider in einen veritablen Regen verwandelt, der die graue Elbe mit einer prickelnden Gänsehaut überzieht. Ganz wunderbar und unbeschreiblich schön, mit einer Majestät ohnegleichen, steht nun der "Imperator" zwischen all den kleinen Menschen, die ihn wimmelnd umgeben und doch seine Erbauer, seine Herren und Meister sind. Von allen Stützen befreit, scheint das ungeheure Gebäude seines Körpers frei in der Luft zu schweben. Wie zu einem Turm blickt man zum Gipfel des Vorderstevens empor und bemerkt mit Genugtuung, wie die gewaltige Materie sich bequemt hat, trotz ihrer übermenschlichen Maße feine, elegante, beinahe zierliche Formen anzunehmen. Das Heck und der Vordersteven sind jetzt mit Girlanden bekränzt, die ganze Reeling zu bekränzen wäre unmöglich gewesen, es hätten dazu fast tausend Meter Girlanden gehört. Ganz klein sehen die Arbeiter aus, die von oben herabschauen. Immer wieder fliegen die Blicke der Gäste zu dem Schiffskörper aus, der schön und zugleich gewaltig, leicht und frei und doch auch beängstigend in seiner Freiheit dasteht.

Momente der Spannung und des Erwartens. Der Kaiser lehnt hoch oben an der Brüstung der Kanzel und schaut mit Staunen an dem ungeheuren Vordersteven des riesigen Schiffes hinauf. Denn der Anblick hat von hier aus tatsächlich etwas Überwältigendes, besonders, da unten der zum Kiel abschweifende Steven und damit der ganze Vorderteil des Schiffes frei in der Luft zu hängen scheint. Jetzt tritt Bürgermeister Burchard auf der anderen Seite an die Brüstung und beginnt seine Rede. Zuerst nicht ganz verständlich, paßt sich die Stimme bald dem unendlichen Raum an, wird lauter und deutlicher und ringt sich endlich klar los, laut über den ganzen Platz hintönend.

Die Rede des Bürgermeisters hatte folgenden Wortlaut:

"Euere Kaiserliche Majestät!

Zum dritten Male habe ich die Freude, einem Schiffe der Hamburg-Amerika Linie, das sich anschickt, den schützenden Helgen zu verlassen, ein Geleitwort auf den Weg zu geben.

Es war am 25. November 1899, in Stettin, als der für die ostasiatische Fahrt bestimmte Dampfer "Hamburg" seinem Element übergeben ward. Wiederum in Stettin war es, am 29. August 1905, jenem denkwürdigen Tage, als einem gewaltigen Amerikafahrer von seiner hohen Taufpatin, Deutschlands Kaiserin, der eigene klangvolle Name verliehen wurde.

Für die Hamburg-Amerika Linie war der Stapellauf der "Kaiserin Auguste Victoria" auch deshalb bedeutungsvoll, weil ihrer Flotte mit diesem weiträumigen, prächtigen Schiffe ein neuer glanzvoller Typus eingereiht wurde, der in seiner vornehmen und behaglichen Ausstattung allen Ansprüchen einer verfeinerten Kultur auf lange hinaus zu genügen schien. Und heute soll ich dem vor uns liegenden Riesenschiffe, das seinen Namen von Euerer Majestät erhalten soll, den Taufspruch widmen.

So tauche in die Wellen, du gewaltiges Schiff; sonnenbeglänzt und erfolgreich wie unseres Kaisers gesegnetes Leben sei deine Meerfahrt, und würdig sollst du dich erweisen allewege deiner alten sturm- und wetterbewährten Heimat. Die höchste Ehre soll dir werden. Deutschlands Kaiser will zu dir reden, und stolzen Klanges wird dein Name sein. Mit des Kaisers Majestät bist und bleibst du unlöslich verbunden."

Während der Bürgermeister sprach, vertiefte sich der Kaiser zugleich in den Anblick des Riesenschiffes, aber als der Redner das Wort an ihn selbst richtete oder seine Verdienste um die Schiffahrt pries, sah der Monarch den Redner aufmerksam an.

Kaum war das letzte Wort verklungen, als der Kaiser in die Mitte der Kanzel trat und, das Antlitz auf das Schiff gerichtet, mit lauter, weithin schallender Stimme die Worte rief: "Ich taufe dich Imperator!" Dann ein leichter Fingerdruck, der schimmernde Metallhebel, der die Flasche umklammerte, schlug herab, und mit einem die Luft durchschneidenden Krachen zersplitterte das Glas am Bug, der Inhalt der Flasche strömte und spritzte schäumend umher.

Ablauf des Schiffes

Die Abfahrt des Kaisers, der allerdings nach dem Taufakt sehr schnell den Platz verließ, verzögerte sich etwas, da der Monarch, nachdem er das Staatsschiff aufs neue bestiegen hatte, zunächst noch den in einem anderen Hafen liegenden "Friedrich den Großen" besichtigte.

Als das weiße Boot mit der Kaiserflagge wieder zwischen Vulcanhöft und Ellerholzhöft auf der Bildfläche erschien, war es halb zehn geworden. Drüben auf dem Kai empfingen ihn die brausenden Hochs des Publikums, in dem roten Ablauf-Pavillon harrten Frau Ballin und Frau von Bülow, den Kaiser mit duftigen Blumenangebinden zu begrüßen.

Um 9 Uhr 36 Minuten gab der Kaiser das Zeichen zum Ablaufen. Jetzt erreichte, als man die Flaggensignale auf der Werft sah, die Spannung in der weiten Runde ihren Höhepunkt. Umsonst versuchte die Dampferflottille aus dem Ellerholzkanal vorzudringen, die Bahn mußte freibleiben, selbst der Ponton von Vulcanhöft mit Girlanden und Kaiserzelt wurde losgemacht und von einem Dampfer wegbugsiert. Auf der Ablaufkanzel stand jetzt Direktor Böhning, um den Stapellauf zu leiten. Ein lautes Marine-Telephon und verschiedene verabredete Zeichen vermittelten den Verkehr zwischen dem Leiter und seinen Angestellten. Um 9 Uhr 36 Minuten war das Zeichen aus dem Kaiserpavillon gegeben worden – aber es schienen noch endlose Minuten in Spannung zu vergehen, Minuten, die eben nur durch die Spannung in die Länge gezogen wurden. Des Laien bemächtigte sich wiederum Besorgnis. Wird der Riese sich bewegen? Wird er kein Unheil anrichten, nichts mit sich reißen, keine Flutwelle verursachen? Aber die Hauptsache: Wird er sich überhaupt bewegen lassen, sein Lager zu verlassen und ins Wasser zu gehen?

In Wirklichkeit vergingen nur wenige Minuten. Um 9 Uhr 42 Minuten hörten die, die direkt am Ablauf, unmittelbar an der Elbe, standen, von der Werft her ein taktmäßiges Arbeiten, jetzt waren die letzten Stützen weggeschlagen, und die verborgenen Maschinen hatten ihre Schiebearbeit begonnen. Um 9 Uhr 43 Minuten setzte sich der Koloß in Bewegung – von vorn gesehen ein Anblick, der sich in seiner Größe nicht schildern läßt. Ganz gleichmäßig, nicht schnell, aber auch nicht langsam, gleitet das riesige Gebäude über den Schlitten ins Wasser, von hoch oben grüßen die Arbeiter, die an Bord sind, von unten schwenken Tausende ihre Hüte in die Höhe.

Kaum hat der Kolossus das Wasser berührt, da ertönt ein furchtbares Brechen, Krachen und Aufklatschen, es kommt aber nicht von der Berührung des Schiffskörpers mit den Wogen, in die er tief eintaucht, sondern aus andern Ursachen. Ganz oben an Bord, auf der Plattform dieses schwimmenden Turms, stehen Arbeiter mit Beilen und Hackmessern in den Händen; mit diesen Waffen zerhauen sie die Halteseile der schweren massigen Anker, die nun sausend und krachend herniederfahren. Sein ganzes Lager aus Holz nimmt der "Imperator" mit sich in das Wasser, wo es zerbricht und zersplittert und neben dem Schiffskörper herschwimmt. Eine volle Minute braucht der Riese, um völlig von seinem Lager ins Wasser zu gleiten. Um 9 Uhr 44 Minuten hat ihn das Element, das nun seine Heimat bleibt, aufgenommen.

Jetzt erst steigen aus der weiten Runde die Hochs und Hurras auf und ziehen wie eine Wolke von Getöse und Geschrei über das Wasser.

Bild auf dieser Seite: »Imperator« am Hachmannkai, genannt „Vulcan-Kai", mit dem Heck Richtung Elbe zeigend, beim 200-Tonnen-Kran der Werft. Im Juli 1912 erfolgt eine Festigkeitserprobung der wasserdichten Querschotten, wobei ein ganzes Schiffsabteil bis oben vollgepumpt wird. Das Bild zeigt den Augenblick, wie die zur Wiederentleerung von der Stadtfeuerwehr entliehene Dampfpumpe von dem 200-Tonnen-Turmdrehkran aus dem Schiffsinnern gehoben wird. Vorn rechts die Dampfturbinenhalle, dahinter, mit den Oberlichtaufsätzen, die mechanischen Werkstätten (Atelier L. & A. Schaul, Archiv Hapag-Lloyd).

AUSRÜSTUNG »IMPERATOR«

Um das Ablaufgewicht des Schiffes, das rd. 26.500 t beträgt, nicht noch weiter zu vergrößern, wird von dem Einbringen von entbehrlichen Teilen und Verbänden vor dem Stapellauf abgesehen. Sie werden erst am Baukai eingebracht: die ungefähr 12 Tonnen wiegende Galionsfigur und die zur Kessel- und Maschinenanlage gehörenden Teile einschließlich des Ruders, des Hauptankers, des Drehkranes usw.

Die riesige Kesselanlage besteht aus 46 Einfachender-Wasserrohrkesseln der Bauart Vulcan. Diese sind in den von den wasserdichten Querschotten gebildeten 4 Kesselräumen untergebracht, von denen 3 Räume je 12 Kessel in 4 Gruppen zu je 3 Kesseln und der vorderste Raum 10 Kessel in drei Gruppen zu je 3 Kesseln und einen alleinstehenden Kessel in der Schiffsmitte enthält. Die Anordnung der Kessel im Schiffskörper ist so getroffen, daß sich 4 Kesselräume und 8 Heizräume ergeben. Die Kessel sind von gleicher Größe und Bauart und bestehen aus je einem Oberkessel, 2 Unterkesseln und 2 Rohrbündeln aus weitrohrigen Wasserrohren. Die Kessel sind im Schiff auf gut passenden, zur Überholung leicht fortnehmbaren zweiteiligen Fundamenten gelagert, welche die Unterkessel möglichst weit umfassen. Diese Fundamente sind im Unterteil aus starken Blechen und Winkeln, im Oberteil in einem Stück aus Stahlguß gefertigt.

Für die Kohlenbeförderung von den etwa 8.200 t Kohle fassenden Bunkern zu den Kesseln ist eine ausgedehnte Schienenanlage vorgesehen. Sämtliche Kessel arbeiten mit künstlichem Zug nach dem Howden-Verfahren. Dieser Zug wird durch 4 Flügelradgebläse erzeugt, von denen zwei im vorderen Maschinenraum an den Bordseiten, die andern beiden im vorderen Kesselraum in den Nischen auf beiden Sei-

ten des hier allein stehenden 10. Kessels angeordnet sind. Die Gebläse werden von stehenden, öldicht gekapselten Verbund-Dampfmaschinen mit 160 Uml./min angetrieben. Der äußere Flügelraddurchmesser der Gebläse beträgt rd. 4.200 mm. Die Rauchgase sämtlicher Feuerstellen werden in je sechs getrennten Rauchgaszügen zu den beiden vorderen Schornsteinen bis zu 50 Meter über Rostfläche geführt.

Zur Kesselspeisung dienen vier senkrecht stehende Doppelpumpen mit Simplex-Steuerung, Bauart Oddie (Maschinenfabrik Oddesse), die im vorderen Maschinenraum an den Seitenwänden angeordnet sind, von 500 mm Dmr. des Dampfzylinders und 350 mm Dmr. des Pumpenzylinders. Sie saugen aus den Speisewasserschwimmertanks und aus den Kesselspeisewasserzellen im Doppelboden. Die für den Betrieb der Kesselanlage sonst noch erforderlichen Hilfsmaschinen sind in seitlichen, vom Kesselraum in die Kohlenbunker einspringenden Nischen untergebracht. In diesen Nischen befinden sich insbesondere die Hilfsspeisepumpen und die 4 Ascheejektorpumpen mit 180 cbm/st Leistung für die 16 Ascheejektoren. Sämtliche Hilfsmaschinen und Apparate sind so angeordnet und bemessen, daß sie sich gegenseitig unterstützen oder auch völlig ersetzen können. Die Hauptdampfleitung besteht aus vier getrennten Rohrsträngen, von denen je einer den Dampf der Kessel eines der vier Kesselräume in die Hauptmaschinenräume abführt.

Das vordere Maschinenraumschott, an dem sich die Gruppenventile der Hauptdampfleitung befinden, bildet zugleich den Manövrierstand für die Hauptmaschinenanlage. Zum Antrieb des Schiffes dienen 4 Vorwärts- und 4 Rückwärtsturbinen der Bauart Curtis-AEG-Vulcan. Die Gesamtleistung der Turbinen für die Vorwärtsfahrt beträgt bei 16 at

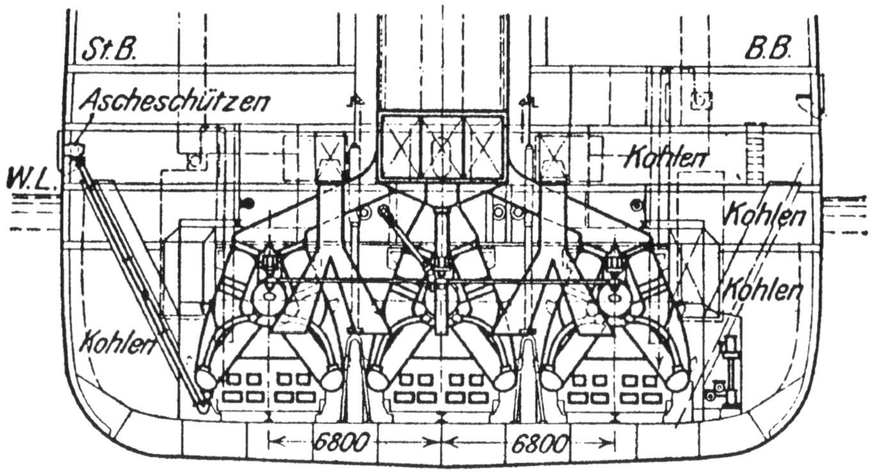

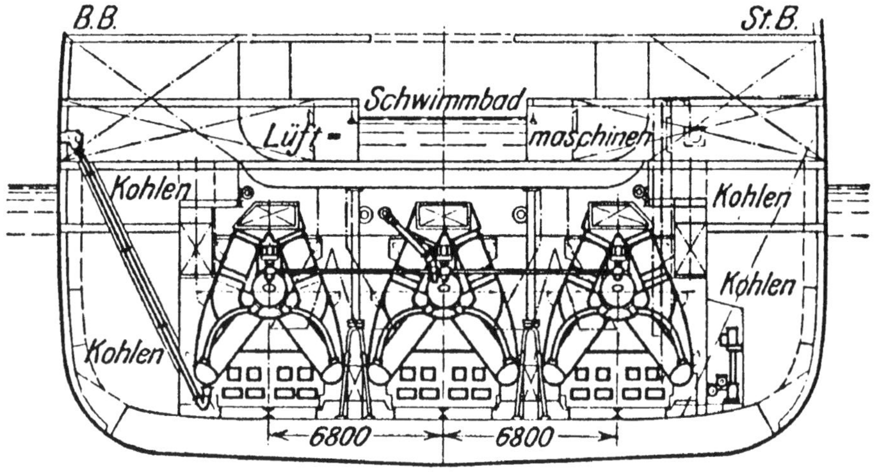

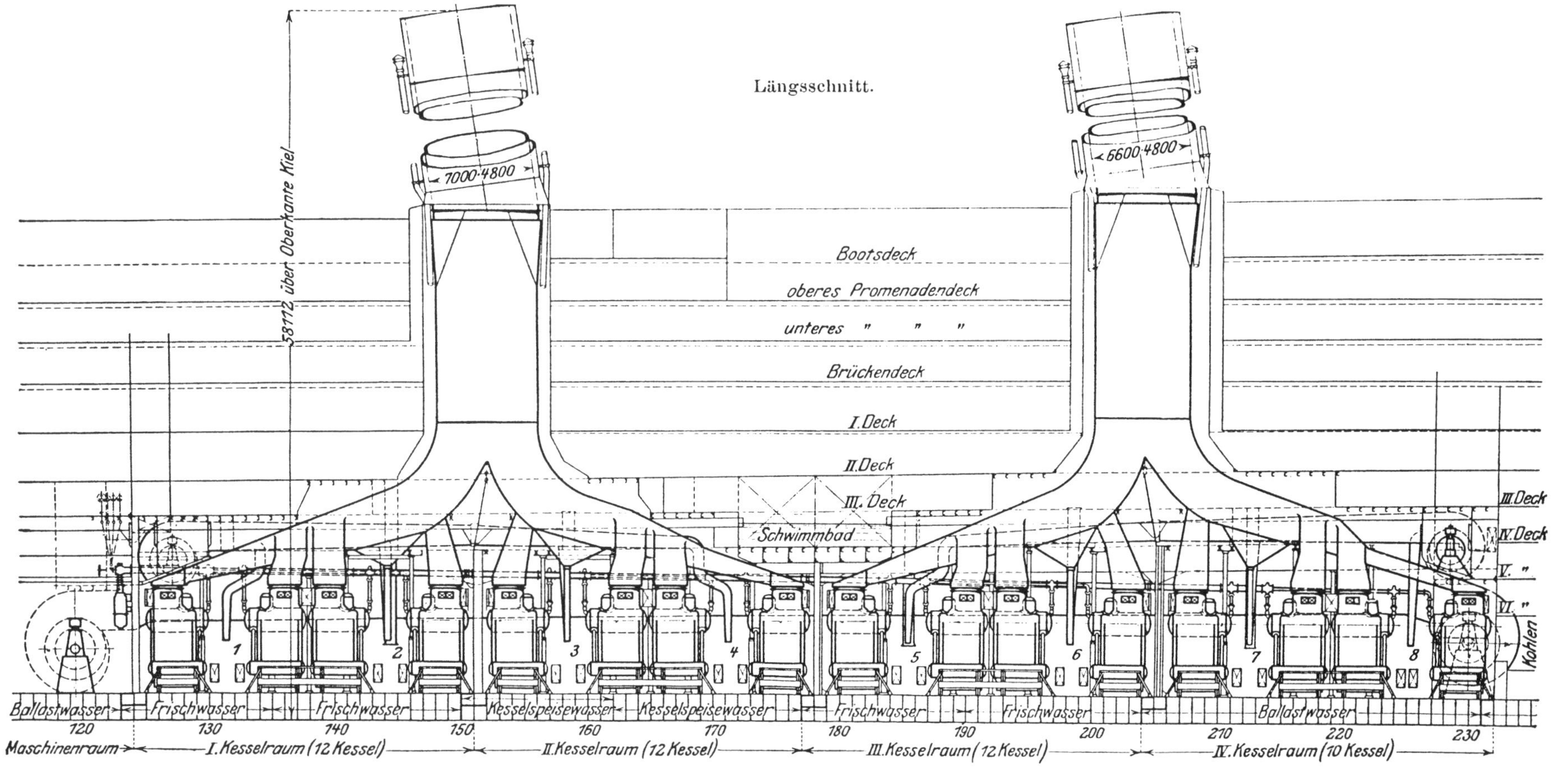

Längsschnitt.

Anordnung der Kessel im Schiffsraum.

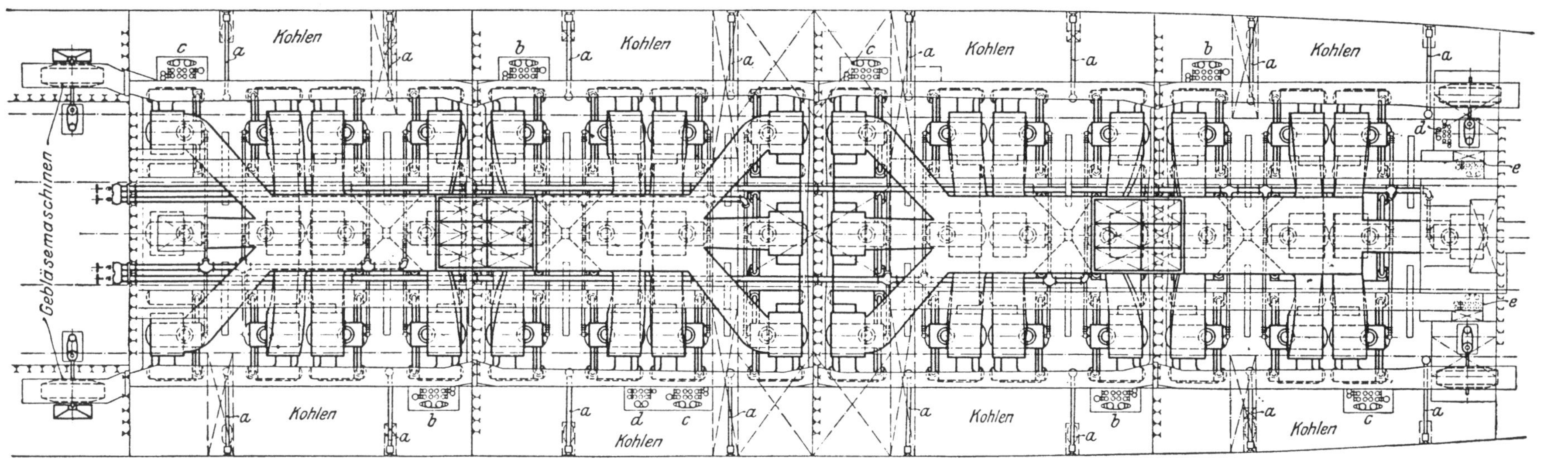

Zeichnungen und Bild Seite 43

Bild oben: Ein Teil der Bullaugen wird nach dem Stapellauf in die Außenhaut eingeschnitten. Der Arbeiter handhabt das Sauerstoff-Wasserstoffgebläse wie einen Zirkel, und durch einfache Linienführung ist die 70 Millimeter starke Platte in kurzer Zeit durchschnitten. Die an dem Ausschnitt erkennbare Stärke erinnert an Panzerplatten von Kriegsschiffen und gibt einen Maßstab für den kräftigen Bau (Vulcan-Werke, Archiv Hapag-Lloyd).

Zeichnungen oben rechts: Querschnitt des Rumpfes bei Spant 150 und Spant 180, von vorn bzw. von hinten gesehen, beim ersten und dritten Kesselraum.

Zeichnungen unten: Die Kesselanlage und -anordnung sowie die Lage der Kohlenhochbunker des »Imperator« in Längs- und Draufsicht (Zeichnungen aus Sonderdruck VDI-Zeitschrift, 1914).

Zeichnungen und Bilder auf dieser Seite

Zeichnungen rechts und Seite 45 unten links: Eine der Niederdruck-Vorwärts-Turbinen (aus: Sonderdruck VDI-Zeitschrift, 1914).

Bild Mitte rechts: Der Rotor der Niederdruck-Vorwärts-Turbine. Auf Stahlwellen drehen Rotoren oder Trommeln, deren jede mit 50.000 Schaufeln versehen ist und ein Gewicht von ca. 2.700 Zentnern besitzt. Die Schaufeln werden vor ihrer endgültigen Befestigung nach Schablonen genau radial ausgerichtet. Der linke im Vordergrund auf der Welle sitzende Ring ist mit messerscharfen Bronzeringen besetzt, die bei einem Spiel von einem Bruchteil eines Millimeters die dampferfüllten Räume gegen die Atmosphäre abdichten. Im Hintergrund ein Teil des Niederdruck-Gehäuses.

Bild unten rechts: Die Trommel der Niederdruck-Rückwärts-Turbine auf der Drehbank in der werfteigenen Werkstatt. Ein Mann kann bequem durch die Löcher der Radscheibe der Trommel steigen (Photos: Atelier L. & A. Schaul, Archiv Hapag-Lloyd).

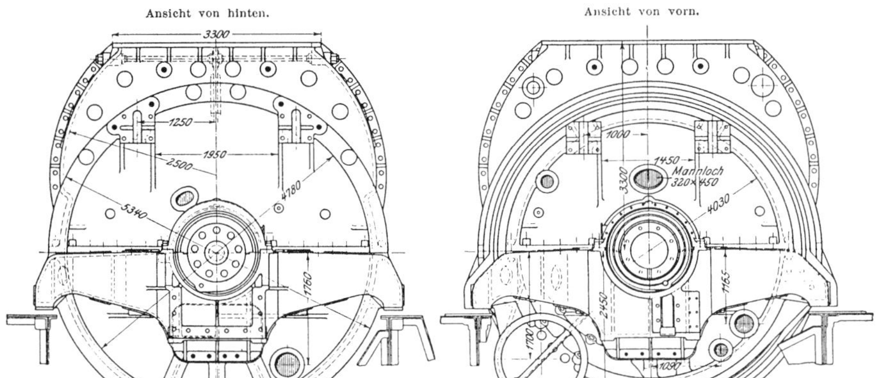

Überdruck in den Kesseln 61.000 PSw, für die Rückwärtsfahrt 33.500 PSw. Durch eine besondere Ausbildung und Anordnung der Einzelturbinen auf den vier Schraubenwellen wurden weitgehende Schaltungsmöglichkeiten bei hoher Wirtschaftlichkeit und eine einfache und übersichtliche Führung der großen Überström-Rohrleitungen erreicht.

Für die normale Vorwärtsfahrt ist das Druckgefälle des Dampfes dreifach unterteilt, so daß der Dampf nacheinander in einer Hochdruck-, einer Mitteldruck- und zwei parallel geschalteten Niederdruck-Vorwärtsturbinen von ungewöhnlich großen Abmessungen arbeitet. Die Einheiten für die Rückwärtsfahrt bestehen aus 2 Hochdruck- und 2 Niederdruck-Rückwärtsturbinen. Im vorderen Maschinenraum ist auf der Backbord-Mittelwelle vorn die Hochdruck-Vorwärtsturbine und hinter ihr eine Hochdruck-Rückwärtsturbine angeordnet, während die Steuerbord-Mittelwelle vorn eine Hochdruck-Rückwärtsturbine und hinter dieser eine Mitteldruck-Vorwärtsturbine trägt. In den hinteren Maschinenräumen befinden sich die Antriebsmaschinen für die beiden Außenwellen, und zwar symmetrisch zur Schiffsmitte auf jeder Seite eine Niederdruck-Vorwärtsturbine und hinter dieser je eine Niederdruck-Rückwärtsturbine.

Die Turbinen der vier Wellen können untereinander auf gleiche Leistung eingestellt werden. Unter anderen Schaltungen ist es auch möglich, jede der Schiffswellen unabhängig von der anderen für sich zu betreiben.

Die Luftanlage der Kesselräume besteht aus 4 Ventilatoren, zwei über dem alleinstehenden Kessel des vordersten Kesselraumes, die beiden anderen über der letzten Kesselgruppe des hintersten Kesselraumes. Die Ventilatoren saugen Frischluft durch Schächte von Deck her an und drükken sie durch Verteilkanäle zu den Heizerständen. Die erwärmte Luft zieht durch die Ummantelung der beiden vorderen Schornsteine ab. Die drei Maschinenräume enthalten je eine Luftmaschine mit Flügelradventilator. Durch eine Anzahl von Druckkanälen wird die Frischluft, welche der Ventilator im vorderen Maschinenraum von der Rückseite des dritten Schornsteines, die Ventilatoren der beiden hinteren Maschinenräume durch Kanäle von Deck her ansaugen, gleichmäßig in die Maschinenräume verteilt. Die heiße Luft der Maschinenräume zieht teils durch einen rings um den Maschinenschacht geführten Schacht in der Ummantelung des hinteren Schornsteines ab, teils wird sie von den hinteren Gebläsemaschinen für die Howden-Zuganlage der Kessel an den heißesten Stellen der Maschinenräume abgesaugt.

Für die Lüftung der sonstigen Schiffsräume sind zahlreiche elektrisch angetriebene Ventilatoren mit insgesamt 87 Elektromotoren von rd. 850 PSw Gesamtleistung vorhanden. Diese saugen oder drücken - je nach dem Zwecke - die Luft durch ein weitverzweigtes Kanalnetz, dessen einzelne Zweige mit Regelschiebern versehen sind. Die Belüftung der größeren Gesellschaftsräume und der Kühlräume wird durch eine Ozonanlage unterstützt. Den gleichfalls an die Ozonanlage angeschlossenen Klosetträumen wird das Ozon durch eine besondere Leitung zugedrückt und dort durch einen Fächerventilator fein verteilt.

Die Heizungen der Schiffsräume werden mit auf 3 at gedrosseltem Dampf aus der Hilfsdampfleitung gespeist. Nur einzelne Kammern der ersten Kajüte sind mit einer leicht regelbaren elektrischen Heizung versehen (Auszug aus einer Veröffentlichung der VDI-Zeitschrift, 1914).

Bild oben rechts: Der Bauzustand Anfang Dezember 1912. Die oberen Decks sind bereits aufgebaut (Vulcan-Werke, Hapag-Lloyd).

Bild links Mitte: Während der Riesendampfer am Kai der Hamburger Vulcan-Werft liegt, arbeiten Tausende von Menschen an seiner Fertigstellung. Die Decksaufbauten nehmen täglich an Höhe und Ausdehnung zu. Das Bild veranschaulicht den Moment, in dem eine der Niederdruck-Rückwärtsturbinen vom 200 Tonnen tragenden Kran ins Innere des Schiffes gesenkt wird.

Bild unten Mitte: Eine Niederdruck-Vorwärtsturbine. Die Gehäusemäntel der Turbinen aus Guß haben fast 5,5 Meter Durchmesser und eine Länge von ca. 7,5 Meter. In einem einzigen Turbinenmantel werden ca. 15.000 PS erzeugt. Zur Weiterleitung dieser Maschinenkräfte dienen Schraubenwellen von fast ½ Meter Dicke.

Bild unten rechts: Der riesige Bug des »Imperator« ragt am Baukai der Werft hervor. Links der 10-Tonnen-Drehkran auf einer Gleisanlage (Photos: Atelier L. & A. Schaul, Archiv Hapag-Lloyd).

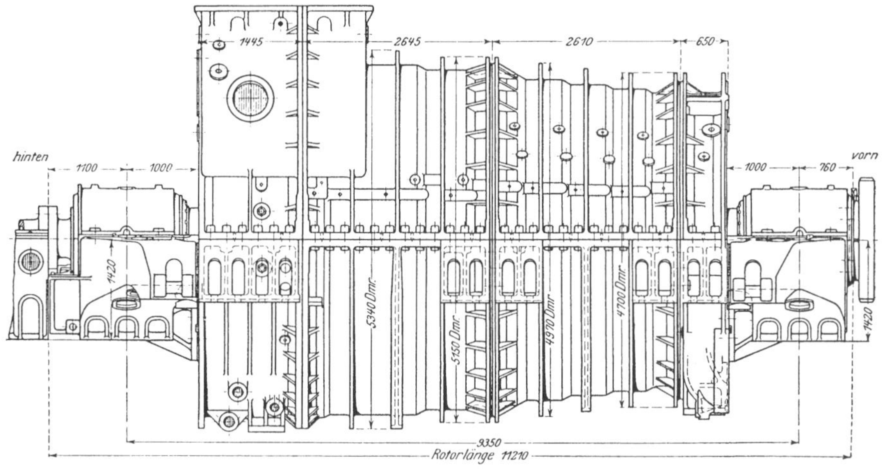

Der Vierschrauben=Turbinen=Schnelldampfer „Imperator“,

gebaut von den Vulcan=Werken, Hamburg und Stettin.

Anordnung der Turbinenanlage.

1 : 33, 3.

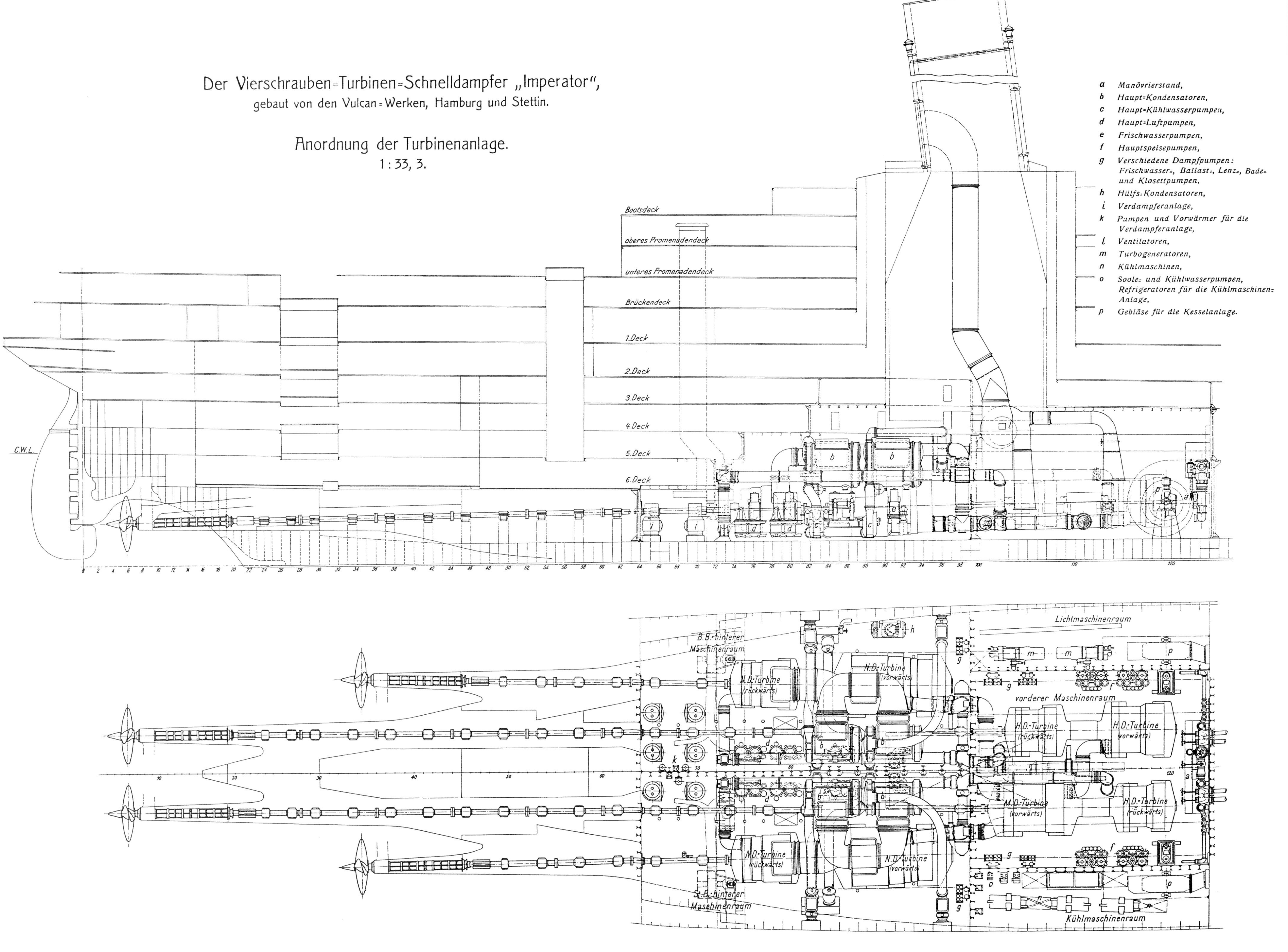

- *a* Manövrierstand,
- *b* Haupt=Kondensatoren,
- *c* Haupt=Kühlwasserpumpen,
- *d* Haupt=Luftpumpen,
- *e* Frischwasserpumpen,
- *f* Hauptspeisepumpen,
- *g* Verschiedene Dampfpumpen: Frischwasser=, Ballast=, Lenz=, Bade= und Klosettpumpen,
- *h* Hülfs=Kondensatoren,
- *i* Verdampferanlage,
- *k* Pumpen und Vorwärmer für die Verdampferanlage,
- *l* Ventilatoren,
- *m* Turbogeneratoren,
- *n* Kühlmaschinen,
- *o* Soole= und Kühlwasserpumpen, Refrigeratoren für die Kühlmaschinen=Anlage,
- *p* Gebläse für die Kesselanlage.

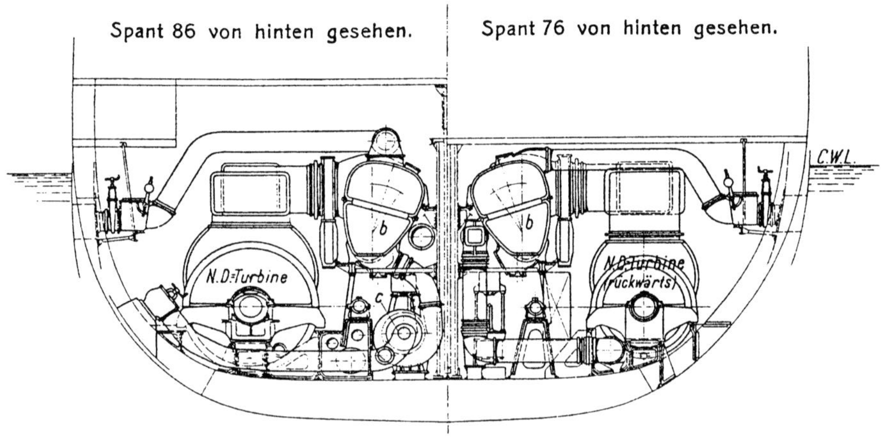

Zeichnung Seite 46

Die Turbinenanlage des »Imperator« mit vorderem und hinterem Maschinenraum, Lichtmaschinen- und Kühlmaschinenraum.

Bilder und Zeichnung auf dieser Seite

Zeichnung links: Lage der Niederdruck-Vorwärts-Turbine bzw. Niederdruck-Rückwärtsturbine (Sonderdruck VDI-Zeitschrift, 1914).

Bild oben: Die über 5 Meter messenden Schiffsschrauben auf dem Ausrüstungsgelände der Werft sind in einem Stück hergestellt.

Bild unten: Das Einsetzen der Propeller in die Welle erfolgt auf einem Holzgerüst. Mit Hilfe einer der mächtigen Werftkräne wird die Welle langsam von oben eingeführt. Die Bekleidung mit Holzleisten dient zum Schutze der blank bearbeiteten Oberflächen. Die scharfen Propellerkanten sind noch durch Blechstreifen geschützt (Photos: Vulcan-Werke, Archiv Hapag-Lloyd).

Die Hoch- und Mitteldruckturbinen des »Imperator« arbeiten an den Innenwellen, die zwei Niederdruckturbinen an den Außenwellen. Die Gesamtkesselheizfläche beträgt 18.860 qm, die Gesamtkesselrostfläche 350 qm, der Dampfüberdruck 16 Atm; vier Howdengebläse von 4,2 Meter Flügelraddurchmesser drücken die vorgewärmte Luft durch 4,2 qm große Kanäle unter die Kesselfeuerungsroste. Vier Ascheejektorpumpen von 180 cbm stündlicher Leistung, 16 weitere Ascheejektoren, sechs Aschewinden und drei Aschekühlventile vermitteln die Aschefortschaffung. Vier Speisewasserreiniger, zwei Dampfentöler, vier Vorwärmer und drei Verdampfer - letztere von je 100 t Leistung in 24 Stunden - dienen der Reinigung, Erwärmung und Ergänzung des Kesselspeisewassers: Vier Haupt- und vier Hilfsspeisewasserpumpen finden für die Ausspeisung der Kessel Verwendung.

Zur Versorgung des Schiffes mit Licht und Kraft befindet sich in dem B.-B.-Seitenraum des vorderen Maschinenraumes ein zweistöckiges elektrisches Kraftwerk. In dem oberen Stock befinden sich drei, in dem unteren Stock zwei Turbo-Gleichstromdynamos von je 220 kW Leistung und die gemeinsame Schalttafel, welche - entsprechend der vielseitigen Verwendung der Elektrizität an Bord des Schiffes - eine große Anzahl von Schaltern und Apparaten enthält.

Für die zu kühlenden Räume sind 3 gleich große doppeltwirkende Kohlensäure-Kältemaschinen von je 80.000 WE Leistung in dem Steuerbord-Seitenraum des vorderen Maschinenraums aufgestellt. 4 senkrechte Dampfpumpen fördern die hier erzeugte Kühlsohle in die Provianträume, Laderäume, Kühlschränke, Trinkwasserkühler usw., an deren Wänden und Decken die Sohle durch ein Netz von feuerverzinkten nahtlosen Rohren geführt wird.

Die an die Turbinenwellen sich anschließenden Wellenleitungen haben einen kleinsten äußeren Durchmesser von 452 mm. Der Kern ist auf 200 mm ausgebohrt. Die Wellen laufen in Lagern aus Gußeisen; die Unterteile der Lager sind mit Weißmetall ausgegossen. Die Lager sind für Druckölschmierung und zur Aushilfe für Tropfölschmierung sowie für mittelbare Wasserkühlung eingerichtet. Zwei Dampf-Zwillingspumpen im Hauptmaschinenraum versorgen die Lager der Wellenleitungen mit Drucköl. Die Wellenstücke, welche die Schrauben tragen, sind voll und haben im Stevenrohr 480 mm Durchmesser. Die gußeisernen Stevenrohre sind mit Rücksicht auf ihre große Länge zweiteilig. An beiden Enden haben die Stevenrohre 20 mm starke, mit Pockholz ausgefüllte Metall-Laufbüchsen. Um mit Sicherheit zu verhüten, daß Sand und Schmutz in die Lagerstellen der Stevenrohre eindringen und die Lager sich abnutzen, ist für die Revierfahrt unter Umgehung dieser Lagerstellen eine Druckwasserspülung vorgesehen, mit der am Wellenaustritt rings um die Welle ein Wasserschleier erzeugt wird. Um zu verhindern, daß die Stevenrohrlager während dieser Zeit trocken laufen, werden sie von einer besonderen Schmierwasser-leitung aus geschmiert. Für die Ozeanfahrt, bei der eine Verunreinigung der Stevenrohrlager ausgeschlossen ist, tritt der übliche absperrbare Seewasser-Überlauf nach dem Tunnelinnern in Tätigkeit.

Die Schrauben sind vierflügelig und mit der Nabe aus einem Stück in Manganbronze hergestellt und sorgfältig ausbalanciert. Die Nabe ist auf dem Wellenkegel wasserdicht gegen die Welle abgeschlossen, durch eine Feder gegen Verdrehen gesichert und mittels einer starken, schmiedeeisernen Mutter auf der Welle befestigt. Zum Schutze dieser Mutter ist die Nabe mit einer gußeisernen Kappe versehen.

Zeichnung
außerhalb
schrift, 191

Bild unten:
100-Tonnen
Hintersteve
1.800 Zentr

Die
Atlas-Werk
eingebaut.
zylindrige
bei 10 at B
der in 30 S
des Ruder
Seite. Das
Platte von
geschrump
steht aus
waagerech
bolzen ver
schen die
lastet. Die
im Bereich
verdickt. D
Auf den Er
bar der K
Spiralfeder
Ende des
Schäkel fü

Die
vorderen B
samem Be
zwischen
trennte Ax
die Leitung
wodurch e
schine zu
Rudermas
aufgestellt

Am 31. März 1913 geht der »Imperator« zum ersten Male ins Dock. Man benutzt dafür das Dock V von Blohm & Voss, welches 1907 mit einer Hebefähigkeit von 46.000 Tonnen in Betrieb genommen wurde. Es wird jetzt mit einer Sektion des Docks IV gekoppelt und bei einer Tragfähigkeit von fast 80.000 Tonnen kann das Schiff mühelos angehoben werden (Vulcan, Archiv Hapag-Lloyd).

Bild Seite 50: Gezogen und dirigiert von den Schleppern »Schulau«, »Brunshausen«, »Kuhwärder«, »Kirchenwerder«, dem neuen starken Schlepper »Wendemuth« und den Dampfern »Stade« und »Expedient« wird »Imperator« vom Roßhafen zum Dock verholt. Rechts die Einfahrt zum Kuhwärder-Hafen. Die Rettungsboote auf dem Oberdeck fehlen noch (G. Koppmann & Co, Archiv Hapag-Lloyd).

Bild unten: Das zusammengesetzte Dock am Werftgelände von Blohm & Voss ist geflutet und der »Imperator« genau ausgerichtet. Durch Lenzen und unter gewaltigem Qualm des Pumpenantriebes wird der Dockkasten mit dem Schiff aus dem Wasser gehoben (Altonaer Museum/Archiv Deutsches Schiffahrtsmuseum).

Bilder auf den Seiten 52 und 53

Bilder Seite 52

Bild oben links: Mit Pferdefuhrwerken werden im April 1913 neue riesige Fender, vorgesehen als Puffer zwischen dem »Imperator« und den Kaianlagen, von der Korbwarenfabrik angeliefert.

Bild rechts: Anbringung des Unterwasseranstrichs im Dock. Deutlich wird die gewaltige Konstruktion des Ruderblattes im Größenverhältnis zu den Werftarbeitern.

Bild unten links: Die Bugverzierung - ein Entwurf des Berliners Bruno Kruse - und der gewaltige Stockanker des »Imperator«. Nach Bekanntgabe des Datums für den Stapellauf des mit 277 Meter längsten und größten Schiffes der Welt reagiert die Konkurrenz sofort. „Die in Kürze fertiggestellte »Aquitania«", so läßt die Cunard Line die erstaunte Öffentlichkeit wissen, „wird 30 Zentimeter länger sein." Die prompte Antwort aus Hamburg ist der überdimensionierte acht Meter messende Bronzeadler mit Kaiserkrone und ausgebreiteten Schwingen. Damit bleibt das neue Flaggschiff der deutschen Flotte ungeschlagen und um 2,70 Meter länger als der britische Widersacher. Die Weltkugel in den Fängen des Adlers am Bug des »Imperator« trägt die Aufschrift: „Mein Feld ist die Welt". Nach drei Fahrten reißt eine riesige Atlantikwoge einen Flügel herunter. Der Bug wird umgestaltet und dem »Vaterland« angeglichen (Photos: Vulcan, Archiv Hapag-Lloyd).

Bild Seite 53

Der erste deutsche Vierschrauben-Turbinen-Schnelldampfer ist fast fertig und wird im April 1913 vor der Bauwerft von Schleppern gedreht. Der weiße Anstrich beginnt noch beim Brückendeck (D-Deck). Bei der ersten Ausreise ist der Rumpf bis hierhin schwarz bemalt. Über 80 Rettungsboote, mehr als für alle Passagiere und die gesamte Mannschaft nötig wären, werden über die oberen Decks verteilt sein. Eine zusätzliche Flotte von Schiffen wird also auf dem Dampfer sein (Vulcan-Werke, Archiv Hapag-Lloyd).

Am 31. März 1913, ungefähr 10 Monate nach seinem feierlichen Stapellauf, konnte man den Dampfer »Imperator« den Kai seiner Erbauer, der Vulcan-Werke in Hamburg, verlassen sehen, um im Tau von vielen starken Schleppern nach dem größten Dock der Hamburger Werft von Blohm & Voss verholt zu werden. Noch fehlt einer der drei mächtigen Schornsteine, die zur wesentlichen Charakteristik des Schiffes gehören. Stürmisches Wetter hatte verhindert, den dritten Schornstein noch vor der ersten Ausfahrt an Deck zu heben. Auch der bronzene Adler fehlt am Bug.

Das interessante Bildwerk läßt die Idee der alten Galionsfiguren von neuem aufleben, nur daß wohl noch niemals ein Schiffsrumpf in früheren Zeiten eine so mächtige Ausdehnung gehabt haben dürfte. Der mit der Kaiserkrone geschmückte Adler, von Professor Bruno Kruse, Berlin, modelliert, mißt nämlich vom Schnabel bis zur Flügelspitze 8 Meter, und in der Längsausdehnung des Schiffes fügt er fast 3 Meter hinzu, so daß der ganze Schiffskörper, einschließlich des Adlers, 280,06 Meter erreicht. Es fehlen dem Schiff jetzt noch die vier mächtigen Schrauben, die ihm zur Fortbewegung verhelfen.

Diese an die Stümpfe der Propellerwellen anzusetzen ist der Zweck der Dockung. Das Dock von Blohm & Voss mit einem Leerraum von 46.000 Tonnen mußte, um diesen Riesen aufnehmen zu können, noch durch eine Sektion eines weiteren Docks verlängert werden. Keine Photographie vermag eine volle Anschauung solcher Mächtigkeit zu geben; man muß diesen Koloß in Wirklichkeit gesehen, den unvergeßlichen Eindruck dieser Größe mit eigenen Augen ganz in sich aufgenommen haben (aus einer Schrift der Hamburg-Amerika Linie).

Schiffs-Rohrfender. Handarbeit
bestimmt für die Hamburg-Amerika-Linie Dampfer „Imperator"
Fabrikant J.M.W. Heitmann. Korbwarenfabrik Hamburg

	»Imperator«	»Olympic«	»Aquitania«
Jahr der Fertigstellung	*1913*	*1911*	*1914*
Erbauer	*Vulcan-Werke*	*Harland & Wolff*	*John Brown & Co.*
Eigentümer	*Hamburg-Amerika Linie*	*White Star Line*	*Cunard Line*
Länge über alles m	*280,30 (mit Bugverzierung)*	*269,23*	*274,60*
Länge zwischen den Loten	*268,22*	*259,00*	*-*
größte Breite	*29,87*	*28,00*	*29,57*
Brutto-Tonnengehalt t	*51.000*	*45.000*	*47.000*
Tiefgang, beladen m	*10,82*	*10,52*	*10,37*
Wasserverdrängung t	*57.000*	*52.800*	*50.000*
Art der Maschinen	*Curtis-AEG-Vulcan-Turbinen*	*Kolbenmaschinen und Abdampfturbinen*	*Parson-Turbinen*
Anzahl der Schrauben	*4*	*3*	*4*
Maschinenleistung PSe	*61.000*	*46.600*	*61.000*
Geschwindigkeit Kn	*22,5*	*21*	*23*
Fahrgäste:			
I. Klasse	*706*	*730*	*660*
II. Klasse	*611*	*560*	*698*
III. Klasse und Zwischendeck	*2.732*	*1.200*	*1.900*
Mannschaften	*1.178*	*856*	*972*
Gesamtzahl der an Bord befindlichen Personen	*5.227*	*3.346*	*4.230*

Darstellungen auf dieser Seite

***Links:** Eine Aufstellung in der Zeitschrift des Vereins Deutscher Ingenieure aus dem Jahrgang 1914 mit einem technischen Vergleich der neuen Passagierschiffe Deutschlands und Großbritanniens, der Konkurrenten auf dem Nordatlantik.*

***Unten:** Der entsprechende Auszug für das neue Schiff aus dem Register des Germanischen Lloyd von 1914.*

Bild Seite 55

Einige Tage vor der ersten Ausfahrt wird der »Imperator« vom Ausrüstungskai der Vulcan-Werft von Schleppern verholt. Im Hintergrund das Werftgerüst von Blohm & Voss. Der Leuchtturm steht auf dem Kaiser-Wilhelm-Höft, davor liegt der Kaiser-Wilhelm-Hafen, der ausschließlich von der Hamburg-Amerika Linie genutzt wird. Von den 83 Rettungsbooten des »Imperator« - viermal soviel wie auf der »Titanic« - fehlen noch einige. Der Neubau ist ein Bauobjekt von 30 Millionen Mark geworden, für den „Vulcan" ist es aber ein Verlustgeschäft von ca. 4 Millionen Mark. Während der »Imperator«-Bauzeit ist die Belegschaft der Werft auf 7.000 bis 8.000 Mann angestiegen, bereits im Sommer 1914, beim Bau des griechischen Schlachtschiffes »Salamis«, sinkt die Mitarbeiterzahl auf ca. 4.000 Mann (G. Koppmann & Co, Archiv Hapag-Lloyd).

Auszug aus dem Register / Extract from Register Book 1914

Imb—Inf DAMPFER

1 Nummer, Signal / No. & Signal-Letters	2 Namen von Schiff, Kapitän (Jahr der Übernahme der Schiffsführung), Reeder und Heimatsort / Names of the Ship, Master (Year when ship taken over), Owners and Port where the Ship belongs to	3 Klasse Anfang der Klasse, Datum der letzten speziellen Besichtigung, Ort und Datum der letzten Besichtigung und der Reparaturen / Character dated from ___, Date of last Special Survey, Place and Date of last Survey and of the Repairs	4 Fahrtzeichen, Eisverstärkung, Freibord / Navigation-Mark, Ice-Class, Freeboard amidships	5 Flagge, Gattung und Takelung / Flag, Description and Rig	6 Tonnengehalt brutto, netto, unter Deck Anker und Ketten / Registered Tonnage Gross, Net, Under Deck. Anchors and Chains.	7 Datum des Stapellaufs, Bauort, Bauwerft, Baumaterial etc. / When and where launched, Builders, Building Materials, &c.	8 Registr. Länge, Breite, Tiefe m / Fuß engl. (Regist. Length, Breadth, Depth. in meters / in feet)	9 Quarterdeck, Hütte, Brückenhaus, Back etc. m / Fuß engl. (Quarter-deck, Poop, Bridge-House, Forecastle &c. in meters / in feet)	10 Seitenhöhe m / Fuß engl., Anzahl der Decks (Moulded Depth in meters / in feet, No. of Decks)
9 RJTL	**Imbros** (ex Pelotas) H. Philipp 12 Deutsche Levante Linie Hamburg	✠100A4 8. 09. bv.4.09. Hamburg 9.09.sp.V.I.	L[E]	D. 2m. ↕	2380 1527 2105 ⚓ a1.27	7.93. Howdon o/T., Edwards Shipb. Co. Ld. St. 5I WB=dB PT Cem.	85.18 / 279.5 11.57 / 38.0 7.10 / 23.3	P 6.00 / 19.7 B 23.00 / 75.5 F 10.66 / 35.0	7.93 / 26.0 2&RSp.
11 RSTK	**Imperator** H. Ruser 13 Hamb.-Amer. Packetf.-A.-G. Hamburg	✠100A4 6. 13. Hamburg 6. 13.	[E]	D. ** ** 2m.	52117 23881 36271 ⚓	5.12. Hamburg, Vulcan-Werke A.-G. bei 11.28 / 37.0 Tfg. St. 2I 10I WB=dB 2PT Cem. Elekt.L.	269.10 / 882.9 29.97 / 98.3 17.40 / 57.1	B 26.35 / 86.5 B 147.05 / 482.5 F 41.60 / 136.5	18.90 / 62.0 5½
12 JFKQ	**Imperator** Th. Schultz 11 StettinerDampfsch.-Ges. J. F. Braeunlich G. m. b. H. Stettin	✠100A4 mit Freibord 6. 13. Stettin bv.5.13.sp.V.I.	K[E] 0.11 / 0.4	D. ** GS.	1079 450 915 ⚓ a1.21	3.97. Stettin, „Oderwerke" A.-G. St. 6I WB=pt.dB 7.20 / 23.6 2PT Cem. Elekt.L.	66.68 / 218.8 10.02 / 32.9 5.89 / 19.3	DH 5.54 / 18.2 " 36.60 / 120.1	4.00 / 13.1 2½ (HrD.)

DAMPFER Imb—Inf

11 Nummer / No. in Book	12 Klasse Anfang der Klasse, Datum der letzten speziellen Besichtigung, Ort und Datum der letzten Besichtigung und der Reparaturen / Character dated from ___, Date of last Special Survey, Place and Date of last Survey and of the Repairs	13 Maschine: Baujahr, Bauort, Erbauer, System, Indizierte Pferdestärken / Engines: When and where built, Makers, System, Indicated Horse Power.	14 Zylinder: Anzahl / Cylinders: Number	15 Durchmesser mm / Zoll engl. (Diameters in mm / in inches)	16 Hub mm / Zoll engl. (Stroke in mm / in inches)	17 Dampfdruck in kg p. qcm u. lbs. p. □" engl. / Working Pressure in kg per sq. cm, in lbs per sq. inch	18 Gesamt: Heizfläche, Rostfläche qm. / □Fuß engl. (Total: Heating Surface, Grate Surface in sq.met. / in sq.feet)	19 Hauptkessel: Baujahr, Bauort, Erbauer, System, Material, Künstl. Zug etc. / Boilers: When and where built, Makers, System, Material, Artificial Draught &c.	20 Anzahl der Kessel / Number	21 Hülle: Länge m / Fuß engl. (Shell: Length in meters / in feet)	22 Durchmesser m / Fuß engl. (Diameter in meters / in feet)	23 Anzahl und Durchmesser d. Feuer mm / Zoll (Number and Diameter of Furnaces in mm / in inches)	24 Hilfskessel: Dampfdruck u. Heizfläche / Donkey-Boiler: Working Pressure and Heating Surface
9	✠MC 8. 09. 9.09.sp.V. Hamburg vPS.7.11.	93. Sunderland, George Clark Ld. Southwick Eng. Works III Expans. 1000	1 1 1	533 / 21.0 864 / 34.0 1422 / 56.0	991 / 39.0	11.2 / 160	282.0 / 3036	93. Sunderland, George Clark Ld. Southwick Eng. Works St. pr.8.06.	2	3.12 / 10.2	4.04 / 13.3	4 1181 / 46.5	5.6 / 80 40.9 / 440
11	✠MC. 6. 13. Hamburg 6. 13.	13. Hamburg, Vulcan-Werke A.-G. Turbinen 76250				16.0 / 228	18860.0 / 203009 349.6 / 3763	12. Stettin, Vulcan-Werke A.-G. *Wasserrohrkessel*	46			138	
12	✠MC 6. 13. Stettin vPS.5.13.sp.V.	97. Glasgow, Lond. & Glasg. Eng. Co. III Expans. 1800 nPS(BB)11.06.	2 2 2	419 / 16.5 660 / 26.0 1067 / 42.0	610 / 24.0	12.0 / 171	450.0 / 4844	97. Stettin, „Oderwerke" A.-G. St. pr.5.09.	4	3.14 / 10.3	3.29 / 10.8	8 1050 / 41.3	

1744

Bild Seite 57

»Vaterland« am 6. Juni 1914 in der Elbmündung (Archiv Blohm+Voss).

»VATERLAND«

Bereits kurz nach der Vergabe des Auftrages für den »Imperator« kam es zu einem heftigen Wettbewerb zwischen den Werften von „Vulcan" und Blohm & Voss. Es ging um die Bestellungen für zwei Schwesterschiffe. Während man sich beim Vulcan zunächst keine Gedanken machte - man war ja gut im Geschäft mit dem Hapag-Neubau und hatte, ganz im Gegensatz zu dem Nachbarn auf der anderen Wasserseite, bereits erste Erfahrungen im Großschiffbau gesammelt -, arbeiteten die Ingenieure und Kaufleute von Blohm & Voss gezielt an ihrem Angebot und beschritten dabei Neuland, wie bei so vielen Schiffen vorher.

Für beide Passagierdampfer schlugen sie vor, die Rohre der Rauchfänge nicht in der Schiffsmitte nach oben zu führen, sondern an die seitlichen Bordwände zu verlegen und erst vor Einmündung in die beiden Schornsteine wieder zu vereinen. Dadurch konnte in den oberen Decks viel Platz gewonnen werden, der besonders dem Komfort der Passagiere der ersten, zweiten und dritten Klasse zugute kam. Außerdem konnte die Luft in den großzügig gehaltenen Räumen besser zirkulieren. Auch bei einigen anderen Konstruktionsmerkmalen gingen die Schiffbauer von Blohm & Voss andere Wege als der Vulcan.

Auf „Steinwärder", wie sich die Elbinsel damals schrieb, hatte man schon zahlreiche Schiffe für die größte Reederei der Welt gebaut. Ballin schätzte diese Schiffe und hatte Vertrauen zu den beiden Werftinhabern. Und da sich preislich keine bedeutenden Unterschiede ausmachen ließen, erteilte die Hapag der Werft Blohm & Voss den Auftrag zum Bau von zwei Vierschrauben-Schiffen. Sie sollten jeweils im Frühjahr 1914 und 1915 abgeliefert und in Dienst gestellt werden. Auch sie sollten als Antrieb Dampfturbinen erhalten, die sich beim Marineschiffbau für größere Einheiten bereits durchgesetzt hatten. Der Wettlauf zwischen den beiden Werften war entschieden. Während man bei Blohm & Voss zufrieden sein konnte, war die Enttäuschung beim Vulcan groß, hatte man doch fest mit dem Auftrag gerechnet. Denn das Unternehmen hatte beträchtliche Beträge in die Entwicklung des »Imperator« und möglicher Schwesterschiffe investiert.

Doch bevor es zur Unterschrift Albert Ballins unter die Verträge mit Blohm & Voss kam, mußte eine Begebenheit aus der Welt geschafft werden. Als Hermann Blohm am Jahresende 1911 mit dem Hapag-Generaldirektor den Kontrakt abschließen wollte, erwies sich Ballin als ein harter Verhandlungspartner. Blohm & Voss hatte wegen der Kosten für das Heben eines an der Werftpier gekenterten Schiffes eine Klage gegen die Hapag erhoben - mit Erfolgsaussichten. Doch jetzt zeigte sich Ballin von einer eher unangenehmen Seite. Er erklärte dem verdutzten Blohm, das Dokument nur zu unterschreiben, wenn die Klage zurückzogen würde. Es ging immerhin um 200.000 Mark. Der Schiffbauer Blohm beugte sich zähneknirschend, wollte er doch beweisen, daß auch Blohm & Voss schwimmende Paläste bauen konnte.

Der Kiel für den zweiten „dicken Dampfer" wurde im September 1911 bei Blohm & Voss gelegt, während beim Vulcan das Typschiff »Imperator« seiner Vollendung entgegenging. Als der »Imperator« schließlich von der Helling ablief, stand der Nachbau bereits in den Spanten. Am 3. April 1913 glitt der »Vaterland« in sein Element. 31.000 Tonnen Stahl und Eisen waren bis dahin verarbeitet worden.

Die Euphorie über den ersten Bauauftrag schlug bei den Verantwortlichen des Vulcan bald in Enttäuschung um. Das Schiff brachte der Werft zwar weltweit Prestige ein, doch bei der finanziellen Abwicklung mußten die Verantwortlichen schon bald feststellen, daß sich der »Imperator« nicht rechnete. Und so war man im nachhinein bei Blohm & Voss gar nicht unglücklich, beim ersten Schiff nicht zum Zuge gekommen zu sein.

Beim Bau des »Imperator« hatten die bauaufsichtführenden Inspektoren der Hapag eine Reihe wichtiger Erfahrungen sammeln können, die jetzt in den zweiten Großpassagierschiff-Neubau einflossen. Wie bereits erwähnt, hatten die Ingenieure von Blohm & Voss die revolutionäre Idee, die Abgasschächte zu den Schornsteinen nicht mittschiffs, sondern seitlich nach oben zu führen. Dadurch ergaben sich in den Aufbaudecks in Längsrichtung 150 Meter lange unverbaute Räumlichkeiten. Diese konnten für großzügige Salons und Restaurants genutzt werden.

Der »Vaterland« brachte es letztendlich auf 54.282 BRT. Als der Dampfer zur Jungfernfahrt auslief, war es das größte Passagierschiff, das jemals unter deutscher Flagge fuhr. Die Aufwendungen für die Ausstattung des zweiten der drei „dicken Dampfer" Ballins wurden noch gesteigert. Aus den Erfahrungen beim Bau des »Imperator« ergaben sich dabei im wesentlichen nur wenige Veränderungen. So wurde unter anderem die Klimaanlage verfeinert, um den Reisenden noch mehr Komfort zu bieten. Die Räumlichkeiten für die Zwischendeckspassagiere, die auch schon auf dem Vorgänger erheblich großzügiger gestaltet worden waren, wurden verbessert - mehr Platz und mehr Licht sowie bessere Luft unter Deck. Die Sicherheitsvorrichtungen waren ähnlich denen des Schwesterschiffes ausgebildet. Die Besatzung des neuen Schiffes bestand aus insgesamt 1.234 Personen.

»VATERLAND« IM BAU

Welch hohe Anforderungen der Bau eines Schiffes von den Dimensionen des »Vaterland« selbst an eine mit allen damaligen Neuerungen ausgestattete Werft stellte, geht in recht anschaulicher Weise aus den Abbildungen hervor. Als im September 1911 der Kiel des Dampfers gelegt wurde, da galt es innerhalb eines Zeitraumes von 18 Monaten über 31 Millionen Kilogramm Stahl und Eisen zu einem riesenhaften Schiffsrumpf zusammenzufügen. 31 Millionen Kilogramm, also einige Millionen Kilogramm mehr als die größten völlig ausgerüsteten, gepanzerten und armierten deutschen Schlachtschiffe, wiegt dann das Schiff allein schon beim Stapellauf.

Gegen 1.800 Arbeiter sind in dieser Zeit auf der Werft Tag für Tag an dem Neubau beschäftigt, um den gewaltigen Rumpf von ca. 290 Meter Länge, 30,5 Meter Breite und über 19 Meter Höhe in mühevoller Arbeit entstehen zu lassen. Über 3 Millionen Nieten, je 2½ Kilogramm schwer, mußten einzeln eingezogen werden, um die unzähligen Teile dieses stählernen Riesen zu einer widerstandsfähigen Einheit zu fügen. Allein schon der schier unabsehbare Kiel, der auf den zahlreichen Stapelklötzen aus starken Blechen und Winkeln errichtet wurde, stellte ein Meisterwerk des modernen Stahlschiffbaues dar. Von ihm aus erstreckten sich die Spanten quer bis zum obersten Deck, damit das Gerippe bildend für den Riesenleib des Fahrzeuges, in dessen glänzend ausgestattetem Innern später 5.000 Menschen genügend Licht, Luft und Raum finden sollten.

Hoch oben in luftiger Höhe schweben die elektrisch betriebenen Kräne mit beängstigender Geschwindigkeit hin und her, hier eine Platte vom Erdboden abhebend und zur Verwendungsstelle befördernd, dort kräftige Rippen in das Innere des ständig wachsenden Rumpfes verschwinden lassend. An allen Orten, innen und außen, hoch oben und unten, sind Dutzende von knatternden Preßlufthämmern dabei, glühende Nieten breitzuschlagen, mit scharfem Meißel Bleche abzuschrägen und die Nietnähte sorgfältig zu verstemmen. Stellenweise sind Nieten von 25 Millimeter und mehr Durchmesser erforderlich. Diese Nieten lassen sich durch die Handhämmer zweier Arbeiter nicht genügend schnell und fest zusammenschlagen. Sie würden erkalten, bevor die Hälfte der Arbeit getan ist: schwere hydraulische Pressen, die mit Druckwasser arbeiten, kommen deshalb zur Anwendung, um die Nieten schnell, sauber und fest in die Löcher der zu verbindenden Teile zu pressen.

Mit dem Wachstum des Rumpfes hält das den Schiffsleib umschließende Baugerüst gleichen Schritt. Während sich außen Spant an Spant, Platte an Platte fügt, spannen fleißige Hände im Innern die starken Längs- und Querwände, damit eine Anzahl voneinander getrennter Kammern schaffend. Wird nach dem Zerstören der Außenhaut bei einem Zusammenstoß eine von diesen Kammern unter Wasser gesetzt, so brauchen nur die Verbindungstüren, die zu den anderen Kammern führen, geschlossen zu werden. Das eindringende Wasser bleibt auf die eine Kammer beschränkt. Diese sogenannten wasserdichten Schotten haben sich bisher sehr gut bewährt und bilden eine der wichtigsten Sicherheitsvorrichtungen auf modernen Schiffen. Bei den beiden Riesendampfern »Imperator« und »Vaterland« sind diese Wände noch widerstandsfähiger als bisher vorgeschrieben.

Ist der Schiffsrumpf nach beendigter Fertigstellung vom Stapel gelaufen, so beginnt unmittelbar darauf der innere Ausbau. Nach wie vor wimmelt ein Heer von Handwerkern der verschiedensten Berufe in den geräumigen Decks durcheinander. Aus dem stählernen Bau soll nunmehr ein Hotel werden von einer Größe, wie es auf dem Festlande nirgends anzutreffen ist. Die verwöhnte Landratte soll nicht nur Ruhe und Verpflegung finden, sondern es sollen ihr auch alle sonstigen Genüsse in möglichst unverkürzter Weise geboten werden. Es ist eine geradezu grundlegende Umwälzung, die bezüglich der Ausstattung der Räume und Decks innerhalb der letzten Jahrzehnte stattgefunden hat. Auf den älteren Schiffen nur spärlich beleuchtete, schlecht ventilierte und dürftig ausstaffierte Kabinen; auf den modernen Schnelldampfern hingegen eine Gediegenheit wie in Gasthäusern.

Werte von 30 bis 40 Millionen Mark repräsentieren die modernen Schnelldampfer. Nicht ganz so teuer wie die neuesten Linienschiffe, stellen sie unbesetzt schon ganz gewaltige Werte dar. Unermeßlich wird ihr Wert jedoch, wenn über 5.000 Personen auf ihnen eingeschifft und sich der Führung eines Kommodore und vier Kapitänen anvertraut haben. Solch ein Riesendampfer bildet eine schwimmende Stadt, die mit 42 Kilometer Geschwindigkeit auf dem Ozean dahineilt (aus: Ernst Trebenius, „Ein Ozeanriese im Bau“, 1912).

Maßgeblichen Anteil an dem gelungenen Entwurf der beiden Blohm & Voss-Schiffe hat Oberingenieur Fritz Nordhausen als Leiter sämtlicher Schiffbaukonstruktionsbüros. In Kappeln an der Schlei hatte er auf der Holzschiffswerft das Zimmererhandwerk gelernt. Seinen Marinedienst verbrachte er im Konstruktionsbüro der Kaiserlichen Werft. Seit Dezember 1877 ist er bei Blohm & Voss beschäftigt. Ein genialer Mathematiker und Konstrukteur und ein überaus sparsamer Mann, dessen Name mit vielen Schiffen und technischen Innovationen der Werft verbunden bleiben wird.

100 Zentner wiegt jede der 3,5 Zentimeter starken Platten des Doppelbodens. Sie sind jeweils 10 Meter lang und 2 Meter breit, hergestellt aus nicht korrodierendem Chrom-Nickel-Stahl. Die Außenhaut im Bereich des doppelten Bodens ist angebracht und durch hydraulische Pressen fertiggenietet. Ein Wald von hohen eisernen Gerüsten umgibt das Schiff in seiner ganzen Länge. Die Schraubenwellen treten in den sogenannten Wellenhosen aus dem Schiffsrumpf hervor. Den äußeren Abschluß der Wellenhose bildet der hier noch fehlende Wellenbock, ein über 600 Zentner schweres, in Stahl ausgeführtes Gußstück, das die Wellenhose wirksam abstützt und auch zugleich der Welle als Lager dient (aus: Ernst Trebenius, „Ein Ozeanriese im Bau", 1912).

Bild rechts: Im September 1911 ist der Kiel für den »Vaterland« auf Helgen 9 gelegt. Am 24. Juli 1912 läßt der Bug mit den aufragenden Spanten die Schiffsform schon deutlich erahnen.

Bild unten: Das Achterschiff, unter den aufgebauten Decks die Austritte für die inneren Wellen (Photos: Archiv Blohm+Voss).

***Bild rechts:* Das neu konstruierte Schiff verfügt über verschiedenartige Decks: 5 durchlaufende Stahldecks, 1 partielles Raumdeck im Vor- und Hinterschiff und ein zweites partielles Raumdeck im Vorschiff. Die Decks sind durch Buchstaben bezeichnet. Über dem 1. Deck gibt es noch 4 weitere Decks: Brückendeck, unteres Promenadendeck, oberes Promenadendeck und Bootsdeck. Deutlich sind auch die Öffnungen der seitlichen Luft- und Abgasschächte für die beiden vorderen Schornsteine zu erkennen. Rechts im Helgengerüst ein Aufgang mit Fahrstuhl (Archiv Blohm+Voss).**

Zwölf von der Werft neu angeschaffte transportable Nietmaschinen und unzählige Preßlufthämmer lassen erst die Bodenstücke und dann die Platten des Rumpfes im geplanten Zeitraum zusammenwachsen. Die Werft verfügt über zwei Maschinenbauhallen, in denen Kolbendampfmaschinen und Großdampfturbinen gebaut werden. In zwei Werkstätten werden Zylinderkessel, wie sie hauptsächlich in der Handelsmarine üblich sind, und Wasserrohrkessel für Kriegsschiffe und schnelle Passagierschiffe angefertigt (aus: Hamburg und seine Bauten/II).

Da für den Bau derartiger Riesenschiffe die bestehenden Hellinganlagen der Werft nicht ausreichten, wurde der Deutschen Maschinenfabrik A.-G. in Duisburg der Auftrag für eine neue Helling erteilt, die so groß werden sollte, daß sie auf längere Zeit allen an sie zu stellenden Ansprüchen vollkommen genügen konnte.

Die Länge der neuen Helling beträgt rund 291 Meter und ihre Breite an der Wasserseite rund 85 Meter. Sie enthält zwei Ablaufbahnen und ist so eingerichtet, daß zwei Schiffe von je 25 bis 35 Meter Breite bequem nebeneinander gleichzeitig gebaut werden können. Die lichte Höhe bis zur Oberkante der Kranbahn ist rund 51 Meter. Die Hellingbreite von 85 Meter ist in acht Kranfelder eingeteilt. In jedem Felde arbeiten zwei Krane von je 7,5 Tonnen Tragfähigkeit, insgesamt also sechzehn Laufkrane. Außerdem laufen an den Untergurten der Kranbahnen noch je zwei Zweischienen-Führerstandslaufkatzen mit einer Tragfähigkeit von je 5 Tonnen, zusammen also sechzehn Stück. Die ganze Helling kann demnach auch sechzehn Hebezeuge nebeneinander in einer Reihe aufnehmen.

Die Spannweite der beiden äußeren und der beiden mittleren Felder beträgt rund 12 Meter. Die in ihnen verkehrenden Krane sind normale Laufkrane mit gewöhnlicher Katze. Zwischen den großen Kranfeldern liegen vier kleinere, von denen zwei eine Spannweite von je etwa 8,5 Meter und die beiden anderen eine solche von je etwa 5 Meter haben. Die hier untergebrachten Krane sind Drehlaufkrane. Es ist mit diesen Kranen möglich, einmal Gegenstände von einem Feld in das benachbarte hinüberzureichen und ferner unter Zuhilfenahme aller vier Krane zweier nebeneinander liegender Felder Teile bis zu einem Gesamtgewicht von 30 Tonnen

Der »Vaterland« auf der Helling am 18. Oktober 1912. Die Spanten und der Vordersteven sind aufgerichtet und durch Baugerüste und Verstrebungen auf richtigen Abstand gebracht worden. Die Außenhautbeplattung ist im Mittelschiffsbereich schon weit fortgeschritten. Als Material für den Rumpf werden insgesamt verbraucht: 34.500 t Walzstahl, 2.000 t Gußstahl und 6.500 t Holz. Der »Vaterland« ist 9.000 Tonnen größer als der nächste Wettbewerber, die englische »Aquitania«, die erst etwas später vom Stapel laufen wird. Für die Baubeschreibung gibt es fünf Bücher mit bis zu 242 Seiten Umfang, in denen jedes Teil des Schiffes detailliert aufgeführt ist (Archiv Hapag-Lloyd).

Blohm & Voss ist jetzt die führende Werft in Deutschland und beschäftigt in diesen Jahren bis zu 20.000 Arbeiter. Der Lohn beträgt 1914 bei einer Wochenarbeitszeit von 55 Stunden zwischen 55 und 70 Pfennig in der Stunde. Für Akkordarbeit erhalten die Arbeiter zwischen 90 Pfennig und 1 Mark. Bei den Nietern gibt es dabei eine ausgeprägte Hierarchie: Kesselnieter, Innennieter und Außennieter. Nieterkolonnen bestehen aus 4 bis 6 Mann.

zu verarbeiten. Die Kranbahnen sind sämtlich an der Wasserseite um etwa 15 Meter ausgekragt. Über ihnen, d. h. quer zu denselben, läuft ein nach Art der Bockkrane gebauter Versatzkran mit einer Tragfähigkeit von 35 Tonnen. Dieser Kran, welcher auch die nebenan liegende alte Hellinganlage bedient, hat die Aufgabe, im Bedarfsfall die Laufkrane von einer Laufbahn auf eine andere hinüberzuheben. Man ist hierdurch in die Lage versetzt, in besonderen Fällen eine größere Anzahl Krane an einer Stelle zu vereinigen. Soll ein Kran von einer Bahn nach einer anderen versetzt werden, so fährt er auf die Auskragung und wird hier von dem Versatzkran im ganzen abgehoben und an die gewünschte Stelle hinbefördert.

Der Dampfer ist nach den Vorschriften des Germanischen Lloyd aus weichem, bestem Siemens-Martin-Stahl als Vierschraubenschiff auf gradem Kiel mit geradem, nach vorne ausfallendem Vorsteven, Ruderform-Hintersteven und elliptischem Heck erbaut. Das Schiff entspricht in Einrichtung und Ausrüstung den neuesten Vorschriften der deutschen, englischen und amerikanischen Auswanderergesetze, den Vorschriften von Seeberufsgenossenschaft und Seemannsordnung. Es erhielt einen Plattenkiel mit flachliegendem Schutzkiel, einer durchlaufenden Mittelplatte, Doppelboden, wasserdichte Querschotte, ein wasserdichtes Mittellängsschott und doppelte Außenhaut von Spant 224 bis Spant 293 sowie 5 durchlaufende Stahldecks, 1 partielles Raumdeck im Vor- und Hinterschiff und 1 weiteres partielles Raumdeck im Vorschiff.

Die Größe des neuen Riesendampfers beträgt im einzelnen: Länge über alles 289,56 Meter, Breite 30,478 Meter, Tiefe bis Seite Bootsdeck 31,0 Meter, Tiefgang beladen 11,30

Bild auf Seite 62: Die 68 Meter hohen Gerüste für die Hellinge 9 und 10 sind in den Jahren 1909 und 1910 fertiggestellt worden. Beim Gerüst der Helling 10 ist vorerst nur der vordere Teil gebaut, die geplante Ablaufbahn ist erst als Fragment vorhanden.

Bild auf dieser Seite: Vierschraubenschnelldampfer »Vaterland« einige Tage vor dem Stapellauf mit dem hölzernen vorderen Ablaufschlitten. Links vorn die Zuschauertribüne für den Stapellauf im Aufbau (Photos: G. Koppmann & Co, Archiv Hapag-Lloyd).

Bereits seit 1. Oktober 1900 ist Hermann Frahm - ab 1904 dann als technischer Direktor - bei Blohm & Voss tätig. Er entwickelt die berühmten nach ihm benannten Schlingertanks. Diese funktionieren nach dem Prinzip der kommunizierenden Röhren über seitlich im Schiffsrumpf angebrachte, 500 m³ fassende Seewassertanks, die durch einen Luftkanal über eine Ventilsteuerung verbunden sind. Eine vorher genau berechnete Steuerung verringert damit den Rollausschlag des Schiffsrumpfes. Sowohl »Vaterland« wie auch der folgende »Bismarck« werden damit ausgerüstet.

Meter, Höhe des Schiffes von der Spitze der Lademasten bis zum Kiel 76 Meter, Höhe der Schornsteine über dem Kiel 56 Meter, Höhe der Kommandobrücke über dem Kiel 40 Meter, Durchmesser der Schornsteine in der Längsachse 9 Meter, in der Querachse 5,5 Meter, Ladefähigkeit des Schiffes bei mittlerem Tiefgang von 37 Fuß ca. 12.000 Tonnen, Wasserverdrängung bei voller Beladung 61.000 Tonnen, Rauminhalt ca. 55.000 Brutto-Register-Tons. Neben den Frachträumen für das Reisegepäck der Passagiere ist erstmalig ein Raum für die Beförderung von Automobilen vorgesehen.

Das Ankergeschirr des Schiffes besteht aus: 1 Buganker von 12.000 Kilogramm und 2 Bugankern von je 10.000 Kilogramm Gewicht; 1 Stromanker von 6.000 kg und 1 Warpanker von 2.250 kg; die Ankerketten mit einer Gesamtlänge von 1.170 m haben einen Glieddurchmesser von jeweils 64, 86 und 102 Millimeter. Das Gesamtgewicht von Anker und Ketten beträgt 227.230 Kilogramm (aus der Zeitschrift „Schiffbau" Nr. 21/1913).

Der Dampfer ist, wie auch der »Imperator«, als Schoner mit zwei 76 Meter über Kiel aufragenden Masten getakelt und hat drei elliptische, 9 x 5,5 Meter messende Schornsteine. Die Schornsteinoberkante liegt 56 Meter über Kiel. Der Antrieb des Schiffes erfolgt gleich dem des »Imperator« durch vier Dampfturbinensätze. Den dafür nötigen Dampf liefern 46 Wasserrohrkessel. Die Maschinen leisten etwa 63.000 PS und verleihen dem neuen Schiff eine Geschwindigkeit von ca. 23 Seemeilen in der Stunde. Die Ladevorrichtungen sind etwas reichlicher bemessen als beim »Imperator«, desgleichen der am Fockmast befindliche Scheinwerfer mit 34.000 Kerzen mittlerer Leuchtkraft (aus: Hamburg und seine Bauten/II).

STAPELLAUF »VATERLAND«
3. APRIL 1913

Die Namensgebung für das zweite der drei geplanten Passagierschiffe für den Nordatlantik-Dienst führte in der Reedereispitze zu langen Diskussionen. Dabei war auch wieder die Idee aufgegriffen worden, das Schiff auf den Namen »Europa« zu taufen. Doch die Zeit war - vermutet hatte es keiner - für einen derartigen Namen noch nicht reif. Eigentlich sollte der Dampfer Deutschlands Ansprüche im Passagierverkehr über den Nordatlantik durchsetzen. Mit dem Namen »Vaterland« hatte man in Hamburg und auch Berlin schließlich eine Einigung erzielen können, um es allen recht zu machen.

Für die Schranzen am Hof des Kaisers in Berlin war die Frage nach dem Taufpaten viel wichtiger, hatte doch Kaiser Wilhelm II. bereits den »Imperator« getauft. So mußte jetzt jemand gefunden werden, der ebenbürtig war und dessen Name in Berlin keinen Anlaß gab, das Gerangel unter den deutschen Königen und Fürsten wieder anzuheizen. Die Eitelkeiten der Landesherren waren groß, und Berlin war auf ihre Unterstützung angewiesen. So konnte man sich schließlich auf das bayerische Herrscherhaus einigen, den Taufpaten zu stellen. Dies war zugleich ein Schachzug Berlins, die Bayern für die Flottenpolitik des Reiches zu gewinnen. Ferner sollte die Einladung zur Taufe, ausgesprochen natürlich von Hapag-Generaldirektor Albert Ballin, die Hohenzollern und die Wittelsbacher wieder versöhnlicher machen.

Die Wahl fiel auf den bayerischen Kronprinzen Rupprecht, Sohn des Prinzregenten Ludwig, die Taufe zu vollziehen. Am 3. April 1913 sind alle öffentlichen Gebäude in der Hansestadt beflaggt. Für die Zuschauer sind auf dem Werftgelände Tribünen aufgebaut worden. Über 15.000 geladene Gäste sollen hier sitzen; mehr als 40.000 Menschen kommen mit den Hafenschiffen und durch den neuen, am 7. September 1911 eröffneten Elbtunnel auf das Gelände von Blohm & Voss, um die Taufe und den Stapellauf, zwei Monate vor der Jungfernfahrt des »Imperator«, mitzuerleben.

Der bayerische Prinz Rupprecht ist rechtzeitig zur Stelle, mit Pickelhaube und Militärmantel. Beobachter aus jener Zeit hielten fest, daß der Taufpate in seinem Äußeren Kaiser Wilhelm II. nicht nachstand. Orden und sonstige militärische Auszeichnungen schmückten seine Uniform, nicht aber den Mantel. Bei der Taufe verzieht der Prinz keine Miene. Er läßt die Flasche deutschen Schaumweines am schwarzen Rumpf der Baunummer 212 zerschellen, als hätte er nie etwas anderes vorher getan. Mit klarer und befehlsgewohnter Stimme ruft er: „Ich taufe dich »Vaterland«!"

Mit zwei Böllerschüssen wurde der Stapellauf angekündigt. Und ohne Schwierigkeiten lief das größte Schiff der deutschen Handelsflotte ab und tauchte in sein Element ein. Doch was der Taufpate und die zahlreichen Gäste nicht wußten, war, daß der Stapellauf auf des Messers Schneide gestanden hatte. Die für das Ablaufen des Giganten verantwortlichen Werft-Mitarbeiter schwitzten Blut und Wasser. Ostwinde hatten das Wasser aus der Elbe gedrückt. Doch Petrus hatte wohl ein Einsehen und ließ die Winde abflauen. Genau zum festgesetzten Zeitpunkt staute die Elbe mit der Flut das Wasser auf, und der Neubau konnte ohne Gefahr einer möglichen Grundberührung vom Helgen gleiten.

Unmittelbar nach dem Ablauf wurde der Helgen für das dritte Hapag-Schiff vorbereitet. Mit den gesammelten Erfahrungen beim Bau des »Vaterland« und der weiterentwikkelten Technik war es für die Werft nicht schwierig gewesen, schon Teile für den Neubau vorzubereiten. So konnte der Kiel für den dritten Hapag-Giganten gelegt werden, während der »Vaterland« sich langsam in ein schwimmendes Grandhotel verwandelte. Die erste Ausreise für den »Vaterland« war für Frühjahr 1914 geplant.

Während des „»Vaterland«-Baues“ kollidierte der britische Luxusliner »Titanic« im Atlantik mit einem Eisberg und sank. So legten sich Reederei und Werft noch einmal ins Zeug und arbeiteten an den Sicherheitseinrichtungen. Gegenüber dem »Imperator« gab es nur geringfügige Veränderungen. Man hielt das Schiff mit durchgehendem Doppelboden für sicher. Auch der Scheinwerfer mit einer Stärke von 34.000 Kerzen am vorderen Mast und die große Anzahl von Rettungsbooten verliehen dem Luxusliner einen Ruf von Unsinkbarkeit.

Der »Vaterland« erhielt sorgfältig ausgewähltes, im Boots- und Sicherheitsdienst geschultes Personal. Wichtigere und verantwortungsvolle Bordstellungen sind mehrfach besetzt. Sollte trotz aller Sicherheitseinrichtungen und Vorsichtsmaßnahmen ein Verlassen des Schiffes nötig werden, so stehen nicht weniger als 83 Rettungsboote zur Verfügung; es können ungefähr 5.900 Personen, also eine erheblich höhere Zahl, als das Schiff bei voller Besetzung an Bord hat, aufgenommen werden. Mit Rücksicht auf die große Schiffshöhe ist bei Anordnung und Konstruktion der Bootaussetzvorrichtungen ganz besondere Sorgfalt verwandt worden. Selbst bei großer Schlagseite des Schiffes ist es dank der besonderen Bootsaufstellung und der neuartigen praktischen Aussetzvorrichtung möglich, von allen vorhandenen Rettungsbooten mindestens 70 nach einer Seite zu Wasser zu lassen. Diese Boote würden zur Aufnahme sämtlicher an Bord befindlicher Personen bereits ausreichen.

Bild unten: Der Kronprinz Rupprecht, Sohn des bayerischen Prinzregenten Ludwig, in Begleitung von Hermann Blohm (rechts) ist am Kuhwärder Höft angelandet und schreitet an den Zuschauertribünen vorbei zum Taufakt. Vorher hatte er die Inneneinrichtung des bei der Vulcan-Werft liegenden »Imperator« besichtigt.

Bei seiner Rede vor der eigentlichen Taufe erinnert Hamburgs Bürgermeister, Dr. Schröder, an einen alten Schlachtruf, mit dem die Preußen einst gegen Napoleon antraten: „Mit Gott - für König und Vaterland" (Archiv Blohm+Voss).

Bild rechts: Nach der Taufe durch Seine Königliche Hoheit Kronprinz Rupprecht zu Bayern erfolgen zwei Schüsse als Ablaufzeichen. Der Rumpf des »Vaterland« gleitet mit dem girlandengeschmückten Bug vom Helgen. Die 12 Meter hohen Ablaufschlitten links und rechts am Bug stützen den 31.000 Tonnen schweren Rumpf. Aufgrund des gewaltigen Gewichts entsteht durch die Reibung zwischen Schiffsboden und Helling beim Ablaufen eine erhebliche Dampfbildung (Archiv Hapag-Lloyd).

Bild Seite 66

Der Stapellauf des »Vaterland« unter dem flaggengeschmückten Helgengerüst von Blohm & Voss. Der Werfthafen ist durchgängig 9 Meter tief, an einigen Stellen beträgt die Wassertiefe sogar 14 Meter. Wie auch beim »Imperator« fehlen noch Ruder und Schrauben. Die auf dem Schiff befindlichen Arbeiter reißen die Arme hoch und schwenken ihre Mützen. 15.000 Karten sind für die Zuschauer auf den Tribünen des Werftgeländes ausgegeben worden. Auch an die Frauen der Werftarbeiter ist gedacht worden, alle erhalten zu diesem Anlaß eine Ehrenkarte (Archiv Blohm+Voss).

Bislang sind von der Werft 211 Fahrzeuge gebaut worden, darunter das Linienschiff »Karl der Große« und die großen Kreuzer »Friedrich Karl«, »York«, »Scharnhorst«, »Von der Tann«, »Moltke«, »Goeben« und »Seydlitz«. Für die Hamburg-Amerika Linie die Doppelschraubenschiffe »Moltke«, »Blücher«, »Pretoria«, »Cleveland«, »Graf Waldersee« und die Lustjacht »Meteor« und für die Hamburg-Süd fünf Capdampfer, die »Cap Polonio« befindet sich im Bau.

Bilder auf dieser Seite

Bild unten: Das Schiff ist gut zu Wasser gekommen, Schlepper und Boote mit Schaulustigen umkreisen den riesenhaften Rumpf. Links der neue Staatsdampfer der Hansestadt, »Hamburg«, mit dem der Prinz zur Werft fuhr (Atelier Schaul, Archiv Hapag-Lloyd).

Bild rechts: Der Rumpf wird mit Unterstützung zahlreicher Schlepper an den Kai gezogen. Die vorhandenen Öffnungen in den Aufbaudecks sind mit Planen abgedeckt worden (Archiv Blohm+Voss).

Dem Taufakt folgt eine Nachfeier im Geschäftsgebäude der Werft Blohm & Voss. Im großen Modell-Saal empfängt Herr Blohm seine Gäste mit einer Ansprache, in der er des Unternehmergenies der Hamburg-Amerika Linie gedenkt, bescheiden auch der eigenen Leistungen Erwähnung tut und das Versprechen, man werde bei dem Erreichten, so gewaltig es sei, nicht stehenbleiben und mit gebotener Vorsicht tapfer weiterstreben. Er widmet sein Glas der Hamburg-Amerika Linie (Auszug aus: „Welt auf Reisen").

Stapellauf "Vaterland"

Reportage der "Hamburger Nachrichten" über den 3. April 1913:

Der Stapellauf des Riesendampfers "Vaterland"

Festlicher Flaggenschmuck verkündet, daß der heutige Tag ein Ehren- und Freudentag Hamburgs ist. Aus der Turmlaube des Rathauses weht die hamburgische Flagge, ebenso flattern zu beiden Seiten des Kaiser-Wilhelm-Denkmals die mächtigen Fahnen. In Flaggenschmuck prangen auch zahlreiche andere staatliche Gebäude und Privathäuser.

Der Hafen hatte aus Anlaß der Anwesenheit des Prinzen Rupprecht von Bayern und des Stapellaufes des größten Schiffes der Welt sein Galakleid angelegt. Sämtliche im Hafen liegenden Schiffe hatten über die Toppen geflaggt. Der große Kaispeicher hatte Fahnen ausgesteckt, und auch die Werften trugen Flaggenschmuck. Unter ihnen war besonders die Werft von Blohm & Voss, auf der der Stapellauf vor sich gehen sollte, reich beflaggt. Das mächtige, den Riesenbau des neuen Schiffes überspannende Hellinggerüst trug viele Fahnen, die bei der frischen nördlichen Brise lustig flatterten.

Die Vulcan-Werft trug gleichfalls reichen Flaggenschmuck, desgleichen hatte auch der dort am Werftkai fast vollendet liegende "Imperator", das Schwesterschiff des heutigen Stapellaufschiffes, über die Toppen lange Flaggengirlanden gezogen. Dort wurde Prinz Rupprecht erwartet, der diesen Riesen der Schiffahrt in seinen inneren Einrichtungen besichtigen wollte. Die Landungsbrücken waren reich geschmückt, und der Zugang zum Fährponton hatte Pflanzenschmuck und Verkleidungen mit Flaggentuch erhalten. Hier lag der neueste Staatsdampfer, die "Hamburg", bereit, um den Prinzen nebst Gefolge durch den Hafen zu fahren.

Während gegen 11½ Uhr sich auf dem Fährponton vor dem Staatsdampfer "Hamburg" Bürgermeister Dr. Predöhl, verschiedene Senatoren sowie mehrere Direktoren der Hamburg-Amerika Linie in Erwartung des Prinzen einfanden, schiffte sich am unteren Ende der Brücke in aller Stille das Plöner Kadettenkorps mit seinen Leitern an Bord des Tenders "Brunshausen" ein, um nach einer Rundfahrt durch den Hafen an Bord des Dampfers "Pennsylvania" ein Frühstück einzunehmen.

Kurz vor 12 Uhr erschien das Auto des Prinzen vor den Landungsbrücken. Der Prinz begab sich, begleitet von Bürgermeister Dr. Schröder und seinem Gefolge, sofort an Bord des Staatsdampfers "Hamburg", der gleich darauf abfuhr. Die Hafenrundfahrt ging zuerst elbaufwärts bis zum Segelhafen hinauf, wo gewendet wurde. Dann ging die Fahrt elbabwärts an dem bei Blohm & Voss auf dem Elbstrom liegenden neuen großen zur Probefahrt bereiten Kreuzer "Seydlitz" vorbei hinein in die Kuhwärderhäfen, um beim Ellerholz-Hafen zu endigen. Dort legte die "Hamburg" an den Werftponton der Vulcan-Werft. Der Prinz nebst Gefolge verließ dort die "Hamburg" und wurde auf dem Ponton von Generaldirektor Ballin und den Direktoren der Werft empfangen und an Bord des am Vulcankai liegenden "Imperator" geführt, der in seinen inneren prächtigen Einrichtungen eingehend besichtigt wurde.

Nach der Besichtigung, die etwa ½ Stunde dauerte, begab sich der Prinz nebst Gefolge wieder an Bord der "Hamburg" zurück, um nach dem Kaiser-Wilhelm-Höft zu fahren, wo der flaggengeschmückte Dampfer "Blücher" lag, auf dem die Hamburg-Amerika Linie etwa 150 Gästen mit ihren Damen ein Frühstück gab.

Bereits lange vor der festgesetzten Zeit des Stapellaufes begann ein starker Menschenstrom sich nach Steinwärder hinüberzubewegen. Besonders durch den Tunnel flutete ein großer Menschenstrom nach der Werft von Blohm & Voss, um das den neuesten und größten Schiffsriesen der Welt umgebende Werftgelände zu besetzen. Wer keine Berechtigung hatte, die Werft zu betreten, blieb auf dem diesseitigen Ufer zurück und besetzte die der Werft gegenüberliegenden Höhen. Die Rampe der Hafenstraße war gedrängt voll Menschen, der St.-Pauli-Berg war besetzt, desgleichen das Hornwerk und der Stintfang. Viele Tausende hatten sich nach dem Roßdeich vom St.-Pauli-Fischmarkt aus übersetzen lassen, von wo ein guter Überblick über den Helgen war, auf dem das größere Schwesterschiff des "Imperator" zum Stapellauf bereitlag.

Fast schmucklos bot sich das Schiffsungetüm den Blicken dar. Durch seine Schmucklosigkeit wurde die Wuchtigkeit der ausgebauten Eisenmassen noch unterstrichen. Vor seinem Vordersteven reckte sich die Taufkanzel in die Höhe. An seiner Steuerbordseite dehnten sich die Tribünen aus, die sich in kurzer Zeit bis auf den letzten Platz mit einer festlich gestimmten Menge füllten. Neben der Taufkanzel hatte man einen Pavillon errichtet, der für den Prinzen, den Senat, das Präsidium der Bürgerschaft, die Vertreter der Militärbehörden und die Direktoren der Werft bestimmt war. An der Steuerbordseite nahm dicht neben dem Schiffskörper das Plöner Kadettenkorps mit seinen Leitern Aufstellung.

Der Verein der Bayern war mit seiner Fahne erschienen. Der Verein hatte sich an der Backbordseite mit dem Musikkorps unserer 76er aufgestellt, das unterhalb der Taufkanzel stand.

Kurz nach 3 Uhr kam der Willkommen vom "Blücher" mit den zum Frühstück an Bord dieses Schiffes geladenen Gästen beim Kuhwärderhöft vor, von wo sie sich auf die für sie bestimmte Tribüne begaben. Gegen 3 Uhr erschien der Staatsdampfer "Hamburg". Er legte beim Kuhwärderhöft fest. Der Prinz, begleitet von seinem Gefolge, wurde dort von den Leitern der Werft, den Herren Dr. Ing. Blohm und Voss begrüßt und bei den Tribünen entlang zur Taufkanzel geführt. Unterwegs schritt er die Front des Plöner Kadettenkorps und des Vereins der Bayern ab, von dem er verschiedene Mitglieder begrüßte. Der Prinz begab sich, geführt von Herrn Generaldirektor Ballin und Herrn Dr. Ing. Blohm auf die Kanzel, wo Bürgermeister Dr. Schröder folgende Taufrede hielt:

"Eure Königliche Hoheit!

Es war im Mai des vorigen Jahres, da versammelte sich eine nach vielen Tausenden zählende Menschenmenge auf der Hamburger Vulcan-Werft, um der durch Seine Majestät Kaiser Wilhelm II. zu vollziehenden Taufe des "Imperator" anzuwohnen, dieses damals größten und schönsten Schiffes der Welt, das die Hamburg-Amerika Linie für den Dienst zwischen Hamburg und New York hatte erbauen lassen.

In wenig Wochen erst wird dieses Schiff vollendet sein und seine Fahrt beginnen können, und schon wieder liegt ein für die Hamburg-Amerika Linie bestimmtes gleiches Schwesterschiff hier vor uns auf dem Helgen, das durch seine enormen Dimensionen und die Schönheit seiner Linien den Ruhm der Erbauer, der Firma Blohm & Voss, hinaustragen wird in alle Welt. Stolz dürfen wir Hamburger, stolz darf ganz Deutschland dieses Riesenschiffes, dieses Wunders deutscher Technik sich freuen, mit Bewunderung müssen wir aber auch den kühn vorwärtsstrebenden Unternehmungsgeist der Hamburg-Amerika Linie anstaunen, die außer dem "Imperator" auch dieses und sogar noch ein drittes Schwesterschiff in Auftrag gab.

Gewaltig ist der Aufschwung, den die Hamburg-Amerika Linie erfahren. Den drei Dreimastern von zusammen 1.600 Registertons brutto, die sie bei ihrer Gründung im Jahre 1847 besaß, stehen heute 192 Ozeandampfer mit zirka 1250.000 Registertons brutto gegenüber, 400.000 Passagiere und nahezu 8 Millionen Frachttons Güter sind in dem Jahre 1912 von ihr befördert und fast 16 Millionen Kilometer, die 400fache Länge des Erdumfanges, im gleichen Zeitraum von ihren Seeschiffen zurückgelegt. Fürwahr, sie hat ein Recht zu sagen: "Mein Feld ist die Welt".

Aber auch die Schiffsbautechnik hat sich in erstaunlicher Weise entwickelt. Als die Hamburg-Amerikanische Packetfahrt A.G. im Jahre 1856 ihre beiden ersten Dampfer, "Hammonia" und "Borussia", einstellte, mußten diese, obgleich sie nur zirka 2.000 Registertons groß waren, in England gebaut werden, weil der deutsche Schiffsbau solchen Aufgaben noch nicht gewachsen war. Und heute baut man in Hamburg bereits Schiffe der 25fachen Größe; Schiffe, von denen jedes 200mal soviel Raumgehalt besitzt wie die Karavellen, die Columbus auf seiner großen Entdeckungsreise befehligte. Welch' ein Wandel!

So sollst auch du, stolzes Schiff, unserem Vaterland geweiht, auf weitem Meere friedlichem Gewerbe dienen und sollst die Bande der Freundschaft zwischen den Völkern der Erde fester stets und enger knüpfen. Und so eile denn deinem Element entgegen. Mögen dir Glück, Erfolg und Segen, möge dir viel sonnige Fahrt beschieden sein. Wenn aber Sturm und Wetter dich bedräuen, so mögest du auch in diesem dich tüchtig, stark und kampfgemut bewähren, würdig deiner Herkunft, würdig deiner sturmumtobten Heimat, würdig deines schönen und in unsere Herzen eingegrabenen Namens."

Prinz Rupprecht hielt nun eine kurze Ansprache, in der er auf den hohen Zweck des Schiffes hinwies, das dazu bestimmt sei, in friedlichem Bestreben Europa und Amerika zu verbinden. Darauf ergriff Prinz Rupprecht die vor dem Bug hängende Flasche deutschen Schaumweins und zerschmetterte sie am Bug des Schiffes mit den Worten:

"Ich taufe dich 'V a t e r l a n d'."

Bürgermeister Dr. Schröder brachte nun folgendes Hoch aus: "Nachdem nunmehr die Taufe im Auftrage Seiner Königlichen Hoheit des Prinzregenten Ludwig von Bayern vollzogen worden ist, bitte ich Sie alle, mit mir einzustimmen in den Ruf: Seine Königliche Hoheit der Prinzregent Ludwig von Bayern, er lebe hoch!"

Unter lautloser Stille begannen jetzt die mächtigen hydraulischen Ablaufmaschinen einzusetzen, um dem Koloß die Anfangsbewegung zum Ablauf zu geben. Langsam setzten sich die starren Massen in Bewegung, die sich schnell steigerte, und unter den brausenden Hurrarufen der Menschenmenge glitt das größte Schiff der Welt mit rasender Geschwindigkeit in sein Element.

Der Prinz verließ darauf die Kanzel und begab sich, geführt von der Werftleitung, mit seinem Gefolge in das neue Hauptgebäude, das er besichtigte. Um 4 Uhr verließ er nebst Gefolge im Automobil die Werft und fuhr durch den Tunnel nach Hamburg hinüber.

Das "Berliner Tageblatt" meldet :

Der Stapellauf des "Vaterland"

Den Taufakt vollzog Prinz Rupprecht von Bayern, ohne den mechanischen Wurfversuch zu verwenden, wie das anderwärts üblich geworden ist. Mit Wucht und Sicherheit warf er die Sektflasche (eine deutsche Marke) gegen den roten Bug des Schiffes. Leicht überperlte der Schaum die riesigen Eisenplatten. Darauf legte sich über die vieltausendköpfige Menge, die auf den Tribünen, allen Kais und Dächern ringsum versammelt war, eine lautlose Stille. Mitten in das Schweigen hinein hallte ein Schuß. In demselben Augenblick schlugen Arbeiter mit einigen Dutzend mächtigen Hämmern ebenso viele kurze eiserne Streben klirrend zu Boden. Es sind die letzten Stützen, die das Schiff noch auf der Helling halten. Alles blickt nach dem hohen Bug, der weit hinausragt. Der mächtige Körper steht noch ganz still. Da werden zwei Wasserhähne geöffnet, und kreischend pressen sich zwei hydraulische Stempel gegen den hierzu mit dicken Balken gepanzerten Bug. Eine kleine Erschütterung erst, ein Rütteln, noch einmal ein Stillstand, dann ein Hurra aus Tausenden von Kehlen, ein freudiges Jauchzen – geboren aus der hohen Lust an diesem Schauspiel –, und langsam erst, dann schneller und immer schneller gleitet der Koloß abwärts, befreit von den Fesseln, seinem Elemente zu.

In keinem anderen Zweige der Technik kommt es vor, daß man solche ungeheuren Massen vollkommen frei dem eigenen Bewegungsdrang überläßt. Mit Staunen sieht man hier ein Gewicht von mehreren Millionen Kilogramm vollkommen frei sich bewegen. Auf seinem hölzernen Schlitten rutscht das Schiff weiter und weiter. Balken krachen, Bretter splittern, dicke Rauchwolken steigen von der Reibefläche auf. Das Fett, das man zwischen die Flächen des gleitenden Schiffes und die gleichfalls hölzernen Platten der Helling getan hat, wird überall herausgepreßt.

Einige Minuten nur währt das grandiose Schauspiel. Dann ertönen langsam auf allen Werften triumphierend die Dampfpfeifen, und das größte Schiff der Welt, "Vaterland", schwimmt auf der Elbe. Man hat diesmal nicht, wie es beim "Imperator" geschah, den Lauf des Schiffes durch Anker zu hemmen versucht, denn damals rissen alle Ankerketten glatt entzwei. Man hatte auf den Boden der Elbe riesige Pakete von Eisenblöcken gelegt, die durch armdicke Stahltrossen an dem Schiff befestigt waren und von diesem also beim Ablauf über den Flußboden geschleppt werden mußten, was eine scharfe Hemmung verursachte. Die größte Besorgnis machte den Ingenieuren der niedrige Wasserstand der Elbe, der aber zum Glück in letzter Stunde durch die einströmende Flut gehoben wurde. Durch das Eintauchen des Kolosses geriet das Wasser der Elbe in wildeste Aufregung. Der "Imperator", das Schwesterschiff, das mehrere hundert Meter von der Ablaufstelle entfernt liegt, am Kai der Vulcan-Werft, geriet trotz seines ungeheuren Gewichts in so lebhafte Bewegung, daß alle Laufbrücken, die das Schiff mit dem Ufer verbinden, im Moment des Stapellaufes des "Vaterland" entzweibrachen. So sandte "Vaterland" dem "Imperator" seinen Gruß, wahrlich eine Begrüßungsform, wie sie zu den riesigen Geschwistern paßt.

Die Wahl des Namens "Vaterland" veranlaßte die "Hamburger Nachrichten" zu folgenden Worten:

Das erste Schiff, das am 15. Oktober 1848 die Flagge der Hamburg-Amerika Linie in die Welt hinausführte, hieß "Deutschland". Das neue Riesenschiff, das als Symbol des Wachstums der deutschen Kraft gestern die Hellinge verlassen hat, erhielt den Namen "Vaterland". Im Jahre 1848, als der kleine Segler vom Jonashafen in St. Pauli aus seine Reise antrat, war Deutschland noch nicht mehr als ein geographischer Begriff, und Vaterland war ein Wort, das in allen Liedern wiederkehrte, das die Sehnsucht aller guten Deutschen auch damals schon war, das aber erst geschaffen werden mußte, über trübe Zeiten hinweg, durch drei Kriege, durch die Politik von Blut und Eisen.

In den Tagen, als Ernst Arndt das Lied anstimmte: "Was ist des Deutschen Vaterland?" kannte man auf der hohen See noch keine deutsche Flagge und noch kein deutsches Schiff. Bremen und Hamburg trieben Schiffahrt, getreu dem Wort: Navigare necesse est, aber an den Ruhm des Vaterlandes, des großen gemeinsamen Deutschland dachten zu jener Zeit wohl kaum viele, wenn der Wind die Segel blähte und die Hanseatenflagge der Hansestädte um den Mastbaum spielen ließ.

Mit der Einheit des Reiches wurde auch das Vaterland, das große gemeinsame Wort, neu geboren, das uns alle bindet, die Heimatdeutschen und die Auslandsdeutschen. Diesem Begriff erfüllter Sehnsucht wird das neue stolze Erzeugnis deutschen Fleißes, deutscher Arbeitskraft und Ausdauer trefflich gerecht. Fest und stark wie der massige Eisenbau von schwieliger Faust gefügt worden ist, möge auch unser Vaterland fürderhin durch die Kraft seiner Söhne zusammengeschweißt bleiben und allen Wettern trotzen. Das Riesenschiff "Vaterland" ist gestern von dem hochgewachsenen, stolzen Sproß des Hauses Wittelsbach, von dem süddeutschen Fürsten in einem norddeutschen Bundesstaate getauft worden: ein treffliches Zeugnis für die Einheit der deutschen Stämme, für das Zusammenhalten von Nord und Süd.

AUSRÜSTUNG »VATERLAND«

Außer der neuen Helling zur Herstellung der riesigen Schiffsrümpfe muß die Werft noch einen neuen Kran aufstellen. Dieser elektrische Kran, welcher im April 1913 in Betrieb genommen wird, ist von der Deutschen Maschinenfabrik A.-G. in Duisburg errichtet worden. Er besitzt eine Tragfähigkeit von 250 t und ist zur Zeit der größte Kran der Welt. Der Kran ist als Hammerwippkran, also mit ausklappbarem Lastausleger, gebaut. Die nutzbare Höhe ist dadurch um 22 Meter vergrößert worden. Sie beträgt bei waagerechtem Ausleger rund 44 Meter und bei ganz aufgerichtetem Ausleger etwa 66 Meter über Flur. Auf dem Obergurt des insgesamt 96 Meter langen Auslegers läuft ein Hilfsdrehkran mit 10 bzw. 20 t Tragfähigkeit. Bei Belastung mit 10 t kann mit Hilfe des Drehkranes ein Arbeitsfeld von 147 Meter Durchmesser oder rund 17.000 qm Fläche bestrichen werden. Die Bedienung erfolgt durch zwei Mann, von denen einer im Hauptsteuerhaus und der andere im Führerhaus des Hilfskranes seinen Platz hat (aus: „Schiffbau" 21/1913).

***Bild oben links:** »Vaterland« am Ausrüstungskai von Blohm & Voss (Archiv Deutsches Schiffahrtsmuseum).*
***Bild unten:** Mit dem 250-Tonnen-Hammerwippkran wird der Rotor einer Niederdruck-Vorwärtsturbine am 13. Mai 1913 gehievt.*
***Bild oben rechts:** Im Maschinenraum, der 5,4 Meter lange Rotor, mit einem Durchmesser von 5,2 Meter, wird in die Turbine eingesetzt. Das Gewicht eines Rotors beträgt 136 Tonnen, die gesamte Turbine wiegt 375 Tonnen.*

Bilder Seite 71

***Bild links:** Aufsetzen des mittleren knapp 20 Meter hohen Schornsteinmantels am 2. November 1913. Der ovale innere Schornstein mißt 7 x 5,20 Meter, der Mantel selbst 9 x 6 Meter.*
***Bild rechts:** Einsetzen des 60 Meter hohen Fockmastes am 21. Dezember 1913. Dazu ist der Rumpf vom Kai gelöst worden, ein Schlepper hilft beim Justieren (Photos: Archiv Hapag-Lloyd).*

PETERSEN & ALPERS.
BRAVO

Bild rechts: »Vaterland«, noch ohne den dritten Schornstein, im großen Schwimmdock der Bauwerft Blohm & Voss im März 1914, das eigentlich aus zwei Docks besteht, die zusammengeschweißt worden sind, „da alles andere nicht ausreichte...“

Bild unten links: 5. März 1914. Am Bug zahlreiche Bohrungen für die Befestigung der Bugverzierung. Der weiße Anstrich reicht noch bis zum Brückendeck (Photos: Archiv Blohm+Voss).

Bild unten rechts: Anbringen der mit vier Flügeln versehenen Schrauben. Die Wellen werden von den Turbinen mit 185 Umdrehungen pro Minute direkt angetrieben (Archiv Hapag-Lloyd).

Bild Seite 73
Montage des Ruderblattes. Das Ruder ist als Deplacement-Ruder konstruiert. Das Gewicht des Unterteils allein beträgt 51.500 Kilogramm. 2.800 Zentner wiegt das schwere Stahlgußstück des Hinterstevens. Die Fläche des Steuerruders mißt 40 Quadratmeter, der Durchmesser des Schafts ca. 70 Zentimeter (Blohm+Voss).

ATERLAND
ERNST RICHTER II
JN
FRIEDRICH

»Vaterland« (Archiv Blohm+Voss).

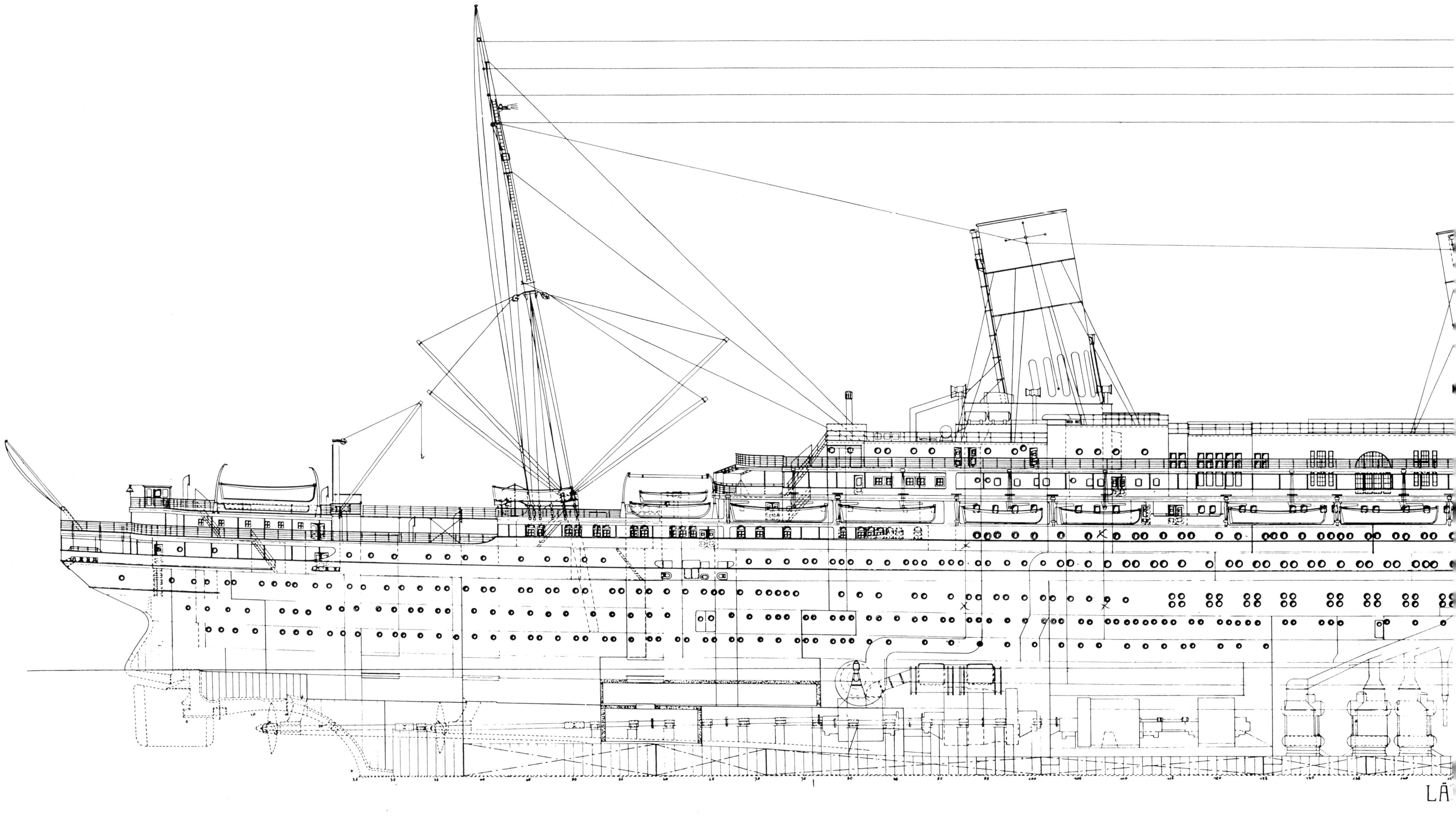

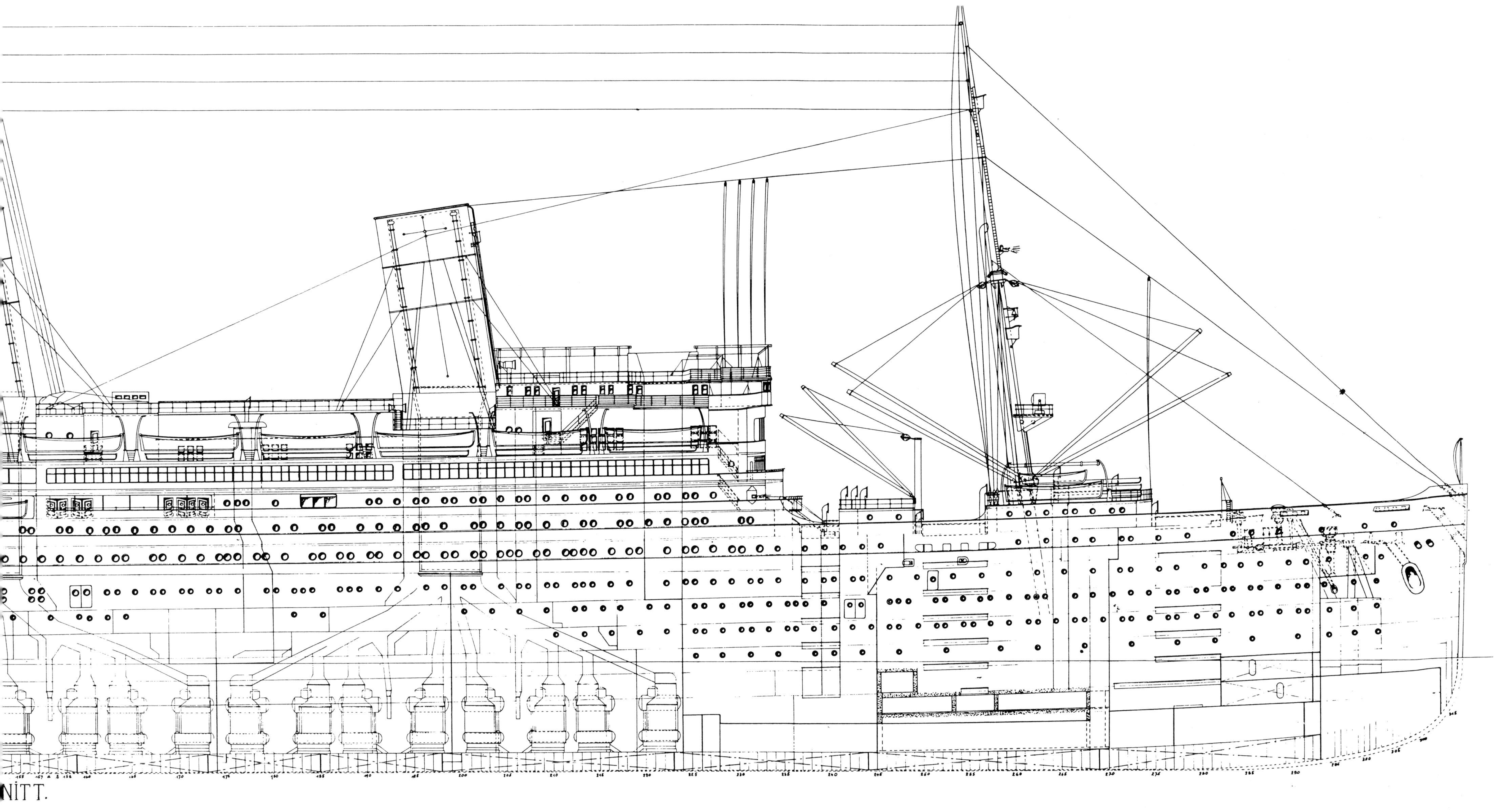
NITT.

Bild Seite 79

»Bismarck« am 30. März 1922, ankernd in der Elbe, mit Schlepper »Wendemuth«, längsseits liegt der Frachter »Wyneric«. Der weißgestrichene Teil des Rumpfes ist entgegen der ursprünglichen Bemalung weiter nach unten gezogen worden und reicht jetzt von der Back bis zum Achterschiff (Archiv Blohm+Voss).

»BISMARCK«

Mit dem Bau des »Bismarck« zeichnete sich zunächst noch keine Veränderung gegenüber dem »Vaterland« ab. Man hatte Erfahrungen gesammelt und baute ja nur ein Schwesterschiff. Die Abmessungen lagen fest. Und trotzdem geriet der »Bismarck« schließlich zum größten der drei „dicken Dampfer". Dies sollte sowohl die Länge als auch die gesamte Vermessung betreffen. Und weil auf der Werft von Blohm & Voss gewissenhafte Kaufleute und Ingenieure tätig waren, hatte es in vielen Fällen gleich doppelte Arbeit gegeben. „Was für den »Vaterland« gut ist, muß ja auch für den Nachbau passen", war ein geflügeltes Wort auf der Werft zu jener Zeit. Was man allerdings später nicht verwenden konnte, wußte damals keiner so genau. Man sprach eben nicht darüber. Und Schrott gehörte schließlich auch zum Geschäft, er wurde wieder an die Hüttenwerke verkauft.

Kurz nachdem mit dem Bau auf der Werft begonnen worden war, machte die Reederei bereits gezielte Werbung für ihr neues Schiff. Heute würde man von einer Vermarktungs-Strategie sprechen. Die drei Hapag-Schiffe waren für Fahrten in einem regelmäßigen Wochenturnus über den Nordatlantik vorgesehen. Und dabei sollten möglichst viele Passagiere an Bord sein, sprich ihre Fahrkarten gekauft haben. Und schon damals war es Ballin klar, „hier muß tüchtig die Werbetrommel gerührt werden", um auch immer ausgebucht zu sein.

Über den Zwischendecksbereich brauchte man sich am Alsterdamm keine Gedanken zu machen. Der Strom auswanderungswilliger Europäer war in den beiden Jahren vor dem Ersten Weltkrieg besonders stark angeschwollen. Die Menschen spürten offenbar, daß sie jetzt in einer Art Scheinwelt lebten, die jeden Moment auseinanderbrechen konnte. Auch die 3. Kajüte wurde als wenig problematisch betrachtet. Das wirkliche Geld brachten die Gäste der 1. und 2. Kajüte. Aber diese Gäste wollten schon damals umworben werden. Denn jedes neue Schiff, egal ob von einer englischen, deutschen, französischen oder skandinavischen Reederei, zog die Gäste aus dem Geldadel an „wie das Licht die Motten". Und mit dem gebotenen Luxus an Bord der Schiffe wußte die Hamburg-Amerika Linie sich auf der sicheren Seite. Hatten doch die großen, einflußreichen Zeitungen und Magazine in Hülle und Fülle über die beiden Hamburger Schiffe »Imperator« und »Vaterland« geschrieben und Bilder vom Luxusleben an Bord abgedruckt. Außerdem war Ballin sehr schnell bewußt geworden, die Konkurrenz würde in dieser Beziehung noch jahrelang zurückliegen. So standen den mehr als 50.000 Bruttoregistertonnen jeder „Ballin-Einheit" nur 35.000-BRT-Schiffe der englischen Schiffahrtsgesellschaften gegenüber.

Nach Aufnahme des Atlantikdienstes des »Imperator« hatte Ballin den Passage-Pool des Nordatlantischen Dampferlinien-Verbandes aufgekündigt. Dieses internationale Reederei-Kartell hatte seit 1892 Marktanteile und Passagepreise - insbesondere auch für das lukrative Zwischendecksgeschäft - festgelegt. Ballin selbst hatte sich seinerzeit für dieses Regelwerk stark gemacht. Jetzt, mit der Aussicht, in Kürze die drei größten Passagierschiffe der Welt einsetzen zu können, verlangt er, „nachdem wir uns 22 Jahre in diesem Gebäude mit einer sehr wenig guten Wohnung begnügt haben, nun einige Zimmer, die mehr nach Süden liegen".

Die Reaktion des „Daily News Leader" in London nach dem Austritt der Hapag ist eindeutig: „Ballin hat der Welt den Krieg erklärt", heißt es unmißverständlich im Januar 1914, „und wenn unser Anspruch auf die Herrschaft der Meere bedroht ist, dann nicht von den deutschen Panzerkreuzern, sondern von der Hamburg-Amerika Linie." Erst Verhandlungen ab April 1914 zwischen europäischen Reedereien führten zunächst zu einer Einigung der beiden Großreedereien Deutschlands, der Hapag und des Norddeutschen Lloyd, nachdem die Erträge aus dem Nordatlantikgeschäft zukünftig im Verhältnis 55,8 zu 44,2 zu teilen seien.

Doch die Zeit arbeitete gegen Albert Ballin und die Hamburg-Amerika Linie, auch wenn es niemand wahrhaben wollte. Die Unruhen in Europa, auf dem Balkan und in Rußland nahmen zu. Dies führte dazu, daß immer mehr Menschen ihre Heimat verließen, weil sie sich nicht weiter einengen lassen wollten. Aus einem Rinnsal wurde ein gewaltiger Strom. Auch die Berichte aus der Neuen Welt als Kontinent der freien, unbegrenzten Möglichkeiten, in dem man sein Glück machen konnte, trugen dazu bei, daß unzufriedene Menschen der Alten Welt den Rücken kehrten und ein neues Leben beginnen wollten.

Die ersten glückhaften Reisen der beiden neuen Schiffbauten sorgten im deutschen Kaiserreich und im übrigen Europa für Furore, ja man sprach sogar in den angelsächsischen Ländern vom „Furor teutonicus", dem teutonischen Ungestüm. Und die Amerikaner hatten sehr bald erkannt, wie gut es sich mit den beiden deutschen Atlantik-Fahrern reisen ließ. So erwartete man in Hamburg auch eine Auslastung des dritten Schiffes. Die Zahl der Passagiere, die öfter mit einem der beiden großen Hapag-Liner den Nordatlantik überquerten, nahm überdies zu. Man schätzte die Ausstattung der Luxusliner, auch weil die Schiffe erheblich mehr Platz je Passagier boten als andere Transatlantik-Fahrer.

WENDEMUTH

Bilder Seite 81

Bild links oben: ***Am 15. April 1913 ist der Kiel gelegt. Die Schiffbauer beginnen dabei in der Schiffsmitte und arbeiten sich dann in Richtung Bug und Heck vor. Im Oktober desselben Jahres ist das Spantengerüst fast aufgebaut. Zehn Monate später ist das gesamte Spantenskelett komplett, die Innenräume sind im Rohbau fertig, und die Beplankung läuft auf Hochtouren. Der Termin des Stapellaufes wird diktiert von der Arbeitsleistung der Nieter.***

Bild rechts: ***Blick von achtern auf das Spantengerüst am 21. Oktober 1913. Deutlich zu sehen die beiden mittleren Wellenböcke sowie die Aufnahmevorrichtung für das Ruder.***

Bild links unten: ***Bauzustand am 13. Februar 1914, nach dem Aufbau der Spanten wird der Rumpf eingedeckt (Photos: Archiv Hapag-Lloyd).***

»BISMARCK« IM BAU

In fast eineinvierteljähriger Arbeit – der Kiel wurde im April 1913 gestreckt – ist der mächtige Rumpf des 56.000-Tons-Schiffes emporgewachsen. Ein Gewirr von Spanten, Decksbalken, Längs- und Querverbänden zuerst, dann zu immer übersichtlicherer Gliederung fortschreitend, ein festes, geordnetes Gefüge, zuletzt ein ehern-starker Bau, um den dröhnende Niethämmer das stählerne Panzerkleid warfen. Mit einem Gewicht von ungefähr 31 Millionen Kilogramm lastet heute das Schiff, dem vorläufig noch Maschinen, Innenausstattung, Schornsteine und Masten fehlen, auf den beiden breiten Gleitbahnen, die es seinem Element zuführen sollen. In seinen äußeren Konturen ähnelt es seinem von derselben Werft gebauten Schwesterschiff »Vaterland«, der gleiche gerade, nach vorne ausfallende Vordersteven, die gleichen schlanken, gefälligen Linien des Mittelschiffs, die gleiche charakteristische Form des flachen elliptischen Hecks.

Mit einer Länge von 291 Meter übertrifft es das Maß dieses Schwesterschiffes um 1,8 Meter; die Breite von 30,5 Meter und die Tiefe (vom Kiel bis Seite Hauptdeck) von 19,2 Meter sind die gleichen. Auch in seinen konstruktionstechnischen Grundlagen ist das neue Schiff das genaue Ebenbild des Dampfers »Vaterland«. Wie dieser, so besitzt es fünf durchlaufende Stahldecks, darüber im Vorschiff zwei Teildecks, im Hinterschiff ein partielles Raumdeck und im Mittelschiff vier Brückendecks, so daß sich hier insgesamt neun Decks übereinandertürmen. Zahl und Konstruktion der bis weit über die Wasserlinie des beladenen Schiffes emporreichenden wasserdichten Querschotten, die doppelten Stahlwände der Außenhaut, der starke Doppelboden, die wasserdichten Mittellängsschotten sind fast die gleichen wie auf dem »Vaterland«; auch die neuartige Teilung der Kesselschächte, die dort zuerst ausgeführt wurde und durch die sowohl eine wesentlich bessere Ablüftung der Kesselräume und gesundere Arbeitsbedingungen für das Heizerpersonal, als auch eine klare Übersicht im Schiff und leichte Orientierung für die Passagiere angestrebt werden, haben hier ihre Wiederholung gefunden.

Die Maschinen- und Kesselanlage zeigt gegenüber der des Schwesterschiffes nur eine unwesentliche Abweichung: die Zahl der Wasserrohrkessel ist um zwei erhöht. Die Antriebsmaschinen werden in drei Maschinenräumen untergebracht; der vordere Raum ist durch zwei Längsschotten in drei, der hintere durch ein Mittellängsschott in zwei wasserdichte Abteilungen geteilt worden. Für die Vorwärtsfahrt wird das Schiff eine Hochdruck-, eine Mitteldruck- und zwei Niederdruckturbinen erhalten, die in Serien geschaltet oder einzeln betrieben werden können, je nachdem eine ökonomische Ausnutzung des Dampfes oder eine besondere Manövrierfähigkeit des Schiffes erzielt werden soll. Die Gesamtleistung der Vorwärtsturbinen wird bei 180 Umdrehungen der vier Propeller etwa 61.000 effektive Pferdestärken betragen, eine Kraft, die eine Durchschnittsgeschwindigkeit von 22½ Seemeilen verbürgt.

Von den Passagierräumen, deren Fertigstellung gleichfalls einem späteren Stadium des Baues vorbehalten ist, kann gesagt werden, daß sie sich in ihrer Anordnung im wesentlichen an die Räume des Dampfers »Vaterland« anlehnen werden. Auch in der Ausstattung, in der Eleganz der Gesellschaftsräume, in der vornehmen Behaglichkeit und dem intimen wohnlichen Reiz der Kabinen wird das Schiff nicht hinter den beiden andern »Imperator«-Klasse-Schiffen zurückbleiben. Eine Kaiserzimmerflucht, von dem Architekten Geheimrat Muthesius entworfen und von der Firma Gerson in Berlin ausgeführt, geht ihrer Fertigstellung entgegen und wird vom nächsten Monat ab auf der Deutschen Werkbund Ausstellung in Köln in dem Pavillon der Hamburg-Amerika Linie zu sehen sein. Wie der »Vaterland« wird das Schiff in der ersten Kajüte etwa 750, in der zweiten 650, in der dritten 850 Passagieren Unterkunft bieten können. Für die Unterbringung der Zwischendecker wird außer einer Anzahl gemeinsamer Schlafsäle auch eine Anzahl Kammern für zwei, vier und sechs Personen zur Verfügung stehen. Die Frahm'schen Schlingertanks zur Abdämpfung der Rollbewegungen des Schiffes werden wesentlich zur Behaglichkeit und Bequemlichkeit der Passagiere beitragen.

Ein Jahr emsiger Ausrüstungsarbeit trennt das Schiff noch von dem Zeitpunkt, wo es auf das Meer hinausziehen und sich seinen beiden Schwestern zugesellen darf. Erst dann werden die drei »Imperator«-Schiffe ihre volle wirtschaftliche und verkehrstechnische Wirksamkeit ausüben können. Denn erst dann wird sich der Plan, den die Hamburg-Amerika Linie beim Bau dieser Schiffe im Auge hatte, verwirklichen lassen: einen nordatlantischen Wochendienst zu schaffen, wie er mit einem ähnlich hochwertigen Schiffsmaterial und unter ähnlichen Garantien der Promptheit, Sicherheit und Bequemlichkeit bisher noch niemals bestanden hat (aus einer Festschrift der Hamburg-Amerika Linie zum Stapellauf des »Bismarck« im Juni 1914).

Der Bau der Riesenschiffe erfordert aber auch eine sichere Finanzierung. Im November 1913 wird deshalb das Aktienkapital der Reederei um 30 Millionen Mark zum zweiten Mal erhöht. Denn in diesem Jahr sind 70 Millionen Mark, das ist fast die Hälfte des Unternehmenskapitals der Hamburg-Amerika Linie, bei der Werft anzuzahlen.

№ 1
BLOHM & VOSS
15.APR.1913
HAMBURG

4 S·S № 214
BLOHM & VOSS
13.FEB.1914
HAMBURG

№ 10.
4 S S № 214
BLOHM & VOSS
21.OKT.1913
HAMBURG

STAPELLAUF »BISMARCK« 20. JUNI 1914

Mit der gewohnten Präzision der Schiffbauer von Blohm & Voss wächst auch das dritte Schiff der Hapag heran. Der Stapellauf wurde auf den 20. Juni 1914 festgelegt. Gut einen Monat zuvor, am 15. Mai, war der »Vaterland« an die „Packetfahrt" übergeben worden. Mit 291,4 Meter ist der dritte Dampfer um 1,8 Meter länger als der »Vaterland«. Nach vielen Besprechungen und Telefonaten gelingt es Albert Ballin, den Kaiser wieder zur Taufe nach Hamburg zu holen. Eine Woche vor den tödlichen Schüssen auf den österreichischen Thronfolger Erzherzog Franz Ferdinand und seine Frau in Sarajevo denkt niemand an die dunklen Wolken, die sich über dem europäischen Himmel zusammenziehen. Aber alle wissen, es genügt nur ein Funke und das Gewitter wird mit unvorstellbarer Kraft losbrechen. Doch man lebte im Bewußtsein des Friedens und verdrängte oder bemühte sich zu übersehen, daß sich etwas zusammenbraute.

Auch für dieses Schiff tat man sich bei der Hapag schwer, einen geeigneten Namen zu finden, galt es doch, niemanden zu verprellen. Eine Hamburger Zeitung hatte sogar einen Wettbewerb ausgeschrieben. Monatelang zerbrachen sich in Deutschland und im Ausland die Menschen die Köpfe, um einen angemessenen Namen zu finden. Der Sohn des Blankeneser Heimatdichters Richard Dehmel, Heinrich, schlug vor, in Fortführung des Namens »Imperator« den Neubau auf »Triumphator« zu taufen. Und Richard Strauss steuerte aus Garmisch den Namen »Richard Wagner« bei. Nachdenklicher war da Professor Dieter Hunzinger, Hauptpastor der Hamburger St.-Michaelis-Kirche. Er schlug vor, das größte Passagierschiff der Welt mit dem Namen »Frieden« über die Ozeane fahren zu lassen. Doch dies fand bei einem wie im Rausch lebenden Volk keinen großen Anklang.

Endlich entschied man sich nach Rücksprache mit Berlin für den Namen »Bismarck«. Der „Alte vom Sachsenwald" war zwei Jahre vor der Jahrhundertwende 1898 in Friedrichsruh gestorben. Auch der Klang des Namens Otto von Bismarck konnte dem Kaiser, der ihn 1890 als Reichskanzler entlassen hatte, nicht mehr gefährlich werden. Um sich mit der Familie wieder zu versöhnen, bat man um eine Taufpatin. Die 21jährige Gräfin Hannah von Bismarck, Enkelin des früheren Reichskanzlers, sollte das Schiff taufen.

Zur Taufe waren etwa 30.000 Menschen auf die Werft gekommen. An den freien Plätzen im Hafen, von denen aus man das Spektakel verfolgen konnte, drängten sich ebenfalls Tausende. Nach der Rede von Bürgermeister Max Predöhl trat die Taufpatin an die Kanzel mit den Worten: „Auf Befehl Seiner Majestät des Kaisers taufe ich dich »Bismarck«." Doch der komplizierte Wurfmechanismus versagte, die Schaumweinflasche berührte den schwarzen Schiffsrumpf nicht, der Wurf schlug fehl. Geistesgegenwärtig griff Kaiser Wilhelm II. ein. Er läßt sich die Flasche mit der Leine zurückholen. Während er sich vor der unglücklichen Gräfin verbeugt, sagt er lachend: „Mit Sekt wissen wir Männer wohl besser umzugehen, Gräfin." Dann schleudert er die Flasche gegen die Bordwand. Sie zersplittert, und der Schaumwein läuft am Bug herunter. Hatten die Ehrengäste und Werftarbeiter nach dem Taufspruch noch begeistert „Hurra" gerufen, blieb ihnen nach dem verfehlten ersten Wurf der Atem weg. Bei vielen kam die Ahnung auf, wenn die Taufe nicht klappt, fährt das Schiff unter keinem guten Stern. Eine Woche später fallen die den Ersten Weltkrieg auslösenden Schüsse in Sarajevo.

Der Stapellauf des bis dahin größten Schiffes der Welt, das wieder größer wurde als vorherige, klappte aber ohne

Bilder Seite 82
Bild oben: Der fertige Schiffsrumpf auf der beflaggten Helling.
Bild unten: In Erwartung der Taufe (Photos: Archiv Blohm+Voss).

Bilder auf dieser Seite
Bild links unten: Der ordengeschmückte Kaiser mit Gefolge in Begleitung von Hermann Blohm, dahinter Ernst Voss und Albert Ballin, auf dem Wege zur Taufkanzel (Archiv Hapag-Lloyd).
Bild oben links: Begrüßung von Mitarbeitern der Werft, links vom Kaiser Hermann Blohm.
Bild oben rechts: Vorstellung der neu dekorierten Meister der Werft. Von links Admiral v. Müller (Militär. Kabinett), Albert Ballin, Max M. Warburg, Bürgermeister Dr. von Melle, Ernst Voss, Kaiser Wilhelm II., H. Blohm (hinter dem Kaiser). Begrüßt werden nach rechts die Herren Ed. Blohm (Schiffbau), F. Pecht (Maschinenbau), Ob.-Ing. Meyer (Elektrotechnische Abteilung), Schätzle (Rohrplanbau), Betr.-Leiter Hoffmann (Elektr. Betrieb), Karl Berthold (Hauptbüro), Ob.-Ing. Fischer (Turbinenbau).
Bild unten rechts: Bereit zum Ablauf (Photos: Archiv Blohm+Voss).

Bilder auf dieser Seite:

***Bild oben rechts:** Kurz vorm Stapellauf. Rechts neben dem Schiffsrumpf der noch unfertige Helgen 10. Der Kaiser ist bei strahlendem Sonnenschein, über Hannover kommend, in der geschmückten Hansestadt eingetroffen und begibt sich auf die an den Landungsbrücken liegende Jacht »Hohenzollern«. Hier begrüßen ihn Hamburgs Bürgermeister Dr. Predöhl, Dr. von Melle und Dr. Schröder. Gegen 14.30 Uhr bringt die Staatsjacht »Hamburg« den hohen Gast - nunmehr in Marineuniform mit den Rangabzeichen eines Großadmirals - sowie Albert Ballin zum Werftgelände, wo sie von Hermann Blohm und Ernst Voss empfangen werden. Dabei sind auch Blohms ältester Sohn Rudolf und die Direktoren Frahm und Rosenstiel (Archiv Blohm+Voss).*

***Bild unten:** Das Schiff verläßt die Helling um 3 Uhr 8 Min. Auf der Taufkanzel der Kaiser mit dem Hamburger Bürgermeister und Begleitung. Vorn die Andruckmaschinen, die den gewaltigen Rumpf zum Gleiten gebracht haben (Staatsarchiv Hamburg).*

Bilder Seite 85

***Bild oben links und rechts:** Bürgermeister Dr. Predöhl beendet seine Taufrede mit den Worten: „So trage dieses Riesenschiff, getauft nach Ew. Majestät Bestimmung durch die Frauenhand der Enkelin, den Namen des Mannes über die Meere, dessen steinernes Riesenbild auf uns herniederschaut." Jubelnde Hochrufe ertönen, die Kapelle intoniert die Hymne »Heil dir im Siegerkranz«. Der Dampfer »Bismarck« verläßt unter lautem Jubel und heftiger Dampfentwicklung, entstanden durch die Reibung auf den beiden Gleitbahnen, die Helling 9, auf der vorher auch der »Vaterland« gebaut worden ist (Photos: Archiv Blohm+Voss).*

Über den Namen des dritten Baus ist lange nachgedacht worden. Sogar die Zeitungen beteiligen sich an der Namensfindung, indem sie ihre Leser auffordern, Vorschläge zu machen. Über 25.000 Einsendungen werden gezählt. Bei der „Neuen Hamburger Zeitung", die Geldpreise unter den Einsendern verlost, werden am häufigsten werden die Namen »Europa« und »Heimath« genannt.

Zwischenfälle. Die Reedereispitze hatte sich für diesen Tag wieder etwas Besonderes ausgedacht: Alle Kapitäne der im Hafen liegenden Schiffe wurden aufgefordert, nach dem Stapellauf zwei Minuten lang ihre Dampfpfeifen ertönen zu lassen. Das Signal dazu gäbe die große Dampfsirene der Werft. Die Kapitäne der Hapag-Schiffe bekamen sogar die Anweisung, „Sorge zu tragen, daß ein Offizier zu dem angegebenen Zeitpunkt auf der Brücke ist, auf das Signal der Werftpfeife achtet und dann die Dampfpfeife des Schiffes zwei Minuten lang ertönen läßt. Für genügend Dampf in der Dampfpfeife ist vorher Sorge zu tragen". Wie dem Kaiser diese Huldigung in den Ohren geklungen hat, ist nicht überliefert.

Der »Bismarck« sollte mit seinen 56.551 BRT dann nochmals um 2.269 BRT größer werden als der »Vaterland«, der auf 54.282 BRT gekommen war. Diese 2.269 BRT entsprachen damals durchaus der Größe eines mittleren Frachtschiffes. Mit Ausbruch des Krieges wurden alle Arbeiten an dem Neubau eingestellt. Neue Prioritäten waren gesetzt worden, die Kriegsmarine bestimmte nun, was die Werften zu liefern und was die Reeder mit ihren verbliebenen Schiffen zu transportieren hatten.

Der »Bismarck« wurde sofort nach Kriegsausbruch vom Ausrüstungskai der Werft in den Kuhwärder-Hafen (damalige Schreibweise) verholt. Die Marine benötigte Platz, um Kriegsschiffe auszurüsten. Es wurden an Bord des dritten Ballin-Dampfers nur noch die notwendigsten Unterhaltungsarbeiten erledigt, auch das Material war plötzlich knapp geworden. Man rechnete mit einem schnellen Sieg, daher wollte man in der Lage sein, »Bismarck« dann unverzüglich fertigzustellen. Den Giganten zu verschrotten, um Material für die Rüstungsindustrie zu bekommen, war abgelehnt worden.

Extra-Ausgabe

Neue Hamburger Zeitung

„Bismarck"

ist das größte Schiff der Welt, das dritte der Imperatorklasse, getauft worden.

Ergebnis des Preisausschreibens der Neuen Hamburger Zeitung

„Wie soll das größte Schiff der Welt heißen?"

I. Preis (Mk. 1000) Namensvorschlag „Bismarck". Unter den 301 Einsendern dieses Vorschlags fiel das Los auf Walter Müller, Bremen, Stephanikirchhof 7.

II. Preis (Mk. 500) Namensvorschlag „Hamburg". Unter den 255 Einsendern dieses Vorschlags fiel das Los auf Rud. Jessen, Horneburg (Unterelbe).

III. Preis (Mk. 100) Namensvorschlag „Deutschland". Unter den 250 Einsendern dieses Vorschlags fiel das Los auf Karl Jockel sr., Hamburg, Fuhlsbüttelerstraße 129, 3. Etage.

IV. Preis (Mk. 100) Namensvorschlag „Europa". Unter den 780 Einsendern dieses Vorschlags fiel das Los auf Fritz Lienhard, Zofingen (Schweiz).

V. Preis (Mk. 100) Namensvorschlag „Hansa". Unter den 87 Einsendern dieses Vorschlags fiel das Los auf L. Lehnert, Dresden A. 33, Schlachthof.

VI. Preis (Mk. 100) Namensvorschlag „Heimath". Unter den 585 Einsendern dieses Vorschlags fiel das Los auf Frau Joh. Harms, Neuenfelde, Bez. Hamburg.

VII. Preis (Mk. 100) Namensvorschlag „Hapag". Unter den 173 Einsendern dieses Vorschlags fiel das Los auf Jos. Steigenberger, Fuerth B., Sedanstraße 14, 2. Etage.

Verlag und Redaktion der Neuen Hamburger Zeitung.

***Bild unten:** Eine große Welle vor sich herschiebend, läuft am 20. Juni 1914 nun der dritte Neubau der Hamburg-Amerika Linie, nach der feierlichen Taufe in Anwesenheit von Kaiser Wilhelm II., bei Blohm & Voss vom Stapel. Werftarbeiter verfolgen das Schauspiel vom Heck des Schiffes aus. Auf der Steuerbordseite des Schiffsrumpfes sitzen die Zuschauer (auf dem Bild nicht sichtbar) auf den mit Fahnen und Girlanden geschmückten Tribünen. Innerhalb des Hellinggerüsts (ganz links im Bild) steht ein fast 90 Meter hoher Aufgang mit Fahrstuhl, über den man auf das Deck des Schiffes gelangt. Etwa 12.000 Menschen beschäftigt die Werft in dieser Zeit.*

Alle Schiffe im Hamburger Hafen werden gebeten, nach Beginn des Stapellaufs ihre Dampfpfeifen ertönen zu lassen. Rechts der Text des Schreibens vom „Verein Hamburger Rheder" an dessen Mitglieder:

Verein Hamburger Rheder.

Hamburg, den 17. Juni 1914

An die Mitglieder des Verein Hamburger Rheder.

Es besteht die Absicht in dem Moment wo Se. Majestät der Kaiser am Sonnabend den 20. dieses Monats nach dem Stapellauf des dritten Schiffes der Imperatorklasse die Werft von Blohm & Voss verlässt, ihm eine besondere Huldigung derart darzubringen, daß sämtliche Dampfpfeifen im Hamburger Hafen, auf den Werften und Fabriken auf Steinwärder zwei Minuten lang ertönen. Die Polizeibehörde hat ihre Erlaubnis hierzu erteilt.

Das Signal zum Beginn der Huldigung wird mit der grossen Dampfsirene auf der Werft von Blohm & Voss gegeben, und zwar voraussichtlich gegen 3 1/4 Uhr. Ein vorher zwischen 2 1/1 und 3 Uhr abgegebenes gleiches Signal der Werft bedeutet den Beginn der Stapellauffestlichkeiten. Es ist also besonders darauf zu achten, dass beide Signale nicht miteinander verwechselt werden.
Wir bitten unsere Mitglieder soweit sie Schiffe im Hafen haben sich ebenfalls an dieser Huldigung zu beteiligen.

Hochachtungsvoll
Verein Hamburger Rheder

Bild unten: Der Schiffskörper ist aufgeschwommen und wird von Schleppern zum Ausrüstungskai verholt. Die Öffnungen in den oberen Aufbauten sind abgedeckt. Vorn Barkasse »Tender IV«.

Bild oben: »Bismarck« zu einem späteren Zeitpunkt - nach dem Weltkrieg kurz vor der Ablieferung an Großbritannien - am Ausrüstungskai von Blohm & Voss. Das dritte Schiff geht der Vollendung entgegen. Die Schornsteine erhalten Farbe, dabei stehen diese jeweils unter Dampf, wenn der endgültige Anstrich aufgebracht wird (Photos: Archiv Blohm+Voss).

Die Hapag steht nach dem Bau der drei großen Schiffe auch tonnagemäßig (1.360.360 BRT) an erster Stelle aller Reedereien der Welt. Bis zum Ausbruch des Weltkrieges verfügt sie über insgesamt 439 Schiffe, darunter 175 Überseedampfer. Dazu kommen noch zahlreiche finanzielle Beteiligungen an in- und ausländischen Schiffahrtsgesellschaften. Die Reederei ist in einem Zeitraum von nur 67 Jahren zum größten, weltumspannenden Schiffahrtsunternehmen avanciert.

Stapellauf "Bismarck"

Der "Hamburgische Correspondent" schreibt über den Festtag, den 20. Juni 1914, wie folgt:

Der Stapellauf des Dampfers "Bismarck"

Diesmal leuchtet die helle Junisonne des längsten Tages im Jahre auf die festgeschmückten Straßen hernieder, ein rechtes Kaiserwetter, das heute den Kaiser in Hamburg grüßt. Fahnen und Blumen bieten ihm ein herzliches Willkommen, und brausende Jubelrufe empfangen ihn. Das ist immer so in Hamburg, aber uns will doch scheinen, als sei heute die Freude noch um einen Ton höher gestimmt. Die weißgekleideten jungen Mädchen, die sich am Kaisertag in den Dienst des Roten Kreuzes gestellt haben, bringen noch freudigere Farbentöne in das anmutige Bild, das glänzt und strahlt und sich auch nichts von seiner Freudigkeit nehmen läßt durch die Gewitterwolken, die kurz nach Mittag den Himmel drohend überziehen.

Auf der Werft von Blohm & Voss war es schon früh lebendig. Man legte die letzte Hand an die Ausschmückung, die nun glänzt und strahlt im schimmernden Sonnengold. Ein lustiger Wald von hamburgischen und deutschen Fahnen und Fähnlein, schwarz-weiß-rot ausgeschlagene Tribünen, auf denen die festlich gekleidete Menge schon um 1 Uhr sich drängt, ein zeltartiger Empfangsraum, lila ausgeschlagen und mit Purpurteppich belegt, darüber in luftiger Höhe die Taufkanzel mit ihrer mattgelbbraunen Stoffbekleidung, ein rechtes Festbild an dieser Stätte rastloser Arbeit.

Ganz am äußersten linken Flügel der allgemeinen Tribüne fesselt ein seltsam anmutiges Schauspiel. Hier ist eine Abteilung für Kinder geschaffen worden, und nun sitzen sie da, die Kleinen, in blendend weißen Kleidern, die Wangen gerötet von der Freude und Begeisterung, die sie bei den Großen gesehen. Die Jugend bietet dem Kaiser den ersten Gruß!

Während so alles erwartungsvoll dem feierlichen Augenblick der Ankunft des Kaisers entgegenharrt, spielt sich drüben an den Landungsbrücken die offizielle Begrüßungsszene ab. Hamburgs Bürgermeister Dr. Predöhl, Dr. v. Melle und Dr. Schröder, die Senatoren Westphal und Sander und der Präsident der Bürgerschaft Dr. Schön, dann die Herren Ballin, Max Schinckel, der Gesandte v. Bülow und Legationssekretär v. Bonin haben sich eingefunden und geleiten den Kaiser auf die Staatsjacht "Hamburg", mit der er die Elbe durchqueren soll. Die Damen der vorgenannten Herren geleitete Senator Sthamer auf besonderem Schiff nach der Werft und dort zur Taufkanzel.

Kurz vorher trifft die Taufpatin, die Gräfin Hannah v. Bismarck, Enkelin des Reichskanzlers und Tochter des verstorbenen Fürsten Herbert Bismarck, am Anlegeponton des Kuhwärderhöfts ein und wird an dem Schiffskoloß vorbei zur Taufkanzel geleitet. Gleich darauf aber wälzt sich's heran, wie eine Lawine, das donnernde Hurrarufen. Sie kommen angefahren, der Kaiser und seine Begleiter, zur feierlichen Taufe des Ozeanriesen, des dritten Dampfers der "Imperator"-Klasse.

Am Kuhwärderhöft empfangen Herr Hermann Blohm und Herr Voss umgeben von den Direktoren Frahm und Rosenstiel, denen sich der älteste Sohn des Herrn Blohm, Rudolf Blohm, angeschlossen hat, den Kaiser und geleiten ihn den gleichen Weg, den die Taufpatin genommen hat. Der Kaiser ist in glücklicher Stimmung, aber ein noch hellerer Strahl fliegt über sein Gesicht, als er die jubelnde Begrüßung der Kinder entgegennimmt. Und dann schreitet er, umtost von dem Hurra der Großen, zu dem Empfangs-Kaiserzelt. Einen Augenblick ruht sein Blick auf der Kapelle der 76er, die unter der Kanzel Aufstellung genommen hat. Den dort ebenfalls aufgestellten Plöner Kadetten ruft er einen freundlichen "Guten Tag" zu, und mit den ihnen gegenüberstehenden Obermeistern der Werft unterhält er sich geraume Zeit.

Dann steigt der Kaiser elastisch die mit gelbem Stoff belegten Stufen hinauf. Dort im Empfangsraum haben Damen und Herren vom Direktorium der Hamburg-Amerika Linie und von der Werft Aufstellung genommen, die der Kaiser kurz begrüßt. Oben an der Taufkanzel aber erwartet ihn die Taufpatin, der inzwischen Frau Bürgermeister Dr. Predöhl, Frau Bürgermeister Dr. Schröder, Frau Senator Westphal, Frau Senator Sthamer, Frau v. Quast, Frau Hermann Blohm und verschiedene Herren von der Reederei und der Werft Gesellschaft geleistet haben.

Nun beginnt der feierliche Akt. Mit weithin tönender Stimme hält Herr Bürgermeister Dr. Predöhl nachstehende Taufrede:

"Euere kaiserliche Majestät!

Vor uns auf dem Helgen reckt sich der Riesenleib des Schiffes, das als drittes von der neuen Klasse des "Imperator" den letzten Fortschritt deutscher Handelsschiffahrt und Schiffsbaukunst kündet. Mit ihm ist wohl zunächst ein Höhe- und vielleicht Ruhepunkt erreicht, auf den die Entwicklung der letzten Jahrzehnte hindrängte, mit steter Verbesserung der Sicherheit und Bequemlichkeit der Schiffseinrichtungen, bei höchster Anspannung aller an der Herstellung und Infahrtsetzung beteiligten industriellen und kaufmännischen Kraft.

Zu dem Wachsen der industriellen Leistung, die das Wagnis der Infahrtsetzung solcher Schiffe erfordert, haben Euere Majestät schon in jungen Jahren persönlich mitgewirkt. Es lebt hier in lebendiger Erinnerung die Tatsache, deren Einzelheiten ich in diesen Tagen erneut vergilbenden Blättern entnahm und an die angesichts dieses Schiffsgebildes erinnert zu werden Euere Majestät Freude bereiten mag, daß der jugendliche Prinz Wilhelm einen Schritt anregte und erreichte, der für die Hebung der Aufgaben des deutschen Schiffbaus bahnbrechend war, zu einer Zeit, als die Nächstbeteiligten ihn noch nicht wagen mochten. Im Herbst 1887 beschloß die Packetfahrt den hohen Flug, zwei Schnellschiffe mit Doppelschrauben zu bauen. Euere Majestät wünschten mindestens eines dieser hochwertigen Schiffe, deren Bau an bewährter Stelle in England geplant war, dem deutschen Schiffbau übertragen und machten den Reichskanzler zum Mittler dieser Anregung bei den Reedern und auch bei dem Senate.

Der Fahrtbeginn des Schiffes wird im Jahre des hundertjährigen Geburtstags des deutschen Mannes sein, dessen Taten mit ewiger Schrift in die Tafeln deutscher Geschichte gegraben sind. Die Namen der drei Schiffe sprechen aus, daß Kaisermacht, Vaterlandsliebe und der Rat und die Taten des ersten Kanzlers der deutschen Arbeit das Gedeihen bereiteten, aus der auch dieses Schiff entstand.

Die Bedeutung des großen Staatsmannes erschöpft sich nicht in diesen geschichtlichen Taten, die gerade jetzt vor fünfzig Jahren begannen, als Schleswig-Holstein, das meerumschlungene, die Heimat Ihrer Majestät der Kaiserin, für Deutschland gewonnen wurde. Auch das Leben des einzelnen Deutschen hat er beeinflußt, als Bildner und Erzieher der Nation zu volkstümlichem Denken und sachlichem Handeln. Sein überragender Wirklichkeitssinn, seine Gabe, mit Festhaltung zwar des letzten zu wünschenden Zieles doch das im Augenblick Notwendige zu tun, bildete Männer der Tat.

So trage dieses Riesenschiff, getauft nach Eurer Majestät Bestimmung durch die Frauenhand der Enkelin, den Namen Bismarcks über die Meere, dessen steinernes Riesenbild verkörperter Kraft hier auf uns herniederschaut als der einst sagenumwobene Roland, im Dienste seiner kaiserlichen Herrn, der das Sehnen der Nation erfüllte; herniederschaut auf die neue seestrebende Zeit, deren Stärke er am Abend seines reichen Lebens nach berufenem Zeugnis mit Seherblick noch erkannte und würdigte, Hamburgs Nachbar im Sachsenwald, als auch ihm des Alters Bürde nicht fernblieb. Halkyonische Tage seien dieses Schiffes und seiner Schwestern Meerfahrt beschieden, ebenso wie Deutschland, seinen Stämmen und Staaten, unter Euerer Majestät segensreicher Führung, deren verflossene Zeit den Ausblick rechtfertigt in friedliche, wehrbeschützte, gedeihende Zukunft, und, deren glücklich, wir rufen:

Seine Majestät Kaiser Wilhelm II., lang und segensreich bleibe seine Regierung und sein Leben, er lebe hoch!"

Begeistert stimmen die Anwesenden dreimal in das Hoch ein. Die Musik des Regiments Hamburg spielte "Heil dir im Siegerkranz", das die Menge entblößten Hauptes mitsang. Hierauf trat die Taufpatin Gräfin Hannah v. Bismarck an die Brüstung der Kanzel und vollzog den Taufakt mit den Worten:

"Auf Befehl Seiner Majestät des Kaisers
taufe ich dich 'B i s m a r c k'."

Ein brausendes Hurra durchzitterte die Luft, und klirrend zerschellte, nachdem der Kaiser ihr noch einen kräftigen Stoß gegeben hatte, die Schaumweinflasche am Bug des Schiffes.

Dann wurden die Verbindungen gelöst, und langsam zuerst, dann immer schneller und schneller glitt der "Bismarck" unter dem Jubel der Anwesenden und unter dem Gesang von "Deutschland über alles" in sein Element. Hochauf spritzte das Wasser, und eine gewaltige Welle wälzte sich nach den Ufern.

Wohl 30.000 Menschen haben dem feierlichen und erhebenden Akt auf der Werft beigewohnt, nicht gerechnet die zahllose Menschenmenge, die vom Ufer und von Fahrzeugen aller Art dem Schauspiel zusah.

Das "Hamburger Fremdenblatt" berichtet:

Bismarck, das dritte Schiff der "Imperator"-Klasse, den Schwestern gleich an Art und Stärke, an Länge und Rauminhalt ihnen noch überlegen, hat die ragende Helgenwiege verlassen, und "Bismarck" ist ein stolzer Name. Gräfin Hannah von Bismarck, die 21jährige Enkelin des Altreichskanzlers, hat ihm den Namen gegeben "im Auftrage des Kaisers", der selber Zeuge sein wollte, wie das dritte der drei größten Schiffe der Welt vom Stapel gelassen wurde. Seine beiden Vorgänger haben die Beweiskraft von der überragenden Leistungsfähigkeit des deutschen Schiffbaues bereits in die Welt hinausgetragen.

Glückauf dem Jüngsten, der nun seinem Element übergeben worden ist! In fast einundeinvierteljähriger Arbeit – der Kiel wurde im April 1913 gestreckt – ist der mächtige Rumpf des 56.000-Tons-Schiffes emporgewachsen, ein Gewirr von Spanten, Decksbalken, Längs- und Querverbänden zuerst, dann zu immer übersichtlicherer Gliederung fortschreitend, ein festes, geordnetes Gefüge, zuletzt ein ehern starker Bau, um den dröhnende Niethämmer das stählerne Panzerkleid warfen.

In seinen äußeren Konturen ähnelt es seinem von derselben Werft gebauten Schwesterschiff "Vaterland", der gleiche gerade, nach vorne ausfallende Vordersteven, die gleichen schlanken, gefälligen Linien des Mittelschiffs, die gleiche charakteristische Form des flachen elliptischen Hecks.

Ein Jahr emsiger Ausrüstungsarbeit trennt das Schiff noch von dem Zeitpunkt, wo es auf das Meer hinausziehen und sich seinen beiden Schwestern gesellen darf. Erst dann werden die drei "Imperator"-Schiffe ihre volle wirtschaftliche und verkehrstechnische Wirksamkeit ausüben können. Denn erst dann wird sich der Plan, den die Hamburg-Amerika Linie beim Bau dieser Schiffe im Auge hatte, verwirklichen lassen: einen nordatlantischen Wochendienst zu schaffen, wie er mit einem ähnlich hochwertigen Schiffsmaterial und unter ähnlichen Garantien der Promptheit, Sicherheit und Bequemlichkeit bisher noch niemals bestanden hat.

Ebenfalls aus dem "Hamburger Fremdenblatt":

Am Vorabend des Stapellaufs

Die Werft am Vorabend des großen Ereignisses gleicht in Wahrheit einem Ameisenhaufen. Auch gehört dieses Bild nicht ganz der Phantasie an, denn wie ein kribbelndes Volk von Ameisen nimmt sich die ständige Bevölkerung der Werft, die an 12.000 Köpfe zählt, neben dem Koloß aus. Hart an der Helling steht ein Turm von 90 Meter Höhe – wie sollte man sonst auf das Schiff gelangen, das auf dem Lande selbst wie ein Turm anzusehen ist. Ein Häuflein von Vertretern der Presse aus aller Welt wird von dem freundlichen Direktor Rosenstiel über den weiten Platz geführt und genießt schon im voraus alle Sensationen des kommenden Stapellaufes. Tausende von Händen regen sich in den letzten Stunden; wohin das Auge blickt, sieht es auf hastige Arbeit.

Da, wo der Kaiser zuerst den Koloß ins Auge fassen wird, wird eine Ehrenpforte ausgeschmückt, die Tribünen, die sich unterhalb des Steuerbords hinziehen, werden mit Fahnen und Girlanden ausgestattet, die Treppen, die zur Taufkanzel hinaufführen, werden mit Tuchen überspannt, aber am meisten fesseln die Arbeiten, die an dem Riesenleib des Schiffes selbst vorgenommen werden. Mit Gewalt werden die Stützen weggeschlagen; sie sind immer schwerer zu entfernen, denn je häufiger sie fallen, desto schwerer drückt das ungeheure Gewicht des Schiffes auf die noch übriggebliebenen. Unter dem Bug des Riesen, von der Taufkanzel aus sichtbar, befinden sich auf jeder Seite zwei hydraulische Maschinen, die dem Schiff einen Impuls, eine Art Aufforderung geben sollen, nachdem die letzten Stützen weggeschlagen sind und es sein Lager verlassen soll. Einmal frei, soll es allerdings infolge seiner eigenen Schwere und des Neigungswinkels, in dem es liegt, den Stapel verlassen und stolz und frei aus eigener Kraft seinem Element entgegenstreben.

Im Fahrstuhl begeben sich die Besucher jetzt auf die höchste Galerie des Turmes. Nun liegt die Werft unten gleich einem engen Platz hingebreitet. Überall streben eiserne Stangen und Träger in die Luft, hier und da schimmern im Werden begriffene Schiffskörper, wie dunkle Punkte eilen viele Hunderte von Menschen über den Platz hin, gedämpft dringt das Konzert des Hämmerns, Drillens und Klopfens herauf.

Vor den St.-Pauli-Landungsbrücken liegt die weiße "Hohenzollern" mit ihren gelben Schloten. Die Verzweigungen der Elbe mit all ihren Häfen glänzen und funkeln herauf. Zu Füßen des Turmes aber liegt das Riesenschiff, als ob es sich an ihn lehne. Noch hat es keine Schornsteine, seine Decks, seine Brücken, alle noch aus rohem, unverkleidetem Eisen, schimmern rötlich.

Langsam naht der große Augenblick heran, schon gleichen die Tribünen lebenden Blumenbeeten; geführt von Direktor Holtzendorff von der H.-A.-L. erscheint die Taufpatin des Schiffes, die junge Gräfin Hannah Bismarck, eine Enkelin des großen Kanzlers; neben ihr schreitet, in englischer Schülertracht: kurzer Jacke und breitem weißen Halskragen, der junge Fürst Bismarck; die Herrschaften begeben sich auf die Taufkanzel, um hier den Kaiser zu erwarten; die Plöner Kadetten marschieren heran und nehmen bei der Taufkanzel Aufstellung. Der Kaiser wird auf seinem Wege die Front der Kadetten abschreiten. Nahe dem Steg, auf der Spitze von Kuhwärder-Höft, wo der Kaiser landen wird, ist eine kleine geschmackvolle Ehrenpforte errichtet worden; hinter ihr führt der Weg zwischen der ersten Tribüne und dem Wasser entlang, und hier erwartet den Kaiser eine allerliebste Überraschung: der erste Teil dieser Tribüne ist ganz mit Kindern gefüllt, deren helle Stimmen dem Kaiser den ersten Gruß zujubeln werden.

Die Sonne brennt heiß auf die nun vollzählig Versammelten nieder. Alles ist bereit. Nur an die Ablaufvorrichtungen unterhalb des Schiffskörpers wird die letzte Hand gelegt; die Stützen sind ganz weggeschlagen, das graue Gebälk, auf dem der Koloß zu ruhen scheint und das sich vom Heck bis fast unter den Bug hinzieht, wird mit ins Wasser hineingleiten. Es gilt nur noch, die Hemmungs-Vorrichtung mittschiffs zu beseitigen.

Drüben auf der anderen Seite der Elbe wird jetzt der Kaiser durch die Bürgermeister Dr. Predöhl und von Melle, durch Herrn Albert Ballin, Herrn Max Schinckel, den preußischen Gesandten und andere Honoratioren begrüßt. Um 2½ Uhr besteigt man, indem sich dem Gefolge des Kaisers noch die Herren Senatoren Sthamer und Westphal und der Präsident der Bürgerschaft, Dr. Schön, anschließen, die Senatsjacht "Hamburg" und fährt nach der Werft ab. Hier, am Landungssteg, empfangen den Kaiser die Herren Blohm und Voss, die Werftdirektoren Frahm und Rosenstiel und Herr Rudolf Blohm, der älteste Sohn des Inhabers der Werft. Es erfolgt die Vorstellung des Kommandierenden Generals des 9. Armeekorps, Exzellenz v. Quast.

Für alle Gäste, die den Platz um das Schiff herum und die Tribüne bevölkern, ist die Aussicht auf den Landungssteg verschlossen; dennoch dringt die Kunde, daß der Kaiser gelandet ist, wie mit Windeseile über den Platz hin, eine Unruhe und ein Summen erhebt sich, von fern dringt ein helles Getön heran – der Kaiser hat seinen Weg zur Taufkanzel angetreten. Nachdem er die Ehrenpforte durchschritten hat und eben den ungeheuren Rumpf des Schiffskolosses erstaunt mustert, bleibt er eine Sekunde überrascht und lächelnd stehen, denn nun schallt ihm aus Hunderten von jungen Kehlen ein helles, vielstimmiges "Hurra" entgegen.

Allgemeine Stille. Jedesmal ist der Ablauf eines Riesenschiffes mit einer gewissen Beklemmung der Zuschauer verbunden. Wird er sich in Bewegung setzen, lautet die tausendfach im stillen wiederholte Frage der Laien. Nichts hört man als ein paar dumpfe, von weitem heranklingende Schläge. Da, ist es Täuschung? Ganz langsam, kaum noch erkennbar, geht eine Bewegung durch den ungeheuren Bau. Mit der Ruhe, die allem Großen eigen ist – sagt doch schon der Dichter, alles wahrhaft Große sei schwer zu bewegen –, verläßt der gewaltige "Bismarck", das größte Schiff der Erde, sein Lager.

Es ist genau 3 Uhr 5 Minuten und einige Sekunden. Die Zeit zwischen Taufe und Ablauf hat nur einige Sekunden gedauert. Die Musik intoniert "Deutschland, Deutschland über alles". Immer rascher gleitet das Schiff dahin, seinen ganzen Unterbau aus grauem Gebälk nimmt es mit sich, von den verlassenen Kufen steigt dichter Rauch empor, schon berührt das Heck die Wasserfläche, immer tiefer taucht das Schiff in die Fluten, die zu beiden Seiten rauschend emporwogen, jetzt taucht auch der Bug tief ins Wasser, aber rasch erhebt er sich wieder, und im nächsten Augenblick treibt der Schiffskörper stolz und majestätisch dahin.

Schon während des Ablaufs hat sich von der Werft, von den Tribünen, aus dem Hafen, wo viele Hunderte geschmückter Schiffe mit ihrer Menschenfracht sich festgelegt haben, ein vielstimmiges Geschrei erhoben, das sich jetzt tausendfach verstärkt. Der Kaiser winkt dem Schiffe ein paarmal mit der Mütze nach. Aus dem Hafen erhebt sich das Tuten Hunderter von Schiffen.

Der Kaiser kehrt nicht auf demselben Wege, auf dem er gekommen ist, nach dem Hafen zurück. Die Gäste des Stapellaufs haben ihn auf der Werft nur bei seiner Ankunft und während des Taufaktes zu sehen bekommen. Der Kaiser und sein Gefolge schiffen sich vom Ponton des Kehrwieder-Hafens ein. Noch einmal umkreist die Senatsjacht das zu Wasser gelassene Schiff und entschwindet dann hinter dem bunten Gewimmel von Schiffen, das den Hafen belebt.

Abbildung links: Die Reedereiflagge der Hapag.

Bild Seite 91

Am 10. Oktober 1921 liegt der bisher noch nicht fertig ausgerüstete »Bismarck« im Dock V von Blohm & Voss zur Vorbereitung des weiteren Ausbaues für die beschlossene Ablieferung an Großbritannien. Zwischen Dock und Werftgelände ist der weiß-rote Schornstein der »Cap Polonio« von der Hamburg-Süd zu erkennen (Archiv Blohm+Voss).

TECHNISCHE DATEN DER SCHIFFE

		»IMPERATOR«	»VATERLAND«	»BISMARCK«
Erkennungssignal		RSTK	RVFJ	
Bauwerft		Vulcan-Werke AG Stettin / Werk Hamburg	Blohm & Voss, Hamburg	Blohm & Voss, Hamburg
Baunummer		314 / 1	212	214
Kiellegung		18. Juni 1910	September 1911	April 1913
Stapellauf		23. Mai 1912	3. April 1913	20. Juni 1914
Fertigstellung		22. April 1913	29. April 1914	März 1922
Indienststellung		24. Mai 1913	1. Mai 1914	Mai 1922
Bruttoregistertonnen		52.117	54.282	56.551
Nettoregistertonnen		23.881	23.548	26.259
Länge über alles		277,10 m (280,30 m mit Bugverzierung)	289,56 m	290,93 m
Länge zwischen den Loten		268,22 m	276,59 m	277,98 m
Breite		29,87 m	30,48 m	30,52 m
Seitenhöhe (bis zum Hauptdeck)		19,20 m	19,51 m	-
Tiefgang		10,82 m	11,73 m	-
Tragfähigkeit		15.000 t	15.000 t	14.467 t
Kessel		46 Vulcan-Wasserrohrkessel / 4 Kesselräume	46 Kessel / System Yarrow	48 Kessel
Maschine		4 Curtis-AEG-Vulcan-Turbinen	4 Parsons-B&V-Turbinen	4 Parsons-B&V-Turbinen
Maschinenleistung		60.000 PSw / 75.000 PSw	60.000 PSw / 90.400 PSw	60.000 PSw / 86.000 PSw
Geschwindigkeit		22,5 kn Dienst / 23,5 kn max.	23,5 kn Dienst / 25,84 kn max.	23,5 kn Dienst / 24,75 kn max.
Besatzung		1.184	1.234	1.000
Passagiere	I. Klasse	908	752	900* (750)**
	II. Klasse	606	535	500* (545)**
	III. Klasse	942	850	570* (850)**
	IV. Klasse (Zwischendeck)	1.722	1.540	580* (0)**

*für »Bismarck« geplant / **(als »Majestic«)

TECHNISCHE EINRICHTUNGEN

Alle Hauptbefehle werden von der Navigationszentrale auf der Kommandobrücke des »Imperator« auf elektrischem Wege gegeben und in ihrer Ausführung durch eine Reihe von Klappenschränken, Lichtsignalen usw. überwacht. So befinden sich in dem neben dem Instrumenten- und dem Kartenhaus liegenden Steuerhaus eine große Feuermeldetafel, eine Schottentafel, aus der die jeweilige Stellung aller Schottüren des Schiffes ersichtlich ist, und eine Kontrolluhr der elektrischen Zentraluhrenanlage. Vor dem Steuerstand sind 4 Umdrehungsfernanzeiger angebracht, welche für den Steuernden Drehsinn und Drehzahl der einzelnen Wellen in jedem Augenblick erkennen lassen. Mit der Kommandobrücke sind ferner durch lautsprechende Fernsprecher der Maschinenraum, die Back, das Heck, das Krähennest, das Poop-Deck und das im zweiten Deck gelegene Maschinenbureau, von dem aus der Maschinenbetrieb überwacht wird, verbunden. Dieses Bureau ist mit allen erforderlichen Kommando- und Signalanlagen, wie Umdrehungs-Fernanzeiger, lautsprechenden Telephonen, Wachwechsel-Klingel usw. ausgerüstet. Lautsprechende Fernsprecher sind auch für den Heizraumbetrieb vorgesehen. Erwähnt sei auch die Kompaßanlage, die in der Hauptsache aus einem „Mutter"-Kreiselkompaß der Bauart Anschütz mit 4 „Tochter"-Kompassen besteht und zur Aushilfe eine Magnetkompaßanlage (darunter 1 Azimuth- und 3 Steuerkompasse) enthält.

Die weitestgehenden Sicherheitseinrichtungen sind für das Schiff, seine Besatzung und seine Fahrgäste vorhanden. Zunächst ist für schnelle Signalübermittlung im Fall einer Kollisionsgefahr gesorgt. Der Ausguckmann auf der Back kann durch einen Druckknopf auf der Kommandobrücke und am Maschinistenstand ein Schild „Gefahr voraus" zum Vorschein bringen, so daß der wachthabende Offizier auf der Brücke dann der Maschinenmannschaft, die bereits klar zum Manövrieren ist, nur die nötigen Kommandos zu geben hat. Als weitere Sicherungen gegen Kollisionsgefahr bei Nacht und unsichtigem Wetter sind die dem Wachthabenden auf der Kommandobrücke dienenden Unterwasser-Schallsignale zu erwähnen. Die Geräte hierfür befinden sich im Vorschiff in einem von Bord zu Bord reichenden Raum und sind den neuesten Fortschritten entsprechend ausgestattet. Dem gleichen Zwecke dienen Dampfsirenen und ein auf einer Plattform des Fockmastes eingebauter Scheinwerfer von 32.000 Normalkerzen Leuchtkraft, der z. B. ermöglichen soll, den die Eisberge zumeist umgebenden feinen Nebel als hellen Schleier zu erkennen. Der Scheinwerfer ist mit elektromotorischer Fernbewegung des Gehäuses und mit einer Fernbetätigung für seinen Jalousieverschluß ausgerüstet.

Sollte trotz dieser Maßregeln ein Zusammenstoß eintreten, so verhindert zunächst das Kollisionsschott im Vorschiff und weiterhin die daran anschließenden wasserdichten Seitenlängsschotte, die sich vom Doppelboden bis über die Ladelinie im Abstande von 1,5 Meter von der Außenhaut erstrecken, das Vollaufen größerer Räume. Je zwei einander entsprechende Abteilungen sind durch Überlaufkanäle miteinander verbunden, so daß verhindert wird, daß das Schiff beim Vollaufen einiger dieser seitlichen Abteilungen Schlagseite erhält. Die Querschotteneinteilung des Schiffes ist so gewählt, daß das Schiff auch in dem Falle noch in aufrechter Lage schwimmfähig bleibt, wenn die vier vordersten Räume vollaufen und somit das Vorschiff bis zum vorderen Kesselraumschott voll Wasser ist. Dieses - vom Bug aus gerechnet - vierte Querschott ist bis zum Brückendeck hochgeführt. Auch bei den übrigen Schotten wird die Vorschrift der Seeberufsgenossenschaft, daß bei Überflutung zweier benach-

***Bild unten:** Eine Schiffsglocke des »Imperator«. Von den fünf Glokken, die auf dem »Vaterland« geführt werden, jeweils mit Namen und Heimathafen graviert, haben drei die Durchmesser von 81, 60 und 35 Zentimeter. Die größte, die auch als Nebelglocke Verwendung findet, wiegt 240 Kilogramm (Archiv Axel Springer Verlag).*

***Bild Seite 93:** Die Kommandobrücke des »Imperator«. Dahinter liegt das Steuerhaus, durch Glasfenster abgetrennt. Rechts an der Holzwand sind die Einrichtungen für Lautsprechertelephone, Empfänger für Eisberg-Gefahrsignal und Alarmglocken angebracht. Die Lautsprechertelephone besitzen zwei an den Seitenwänden des wasserdichten Rotgußgehäuses drehbar gelagerte Hörer, welche durch Schallrohre mit den im Innern des Gehäuses untergebrachten Telephonen derart verbunden sind, daß die durch das Telephon übermittelte Sprache durch die beiden Schallrohre und die Seitenhörer nach außen geleitet wird. Die Lautwirkung dieser Apparate ist derart gesteigert worden, daß die übermittelte Sprache unter normalen Umständen auf mehrere Meter Entfernung deutlich verstanden wird (Hamann, Archiv Hapag-Lloyd).*

Die Maschinenkommandoapparate auf der Kommandobrücke des »Imperator« dienen zur Übermittlung und Ausführung der verschiedenen Maschinenkommandos von der Kommandobrücke nach den Maschinenleitständen. Die auf der Brücke aufgestellten Geber sind Doppelapparate und enthalten in dem auf einer Säule befestigten runden Gehäuse zwei gleiche und selbständige Apparatesätze, je einen für den Verkehr mit dem Steuerbord- und Backbord-Maschinenraum. Jeder Satz besteht aus einem Wechselstromgebersystem, dessen Anker mit einem Einstellhebel gekuppelt ist, mit einem Empfängersystem mit Quittungsanzeiger und einer mit den Kommandos beschriebenen Skalenscheibe. Die beiden halbringförmigen Skalen mit einem Durchmesser von 400 mm bestehen aus Milchglas und werden durch zwei im Gehäuse angebrachte, röhrenförmige Glühlampen beleuchtet. Das Gehäuse besteht aus Rotguß und ist auf den beiden Skalenseiten durch je einen aufgeschraubten Deckel und Dichtungsring wasserdicht abgeschlossen. Zu jedem Apparatesatz gehört eine an der Säule befestigte Kontrollglocke.

Bild oben: Ein Offizier beim elektrischen Mutterkompaß des »Imperator«. Auf der Brücke des »Imperator« befindet sich erstmalig eine revolutionäre technische Neuheit, eine Kreiselkompaßanlage - konzipiert und gebaut von dem deutschen Ingenieur H. Anschütz - , welche unabhängig vom Magnetfeld der Erde den Kurs anzeigt.

Bild unten: Der Steuerer des »Imperator« fährt auf See nach Kursangabe und Befehlen des wachthabenden Offiziers. Deshalb ist das Steuerhaus - direkt hinter der Kommandobrücke - durch eine verglaste Holzwand getrennt. Ausgestattet ist das Steuerhaus mit Lautsprecher, kleinem Stationswähler, Schottentableau, Kontaktgeber für Schottenalarm und elektrischer Nebenuhr (Photos: Brown & Dawson, Stamford, Archiv Hapag-Lloyd).

barter Räume das Schottendeck noch über dem Wasser bleibt, weit übertroffen. Soweit Türen durch die wasserdichten Schotten durchgeführt sind, was namentlich in den Maschinen- und Heizräumen für die Kohlenbeförderung usw. nötig wird, können diese von der Kommandobrücke aus durch Druckwasser selbsttätig geschlossen werden. Außerdem lassen sich die Türen auch mit der Hand schließen und öffnen. An die Druckwasserleitungen der Schotten-Türschließvorrichtungen sind ferner die Schieber der Kesselraumventilatoren und der Howden-Gebläsekanäle angeschlossen; diese Schieber werden nicht von der Kommandobrücke aus, sondern nach Verständigung mit der Brücke vom Maschinenschacht aus bedient. Alle Ausgüsse, Klosetts usw., durch die bei etwaigem Lecklaufen des Schiffes Wasser in unverletzte Schottabteilungen eindringen könnte, sind durch selbsttätige Verschlußklappen doppelt gesichert.

Besondere Sorgfalt ist auf die Sicherung gegen Feuergefahr verwandt. Das Schiff ist derart in feuersichere Räume eingeteilt, daß ein etwa ausbrechender Brand mit Sicherheit auf seinen Herd beschränkt werden kann. Die oberen Decks sind mit 3 oder 4 feuersicheren Querschotten versehen, deren Bauart und Baustoff auf Grund sorgfältiger Versuche gewählt worden ist. Besonders sicher ist das Haupttreppenhaus isoliert. Es hat durch 4 Passagierdecks hindurch eine vollständig feuersichere Einkleidung. Für den Erkennungsdienst ist eine besondere Feuerwache eingerichtet, in der geübte Feuerwehrleute unter der Leitung eines verantwortlichen Aufsichtsbeamten alle Alarmgeräte des weit verzweigten Meldenetzes beaufsichtigen. Zur Abgabe des Feueralarmes sind rd. 40 wasserdichte Membranwecker mit Kontaktheber zum Schließen der Signalstromkreise über das Schiff verteilt. Jeder Laderaum, Passagierraum IV. Klasse,

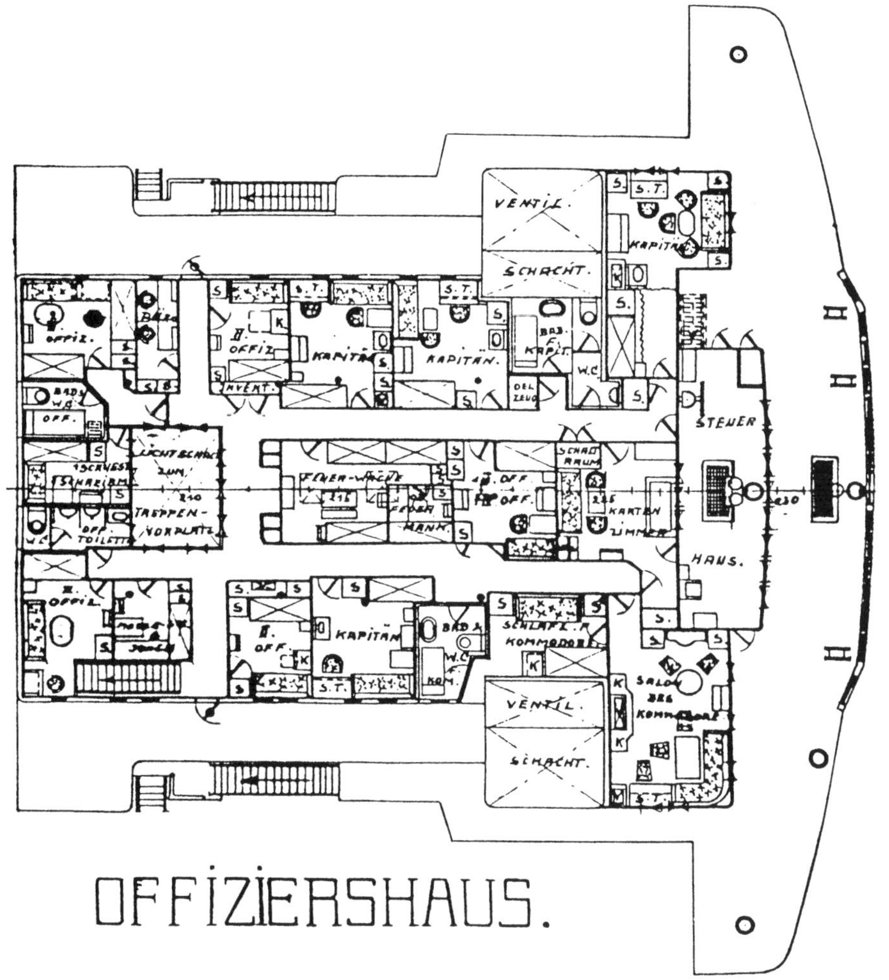

Zeichnung links: Brücke des »Vaterland« in der Aufsicht. Auf dem »Vaterland« ist u. a. folgende Navigationsausrüstung vorhanden: 2 Anschütz'sche Kreiselkompasse (Mutterkompasse) mittschiffs mit je 2 Tochterkompassen auf der Kommandobrücke mit jeweils 30.000 Umdrehungen in der Minute sowie elektrische Lotmaschinen und Unterwasserschallempfänger (Archiv Blohm+Voss).

Abbildung unten links: Ein Maschinenkommandoapparat, wie er auf dem »Imperator« Verwendung findet (Siemens & Halske).

Bild unten rechts: Die Kommandobrücke und das Ruderhaus des »Vaterland« aus gebeiztem und lackiertem Mahagoni. Links hinter der Holzwand befindet sich das Steuerhaus, links und rechts davon sind die Salons für den Kommodore und für die Kapitäne. Hinter dem Steuerhaus schließt sich der Kartenraum an (J. und H. Hamann, Medienzentrum Hamburg).

Vorratsraum, Ladekühlraum und Proviantkühlraum ist mit einem besonderen Feuerlöschrohr der Bauart „Rich" versehen. Alle diese Rohre münden in Feuermelder, wovon einer auf der Kommandobrücke, der andere auf dem zweiten Deck vor dem Maschinenbureau aufgestellt ist. Der Feuermelder befindet sich in einem Schrank, dessen Tür Glasfüllung hat. Über den Enden der einmündenden Rohre ist ein Ventilator angebracht. Beim Entstehen eines Brandes in einem Raum tritt aus dem entsprechenden Rohr Rauch aus und macht die Mannschaft dadurch auf die Gefahr aufmerksam. Man hat dann nur das Mundstück einer neben dem Schrank befindlichen Kohlensäureleitung in das betreffende Rohr einzuführen, um das Feuer in diesem Raume zu ersticken. In den Kabinen erster und zweiter Klasse sind ferner selbsttätige Feuermelder, in sämtlichen Mannschaftsräumen sind Regenvorrichtungen angebracht. Die Regenvorrichtungen bestehen aus einem an der Decke verlegten, ständig unter Wasserdruck stehenden Rohrnetz mit zahlreichen Brauseöffnungen

***Bild unten rechts:** Die Schalttafel des Not-Dynamoraumes auf dem »Imperator« (Atelier Schaul, Archiv Hapag-Lloyd).*

Bilder Seite 97

***Bild oben links:** Ein Feurwehrmann vor dem Ventil mit einem abrollbaren Schlauch während einer Übung auf dem »Imperator«.*

***Tafel Mitte links:** Das Schottentableau auf dem »Imperator«. Durch die Schottentableauanlage wird auf der Kommandobrücke dauernd angezeigt, welche wasserdichten Fall- und Klapptüren geschlossen und welche geöffnet sind. Hierzu ist im Steuerhaus ein Tableau angeordnet, das in sechs Feldern die Querschnitte der in Frage kommenden Decks in den Hauptumrißlinien wiedergibt. Diejenigen Stellen, an denen sich Schottentüren befinden, sind durch kleine, mit der Nummer der betreffenden Tür versehene, runde Fenster bezeichnet; hinter jedem Fenster ist ein Glühlämp-chen angebracht, das beim Schließen der zugeordneten Tür aufleuchtet. Zum Einschalten der einzelnen Lampenstromkreise ist an jeder Schottür ein selbsttätig wirkender Kontakt angebracht. (Auszug aus Anweisungen für „Die elektrischen Kommandoanlagen auf dem Schnelldampfer »Imperator«“ der Siemens & Halske A.G.).*

***Bild unten links:** „Rich-Feuermelde- und Feuerlöschapparat“ auf der Kommandobrücke des »Imperator«. Links der „Rich-Apparat“, dessen Rohrenden aus den verschiedenen Laderäumen kommen. Bricht in einem Laderaum Feuer aus, entweicht Rauch aus dem dazugehörigen Rohr. Der Mann leitet dann Dampf (oder Kohlensäure) in die brennenden Laderäume. Oben der Plan zur Bootsaufstellung, rechts davon die Flaggentafel und die Schalttafel für die Positionslaternen. Rechts befindet sich eine Feuermeldeglocke.*

***Bild rechts:** Antreten des Servicepersonals mit umgehängten Schwimmwesten aus Kork auf der Kommandobrücke des »Vaterland« bei einer Sicherheitsübung (Photos: Archiv Hapag-Lloyd).*

Ein weitverzweigtes Netz von Löschleitungen gestattet sofort eine wirksame Bekämpfung des Feuers, ohne daß erst Zeit mit dem Auslegen der Schlauchleitungen verlorengeht. Der Feuerschutz auf dem »Vaterland« umfaßt die Verkleidung der Rauchschotten mit Sterchamolplatten; dazu feuerfeste Türen und Wände in den Gängen. Außer den üblichen Dampfspritzen, Strahlrohren, Schlauchleitungen und Verschraubungen gibt es besondere Schutzmaßnahmen, z.B.: Rich-Apparate, mit Kohlensäure gespeist, Dräger-Apparate und König'sche Rauchhelme, selbsttätige Feuerlöscheinrichtungen in den Mannschaftsräumen (Grinnell-Sprinkler). Im Offiziershause befindet sich eine Feuerwache mit sechs Feuerwehrleuten. Dort zentralisiert sich auch die automatisch auf eine bestimmte Meldetemperatur eingestellte elektrische Feuermeldeanlage. Es gibt Feuermelder in sämtlichen Schiffsräumen. In den Gängen sind darüber hinaus zahlreiche Handfeuerlöschapparate angebracht.

in geringen Abständen voneinander, die durch eine bei einer bestimmten niedrigen Temperatur schmelzbare Metallegierung geschlossen sind. Tritt eine solche Brause in Tätigkeit, so sinkt der Druck in den Rohrleitungen; hierdurch wird ein elektrischer Wecker auf der Feuerwache in Bewegung gesetzt.

Für den Fall, daß die Maschinen in den Maschinenräumen nicht mehr betriebsfähig sein sollten, ist ein elektrisches Notkraftwerk auf dem höchsten Deck eingerichtet, das ermöglicht, die elektrischen Kommandogeräte, die drahtlose Telegraphie, die elektrische Heissvorrichtung für die Rettungsboote sowie die Notbeleuchtung bis zum letzten Augenblick aufrecht zu erhalten. Diese Notanlage ist mit einem Benzindynamo von 50 Kilowatt Leistung ausgerüstet. Die Dynamomaschine wird von einer vierzylindrigen Gardner-Benzinmaschine angetrieben, die eine besondere Druckluft-Anlaßvorrichtung hat. Auch die Kühlung der Maschine ist von der übrigen Schiffsanlage insofern unabhängig, als das Kühlwasser durch einen Wabenkühler fließt, der von dem Luftstrom eines elektrisch angetriebenen Ventilators bestrichen wird. Die Notbeleuchtung des Schiffes umfaßt ungefähr 570 Lampen auf den Gängen, Vorplätzen, Niedergängen sowie dem Promenaden- und dem Bootsdeck, wo vor allem die Plätze an den Rettungsbooten reichlich beleuchtet sind. Ferner können von dem Notkraftwerk alle Starkstrom-Weckeranlagen, die Heckbojen-Auslösevorrichtung, die Nebelglocke, die Eisberg-Signalanlage und die Dampfsirenen mit Strom versorgt werden.

Zur Nachrichtenübermittlung nach außen dient die von der deutschen Betriebsgesellschaft für drahtlose Telegraphie m. b. H., Berlin, eingerichtete Anlage für drahtlose Telegraphie. Sie besteht aus einer Hauptanlage, welche an das

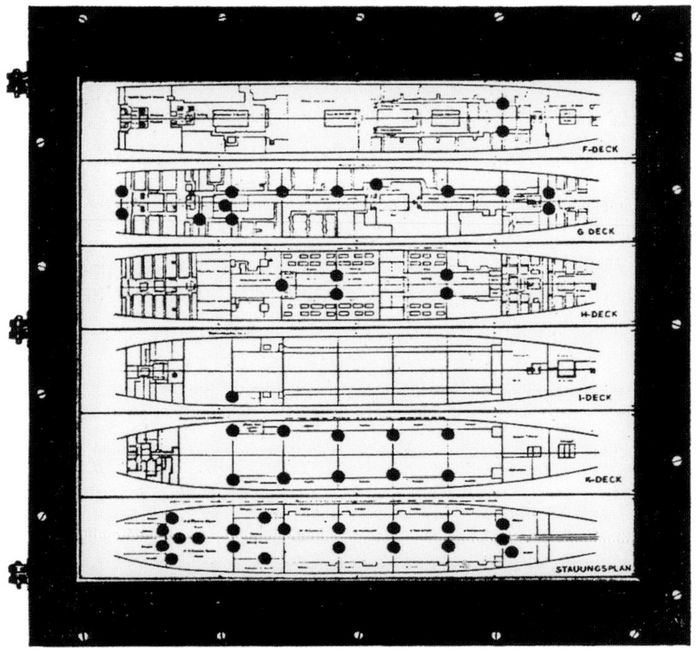
F-DECK
G DECK
H-DECK
I-DECK
K-DECK
STAUUNGSPLAN

elektrische Hauptkraftwerk angeschlossen ist, und einer Notanlage, die, wie oben erwähnt, ihren Strom von dem Notkraftwerk auf dem Bootsdeck erhält. Die zweite Anlage für drahtlose Telegraphie hat zwei Notantennen und hilft auch zugleich bei etwaigen Störungen der Hauptfunkspruchgeräte aus. Sollte selbst die elektrische Notstelle auf dem Bootsdeck versagen, so lassen sich durch eine besondere Akkumulatorenbatterie die Einrichtungen der drahtlosen Telegraphie immer noch viele Stunden lang im Betrieb erhalten. Schließlich ist zur Abgabe von Notsignalen noch eine umfangreiche Signaleinrichtung vorhanden, die aus einem Mörser-Raketenapparat mit Rettungskastenleine und Kasten, einer großen Zahl von Kartuschen, Raketen, rotem und blauem Licht usw., Pulverlager und allen übrigen für die Abgabe von Signalen erforderlichen Gegenständen besteht.

Muß das Schiff trotz aller Sicherheitsmaßnahmen durch eine Verkettung besonders unglücklicher Umstände verlassen werden, so dient als letzte Sicherheit für das Leben der Fahrgäste eine große Anzahl von Rettungsbooten, Rettungsgürteln für jede an Bord befindliche Person und leuchtenden Rettungsbojen. An Bord befinden sich 83 Boote mit 1351,6 cbm Raumgehalt, die 5.255 Personen Platz gewähren. Die Rettungsboote können also mehr als die gesamte an Bord befindliche Personenzahl von 5.227 aufnehmen. Bei der Aufstellung der Boote wurde davon Abstand genommen, sämtliche Boote auf dem Bootsdeck zu vereinigen. Die Boote sind vielmehr in vier räumlich getrennten Gruppen angeordnet, wobei für gute Zugänglichkeit zu den Booten von den Räumen aller Klassen in ausreichender Weise gesorgt ist (aus: Sonderdruck VDI-Zeitschrift, 1914).

Bilder und Zeichnung auf dieser Seite

***Zeichnung oben:** Einrichtung der Boote auf dem unteren Promenadendeck des »Imperator«. Die Rettungsboote sind über 9 Meter lang und können zwischen 60 und 70 Personen aufnehmen. Die Anzahl der Boote setzt sich folgendermaßen zusammen: 40 Rettungsboote aus Eiche, diagonal gebaut für 2.402 Personen, 43 gedeckte Boote aus Eiche, klinker gebaut (Engelhardt-Boote) für 2.853 Personen.*

***Bild unten links:** Ein Rettungsboot soll gefiert werden. Zum Ein- und Ausbringen der Boote dienen Welin'sche Davits.*

***Bild unten rechts:** Ein Schutzanzug mit Sprechverbindung bei Feueralarm (Photos: J. und H. Hamann, Medienzentrum Hamburg).*

Bilder Seite 99

***Bild oben links:** Der Scheinwerfer des »Imperator« mit 32.000 Kerzenstärken. Der am Fockmast befestigte große Scheinwerfer des »Vaterland« hat eine Leuchtkraft von 34.000 Kerzenstärken erhalten (Brown & Dawson, Stamford, Archiv Hapag-Lloyd).*

***Bild rechts:** Übung an den ausgeschwenkten Rettungsbooten. Diese Boote auf dem Bootsdeck (A-Deck) des »Vaterland« sind in doppelter Aufstellung übereinander angeordnet. Die Mannschaft erhält Instruktionen für die Bedienung der Davits. Hinter den Fenstern ist der Rauchsalon der 1. Kajüte.*

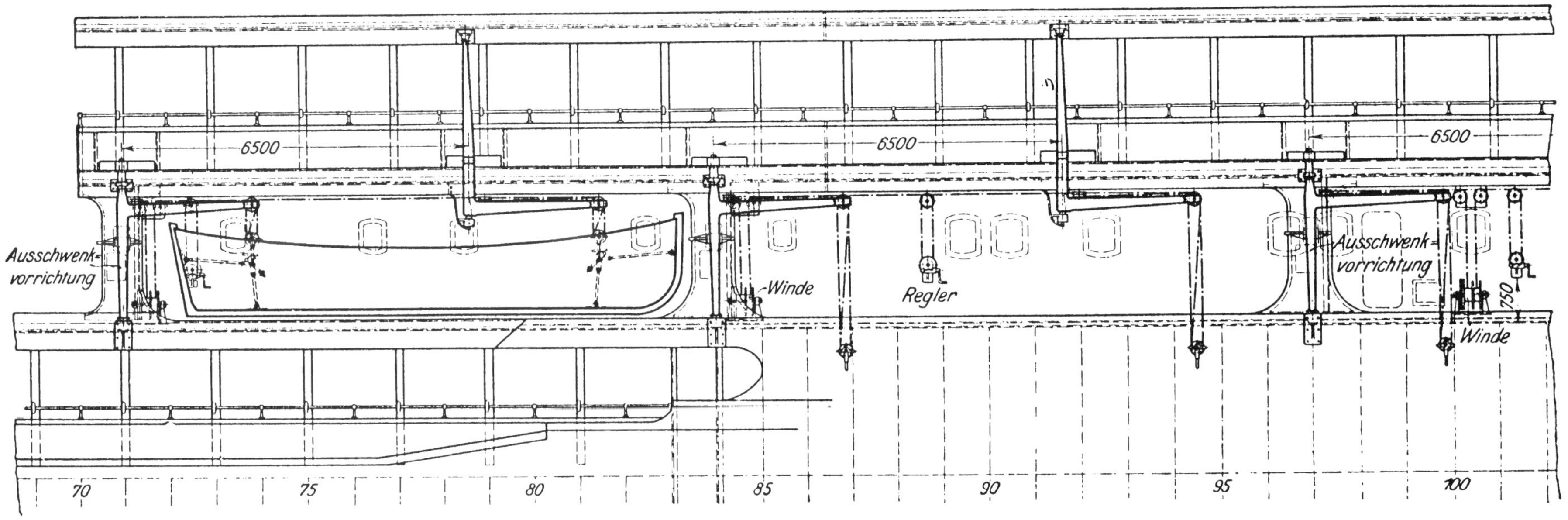

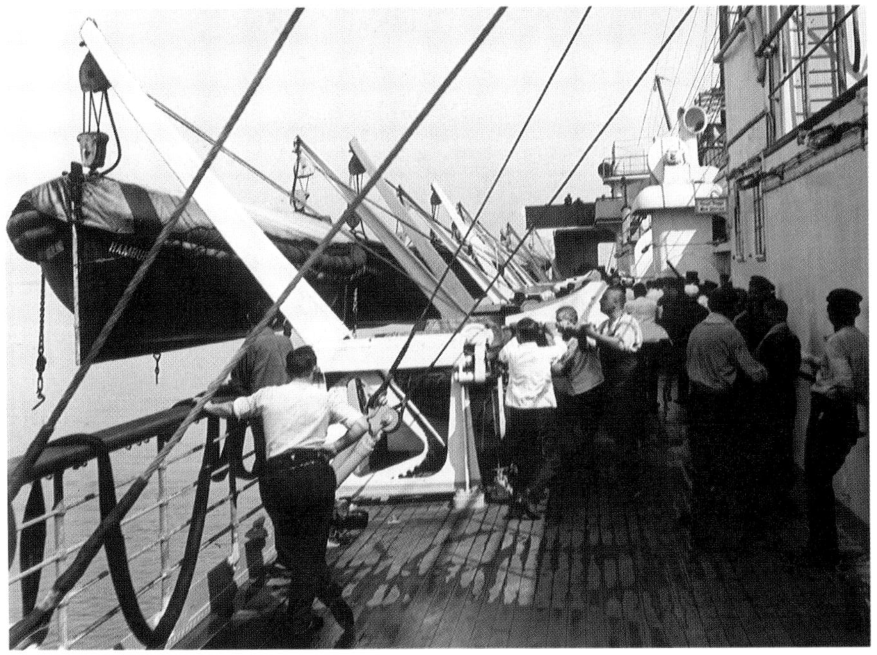

Auf den neuen großen Luxus-Passagierturbinendampfern versorgt eine umfangreiche elektrische Anlage die vielen vorhandenen Stromverbraucher:

Dazu zählen Beleuchtung, Ventilation, Aufzüge, Winden, Drehkräne (für die Gepäckübernahme), Wirtschaftsmaschinen in den Küchen, Anrichten, Aufwaschräume usw. Dann Klingelanlagen in Salons, Kabinen 1. und 2. Kajüte, Offizierslogis, Küchenbetrieb u.a. Ferner eine Alarmklingelanlage zur Alarmierung der Besatzung und eine Klingelanlage für den Feuerschutz. Die elektrische Uhrenanlage mit Hauptuhr auf der Brücke. Die Funkentelegraphie-, Maschinentelegraphie-, Heizraumtelegraphie-, Dock- und Ankertelegraphie-Anlagen. Die Telephone für Navigations- (Lautsprechtelephone) und Wirtschaftszwecke und das Signalwesen (Scheinwerfer, Sirenen usw.). Außerdem die Heizung sämtlicher Zimmer 1. Kajüte. Allein die Beleuchtung besteht aus rund 15.000 elektrischen Lampen.

Den elektrischen Strom erzeugen 5 Turbodynamos im mittschiffs gelegenen Turboraum und ein durch Benzin angetriebener Dynamo für die Notbeleuchtung (Treppen, Ausgänge der Passagier-, Maschinen- und Mannschaftsräume, Bootsdeck), der in einem besonderen Raum weit oberhalb der Wasserlinie aufgestellt ist. Von den 5 ersten Dynamos besitzt jeder einzelne bei 110 Volt Spannung 2.500 Ampere Stromstärke, der letztere weist eine Stromstärke von 100 Ampere auf und speist außer der Notbeleuchtung auch die gesamten Kommandoelemente und die Apparate für die drahtlose Telegraphie. Außer dem Strom für die Beleuchtung liefern die Dynamos auch die Triebkraft für weitere auf dem Schiff befindliche Motore von insgesamt 850 Pferdestärken (Auszug aus: „Informationen für »Vaterland«").

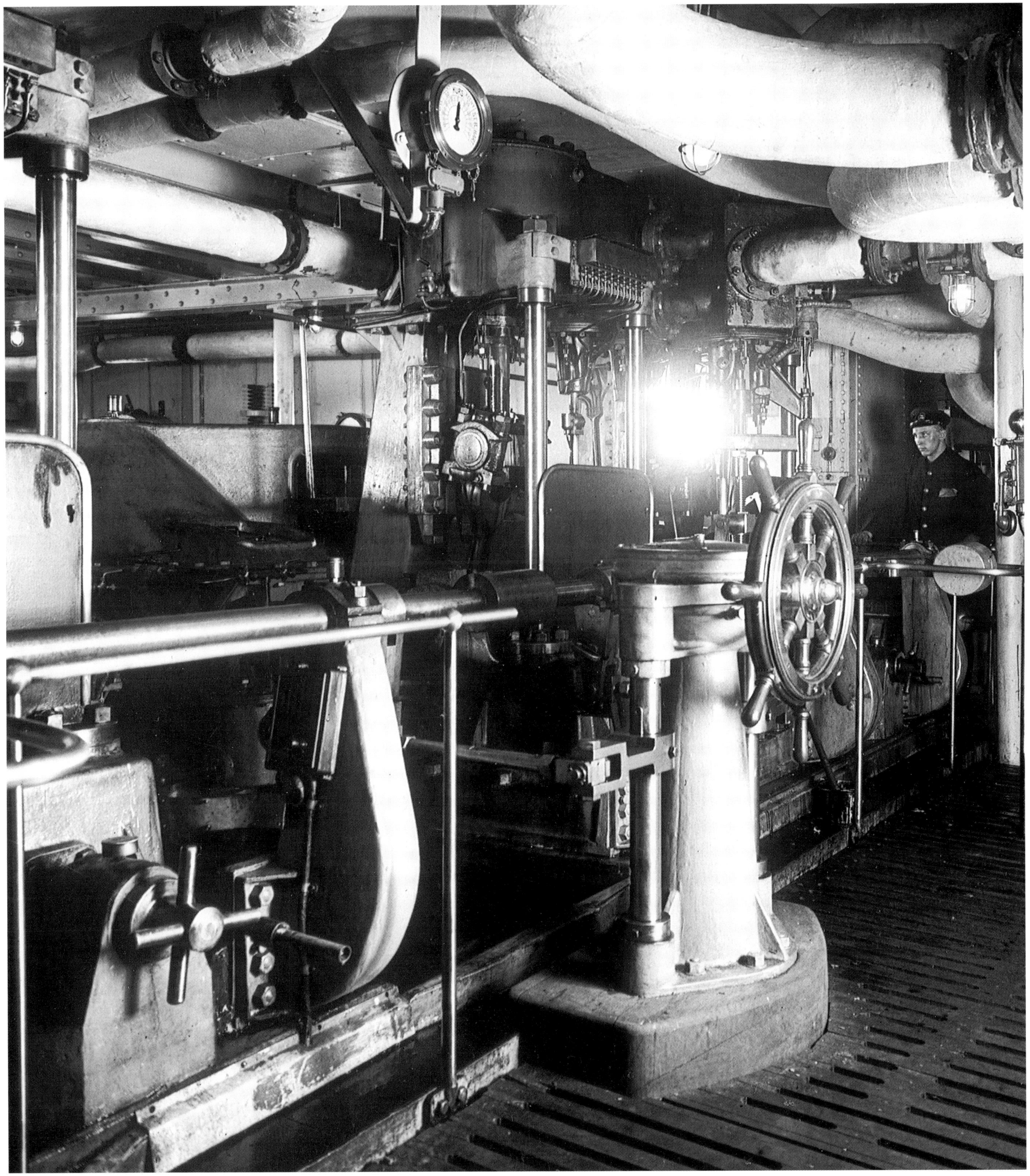

Ähnlich wie beim »Imperator« ist auch die Antriebsanlage beim »Vaterland« aufgebaut: In vier riesigen Heizräumen befinden sich 46 Wasserrohrkessel. Sie erstrecken sich mit den dazugehörigen Räumen für Kohlen über die ganze Breite des Schiffes. Die Antriebsmaschinen sind in drei Maschinenräumen untergebracht, von denen der vordere 21 Meter und die beiden hinteren 29 Meter lang sind. Die vorderen Maschinenräume sind durch zwei Längsschotten der Breite nach in je drei, der hintere Maschinenraum durch das Mittellängsschott in zwei wasserdichte Räume geteilt.

Die Maschinenanlage für die Vorwärtsfahrt besteht aus vier Hauptturbinen, die in Serien geschaltet werden, eine Hochdruck-, eine Mitteldruck- und zwei Niederdruckturbinen. Während der Revierfahrt arbeitet die Hochdruckturbine in die Backbordniederdruckturbine direkt, während die Mitteldruckturbine Frischdampf erhält und den Abdampf in die Steuerbordniederdruckturbine weiter arbeiten läßt. Für Rückwärtsfahrt gibt es zwei Hochdruck- und zwei Niederdruckturbinen. Alle Turbinen können auch einzeln benutzt werden, da sie mit Frischdampfanschluß sowie an den Austrittseiten mit den Kondensatoren verbunden sind. Die vier Hauptkondensatoren lassen sich einzeln absperren, um etwaige Reparaturen auf See ohne Störung des Betriebes ausführen zu können.

Auf praktische Einrichtung der Maschinenräume, bequeme Zufuhr der Kohlen und eine hohe Betriebssicherheit ist überall die größte Sorgfalt verwandt worden. Das gilt nicht nur für die Hauptmaschinen- und Kesselanlagen, sondern auch für die umfangreichen Hilfsanlagen wie z. B. die Aufstellung der fünf Turbodynamos, die u. a. die elektrischen Lampen des Schiffes mit Strom speisen.

Abbildungen Seite 100

Bild links: Notruderanlage des »Vaterland« im hinteren Teil des Schiffes. Das Rundinstrument in der Mitte hat einen Kursanzeiger mit Gradeinteilung (J. und H. Hamann, Medienzentrum Hamburg).

Bild oben: Der in den Maschinenräumen des »Imperator« angebrachte Empfänger der Maschinenkommandoapparate der Brücke. Es sind Wandapparate, die in dem wasserdichten Rotguß-gehäuse ein Gebersystem mit Antriebsvorrichtung, ein Empfängersystem mit Zeiger sowie die Skalenscheibe enthalten. Letztere besteht aus Blech und hat ebenfalls einen Durchmesser von 400 Millimeter. Der in dem aufgeschraubten Gehäusedeckel gelagerte Einstellhebel ist nach unten geführt. Der Kabelanschlußkasten ist oben auf dem Apparategehäuse montiert.

Abbildungen auf dieser Seite

Bild rechts: Der Kesselkommandoapparat für die hinteren Heizräume des »Imperator«. Darüber hinaus befinden sich in den verschiedenen Heizräumen Uhren mit ringförmigen Skalen, deren Wecker in einer Stunde abwechselnd durch ein doppeltes oder einfaches Glockensignal jeweils (also doppelt gezählt) im 20- oder 18-, 16-, 14-, 12-, 10-, 8-, 6-maligen Intervall die Beschickung für die Feuertüren mit gerader oder ungerader Nummer regelt. Bis zu 344 Heizer und Trimmer versorgen die 46 Kessel.

Bild unten links: Turbinenanlage für die mittleren beiden Schrauben des »Vaterland« (J. und H. Hamann, Medienzentrum Hamburg).

Bild unten rechts: Hauptmaschinenstand des »Vaterland« mit Kesseldruckmanometern, Ventilhanddrückern, Ruderlage-Anzeigern, Umdrehungsanzeiger und Ventilrädern für sämtliche Turbinenfahrschaltungen (Roggmann, Archiv Hapag-Lloyd).

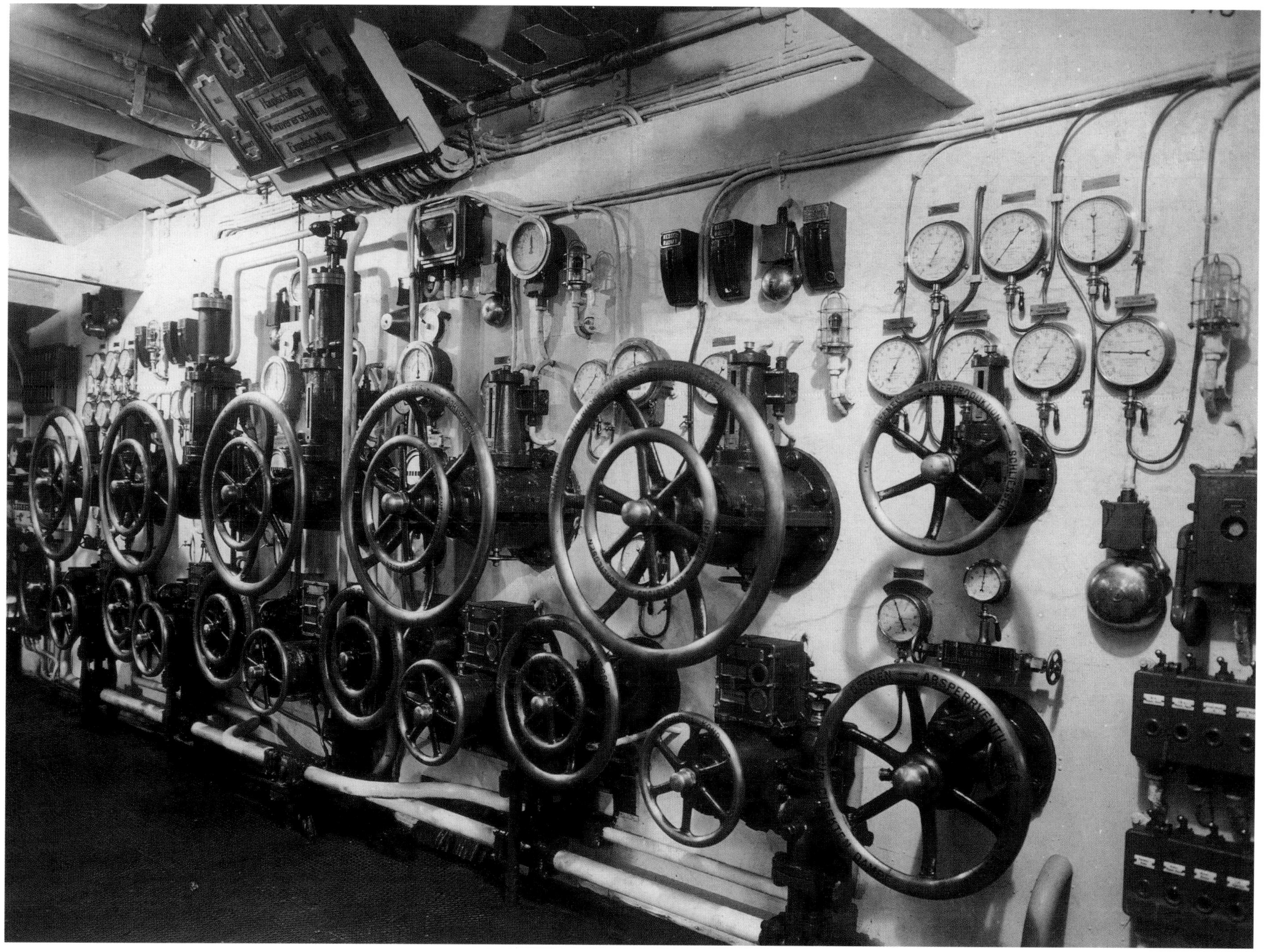

DIE FUNKSTATION

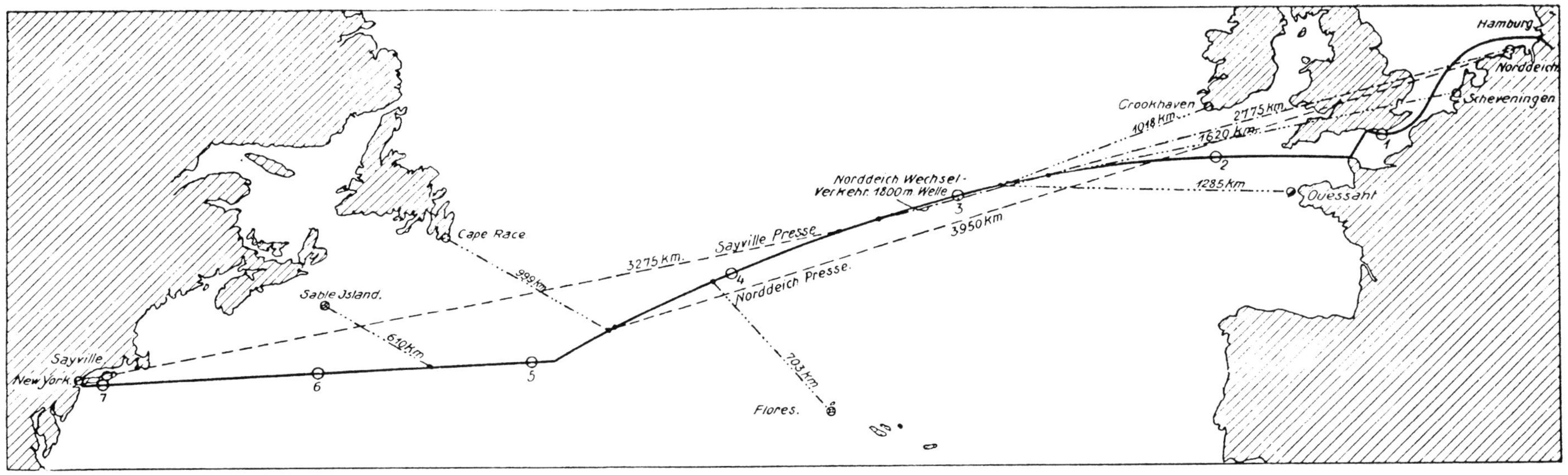

Die funkentelegraphische Anlage des »Imperator« ist das derzeitige Non-plus-ultra in technischer Durchbildung, Leistung sowie hinsichtlich der Möglichkeiten des internationalen Verkehrs. Von Telefunken konzipiert und gebaut, ist der »Imperator« das erste Handelsschiff, welches eine dreifache Antennenanlage besitzt. Die etwa 64 Meter über dem Wasserspiegel befindlichen vier Drähte der Antenne haben je eine Länge von 170 Meter. Zur Erzielung eines möglichst großen Abstandes der einzelnen Drähte voneinander ist an jedem Mast eine 5 Meter lange feste Rahe angebracht, an deren Enden zwei lose Rahen von 2,5 Meter befestigt sind, welche die vier Antennendrähte tragen. Die Gesamtbreite der Hauptantenne beträgt mithin 7,5 Meter, die Eigenwelle beträgt 720 Meter bei einer Kapazität von ca. 2.300 cm. Jede der zwei weiteren unabhängigen Antennen für die Ausübung des normalen Telegraphenverkehrs besteht aus einem Draht, welcher von den Mastspitzen nach 3 Meter langen, an den Schornsteinen befestigten Auslegern und von dort zur Station führt.

Die Telefunkenstation befindet sich auf dem obersten Deck, dem A-Deck, sie umfaßt fünf Räume und einen Anbau. In dem mit schalldichten Wänden versehenen Hauptraume ist in einem Schrank die Sendeapparatur der Station für den Nahverkehr und der Hammerinduktor des Notsenders installiert. Oberhalb des Schrankes ist der Amperemeter und das Luftdrahtvariometer, vermittels welchem die Abstimmung des Antennenkreises auf den Erregerkreis geschieht, angebracht. Auf dem Tisch neben dem Schrank steht ein Wellenmesser, der den Zweck hat, jederzeit die Abstimmverhältnisse der Station zu kontrollieren. An der Seitenwand über dem Tische befindet sich das Schaltbrett mit den erforderlichen Meß- und Kontrollapparaten, den Sicherungen und Schaltern; der Anlasser und die Tourenregulatoren für die Maschinenaggregate sind unter dem Schaltbrett an der Wand montiert.

Auf einem besonderen Tisch sind die beiden Empfangsapparate, die Zwischenhöreinrichtung, die Lautstärkemesser und die drei Taster für die verschiedenen Stationsarten angeordnet. Zu diesem Tisch führen alle Leitungen, die für den Betrieb der Anlage in Betracht kommen, so daß der Telegraphist von seinem Stuhl aus, ohne aufzustehen, alle während des Betriebes notwendigen Handgriffe vornehmen kann. Hier ist also die Zentralstelle der ganzen Anlage. In einem Anbau, der mit dem Hauptraum durch eine Tür in Verbindung steht, ist der Sender der großen Station untergebracht.

Mit Hilfe einer neuartigen Zwischenhöreinrichtung ist man beim radiotelegraphischen Verkehr in der Lage, während des Sendens in den kleinen Pausen zwischen den einzelnen Senderzeichen Signale der korrespondierenden Station zu empfangen. Der Wert der Zwischenhöreinrichtung ist schon bei der ersten Reise des Dampfers voll in Erscheinung getreten; ohne diese Einrichtung wäre es nicht möglich gewesen, die Unzahl von Telegrammen der Pressevertreter, die der Einladung der Hamburg-Amerika Linie zur Teilnahme an der ersten Reise gefolgt waren, an die Küstenstationen abzusetzen.

Vor dem Hauptraum befindet sich des Bureau der ersten Telegraphisten, in dem die Entgegennahme der Telegramme erfolgt, und der Passagierraum mit Schreibtischen zum Abfassen der Telegramme. Unter den Schreibtischen, im Passagierraum, ist die Akkumulatorbatterie des Notsenders eingebaut. Den drei Telegraphisten stehen zwei Wohnräume zur Verfügung; der erste Telegraphist bewohnt ein Zimmer für sich, während der zweite und dritte Telegraphist sich das andere Zimmer teilen. Der Hauptraum und der Schalterraum sind mit Oberlicht versehen, in das die isolierten Zuführungen zur Antenne eingelassen sind. Die hier beschriebenen technischen Mittel ermöglichen auf dem »Imperator« eine außerordentliche Betriebsleistung, und es bedeutet einen Weltrekord, der so bald nicht geschlagen werden dürfte, daß die Station während der ersten fünf Reisen etwa 172.000 Wörter - also im Durchschnitt pro Reise 34.400 Wörter - verarbeitet hat (aus einem Sonderdruck der Schiffbautechnischen Gesellschaft, 1914, zu einem Vortrag von Direktor Bredow).

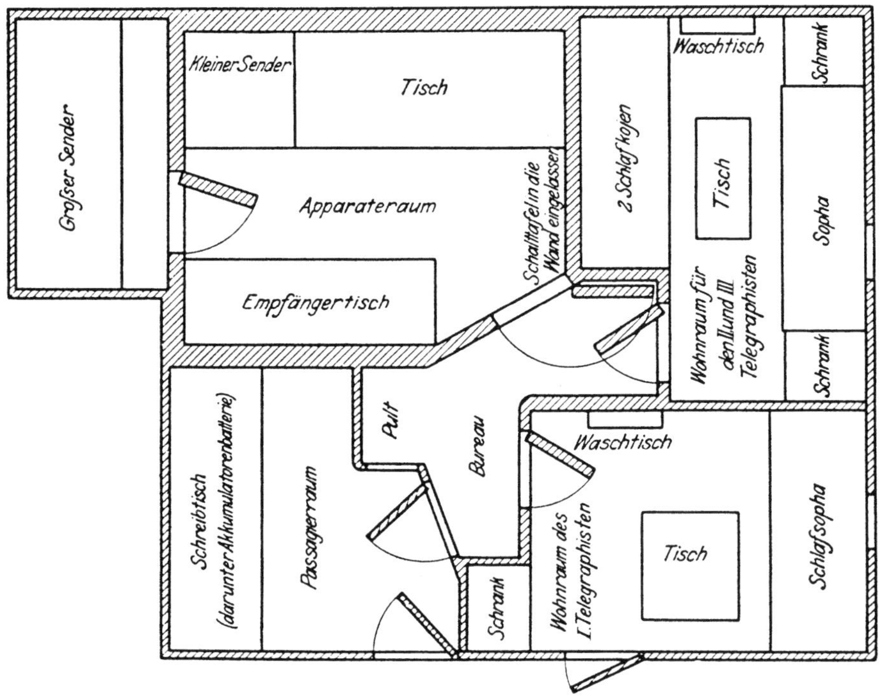

Zeichnungen Seite 102

Zeichnung oben: *Die Route des »Imperator« mit den markierten Mittagspositionen, es ist ersichtlich, daß das Schiff auf der ganzen Reise entweder mit Land in wechselseitiger Verbindung steht oder von Land die Depeschen erhalten kann. Gearbeitet wird mit folgenden Stationen: am ersten Tag mit Norddeich und Scheveningen, am zweiten mit Bolt Head und Lizard sowie Norddeich, am dritten Crookhaven/Irland und Quessant, einer Insel vor Brest. Ab viertem Tag mit Flores (Azoren) bis zum Mittag, nach kurzer Unterbrechung ab Mitternacht mit der Station Cap Race, die am sechsten Tag durch die Verbindung mit Sable-Island abgelöst wird. Ab dann ist ununterbrochene Verbindung mit der amerikanischen Küste, überwiegend mit der Station Sayville, Long Island.*

Zeichnung unten: Die Telegraphenstation auf dem »Imperator«.

Bilder auf dieser Seite

Bild links unten: Ausguck auf dem »Imperator«. Auf den Schiffen befindet sich ein ständiger Ausguck. Beim »Vaterland« einmal der untere Ausguck am Fockmast mit der großen Schiffsglocke und einer durch Luftdruck betriebenen Nebelpfeife verbunden; darüber ein zweiter Ausguck, ca. 55 Meter hoch über dem Wasserspiegel.

Bild Mitte: Mitarbeiter der Telegraphen-Station des »Imperator« (Photos: Hamburg-Amerika Linie, 11. Juni 1913, Archiv Hapag-Lloyd).

Bild rechts unten: Der Apparate-Raum der Telegraphenstation des »Vaterland« auf dem Bootsdeck (A-Deck), Steuerbordseite, kurz vor dem 2. Schornstein.

Abbildung rechts oben: Funkverkehr Norddeich - »Imperator«.

Verkehr Norddeich-Imperator mit 1800 m Welle.

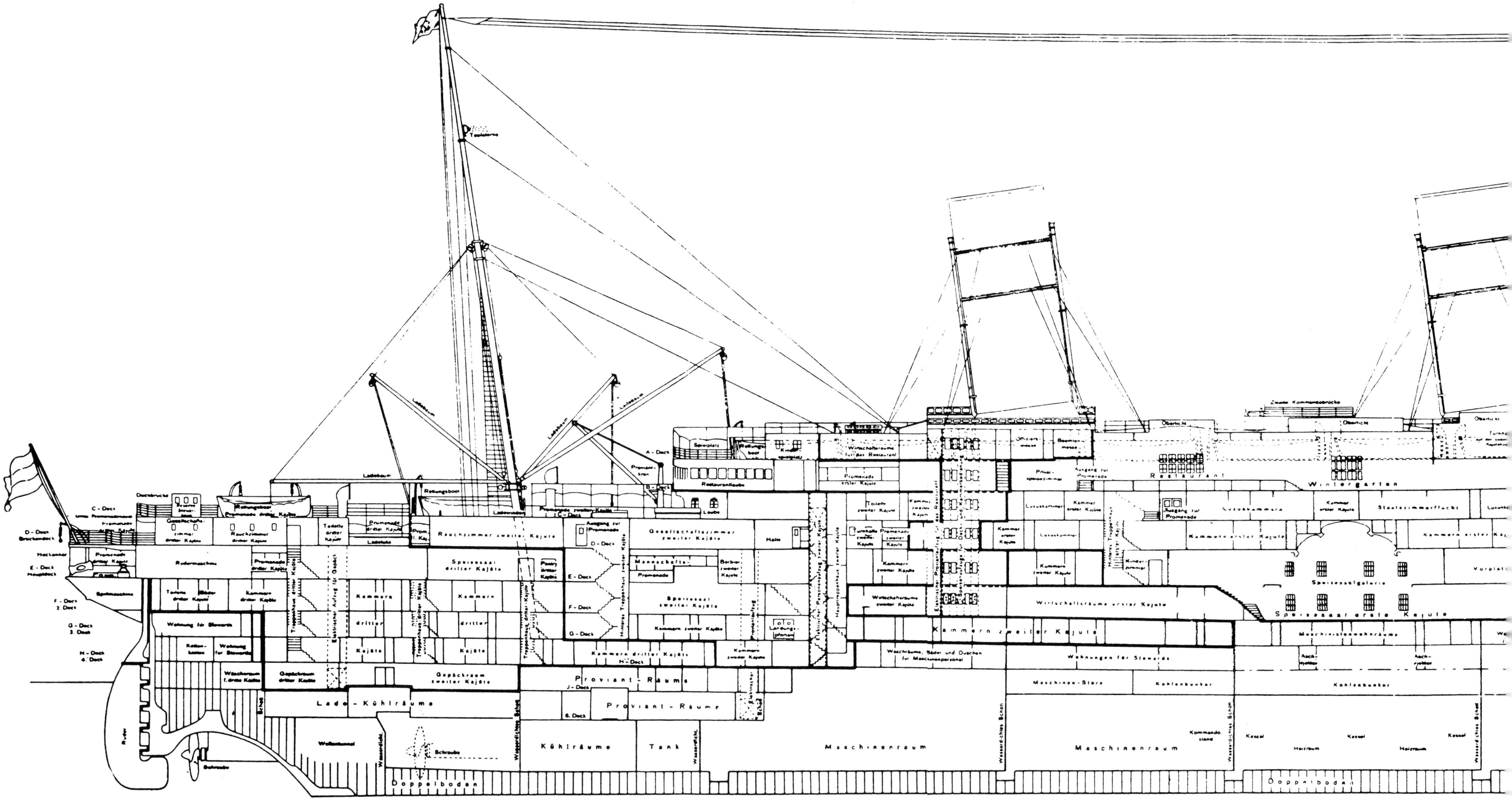

LÄNGSSCHNITT DES DAMPFERS IM

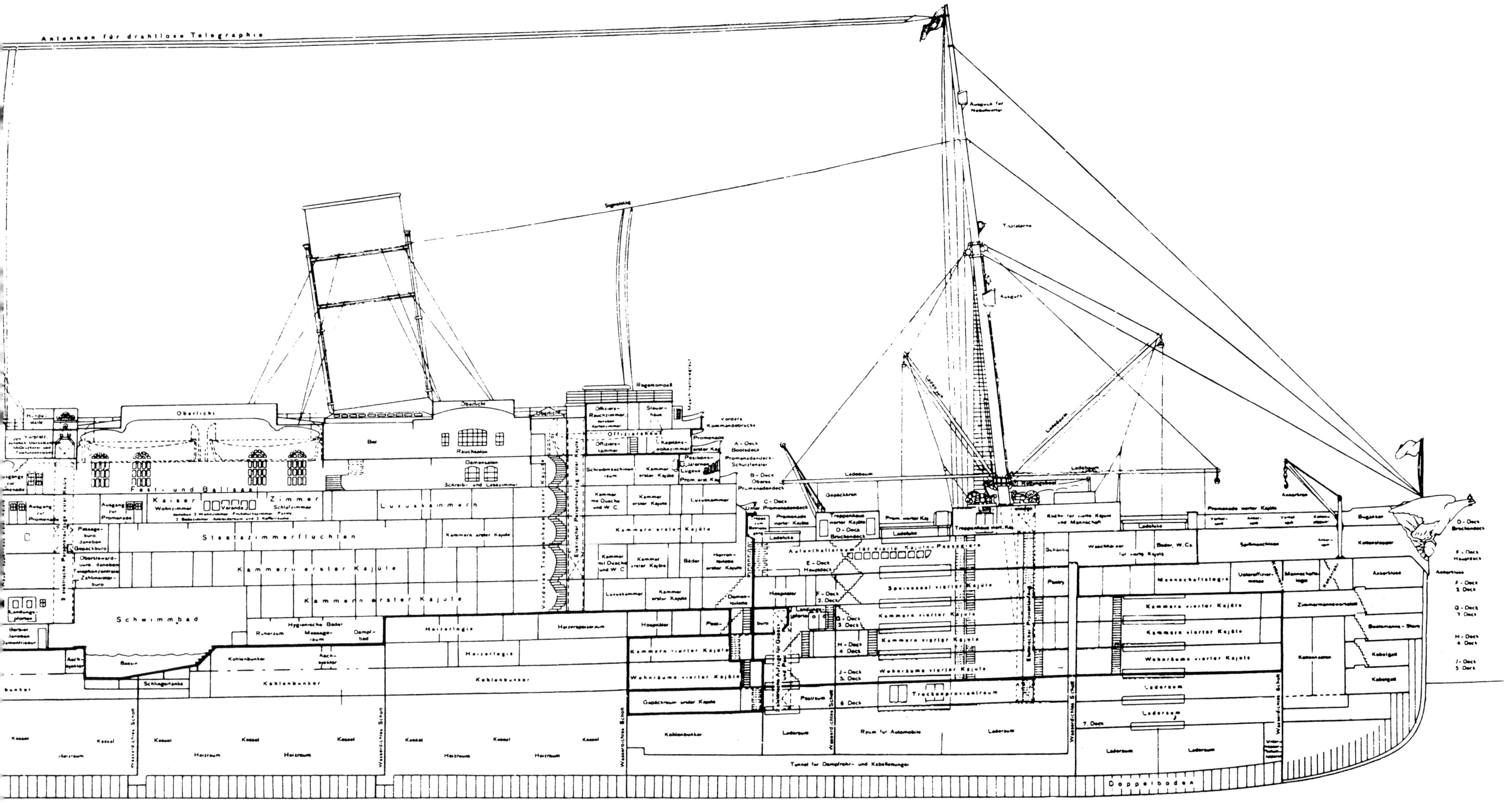

OR DER HAMBURG-AMERIKA LINIE

INNENEINRICHTUNGEN

GESELLSCHAFTSRÄUME »IMPERATOR«

Das Konzept Ballins, Komfort gegen Schnelligkeit auf dem Atlantik einzusetzen, wurde erstmals mit der 1905 in Dienst gestellten »Amerika« umgesetzt. Nicht der Reiz des „Blauen Bandes" für die schnellste Atlantiküberquerung zwischen den Scilly Rocks und dem Ambrose-Feuerschiff war sein Anliegen, sondern ein möglichst komfortables Schiff. Den Auftakt dazu bildeten die von der britischen Werft Harland & Wolff gebaute »Amerika« und die ein Jahr später abgelieferte »Kaiserin Auguste Victoria« (II). Mit der »Cleveland« und »Cincinnati« (II) wurde dieses Luxus-Dampfer-Quartett dann abgeschlossen.

Die »Amerika« wurde zum Testschiff für Ballin. Das mit 22.622 Bruttoregistertonnen vermessene Schiff war für ein Jahr das größte Passagierschiff der Welt. Nach einer wechselvollen Geschichte wurde die »Amerika« 1957 schließlich abgewrackt. Mit einer Maschinenleistung von nur 16.000 PS erreichte dieses Passagierschiff 18 Knoten oder rund 33,5 Kilometer in der Stunde. Jeder Knoten Geschwindigkeit mehr erforderte auch mehr Maschinenleistung und damit einen höheren Kohleverbrauch sowie mehr Gewicht. Und das wollte Ballin sparen.

Der Generaldirektor investierte das Geld lieber in mehr Luxus, mit dem dies Schiff letztlich ausgestattet wurde. Mit großem Aufwand wurden an Bord Kaiserzimmer, Staatssuiten und eben Luxuskabinen eingerichtet. Zahlreiche Neuerungen, wie sie dann auf den drei für den Nordatlantik geplanten Luxusdampfern für einen wöchentlichen Dienst selbstverständlich wurden, hatten auf der »Amerika« Premiere.

Der mittlere Teil des »Imperator« war den Passagieren der 1. Kajüte vorbehalten. Die Säle und Kabinen verteilten

Decke und Wände des Treppenhauses bestehen aus feinem weißlackierten Holzwerk mit Schnitzereien. In den unteren Stockwerken bestehen Sockel und Türen aus braungebeiztem Eichenholz. Die Vorplätze sind mit blaugrauem Linoleum, die Treppenstufen und Treppenabsätze mit grauem Gummi belegt. Die Treppenstufen und Treppenabsätze haben einen Teppichbelag in blauem Ton mit altgoldfarbenen Bordüren. Die Portieren und Vorhänge sind aus crème und blau gestreifter Seide hergestellt. Das Treppenhaus hat ein Oberlicht. Für die künstliche Beleuchtung bei Abend sind Beleuchtungskörper an reichverzierten und vergoldeten Wandarmen sowie Deckenbeleuchtungskörper mit großen geschliffenen Kristallschalen vorhanden. Durch das ganze Treppenhaus mit seinen fünf Stockwerken fahren zwei elektrische Personenaufzüge. Vom untersten Vorplatz des Treppenhauses gelangt man durch Drehtüren in das Schwimmbad. Nebentreppen führen von hier hinab zu den Frisier- und Toilettenräumen. Außer dem Haupttreppenhaus dienen noch zwei weitläufige Nebentreppenhäuser vor dem ersten und dritten Schornstein dem Verkehr zwischen den Räumen der ersten Kajüte (aus: VDI-Zeitschrift, 1914).

Bilder auf den Seiten 106 und 107

Bild Seite 106: Das prachtvolle und großzügige Haupttreppenhaus des »Imperator« mit Blick vom unteren Promenadendeck (C-Deck) zum oberen Promenadendeck (B-Deck) nach achtern. Direkt hinter dem Gemälde befindet sich der Kesselschacht des zweiten Schornsteins (Atelier Schaul, Archiv Hapag-Lloyd).

Bild Seite 107: Der große Tanz- und Festsaal des »Imperator« mit einer nach oben abschließenden Glaskuppel auf dem oberen Promenadendeck (B-Deck). Der Raum ist so konstruiert, daß auf tragende Säulen verzichtet werden konnte. Links und rechts lassen jeweils vier bis zu 4 Meter hohe Fenster Licht eintreten. Blick in Fahrtrichtung (G. Koppmann & Co, Archiv Hapag-Lloyd).

sich über die obersten sechs Decks. Zum Heck des Schiffes schlossen sich die zweite und dritte Kajüte an. Das Zwischendeck war im Vorderschiff untergebracht. Zum erstenmal beförderten Fahrstühle die Passagiere über mehrere Decks. Die Vorläufer der späteren Wintergärten mit ihren Blumenbeeten wurden hier getestet. Und es war vielleicht der genialste Schachzug Ballins, das erste schwimmende Ritz-Carlton-Restaurant auf dem »Imperator« einzurichten. Damit zielte er auf verwöhnte amerikanische und europäische Gäste, die dies Restaurant aus Paris, New York oder London kannten.

Ballins Rechnung ging auf. Immer mehr Atlantik-Reisende buchten ihre Passagen bei der Hapag. Der Komfort bahnte sich gegenüber der Geschwindigkeit seinen Weg. Die Würfel waren am Alsterdamm gefallen. Alle künftigen Passagierschiffe sollten nach diesen Vorstellungen und Erfahrungen gebaut werden. Und so konnte Ballin im Aufsichtsrat auch durchsetzen, für die drei neuen Luxusliner je 25 Millionen Mark aufzuwenden.

Besonders der Wintergarten auf dem »Imperator« hatte es den Fahrgästen der 1. Kajüte angetan, wähnten sie sich doch - egal ob Winter, Frühjahr, Sommer oder Herbst - immer auf der Sonnenseite. Und für den Erhalt dieser ewig grünen Pflanzen in besonderen Kübeln wurde eine ganze Mannschaft aus Gärtnern und Hilfsgärtnern beschäftigt. Kein Blatt durfte hängen oder welk werden. Die Passagiere hatten ja einen Anspruch auf Luxus pur. Und dann mußten die Gäste, wenn sie im Ritz-Carlton-Restaurant speisen wollten, wo bekanntlich alles extra bezahlt wurde, durch den Ballin'schen Urwald hindurch. Und sie taten es mit Vergnügen. Der Generaldirektor wußte sehr genau, was er seinen kräftig zahlenden Gästen schuldig war.

Bilder Seite 108

Bild links: Das Konzertpodium mit Steinway-Flügel im großen Festsaal. Hinter der Wand ist der Kesselschacht für den vorderen Schornstein (Atelier Schaul, Archiv Hapag-Lloyd).

Bild unten: Der große Festsaal, Blick nach achtern. Hinter den Glastüren der Zugang zum Haupttreppenhaus mit den beiden Fahrstühlen (G. Koppmann & Co, Archiv Hapag-Lloyd).

Bild oben rechts: Das vordere Treppenhaus für die 1. Kajüte des »Imperator«, vom 2. Deck (F-Deck) aus gesehen, führt bis zum Bootsdeck (A-Deck) hinauf (Archiv Hapag-Lloyd).

Bild Seite 109

Der Wintergarten auf dem oberen Promenadendeck (B-Deck) mit Lichtkuppel und üppiger Vegetation, in Fahrtrichtung gesehen (Brown & Dawson, Stamford, Archiv Hapag-Lloyd).

Auf den Gedanken an ein überaus luxuriöses Restaurant an Bord ist Ballin selbst gekommen, als er bei einem seiner Londoner Besuche im Carlton Grill im neu eröffneten Ritz-Hotel speiste. Als erstes Schiff der Hapag verwöhnt die 1905 in Dienst gestellte »Amerika« die Fahrgäste mit kulinarischen Genüssen. Das dazugehörige Ambiente hatten der Schweizer Hotelier Cesar Ritz und sein Hausarchitekt Charles Mewes im Stil von Ludwig XVI. entwickelt. Mewes zeichnet jetzt außer für das gelungene Ritz-Carlton auf dem »Imperator« auch für den Rauchsalon im Stil eines altenglischen Tudorhauses verantwortlich.

Bilder auf dieser Seite: Das Ritz-Carlton-Restaurant, festlich eingedeckt, Blick in Fahrtrichtung auf den sich daran anschließenden Wintergarten auf dem oberen Promenadendeck, dem B-Deck (Photos: J. und H. Hamann, Medienzentrum Hamburg).

Bild Seite 111: Blick nach achtern vom Wintergarten auf das Ritz-Carlton. Direkt dahinter befindet sich der Maschinenschacht zur Entlüftung über den dritten Schornstein (Archiv Blohm+Voss).

Bilder auf dieser Seite

***Bild oben:** Der I.-Klasse-Fahrstuhl mit Bedienungspersonal befördert die Speisesaalgäste bis zum Bootsdeck. Drei Personenfahrstühle erleichtern den Passagieren den Weg von den unteren nach den oberen Räumen und umgekehrt auf dem »Imperator«. Insgesamt stehen vier Personenaufzüge, von denen drei der 1. Kajüte und einer der 2. Kajüte zugeteilt sind, zur Verfügung (Deutsches Technikmuseum, Berlin).*

***Karte unten:** Die vorgegebenen Zeiten zur Einnahme der Mahlzeiten an Bord des »Imperator« (Archiv Hapag-Lloyd).*

Bild Seite 113

Der Speisesaal I. Klasse, mit Blickrichtung nach achtern, auf dem 2. Deck (F-Deck), festlich eingedeckt. An Bord sind für eine einzige Überfahrt 13.800 Servietten, 6.870 Tischdecken vorhanden. Der Speiseraum gibt ca. 700 Personen gleichzeitig Sitzgelegenheit bei der Tafel. In den Raum hinein ragt der Kesselschacht des zweiten Schornsteins, der im oberen Geschoß durch eine Spiegelwand verkleidet ist. Auf dieser Galerie befinden sich außer den bequemen Einzelsitzen mit Tischen links und rechts des Geländers auch die luxuriösen 2-Bett-Kabinen der I. Klasse. Der Speiseraum wird durch eine ovale Kuppel abgeschlossen (Deutsches Technikmuseum, Berlin).

Renommierte Architekten und internationale Einrichtungshäuser sowie Zulieferer aus ganz Deutschland verhelfen dem »Imperator« zu einem unverwechselbaren Ambiente. Den Hauptzugang zu den Gesellschaftsräumen der 1. Kajüte bildet das 17 Meter hohe, im Stile Louis XVI. von Bembé, Mainz, erbaute Haupttreppenhaus mit 29 Meter breiten und 21 Meter langen Vorplätzen vor dem mittleren Schornstein. Von hier gelangt man im B-Deck achteraus in den Wintergarten und zum Ritz-Carlton-Restaurant, voraus in den Fest- und Ballsaal, im E-Deck und F-Deck zum Speisesaal I. Klasse, im F-Deck und G-Deck zur Schwimmhalle. Im A-Deck befinden sich über dem Treppenhaus die Zugänge zur Dunkelkammer, zur Druckerei und zur Hauptstelle für drahtlose Telegraphie. Geräumige Vorplätze sind in allen Decks um das Haupttreppenhaus herum angeordnet. Im B-Deck ist auf dem Vorplatz ein Konfitüren- und Blumenladen, in den Vorplätzen der anderen Decks ein Bücherladen, das Gepäckbureau, das Bureau der Abteilung für Personenverkehr, das Zahlmeisterbureau und Oberstewardbureau sowie ein Arztzimmer mit Warteraum und Apotheke eingerichtet. Zwei elektrische 6-P.S.-Fahrstühle für die Beförderung von je acht Personen fahren etwa 15 Meter durch sechs Decks.

Die Halle oder der Fest- und Ballsaal hat 390 qm Gesamtgrundfläche und faßt 200 Sitzplätze. Der Saal liegt im B-Deck unter einer mächtigen, im A-Deck eingebauten Glaskuppel. Vier große Fenster auf jeder Längsseite gewähren gemeinsam mit dem Oberlicht dem Tageslicht Zutritt, während je zwei Glastüren in den Querwänden zum Haupttreppenhaus und zum vorderen Treppenhaus führen. Alle Wände sind in naturfarbenem Eichenholz mit reichen Schnitzereien getäfelt. Der Halle gegenüber im B-Deck liegt der Wintergarten, der mit dem daran anschließenden, ein wenig höher liegenden Ritz-Carlton-Restaurant durch eine breite Freitreppe in Verbindung steht. Er hat 270 qm Grundfläche, während das Ritz-Carlton 245 qm einnimmt. Über jedem Raum erhebt sich eine große Glaskuppel. Die Decken werden von je vier schlanken Säulen getragen. Die Wände sind in Pflaumenholz mit goldenen Verzierungen getäfelt.

Die Gesellschaftsräume der ersten Klasse, von denen die meisten in einer Decksflucht liegen, sind nach den Plänen und unter der Oberleitung von Charles Mewes, in Firma Mewes & Bischoff, Köln, hergerichtet worden.

Der ebenfalls im Stile Louis XVI. in Weiß und Gold gehaltene Hauptspeisesaal, von der Firma J. D. Heymann, Hamburg, gefertigt, nimmt die ganze Schiffsbreite ein, ist also etwa 30 Meter breit und reicht mit seinem künstlich erhellten Oberlichtdom von 8,5 Meter Höhe durch drei Decks. Er gliedert sich in einen unteren, im F-Deck liegenden Raum von 29,5 Meter Länge und 29 Meter Breite und in einen oberen, im E-Deck gelegenen Raum, während das D-Deck eine den Speisesaal nach oben hin abschließende eiförmige Kuppel trägt, deren Abmessungen 9 Meter und 6,6 Meter in der Grundfläche betragen. Der Speisesaal enthält 175 Tische, woran 650 Gäste speisen können. Besonders hervorzuheben sind die geschickte Einteilung des Gesamtraumes und die Ornamente, die Abwechslung zwischen belebten und ruhigen Flächen, zwischen Licht und Dunkel. In halber Höhe des Saales zieht sich eine, wie im Hauptsaal, mit Einzeltischen für zwei bis acht Personen besetzte Galerie herum.

Ein Ritz-Carlton-Restaurant und ein Wintergarten im Directoirestil, von P. H. Rémon, Paris, erbaut, bilden eine besondere Annehmlichkeit für die Reisenden der ersten Klas-

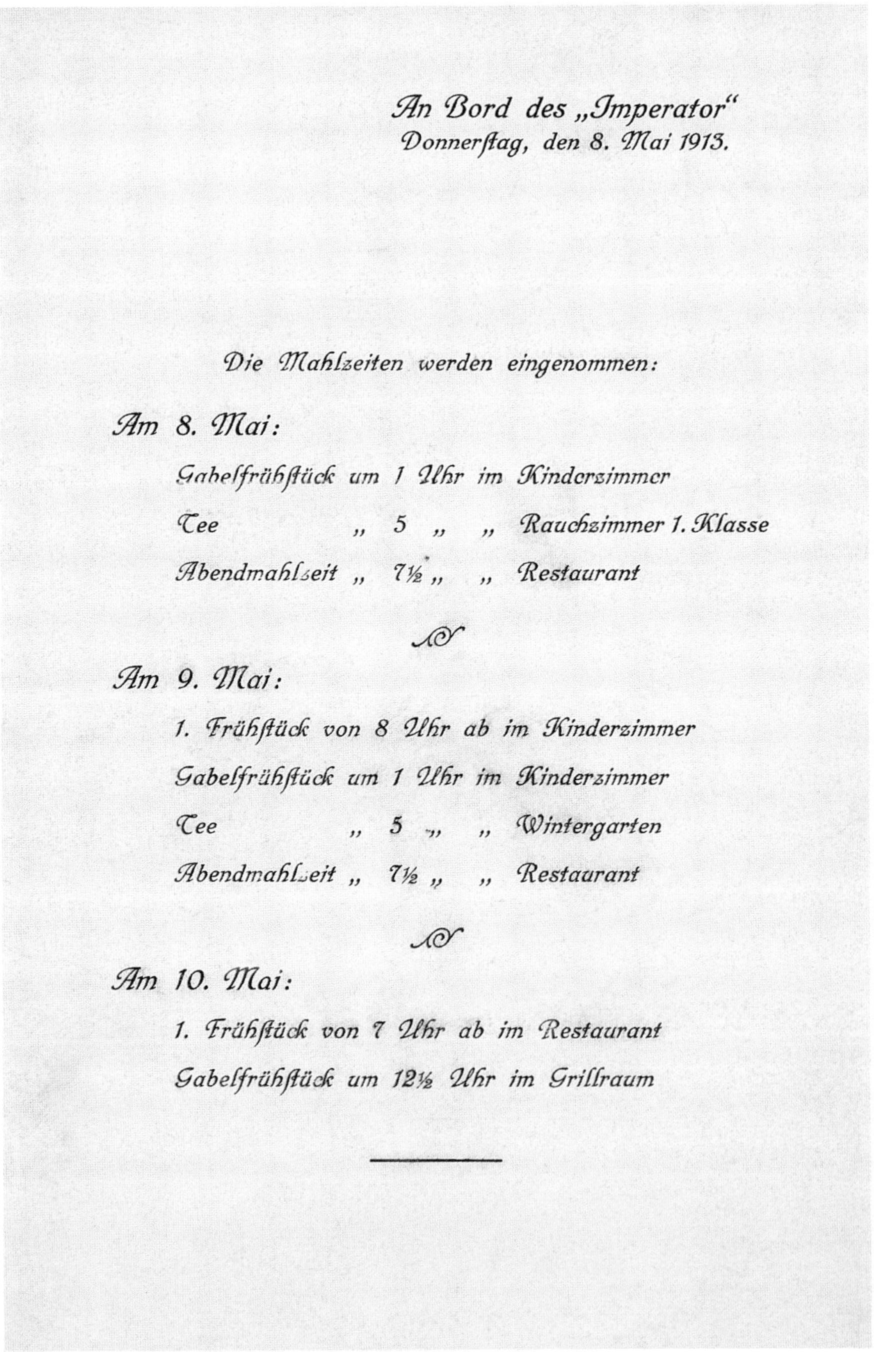

An Bord des „Imperator"
Donnerstag, den 8. Mai 1913.

Die Mahlzeiten werden eingenommen:

Am 8. Mai:

Gabelfrühstück	um 1 Uhr	im	Kinderzimmer
Tee	„ 5 „	„	Rauchzimmer 1. Klasse
Abendmahlzeit	„ 7½ „	„	Restaurant

Am 9. Mai:

1. Frühstück	von 8 Uhr ab	im	Kinderzimmer
Gabelfrühstück	um 1 Uhr	im	Kinderzimmer
Tee	„ 5 „	„	Wintergarten
Abendmahlzeit	„ 7½ „	„	Restaurant

Am 10. Mai:

1. Frühstück	von 7 Uhr ab	im	Restaurant
Gabelfrühstück	um 12½ Uhr	im	Grillraum

Bild oben links: Der Rauchsalon 1. Kajüte im alten englischen Tudor-Stil liegt ganz oben auf dem A-Deck. An einen mittleren Raum gliedern sich 2 symmetrische Seitenräume, die wieder in einzelne Nischen eingeteilt sind. Die Decke wird von reich geschnitzten Holzsäulen getragen, die Wände des Raumes sind in Eiche getäfelt und im oberen Teil mit einem geschnitzten Fries ausgestattet, welcher an der ganzen Wand herumlaufend Jagdszenen darstellt. Eichene Wände mit Glasscheiben teilen die Seitenräume in verschiedene kleine Räume ein und machen das Ganze trotz seiner Größe gemütlich und anheimelnd. An der hinteren Wand (Fahrtrichtung) steht ein großer Kamin aus Eiche und Stein, der den geräumigen Kaminen der englischen Tudor-Paläste nachgebildet ist. Der Fußboden ist eine Nachahmung des alten roten Ziegelfußbodens. Die Möbel sind mit blauem Leder oder mit Stoff überzogen. Der Raum hat 18 große Außenfenster und ein geräumiges Oberlicht über der Mitte. Abends wird er durch 72 eigens für diese Einrichtung entworfene, in antikem Geschmack gehaltene Silberlampen mit weißen Alabasterkörpern dezent erleuchtet (Sächsische Landesbibliothek/Deutsche Fotothek).

se. Ein Sonderspeiseraum, gefertigt von M. Ballin, München, ein Damenzimmer mit Bücherei und ein Schreibzimmer sowie ein Grillroom, der in eine offene Veranda verwandelt werden kann, dienen gleichfalls der Bequemlichkeit der Reisenden der ersten Klasse.

Der Fest- und Ballsaal ist von der Schneider & Hanau, A.-G., Frankfurt am Main, im Stil Louis XIV. errichtet. Der 22,5 Meter lange, 17 Meter breite und 6 Meter hohe, mit einer gemalten Decke und mit einem teppichbelegten Parkettfußboden ausgestattete Saal wird durch beiderseits angeordnete, 4 Meter hohe Bogenfenster erhellt. Kostbare antike Gobelins bedecken die Räume zwischen den einzelnen Seitenfenstern. Der Rauchsalon erster Klasse ist im Stile eines aus dem 15. Jahrhundert stammenden altenglischen Tudorhauses gehalten und stammt von W. & E. Thornton-Smith in London. Die Räume der zweiten Klasse, Speisesaal, Gesellschaftshalle, Rauch- und Damenzimmer, sind etwas einfacher. Die dritte Klasse hat einen Speisesaal, ein Rauch- und ein Lesezimmer. Für die Zwischendecksreisenden sind im vorderen Schiffsteil zwei Speisesäle vorgesehen.

Großer Wert ist auf geräumige Promenadendecks gelegt. Insgesamt stehen den Passagieren der 1. Kajüte drei übereinanderliegende Promenadendecks (Bootsdeck, B-Deck und C-Deck) zur Verfügung. Das durch Glasschiebefenster windgeschützte obere Promenadendeck hat eine Höhe von 3 Meter und eine Breite von 5 Meter bis 7 Meter. Die Passagiere der zweiten haben ihre Promenade auf dem C-Deck und D-Deck, die der dritten Kajüte auf dem D-Deck des Achterschiffes. Die Zwischendecksreisenden können zwei Promenaden im vorderen Teil, auf dem D-Deck und dem E-Deck, des Dampfers nutzen (aus: Hamburg und seine Bauten/II).

Bilder Seite 114

Bild oben rechts: Das Kinderspeisezimmer im 1. Deck (E-Deck) auf der Backbordseite (G. Koppmann & Co, Archiv Hapag-Lloyd).

Bild unten: Eine geräumige Veranda mit Grillraum - dieser wird später durch ein Wachraum für die Feuerwehrmänner ersetzt - und geschnitzten Eichenmöbeln im Stil des westlichen Schleswig und nördlichen Friesland zu Zeiten des 17. Jahrhunderts schließt das B-Deck mit freiem Ausblick auf die See über den achteren Schiffsteil hinweg ab (Atelier Schaul, Archiv Hapag-Lloyd).

Bilder auf dieser Seite

Bild unten links: Der Damensalon I. Klasse auf dem oberen Promenadendeck (B-Deck) liegt direkt unter dem Rauchsalon. Er umfaßt einen mittleren Raum und zwei Seitenräume mit Bücherei und Schreibraum, die durch Holzwände mit Glasscheiben so abgetrennt sind, daß sie in der Mitte einen gemeinsamen, von einer zur anderen Schiffsseite reichenden Raum bilden. Die Wände und Decken der Räume sind weiß getäfelt und mit zierlichen elektrischen Beleuchtungskörpern besetzt (G. Koppmann & Co, Archiv Hapag-Lloyd).

Bilder oben und unten rechts: Der kleine Privatspeisesalon auf dem oberen Promenadendeck in Höhe des dritten Schornsteins auf der Steuerbordseite hinter dem Ritz-Carlton-Restaurant ist im Directoire-Stil im Ton graugrün und gold gehalten. Der Teppich und die Vorhänge sind rot. Die Bezüge bestehen aus Aubusson. Das gesamte Wandgetäfel hat einen graugrünen Farbton mit echtvergoldeten Schnitzereien. In die Decke ist eine Kuppel mit Kassettenteilung und mit vorspringenden Rosetten eingebaut. Die Möbel sind aus hellem Mahagoniholz hergestellt. Das Büfett ist in die Wand eingebaut und bildet so auch einen Teil des Wandschmuckes. Die Beleuchtung des Raumes besteht aus eleganten vergoldeten Wandarmen mit Wedgewood-Füllung und aus geschliffenen Deckenschalen (aus: Sonderdruck VDI-Zeitschrift von 1914/ Photo: J. und H. Hamann, Medienzentrum Hamburg).

Zeichnung rechts: Darstellung der einzelnen Decks des Dampfers »Imperator«: Längsschnitt des Schiffes sowie Aufsicht des Bootsdecks (A-Deck), des oberen Promenadendecks (B-Deck) und des unteren Promenadendecks (C-Deck). Der Dampfer ist als Schoner getakelt, hat zwei 75 Meter über Kiel aufragende Pfahlmasten mit zehn Ladebäumen und drei Schornsteine von elliptischem Querschnitt mit Achsen von 9 Meter und von 5,5 Meter. Die Schornsteinoberkante liegt 21 Meter über dem höchsten Deck. Am Fockmast befinden sich zwei Krähen-nester für den Ausguckmann, das höchste liegt 11 Meter über dem Backdeck (Archiv Hapag-Lloyd).

Zur Luftverbesserung in den schwerer zu ventilierenden Schiffsräumen ist eine zentrale Ozonversorgungsanlage eingebaut. Die Ozonerzeugung erfolgt über Glimmentladung in sechs parallel geschalteten Ozonbatterien. Das hochkonzentrierte Ozon wird durch Luftkompressoren, welche durch ein sich über das ganze Schiff erstreckendes Rohrnetz arbeiten, zu den einzelnen Verbrauchsstellen befördert. An diesen tritt die Ozonluft kurz vor den Ventilatoren der Lüftungsanlage aus, so daß das Ozon mit der Frischluft innig vermischt in die zu belüftenden Räume gelangt. Um für die Ozongewinnung stets eine in jeder Hinsicht einwandfreie Luft zur Verfügung zu haben, ist der ganzen Anlage ein Lufttrockner mit eingebautem Luftfilter vorgeschaltet. Die Anlage ist derart regulierbar, daß die Frischluft in jedem Mischungsverhältnis mit Ozon angereichert werden kann.

Es werden folgende Schiffsräume mit Ozon versorgt: die Rauchsalons der I. und II. Klasse, die Halle, das Schwimmbad, der Speisesaal III. Klasse, die Passagierräume IV. Klasse, ein Teil der Toiletten sowie die Kühl- und Provianträume. Für die letzteren ist ein besonderes Gebläse nebst eigener Rohrleitung vorgesehen, ferner kann eine der sechs Ozonbatterien getrennt für die Kühlräume arbeiten.

Der für die Glimmentladung in den Ozonelementen erforderliche hochgespannte Wechselstrom wird durch einen an das allgemeine Schiffsnetz angeschlossenen Hochfrequenzumformer erzeugt und durch sechs Einphasentransformatoren mit Ölkühlung von 120 auf 8.000 Volt transformiert. Der Gesamtkraftbedarf der Anlage beträgt etwa 9 PS (Auszug aus den Anweisungen für „Die elektrischen Kommandoanlagen auf dem Schnelldampfer »Imperator«" der Siemens & Halske A.G.).

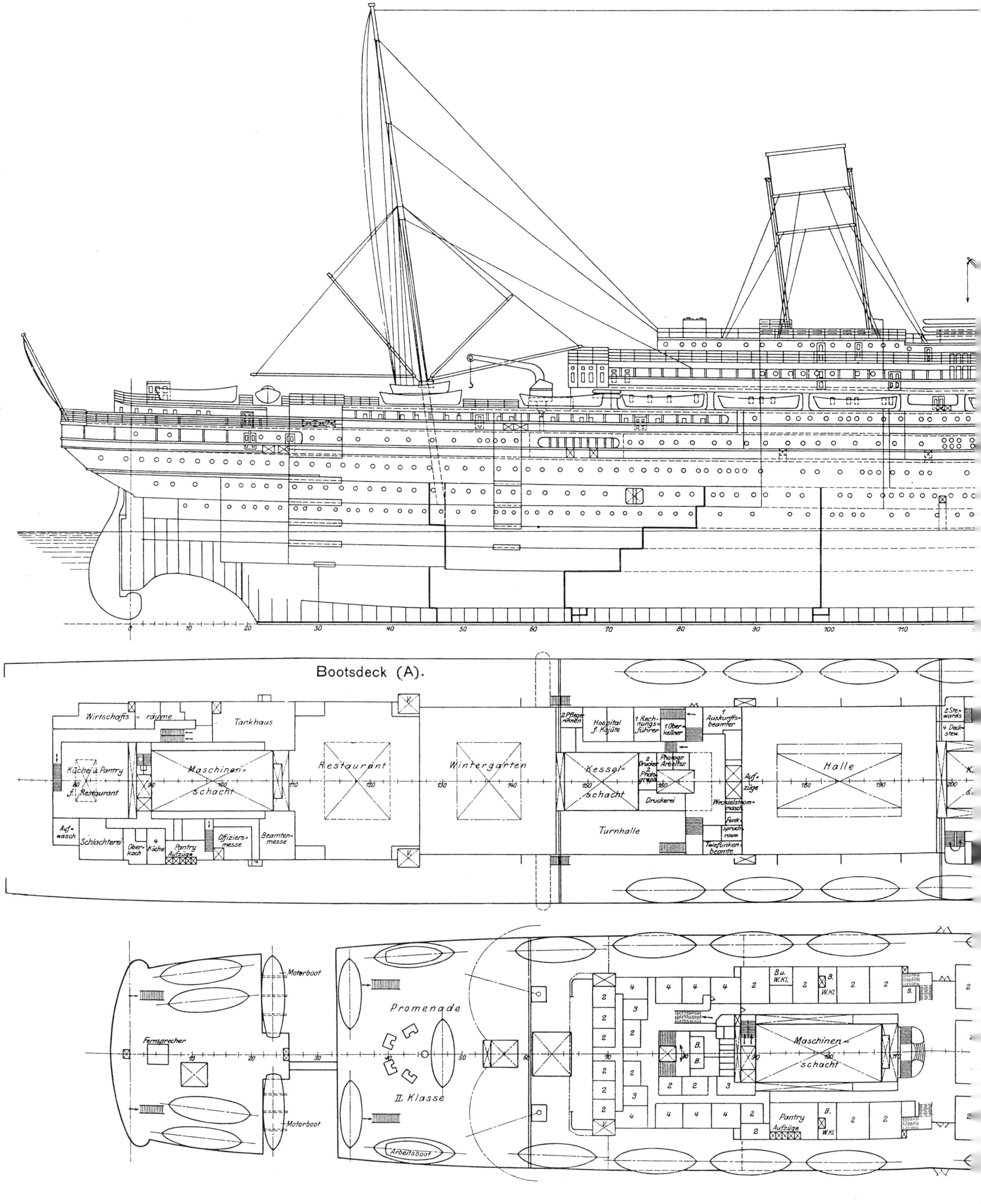

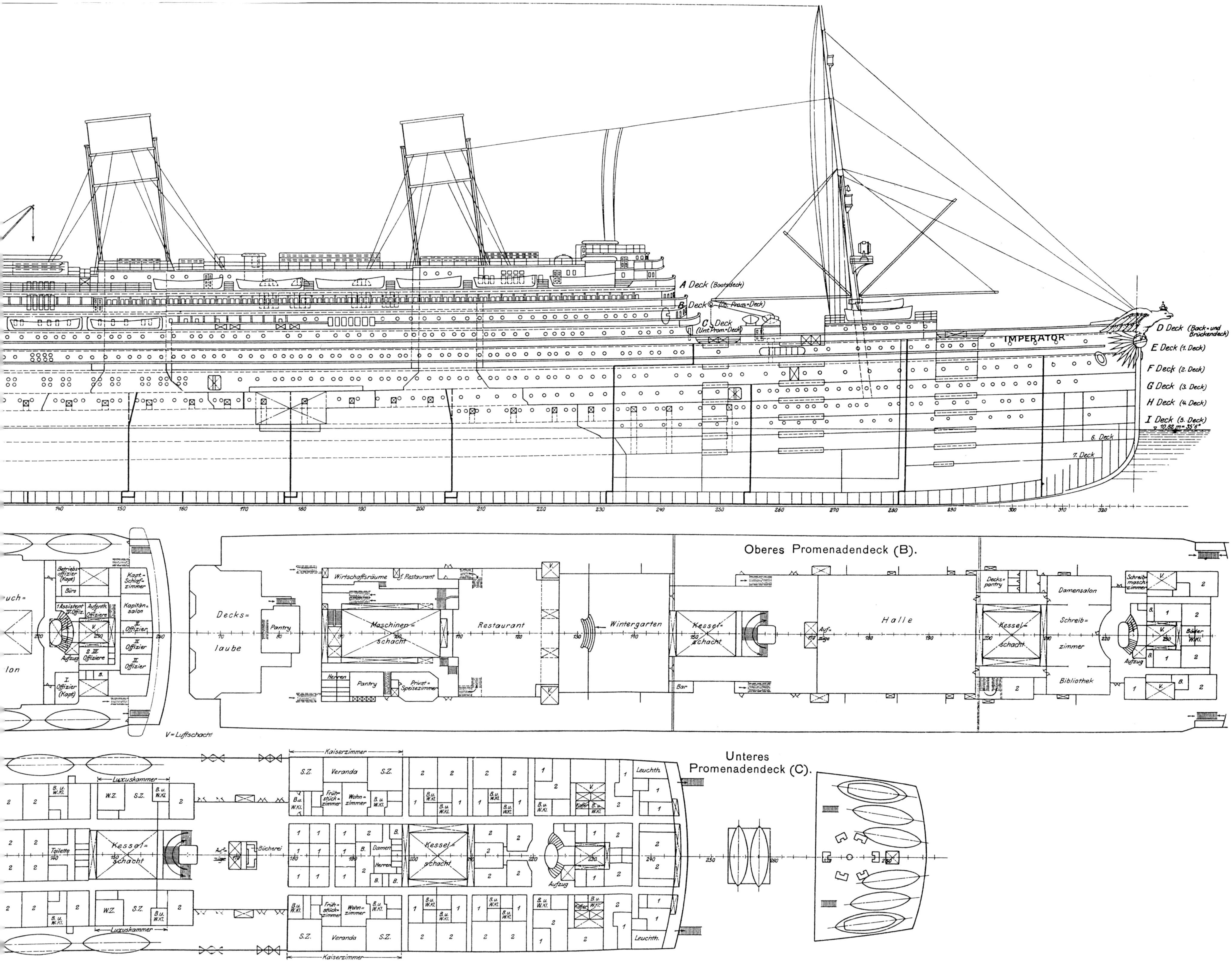

IMPERATOR
A Deck (Bootsdeck)
B Deck (Ob. Prom.-Deck)
C Deck (Unt. Prom.-Deck)
D Deck (Back- und Brückendeck)
E Deck (1. Deck)
F Deck (2. Deck)
G Deck (3. Deck)
H Deck (4. Deck)
I Deck (5. Deck)
6. Deck
7. Deck
Oberes Promenadendeck (B).
Decks= laube
Pantry
Wirtschaftsräume
Restaurant
Maschinen= schacht
Herren
Privat= Speisezimmer
Wintergarten
Kessel= schacht
Bar
Halle
Auf= züge
Decks= pantry
Damensalon
Schreib= zimmer
Bibliothek
Schreib= masch= zimmer
Bäder W.Kl.
Aufzug
Betriebs= offizier (Kapt.)
Büro
Kapt.= Schlaf= zimmer
Kapitän= salon
1. Assistent III. Offiz.
Aufenth. Offiziere
2. III. Offiziere
II. Offizier
I. Offizier (Kapt.)
V = Luftschacht
Unteres Promenadendeck (C).
Kaiserzimmer
S.Z.
Veranda
Früh= stück= zimmer
Wohn= zimmer
B.u. W.Kl.
Luxuskammer
W.Z.
Toilette
Bücherei
Damen
Herren
Leuchtth.

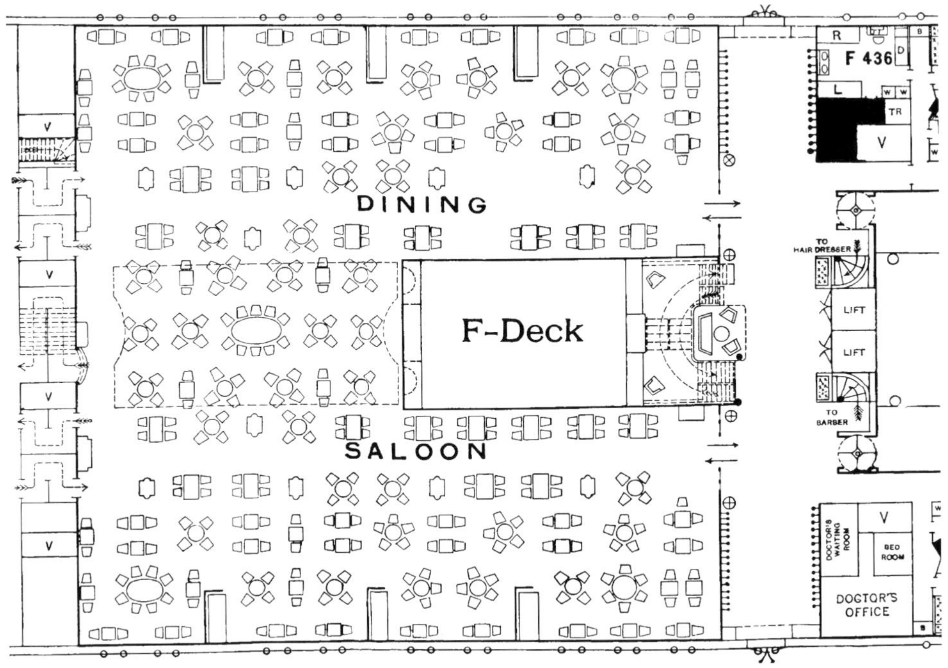

DIE GESELLSCHAFTSRÄUME II. KLASSE

Der Speisesaal 2. Kajüte befindet sich im F-Deck in der Nähe des hinteren Treppenhauses. Er hat insgesamt etwa 455 qm Fläche und erstreckt sich bei einer Breite von etwa 29 Meter von Bord zu Bord. Die Inneneinrichtung im Stil Ludwigs XVI. ist von J. C. Pfaff in Berlin ausgeführt. Wände und Decken sind mit profilierten und ornamentierten Holzversteifungen versehen und in leicht getöntem weißen Lack gehalten. Den gleichen Ton zeigen auch die Säuleneinfassungen. Sehr wirkungsvoll heben sich hiervon die mit grünem Seidenplüsch gepolsterten Armlehnensessel aus poliertem Mahagoni ab. Der Raum enthält 42 Tische, die bequem für 360 Gäste ausreichen. Das Tageslicht hat durch zahlreiche Seitenfenster und ein an der Decke sitzendes eiförmiges Oberlicht in Kuppelform Zutritt, während zahlreiche elektrische Deckenlampen und kunstvoll getriebene Wandarme für die künstliche Beleuchtung sorgen. Der Raum enthält ein Büfett, einen Bücherschrank, Absetztische und ein tropenfestes Klavier mit Bank.

Der Rauchsalon der 2. Kajüte ist im modernen englischen Stile gehalten und bedeckt 115 qm Grundfläche in einem Aufbauhaus auf dem Deck. Die Ausstattung haben die Werkstätten für Innenausbau und Möbeldekoration von Albert Koch & Co. in Berlin geliefert. Die Wände des Raumes sind in Tabasco-Mahagoni mit Maserung getäfelt und mit geschnitzten schwarzen Profilleisten versehen. Die Möbel aus derselben Holzart sind mit grünem antikem Rindleder bezogen. Die weiße Decke trägt gleichmäßig verteilte kleine Beleuchtungskörper. Der Rauchsalon hat drei Außenwände, durch welche das Tageslicht reichlich hereintritt. Die Einrichtung besteht aus Spieltischen, Schreibtischen, Sesseln, Sofas, Zeitungsschränken, einigen Absetztischen und einem großen Bücherschrank.

Bild Seite 118

Teil des Speisesaals der 2. Kajüte auf dem 2. Deck (F-Deck) im hinteren Teil des Schiffes (J. und H. Hamann, Archiv Hapag-Lloyd).

Bilder auf dieser Seite

Bild oben Mitte: Das hintere Treppenhaus in der 2. Kajüte auf dem »Imperator« umschließt den Fahrstuhl. Blick in Fahrtrichtung im 1. Deck, dem E-Deck (Archiv Hapag-Lloyd).

Bild oben rechts: Auf dem achteren Brückendeck (D-Deck), in Fahrtrichtung gesehen, befindet sich in einem Aufbauhaus der Gesellschaftssalon der 2. Kajüte (G. Koppmann & Co, Hapag-Lloyd).

Bild unten rechts: Der Rauchsalon im englischen Stil befindet sich direkt hinter dem Gesellschaftssaal. Darunter liegt der Speisesaal der gleichen Klasse im E-Deck (Sächsische Landesbibliothek/ Deutsche Fotothek).

Gegenüber dem Rauchzimmer liegt im gleichen Aufbauhaus der Gesellschaftssalon 2. Kajüte; dieser hat eine 200 qm große Grundfläche und trägt in der Mitte ein rechteckiges Oberlicht mit einer Verglasung in Sprossenteilung. Der Salon enthält kleine Tische mit bequemen Stühlen und Ecksofas, die über den ganzen Raum verteilt sind. Die Decke wird von schlanken Holzsäulen getragen. Die Wandtäfelung und die Säulen sind in mattgrünem Ton gehalten und mit Goldornamenten verziert. Die Decke des Raumes ist weiß gestrichen. Unmittelbar an den Salon schließt sich eine Gesellschaftshalle in Eichentäfelung an.

Die Verbindung zwischen den Decks innerhalb der zweiten Kajüte vermitteln zwei Treppenhäuser. Zum Aufenthalt in frischer Luft stehen den Fahrgästen der zweiten Kajüte zwei Promenadendecks zur Verfügung. Das obere bildet dabei den Abschluß des im hinteren Teil freien C-Decks, während das untere im D-Deck zu beiden Seiten des die Gesellschaftsräume 2. Kajüte enthaltenden Aufbauhauses gelegen ist (aus: Sonderdruck VDI-Zeitschrift, 1914).

DIE GESELLSCHAFTSRÄUME III. KLASSE

Die 3. Kajüte war von den Männern in der Hamburger Reederei-Zentrale als günstigste Überfahrtmöglichkeit für besser gestellte Auswanderer gedacht. Der Fahrpreis für die Reise von Europa nach den Vereinigten Staaten lag aber erheblich über dem der Zwischendecks-Klasse und schwankte je nach Jahreszeit. Den Passagieren bot die Reederei auf dem »Imperator« einen eigenen Speisesaal mit drehbaren Stühlen, ein Gesellschaftszimmer, in dem Frauen wie Männer verkehrten, und einen eigenen Rauchsalon. Damit war auch diesen Passagieren die Möglichkeit gegeben, Pfeife oder Zigarren zu rauchen. Denn nichts fürchten Seeleute mehr als ein Feuer an Bord. Außerdem verfügte die 3. Kajüte über ein eigenes Promenadendeck, damit auch diese Auswanderer „Luft schnappen konnten". Es war einfach eingerichtet, ohne große Bestuhlung. Auch waren die Niedergänge zu den Kabinen nicht ganz so steil wie in der Zwischendecks-Klasse. Die Verpflegung war reichhaltiger und auch vitaminreicher.

Waren die l. und 2. Kajüte für gutbetuchte Passagiere vorgesehen, so waren die 3. und 4. Kajüte praktisch nur für Einweg-Reisen ausgelegt. Auf den Fahrten von Amerika nach Europa zurück reisten in der Regel nur die Gäste mit, die von den amerikanischen Behörden nicht ins Land gelassen wurden, weil sie krank oder gebrechlich waren. Auch den Behörden bekanntgewordene Vorstrafen bei schweren Vergehen führten dazu, nicht in das „gelobte Land" einreisen zu dürfen. Die Reedereien mußten diese unerwünschten Einwanderer auf ihre Kosten wieder nach Europa bringen. Darum versuchten die Schiffahrtsgesellschaften, möglichst viel im Vorfeld der Reise zu klären. Mit der Hamburger „Auswanderer-Stadt" auf der Veddel bekam man das Krankheitsrisiko jedenfalls in den Griff.

Bild Seite 120:

Der 422 qm große Speisesaal 3. Kajüte im 1. Deck (E-Deck) erstreckt sich über die ganze Breite des Achterschiffes, die langen schmalen Tische sind für 476 Personen eingedeckt. Die Decke des Raumes wird von schlanken Stahlsäulen getragen und ist ebenso wie die Seitenwände in weißem Farbton gehalten. Durch eine Reihe von großen runden Fenstern kommen Licht und Luft herein. Die Wände sind unter Verwendung von abgesperrtem Holz (Maschinenzierleisten und Karton-Pierre) getäfelt. Der Raum enthält ein Büfett, einen Bücherschrank und ebenfalls ein tropenfestes Klavier. An den Speisesaal schließt sich die Promenade der 3. Kajüte an. Die Tür führt zum hinteren Treppenhaus. Für die Reisenden der 3. Kajüte gibt es ein oberes und unteres Promenadendeck im Heck des Schiffes (Photo: Brown & Dawson, Stamford, Archiv Hapag-Lloyd).

Zeichnung und Bild auf dieser Seite

Bild oben rechts: Das Gesellschaftszimmer der 3. Kajüte auf dem achteren Brückendeck (D-Deck), links daneben liegt der Rauchsalon der 3. Kajüte. Die Fenster zeigen zur Promenade. Der Rauchsalon enthält ein an der Wand ringsherum laufendes Sofa, kleine Tische, Schreibtische, Stühle und einen Bücherschrank. Die Wände sind bis zu einem Meter Höhe in Eiche getäfelt, darüber sind Eichenholzrahmen mit weißlackierten Füllungen und eichenem Fries. Die Decksbalken sind ebenfalls mit Eiche verkleidet.

Zeichnung unten: Zuordnung der einzelnen Klassen auf den verschiedenen Decks des »Imperator«. Die Räumlichkeiten der 1. Kajüte liegen auf den oberen Decks mittschiffs, die 2. Kajüte auf den Decks dahinter, die 3. Kajüte im Achterschiff, und das Zwischendeck befindet sich im Vorschiff (Archiv Hapag-Lloyd).

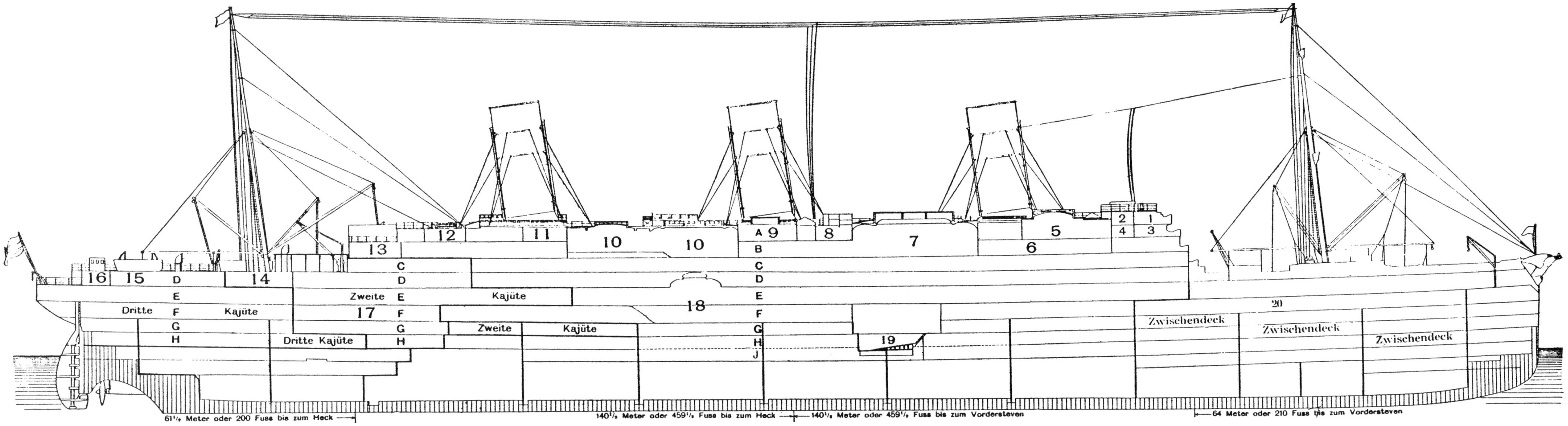

Längsschnitt des Dampfers „Imperator“

mit Aufklärung über die Lage der hauptsächlichen Wohn- und Gesellschaftsräume der vier Klassen.

1. Steuerhaus.
2. Aufenthaltsraum für Offiziere.
3. Wohnräume für den Kommandanten.
4. Wohnräume für die Offiziere.
5. Rauchsalon.
6. Schreibsalon und Damensalon.
7. Fest- und Ballsaal.
8. Dunkelkammer.
9. Turnhalle.
10. Ritz-Carlton Restaurant u. Wintergarten.
11. Wohnräume für die Offiziere.
12. Ritz-Carlton Anrichte.
13. Grillraum.
14. Rauchzimmer zweiter Kajüte.
15. Rauchzimmer dritter Kajüte.
16. Salon dritter Kajüte.
17. Speisesaal zweiter Kajüte.
18. Speisesaal erster Kajüte.
19. Schwimmbad.
20. Speisesaal für Zwischendecker.

Das Haupttreppenhaus des »Vaterland« geht durch sechs Stockwerke vom 2. Deck bis zum Bootsdeck. Im Treppenhaus befinden sich Obersteward-, Zahlmeister-, Auskunfts- und Gepäckbureau, Verkaufsläden mit Blumen, Konfitüren, Büchern, Zigaretten; Telephonzentrale, Sprech- und Wartezimmer des Arztes, Apotheke, zwei Personenaufzüge. Zahlreiche Salons und Gesellschaftseinrichtungen verwöhnen die Passagiere in den verschiedenen Klassen. In der 1. Kajüte: ein Fest- und Ballsaal, die Bibliothek und ein Schreibzimmer, ein Rauchsalon, der Hauptspeisesaal, das Ritz-Carlton-Restaurant mit anschließendem Wintergarten sowie ein Kinder- und ein Diener-Eßzimmer. In der 2. Kajüte: ein Speisesaal, ein Rauchsalon, ein Damensalon, eine Gesellschaftshalle, ein Bridgespielzimmer. Vorplätze und Treppenhaus. In der 3. Kajüte: ein Speisesaal, ein Rauchzimmer und ein Lesezimmer. Im Zwischendeck ein Speisesaal und das gedeckte Promenadendeck.

GESELLSCHAFTSRÄUME »VATERLAND«

Die erste Passagierklasse beherrscht das Mittelschiff; an ihre Räume schließt sich nach dem Hinterschiff zu die zweite und dritte Kajüte. Die vierte Kajüte ist im Vorschiff untergebracht. In den Einrichtungen jeder dieser vier Beförderungsklassen macht sich die besondere Raumentfaltung, die die mächtigen Dimensionen des Schiffes gestatten, angenehm geltend. Nicht weniger als 77.700 cbm Rauminhalt stehen für die Passagiereinrichtungen des Schiffes zur Verfügung. Eine architektonische Wirkung von außerordentlichem Reiz ist durch die neuartige Anordnung der großen Gesellschaftsräume der ersten Kajüte in einer zusammenhängenden Flucht erzielt worden. Die großartige perspektivische Durchblicke gestattende zusammenhängende Reihe der Gesellschaftsräume beginnt mit dem in Ellipsenform ausgeführten und im strengsten Empirestil gehaltenen Ritz-Carlton-Restaurant. Eine offene Plattform und mehrere Stufen führen von hier zum Wintergarten des Schiffes hinunter, einem etwa 6,5 Meter hohen Raum, den ein reicher Flor von Palmen, Blattgewächsen und Blumen schmückt. Die Wände tragen vergoldetes Lattenwerk und Stuckmarmor im Stile Louis XVI. Durch große seitliche Fenster flutet eine Fülle von Licht in den Raum. Über eine monumental gehaltene Glastür gelangt man dann auf den Hauptvorplatz mit seinen Personenaufzügen und Decksausgängen. Seitlich gelegene Treppenaufgänge senden ihre schmiedeeisernen, mit Bronzeteilen verzierten Geländer durch sechs verschiedene Stockwerke. Hinter dem Vorplatz öffnet sich die mächtige Halle, ein Raum von 23 Meter Länge, 17 Meter Breite und 7 Meter Höhe. Die reich mit kostbaren Schnitzereien bedeckten Eichenholzwände sind im Louis-XVI.-Stil durchgebildet. Pilasterstellungen unterbrechen die hohen Bogenfenster, und wertvolle Wandgemälde geben dem Raum einen vornehmen Schmuck (aus einer Reedereibroschüre zum »Vaterland«).

Bild Seite 122

Das Treppenhaus der 1. Kajüte mit Vorhalle bei geöffneten Türen des Festsaals. Links und rechts befinden sich die Auf- und Abgänge (J. Hamann, Archiv Hapag-Lloyd).

Bilder auf dieser Seite

Bild oben rechts: Eingang zum großen Festsaal im Treppenhaus des B-Decks in Fahrtrichtung (J. Hamann, Archiv Hapag-Lloyd).

Bild unten links: Der Eingang zum Festsaal (Archiv Blohm+Voss).

Bild unten rechts: Blick vom Vorplatz des großen Treppenhauses I. Klasse nach achtern auf dem oberen Promenadendeck (B-Deck) in den Zugang zum Wintergarten. Links der Tabakwaren- und rechts der Blumenkiosk. Dahinter befinden sich auf beiden Seiten Fahrstühle, danach links eine Bar mit Schankraum und rechts eine Garderobe (J. und H. Hamann, Archiv Hapag-Lloyd).

Bilder Seite 124

Bild unten rechts: Der große, 23 Meter lange, luxuriöse Fest- und Gesellschaftssaal mit einer großen Glaskuppel mit Blick in Fahrtrichtung, aufgenommen am 24. April 1914 (Archiv Hapag-Lloyd).

Bild unten links: Ölgemälde eines flämischen Künstlers aus dem 17. Jahrhundert an einer Seitenwand (Steuerbord). Je vier davon beherrschen mit 4 Meter Höhe und 3,60 Meter Breite den Raum. Sie geben eine Darstellung der „Legende der Pandora“ und sind vom deutschen Kaiser aus seiner Privatsammlung - wie ebenfalls eine Bronzestatue der Marie Antoinette von Houdons - dem Schiff geschenkt worden (Hamann, Medienzentrum Hamburg).

Bild oben links: Die bronzene Kaiserbüste im großen Gesellschaftssaal, versehen mit Szepter und adlergekröntem Helm.

Bild oben rechts: Der Wintergarten mit Blick ins Ritz-Carlton-Restaurant (Photos: J. und H. Hamann, Archiv Hapag-Lloyd).

Bild Seite 125: Der Wintergarten, in Schiffsrichtung nach vorn gesehen, links und rechts hinter den Spiegelwänden befinden sich die Abgasschächte des mittleren Schornsteines. Hinter den drei Türen ist ein Vorraum mit Garderobe, dahinter das große Treppenhaus, dem sich der Festsaal anschließt (Archiv Blohm+Voss).

Bild Seite 126: Der Wintergarten mit Aufgang zum Ritz-Carlton-Restaurant, das einen ovalen Grundriß hat (Archiv Blohm+Voss).

Bilder Seite 127

Bild oben: Im Ritz-Carlton, Blick zur Backbordseite, 10. Mai 1914. In der Nische am Fenster links ein Klavier (Archiv Blohm+Voss).

Bild rechts: Ritz-Carlton-Restaurant, festlich eingedeckt, sowie die Tageskarte vom 27. Mai 1914. Das Restaurant befindet sich auf dem oberen Promenadendeck (B-Deck). Die Blickrichtung zeigt nach achtern auf die verspiegelten Bögen (J. und H. Hamann, Medienzentrum Hamburg und Archiv Hapag-Lloyd).

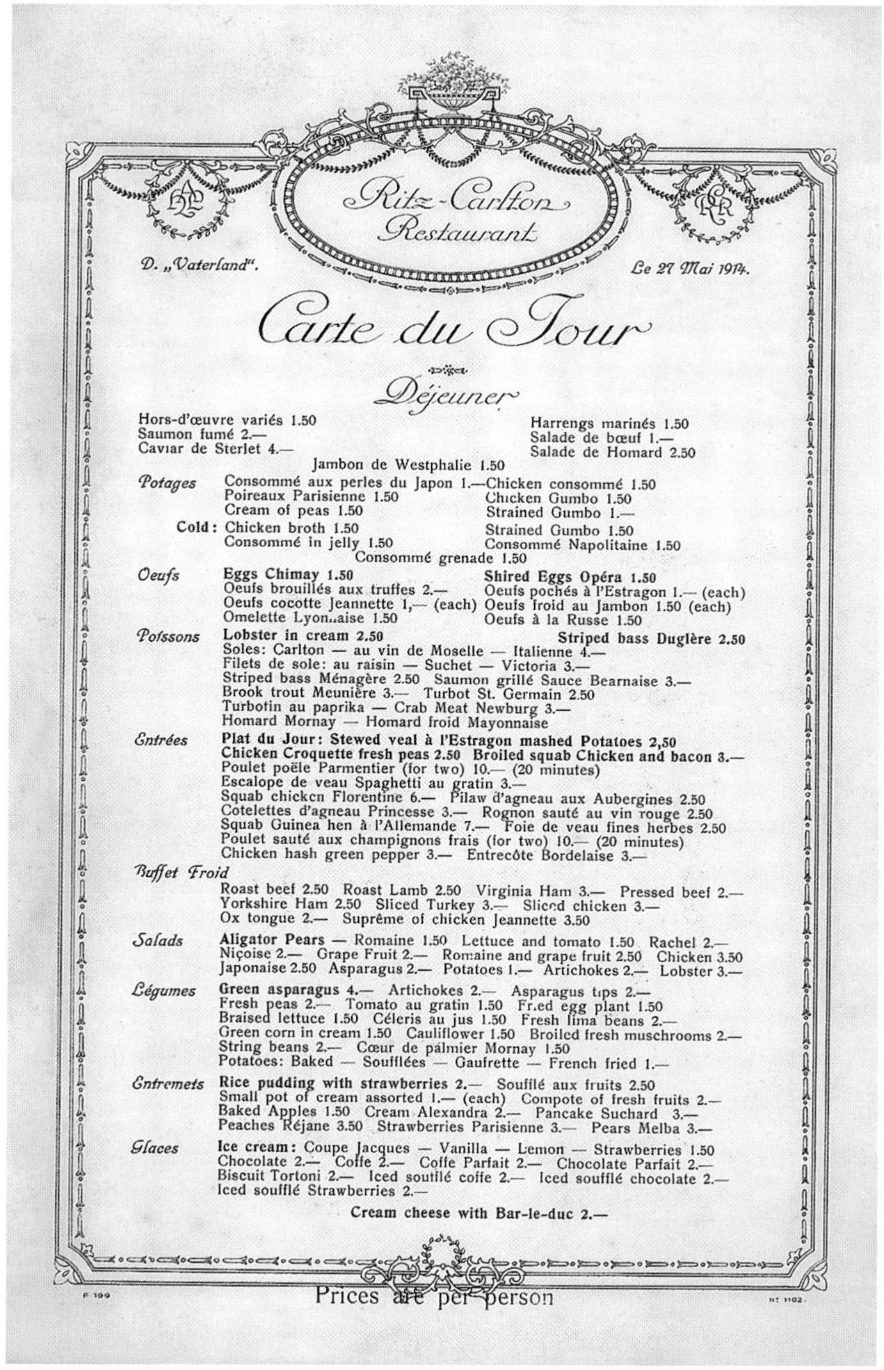

Ritz-Carlton Restaurant

D. „Vaterland". Le 27 Mai 1914.

Carte du Jour

Déjeuner

Hors-d'œuvre variés 1.50
Saumon fumé 2.—
Caviar de Sterlet 4.—
Harrengs marinés 1.50
Salade de bœuf 1.—
Salade de Homard 2.50
Jambon de Westphalie 1.50

Potages
Consommé aux perles du Japon 1.— Chicken consommé 1.50
Poireaux Parisienne 1.50 Chicken Gumbo 1.50
Cream of peas 1.50 Strained Gumbo 1.—
Cold: Chicken broth 1.50 Strained Gumbo 1.50
Consommé in jelly 1.50 Consommé Napolitaine 1.50
Consommé grenade 1.50

Oeufs
Eggs Chimay 1.50 **Shired Eggs Opéra 1.50**
Oeufs brouillés aux truffes 2.— Oeufs pochés à l'Estragon 1.— (each)
Oeufs cocotte Jeannette 1,— (each) Oeufs froid au Jambon 1.50 (each)
Omelette Lyonnaise 1.50 Oeufs à la Russe 1.50

Poissons
Lobster in cream 2.50 **Striped bass Duglère 2.50**
Soles: Carlton — au vin de Moselle — Italienne 4.—
Filets de sole: au raisin — Suchet — Victoria 3.—
Striped bass Ménagère 2.50 Saumon grillé Sauce Bearnaise 3.—
Brook trout Meunière 3.— Turbot St. Germain 2.50
Turbotin au paprika — Crab Meat Newburg 3.—
Homard Mornay — Homard froid Mayonnaise

Entrées
Plat du Jour: Stewed veal à l'Estragon mashed Potatoes 2,50
Chicken Croquette fresh peas 2.50 Broiled squab Chicken and bacon 3.—
Poulet poële Parmentier (for two) 10.— (20 minutes)
Escalope de veau Spaghetti au gratin 3.—
Squab chicken Florentine 6.— Pilaw d'agneau aux Aubergines 2.50
Cotelettes d'agneau Princesse 3.— Rognon sauté au vin rouge 2.50
Squab Guinea hen à l'Allemande 7.— Foie de veau fines herbes 2.50
Poulet sauté aux champignons frais (for two) 10.— (20 minutes)
Chicken hash green pepper 3.— Entrecôte Bordelaise 3.—

Buffet Froid
Roast beef 2.50 Roast Lamb 2.50 Virginia Ham 3.— Pressed beef 2.—
Yorkshire Ham 2.50 Sliced Turkey 3.— Sliced chicken 3.—
Ox tongue 2.— Suprême of chicken Jeannette 3.50

Salads
Aligator Pears — Romaine 1.50 Lettuce and tomato 1.50 Rachel 2.—
Niçoise 2.— Grape Fruit 2.— Romaine and grape fruit 2.50 Chicken 3.50
Japonaise 2.50 Asparagus 2.— Potatoes 1.— Artichokes 2.— Lobster 3.—

Légumes
Green asparagus 4.— Artichokes 2.— Asparagus tips 2.—
Fresh peas 2.— Tomato au gratin 1.50 Fried egg plant 1.50
Braised lettuce 1.50 Céleris au jus 1.50 Fresh lima beans 2.—
Green corn in cream 1.50 Cauliflower 1.50 Broiled fresh muschrooms 2.—
String beans 2.— Cœur de palmier Mornay 1.50
Potatoes: Baked — Soufflées — Gaufrette — French fried 1.—

Entremets
Rice pudding with strawberries 2.— Soufflé aux fruits 2.50
Small pot of cream assorted 1.— (each) Compote of fresh fruits 2.—
Baked Apples 1.50 Cream Alexandra 2.— Pancake Suchard 3.—
Peaches Réjane 3.50 Strawberries Parisienne 3.— Pears Melba 3.—

Glaces
Ice cream: Coupe Jacques — Vanilla — Lemon — Strawberries 1.50
Chocolate 2.— Coffe 2.— Coffe Parfait 2.— Chocolate Parfait 2.—
Biscuit Tortoni 2.— Iced soufflé coffe 2.— Iced soufflé chocolate 2.—
Iced soufflé Strawberries 2.—

Cream cheese with Bar-le-duc 2.—

F 199 Prices are per person Nº 1102.

Bild Seite 128

Der große Speisesaal der 1. Kajüte auf dem »Vaterland« im 2. Deck (F-Deck) mit 580 festen Sitzplätzen und 82 Reserveplätzen mit Blick nach achtern. Hinter der Treppe, die bis zum Brückendeck (D-Deck) führt, liegen die dazugehörigen Service- und Kücheneinrichtungen dieser Kajüte. Der Speisesaal mit den seitlichen Nischen zwischen den Säulen nimmt die ganze Breite des Schiffes ein und beansprucht zwei Stockwerke. Hinter den Fenstern im oberen Deck befinden sich Außenkabinen für 2 Personen und Innenkabinen für jeweils 1 Person. Die abschließende Kuppel reicht bis in das Brückendeck (D-Deck) (Brown & Dawson, Stamford, Archiv Hapag-Lloyd).

Bilder auf dieser Seite

Bild oben und unten rechts: Gesellschaftssalon der 2. Kajüte auf dem Brückendeck (D-Deck). Links und rechts vom Klavier sind Bücherschränke. In der Mitte ein verspiegelter Raum mit quadratischem Grundriß, der die Durchführung des hinteren Mastes kaschiert (Archiv Blohm+Voss und Hamann, Medienzentrum Hamburg).

Bild unten links: Die Backbordseite des eingedeckten Speisesaals der 3. Kajüte auf dem 1. Deck (E-Deck) im Achterschiff mit Blick nach hinten. Links der Büfettresen, dahinter das Treppenhaus der 3. Kajüte (J. und H. Hamann, Archiv Hapag-Lloyd).

Bild auf dieser Seite

Der prachtvolle Kamin des vornehmen Rauchsalons der 1. Kajüte auf dem Bootsdeck (A-Deck) mit Blickrichtung nach achtern. Der hier gewählte deutsche Landhausstil spiegelt sich auch in der mit Schnitzereien verzierten Eichenholztäfelung, den Wappen am Kamin und den lederbezogenen Sofas wider (J. und H. Hamann, Medienzentrum Hamburg).

Bild auf Seite 131

Der Rauchsalon 2. Kajüte auf dem Brückendeck (D-Deck) im hinteren Schiffsteil, der Kamin steht in Fahrtrichtung des Dampfers (Staatsarchiv Hamburg).

Die Überfahrt mit den beiden Schiffen »Imperator« und »Vaterland« dauerte nur knapp eine Woche. In dieser Zeit mußten die Passagiere, besonders die der 1. und 2. Kajüte, an Bord unterhalten werden. Dabei war der Reederei nichts zu teuer. Und besonders bei den Gästen der 1. Kajüte, die ja nicht im Speisesaal dinieren mußten, sondern sich im Ritz-Carlton-Restaurant verwöhnen lassen konnten und dafür auch gern zahlten, spielte Geld keine Rolle. Kostete doch so manches Essen hier mehr, als der eigentliche Passagepreis betrug. Und für diese Klientel war es selbstverständlich, sich in Räumen aufzuhalten, die mit dem Edelsten ausgestattet waren.

Neben dem Palmgarten oder der Bibliothek war der Rauchsalon der wichtigste Aufenthaltsort der Männer. Hier konnten sie ihre Zigarren oder Pfeifen rauchen, Karten spielen und vor allem über Gott und die Welt diskutieren. Selbstverständlich war im Rauchsalon ein offener brennender Kamin. Die schweren Sessel und Sofas waren mit Rind- oder Büffelleder bezogen, aber einzelne Hochlehner auch mit ganz aktuellen Stoffen. Die Wände waren im damals vorherrschenden Landhausstil mit Eichenholz getäfelt. Und ein kleiner Wink genügte schon, damit ein Boy oder Steward die gewünschten Getränke brachte, die alle selbstverständlich bezahlt werden mußten.

Die Atmosphäre im Rauchsalon der 1. Kajüte war also gediegen. Verpönt waren hier laute Gespräche; allerdings wurde es mit zunehmendem Abend infolge konsumierter geistiger Getränke doch häufig lebhafter. Und was für die Stewards besonders wichtig war: Je später der Abend, um so großzügiger fielen die Trinkgelder aus. Der Dienst im Rauchsalon zählte mit zu den begehrtesten Posten an Bord der

Der Speisesaal des »Vaterland« ist von Waring & Gillow, London, das Ritz-Carlton-Restaurant mit anschließendem Wintergarten von Ph. Rémon, Paris, das darin enthaltene Mobiliar von J. D. Heymann, Hamburg, Fittje & Michahelles, Hamburg, und Winkler & Sohn, Mittweida, geliefert worden. Der Fest- und Ballsaal ist von Schneider & Hanau A.-G., Frankfurt a. M., der Rauchsalon von J. D. Heymann, die Bibliothek und das Schreibzimmer sind von Fittje & Michahelles, Hamburg, und die Vorplätze und Treppenhäuser von H. Bembé, Mainz, ausgestattet worden. Die technischen Einrichtungen des Schwimmbades (11,9 Meter lang, 6,4 Meter breit und 2,8 Meter tief, bei einer größten Wassertiefe von 2,2 Meter) stammen von Bamberger, Leroi & Co., Frankfurt a. M., die künstlerische Ausstattung ist von Gebr. Bauer, Berlin, geliefert. Dazu gehören, ähnlich wie auf dem »Imperator«, die verschiedenen Institute für Massage, die Turnhallen erster und zweiter Kajüte usw. (aus: Hamburg und seine Bauten/II).

Auf dem »Vaterland« sind für die unterschiedlichsten Zwecke auch zahlreiche Aufzüge vorhanden: vier Personenaufzüge mit je 750 Kilogramm Tragkraft, davon befinden sich drei in der 1. Kajüte und einer in der 2. Kajüte. Sechs weitere Aufzüge dienen der Beförderung von Proviant, Gepäck und Post, davon hat einer eine Tragkraft von 800 kg, drei von 750 kg und zwei von 500 kg. Darüber hinaus sind fünf Speiseaufzüge vorhanden. Die Personenaufzüge sind mit Stockwerksanzeiger, Rotklingelleitung, elektrischer Beleuchtung und Deckenventilator versehen und führen durch insgesamt sechs Decks.

Ballin-Luxusliner. So mancher Servicemitarbeiter hat bei diesem Dienst mehr verdient, als die normale Heuer ausmachte. Hatten die Herren Sonderwünsche, zum Beispiel Blumen für eine Dame zu besorgen oder einen Tisch für nur zwei Personen etwas abseits reservieren zu lassen, zeigten sich die Gentlemen besonders spendabel.

Etwas einfacher ging es im Rauchsalon der 2. Kajüte zu. Im Raum gab es keine Sofas, sondern nur Tische und Stühle mit Armlehnen. Die Stühle hatten aber gepolsterte Sitzflächen und Rückenlehnen. Auch hier wurde sehr gutes Leder verwandt, denn man wollte ja nicht nach jeder dritten Reise verschlissene Polster ersetzen. Wie im Salon der 1. Kajüte gab es auch hier einen Kamin. Und auch hier gestalteten sich manche Abende länger als geplant.

Was den Konsum von Wein, Sekt und Bier betraf, waren die Umsätze nicht geringer als im Salon der 1. Kajüte. Die Reederei zog aus den Abendgeschäften ganz erkleckliche Einnahmen. Die von Ballin und seinem Team aufgestellte Planung ging auf: Die Gäste zu verwöhnen läßt diese auch großzügiger werden. Und wer einmal an Bord war, ohne auch nur einen Anlaß für Beschwerden zu haben, würde bestimmt wiederkommen.

Bild auf dieser Seite links: Das vordere Treppenhaus auf dem »Vaterland« mit Blickrichtung nach vorn. Die Treppe führt auf das Bootsdeck (A-Deck), hinter den Glastüren liegt der Rauchsalon der 1. Kajüte, im unteren Stockwerk links die Bibliothek. Hinter der Tür unten rechts befindet sich eine 2-Personen-Kabine mit separatem Bad und WC (Staatsarchiv Hamburg).

Abbildung unten: Informationsbroschüre der Hamburg-Amerika Linie über ihre neuen großen Schiffe (Archiv Hapag-Lloyd).

Bilder Seite 133

Bild oben links: Der Bücherladen auf dem »Vaterland« im Bereich des Vorplatzes des großen Treppenhauses auf dem unteren Promenadendeck (C-Deck) mit Blick nach vorn.

Bild rechts: Das Treppenhaus der 2. Kajüte im achteren Schiffsteil des »Vaterland« auf dem Brückendeck (D-Deck). Links in Fahrtrichtung geht es zum Rauchsalon, rechts zur Halle der 2. Kajüte.

Bild unten links: Der Personenaufzug 2. Kajüte des »Vaterland« (Photos: J. und H. Hamann, Medienzentrum Hamburg).

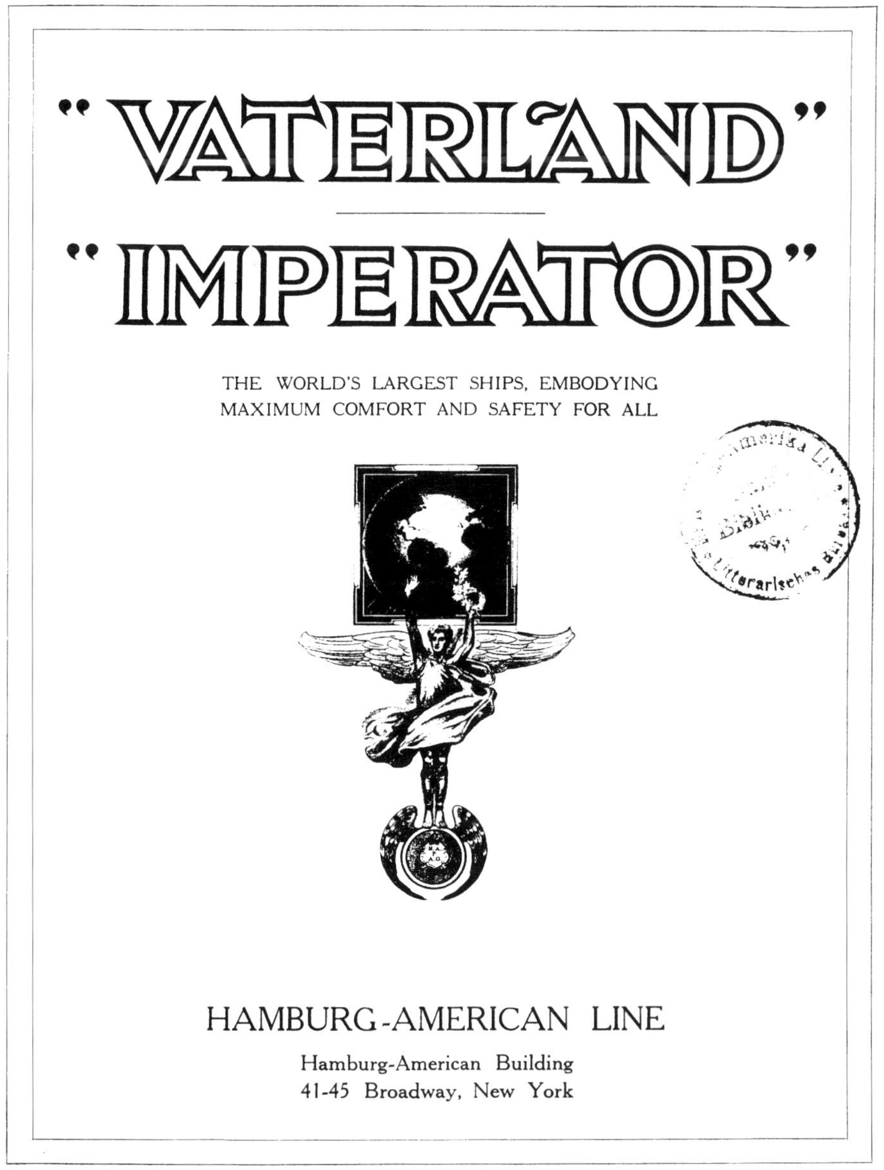

D-DECK

GESELLSCHAFTSRÄUME »BISMARCK«

Bild oben rechts: *Auf dem oberen Promenadendeck die Festhalle mit Blick nach achtern zum dahinterliegenden großen Treppenhaus.*

Bild unten: *Die Festhalle mit Blick nach vorn. Hinter den teilweise verspiegelten Glastüren links und rechts liegen die Abzugsschächte des vorderen Schornsteins. Eine mit Ornamenten verzierte Glasdecke schließt in Höhe des A-Decks den Raum ab.*

Bild Seite 135

Blick vom Wintergarten nach achtern ins Restaurant 1. Kajüte. Hinter dem Spiegel befindet sich der mittig stehende Abzugsschacht zum dritten Schornstein (Photos: Archiv Blohm+Voss).

Der »Bismarck« war der dritte und letzte Dampfer Albert Ballins. Die Ingenieure und Kaufleute der Reederei sowie die Schiffbauer von Blohm & Voss gaben sich daher besonders viel Mühe, dieses Schiff zu einem schwimmenden Paradies werden zu lassen. Man hatte aus den zahlreichen Fahrten von »Imperator« und »Vaterland« gelernt und konnte sich daher ganz auf den neuen Luxus konzentrieren. Es war auch wohl der Wunsch des Hapag-Generaldirektors selbst, mit diesem Schiff zu beweisen, daß es noch Steigerungsmöglichkeiten gab.

Doch kam alles ja bekanntlich anders als geplant. Ziel der Reederei war es auch, mit den drei komfortablen Dampfern einen wöchentlichen Liniendienst von Hamburg nach New York aufzubauen. In diesem Turnus hätte das Trio dann seine Stärke auf dem Atlantik ausspielen können. Und so lief der »Bismarck« zwar noch im Frieden, aber unter einem politisch hochexplosiven Himmel vom Stapel. Während der folgenden Zwangspause wurde an dem bis dahin längsten Schiff der Welt praktisch kein Handschlag mehr getan. Und so ist es nicht verwunderlich, wenn in dieser Zeit kaum Bilder aufgenommen wurden. Doch nach dem Krieg - der unfertige »Bismarck« mußte für die britische Siegermacht fertiggestellt werden - ging es mit Hochdruck an die Arbeit.

Die Photos auf diesen beiden Seiten von der kostbaren Inneneinrichtung haben einen historischen Wert. Sie wurden - ein Datum war nicht feststellbar - vermutlich unmittelbar vor der Ablieferung an die Engländer von einem Werft-Photographen gemacht. Die Möbel und Verkleidungen von Decken und Wänden sind nach den alten Plänen gefertigt worden. Der »Bismarck« ähnelte bis zur Übernahme durch die Briten in vielen Details dem »Vaterland«.

***Bild auf dieser Seite:** Das Schwimmbad auf dem »Imperator« mit Blick nach achtern ist alten römischen Badeanlagen nachgebildet. Eine durch Bronzerahmen geteilte große Glasdecke wird von pompejanischen Säulen getragen, die das Schwimmbecken umsäumen. Das Becken ist für Schwimmer und Nichtschwimmer geteilt. Die Bronzerahmen der Glasdecke sind antik patiniert. Die Füße und Kapitelle der Säulen sind mit Mosaik in gelben und blauen Tönen ausgelegt. Links und rechts sind die Umkleidekabinen (J. und H. Hamann, Medienzentrum Hamburg).*

***Bild Seite 137:** Schwimmbad auf »Vaterland« (Archiv Blohm+Voss).*

DIE SCHWIMMBÄDER

Außer der großen Schwimmhalle des »Vaterland« verteilen sich über das ganze Schiff 166 Wannenbäder und Duschen für Warm- und Kaltwasser - davon 111 Privatwannenbäder und 16 Duschen für Kaiser-, Staats- und Luxuszimmer. Genau mittschiffs befindet sich, durch drei Decks reichend, eine im pompejanischen Stile der Kaiserzeit gehaltene Schwimm- und Badehalle, im künstlerischen Teile von Gebr. Bauer, Berlin, im technischen Teile von Bamberger, Leroi & Co., Frankfurt am Main, erbaut. Die Halle ruht auf 18 Säulen mit Mosaikfüßen. Das Schwimmbecken ist 11,9 Meter lang, 6,4 Meter breit und 2,25 Meter tief, die größte Wassertiefe beträgt 2,8 Meter. Ein Kaskadenwasserzufluß mit Marmorschale und farbigem Springbrunnen mit dem Eros des Lysippos, nach einem Original des Musée du Louvre in Paris, sorgt für ständige Wassererneuerung. Zum Verweilen und Ruhen laden Marmorbänke ein.

In Verbindung mit dem Schwimmbad stehen verschiedene medizinische Bäder. Eine Turnhalle mit Ruder-, Reit- und Fahrradgelegenheit, elektrischen Zanderapparaten und deutschen Turngeräten, Fechtzeug usw. ist sowohl für die erste wie auch für die zweite Klasse eingerichtet worden. Daran schließen sich an die Institute für Massage und jede Art Muskelstärkung, ein Barbier- und Frisierzimmer vornehmsten Stiles usw. (aus: Hamburg und seine Bauten/II).

Zum Vergleich dazu: An der zum zweiten Deck führenden Treppe im großen Schwimmbad des »Imperator« ist ein Marmormosaikboden vorhanden, der einem im Jahr 1800 für Napoleon I. hergestellten Original nachgebildet ist. Darauf steht eine Marmorschale mit einer kleinen Fontäne, dieses wiederum ist eine Nachbildung einer Schale aus den Ausgrabungen der Villa des Hadrian.

DIE KAISERZIMMER

Die „Kaiserzimmer" sind die vornehmsten Räume der Riesendampfer. Jede Flucht auf dem »Imperator« besteht aus 5 Zimmern, auf dem C-Deck unmittelbar am großen Haupttreppenhaus gelegen, entworfen von Frau Ilse Dernburg, Berlin, ausgeführt von J.D. Heymann sowie Fittje & Michahelles aus Hamburg. Die „Kaiserzimmer" haben einen Salon mit Veranda, Frühstückszimmer und zwei Schlafzimmer, Anrichten, zwei Bäder und Aborte sowie einen Kofferraum. Im C-Deck befinden sich mittschiffs zwei, im D-Deck zehn Staatszimmer. Jedes hat Schlafzimmer, Salon, Bad, Toilette und Kofferraum. Die einzelnen Staatszimmer sind verschieden ausgestattet, z.B. im modernen Biedermeierstil gehalten. Wände und Decken der Wohnräume bestehen hier aus geschliffenem Holzgetäfel. Besonders wirkungsvoll ist der im Salon eingebaute Marmorkamin für elektrische Beheizung mit einem hohen Spiegel darüber.

Auf dem »Vaterland« bestehen die „Kaiserzimmer" aus zwei Fluchten an Back- und Steuerbord auf dem C-Deck, mit je einem Salon nebst Veranda, zwei Schlafzimmern, drei Bädern mit Toiletten und Duschen sowie einem Kofferraum.

Bilder Seite 138

Bild oben links und rechts: »Imperator«, Schlafraum mit Doppelbett und Blick auf die an den Wänden mit Marmor belegte Veranda. Bild unten rechts: Der Salon eines „Kaiserzimmers“. Zeichnung unten links: Entwurf von Frau Ilse Dernburg für das Schlafzimmer in der Kaiserzimmerflucht (Photos: G. Koppmann & Co., Archiv Hapag-Lloyd).

Bilder auf dieser Seite

Bild oben links und unten links: 2-Bett-Schlafraum des „Kaiserzimmers“ auf »Vaterland«. Blick von der Veranda auf den Schlafraum nach achtern, Steuerbordseite, dazwischen der Salon.

Bild oben rechts und unten rechts: Geplante Veranda und Schlafzimmer der Kaiserwohnung auf dem »Bismarck«. Darunter der Salon. Gestaltung Hermann Muthesius, Deutscher Werkbund, 1914 (Photos: Archiv Hapag-Lloyd).

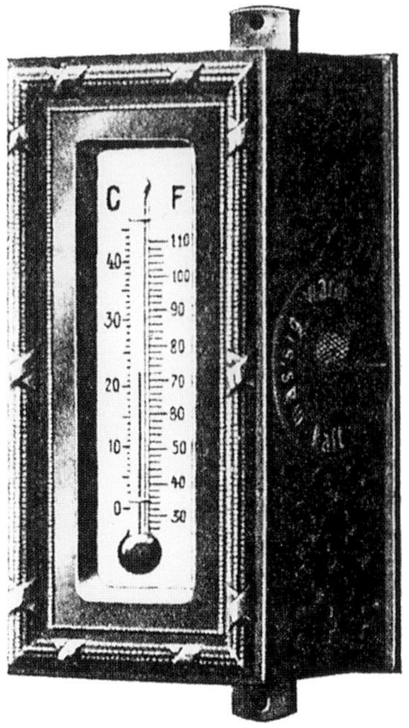

DIE KABINEN

An Wohnräumen 1. Kajüte sind auf dem »Imperator« vorhanden: 2 Fluchten Kaiserzimmer, 12 Staatszimmer, 133 Luxuskammern mit Bad und W. C. oder Douche und W.O., darüber hinaus noch 169 Zweimanns- und 105 Einmannskammern.

Die Passagierkammern I. Klasse enthalten keine Betten übereinander, sondern nur freistehende, nicht auf dem Boden festgeschraubte Metallbetten von 2 Meter Länge und rd. 85 cm Breite. Alle Kammern I. Klasse haben offene elegante Waschtische mit Topplatten aus weißem Glas. Die Rückwände der Waschtische bestehen ebenfalls aus weißem Glas mit großem Spiegel und mit kleinen Borden und Haltern aus Weißmetall für Toilettengegenstände. Die Wände der größeren Kammern werden durch geschmackvolle Bilder und eine von einer Hauptuhr aus geregelte Wanduhr belebt. Auf reichliche Beleuchtung und vorzügliche Lüftung der Kammern ist besonderer Wert gelegt. Außer der künstlichen Lüftung, die durch die Luftkanäle abschließende Klappen an- und abgestellt werden kann, sind die Kammern noch mit Fächerventilatoren ausgestattet, die eine pendelnde Bewegung ausführen und dadurch eine besonders lebhafte Luftbewegung in den Kammern erzeugen. Sämtliche Waschtische haben Waschbecken aus handgeformter Fayence und Zufluß von kaltem und warmem Wasser. Die Kammern haben Litosilfußböden und sind ganz mit Teppichen ausgelegt.

Die Wohnräume der zweiten Kajüte liegen auf dem unteren Promenadendeck, dem ersten, zweiten und vierten Deck. Sie umfassen 87 Kammern für je 4 Personen, 21 Kammern für je 3 Personen und 94 Kammern für je 2 Personen, zusammen 404 feste Betten und 195 Sofabetten für insgesamt 599 Fahrgäste. In den Schlafzimmern 2. Kajüte sind

Bilder Seite 140

Bild oben links: Luxuskammer N° 81 mit Bad, auf dem unteren Promenadendeck (C-Deck) des »Imperator«.

Zeichnung oben rechts: Einstellbare Kontakteinrichtung der elektrischen Heizung. Die Temperaturregelanlage der Luxuswohnungen und Kabinen I. Klasse hält, nach der Einstellung auf einen bestimmten, vom Passagier jeweils gewünschten Wärmegrad, diesen automatisch konstant.

Bild unten: Schlafkammer N° 311.

Bilder auf dieser Seite

Bild links: Bad und Toilette zum Zimmer N° 155, »Imperator«.

Bild rechts: I. Klasse, Zimmer N° 155, Schlafraum, »Imperator« (Photos: J. und H. Hamann, Archiv Hapag-Lloyd).

An Bord sind zahlreiche Anlagen, Klingelleitungen usw. vorhanden, die den umfangreichen Wirtschaftsbetrieb erleichtern sowie auch namentlich der Bequemlichkeit der Passagiere dienen sollen. Besondere Erwähnung verdienen die für die Passagiere I. und II. Klasse eingebauten Lichtsignalanlagen zum Herbeirufen des Bedienungspersonals. Auf jedem der hierfür in Frage kommenden Decks ist eine eigenständige Anlage vorgesehen. In jedem Wohnraum sind 2 Kontakte angebracht, je einer für den Steward und die Stewardeß; auf den Gängen der I. Klasse sind im ganzen 63 rechtwinklig zur Gangrichtung gestellte, doppelseitige Lichttableaus angeordnet, die in einem verzierten Bronzegehäuse für jeden angeschlossenen Wohnraum 2 kleine Glühlampen, eine rote für den Steward und eine grüne für die Stewardeß, enthalten. Außer der Nummernlampe in dem betreffenden Ganztableau leuchten bei jedem Anruf eine ebenfalls numerierte Lampe gleicher Farbe in einem in der Pantry angeordneten Tableau sowie eine Kontrollampe im Bureau des Oberstewards auf. In den Gangtableaus sind außer den Nummernlampen noch sogenannte Richtungslampen vorgesehen. Jedes Tableau enthält 4 solcher Lampen, von denen je zwei (rot und grün) über bzw. unter den Nummernlampen angeordnet sind. Liegt die rufende Kammer auf derselben Bordseite, so leuchtet eine untere, liegt sie auf der andern Bordseite, so leuchtet eine obere Richtungslampe auf, rot oder grün, je nachdem, ob der Steward oder die Stewardeß gewünscht wird. Diese Lampen sind mit einem Richtungspfeil bezeichnet und brennen so lange, bis sämtliche für den Signalstromkreis des betreffenden Tableaus in Frage kommenden Anrufe erledigt sind. Zum Löschen der Signale ist neben jeder Kammertür ein Abstellknopf angebracht, der vom Personal beim Eintreten in die Kammer bedient wird. Bei jedesmaligem Aufleuchten einer Lampe ertönt in der Pantry und im Stewardbetrieb ein Glockenzeichen. In jedem Deck vom Bootsdeck bis zum zweiten Deck ist eine Klingelpantry angeordnet. Durch diese Klingelpantrys, die alle untereinanderliegen, laufen 5 elektrisch angetriebene Aufzüge zum Herbeischaffen von Speisen und Getränken. Außerdem stehen sie durch eine Rohrpostanlage mit der Küche und dem Restaurant in Verbindung (aus: „Die elektrischen Kommandoanlagen auf dem Schnelldampfer »Imperator«").

Zeichnung rechts: Darstellung der einzelnen Decks des Dampfers »Imperator«: Brückendeck (D-Deck), 1. Deck (E-Deck), 2. Deck (F-Deck) und 3. Deck (G-Deck) in der Aufsicht (Archiv Hapag-Lloyd).

Die den »Imperator«-Reisenden der I. Klasse zur Verfügung stehenden, über fünf Decks vom oberen Promenadendeck bis zum zweiten Deck mittschiffs verteilten Gelasse enthalten 714 freistehende Metallbetten sowie 194 Sofa- und Ersatzbetten. Die Kabinen der zweiten Klasse, für zwei bis vier Personen eingerichtet, vom unteren Promenadendeck bis zum vierten Deck verteilt, enthalten 401 feste Betten, 191 Sofa- und 14 Kinderbetten. Die Kammern der dritten Klasse für zwei bis sechs Personen liegen auf dem zweiten bis vierten Deck und enthalten 962 feste Betten. In diesen drei Klassen können zusammen 2.476 Reisende befördert werden, hinzu kommen noch 1.700 Zwischendecksreisende, von denen über 1.000 in festen Betten in vier- bis achtbettigen Kajüten schlafen können. Sämtliche Wohn- und Gesellschaftsräume, durch rund 10.000 elektrische Lampen erleuchtet, werden durch Ventilatoren belüftet (aus: Hamburg und seine Bauten, Band/II).

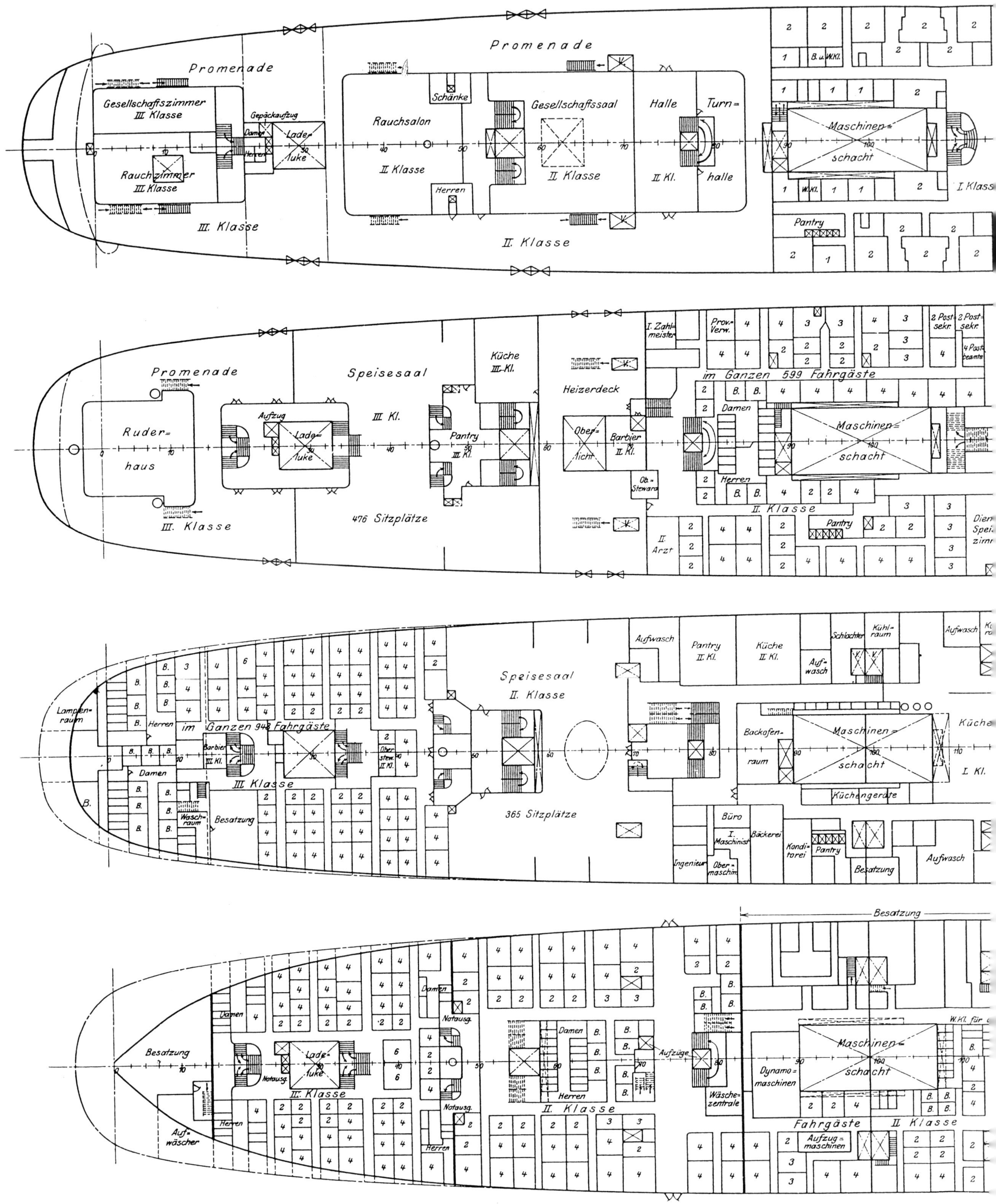

die Kojen übereinander angeordnet. Die Vier- und Dreimannskammern haben Doppelwaschtische, die Zweimannskammern einfache Klappwaschtische. Die Wände der Kabinen sind weiß gestrichen.

Zwei geräumige Promenaden-Decks im B-Deck und im C-Deck gewähren neben dem Bootsdeck Gelegenheit zum Aufenthalt in frischer Luft. Das im B-Deck gelegene Promenadendeck zieht sich, wie das Bootsdeck, rings um die Decksaufbauten. Es ist besonders breit und in seiner vorderen Hälfte sowie an der Stirnseite durch hochziehbare Glasfenster gegen die Unbilden der Witterung geschützt. Die Verbindung zwischen den Decks innerhalb der zweiten Kajüte vermitteln 2 Treppenhäuser. Zum Aufenthalt an frischer Luft stehen den Fahrgästen der zweiten Kajüte zwei Promenadendecks zur Verfügung. Das obere bildet den Abschluß des im hinteren Teil freien C-Decks, während das untere im D-Deck zu beiden Seiten des die Gesellschaftsräume der 2. Kajüte enthaltenden Aufbauhauses gelegen ist.

Drei Treppenhäuser vermitteln den Verkehr innerhalb der Räume der dritten Kajüte. An Schlafkammern 3. Kajüte sind auf dem zweiten, dritten und vierten Deck im Hinterschiff des »Imperator« eingebaut: 8 Kammern für je 6 Personen, 194 Kammern für je 4 Personen, 8 Kammern für je 3 Personen und 50 Kammern für je 2 Personen mit insgesamt 948 Kojen, wovon sich 472 im zweiten und dritten Deck in festen Kammern, 476 im vierten Deck in abnehmbaren Kammern befinden. Die Wände der Kammern sind aus gestäbtem Föhrenholz gearbeitet. Wände und Decken sind weiß lackiert. Sämtliche Kammertüren haben Klappsitze, alle Unterkojen an den Fußenden, soweit Platz vorhanden ist, verfügen über Schiebesitze.

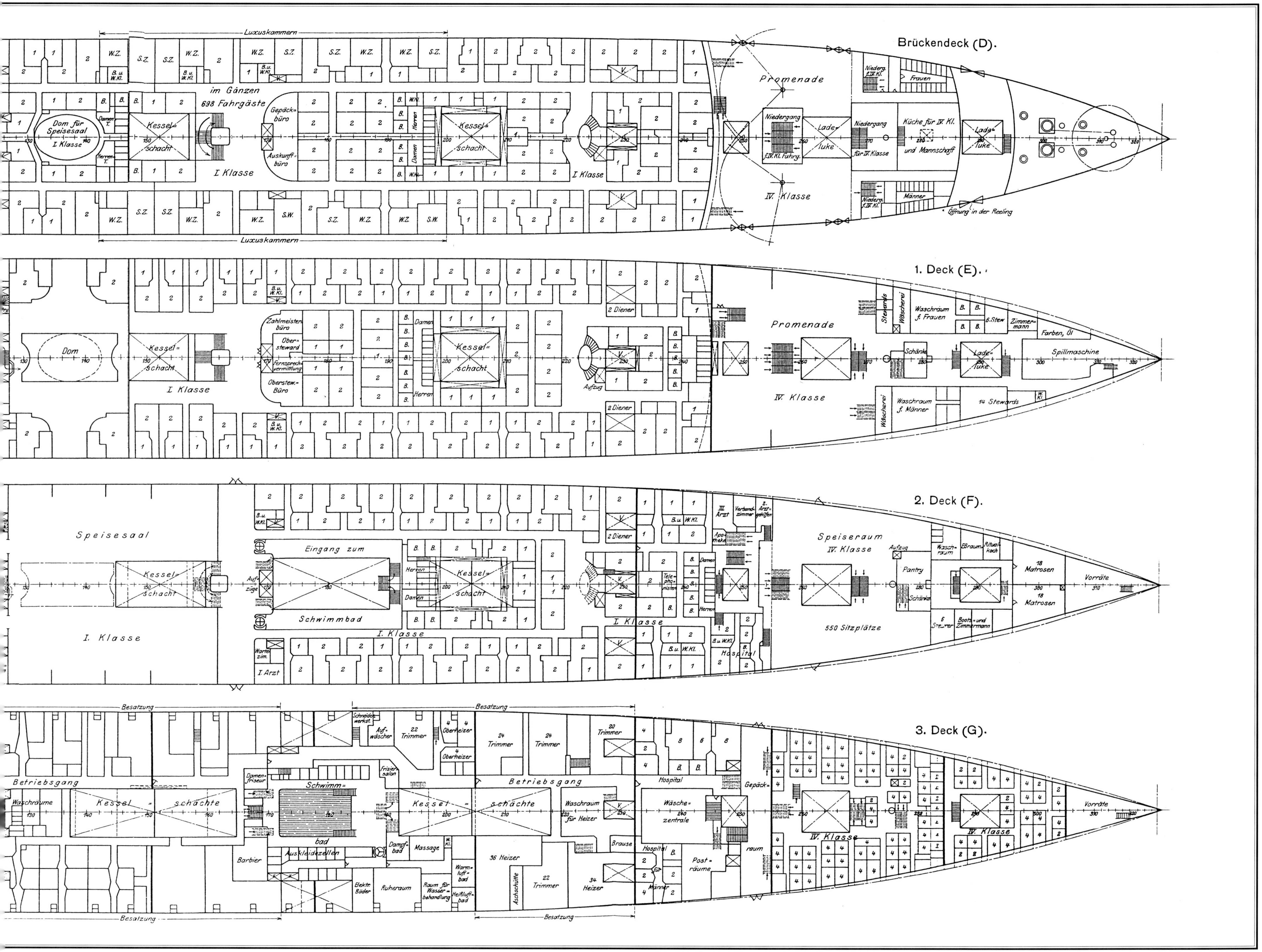
Brückendeck (D).
1. Deck (E).
2. Deck (F).
3. Deck (G).
Promenade
IV. Klasse
I Klasse
Lade- luke
Küche für IV. Kl. und Mannschaft
Niedergang für IV. Klasse
Frauen
Männer
Öffnung in der Reeling
Luxuskammern
im Gänzen 698 Fahrgäste
Kessel- schacht
Gepäck- büro
Auskunft- büro
Dom für Speisesaal I. Klasse
Spillmaschine
Farben, Öl
Zimmermann
14 Stewards
Waschraum f. Frauen
Waschraum f. Männer
Wäscherei
Stewards
Zahlmeister- büro
Ober- steward
Oberstew.- Büro
Fernsprech- vermittlung
Dom
Vorräte
18 Matrosen
Speiseraum IV. Klasse
550 Sitzplätze
Pantry
Hospital
Eingang zum Schwimmbad
Speisesaal
I. Klasse
I Arzt
Gepäck- raum
Post- räume
Wäsche- zentrale
20 Trimmer
24 Trimmer
22 Trimmer
34 Heizer
36 Heizer
Betriebsgang
Waschraum für Heizer
Besatzung
Schwimm- bad
Massage
Ruheraum
Barbier
Damen- friseur
Auskleidezellen
Waschräume

Bilder auf dieser Seite
***Bild oben links:** Eine 1. Kajüte auf »Imperator«, Kammer mit zwei Betten und elegantem Marmorwaschtisch, der keinerlei Einschränkung des Passagiers bei der Morgentoilette mehr verlangt. Bei all diesen Waschtischen ist auch die Zuführung warmen und kalten Frischwassers vorgesehen worden. Zufluß warmen Frischwassers haben außerdem: die Badewannen und Brausen in den „Kaiserzimmern“, den Hospitälern und bestimmten Besatzungsräumen, ferner die große Schwimmhalle und die medizinischen Bäder; daneben eine ganze Anzahl der o.a. Waschtische für Passagiere, die Offiziere, Ärzte usw. und auch sämtliche Wirtschaftsräume (G. Koppmann & Co, Archiv Hapag-Lloyd).*

***Bild oben rechts:** Eine auf dem 3. Deck (G-Deck) liegende vierbettige Kammer mit ausklappbarem Waschschrank in der 2. Kajüte des »Imperator« (J. und H. Hamann, Archiv Hapag-Lloyd).*

***Bild unten:** Schlafraum 3. Kajüte auf dem »Imperator« mit ebenfalls 4 Betten (Brown & Dawson, Stamford, Archiv Hapag-Lloyd).*

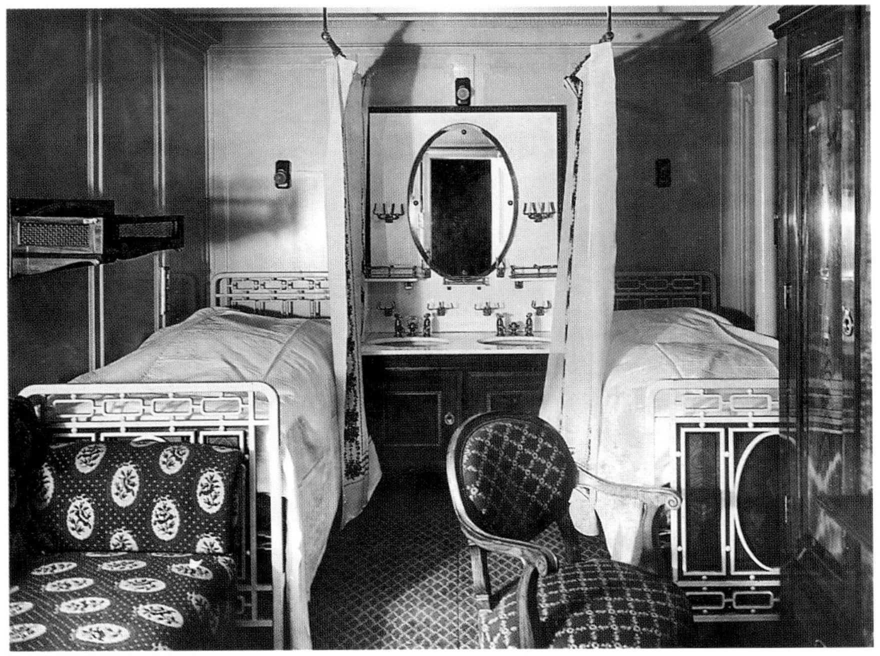

Die Räume der vierten Kajüte (des Zwischendecks) befinden sich am Bug des Schiffes und werden von zwei Treppen durchzogen. Für die Fahrgäste IV. Klasse ist ein gemeinsamer Speiseraum im F-Deck angeordnet. Er enthält 550 Sitzplätze und steht mit einer gesonderten Küche und einer Schänke unmittelbar in Verbindung. Die Tische aus Föhrenholz haben Platten aus Eschenholz, die alle mit abklappbaren Schlingerleisten und Schubladen versehen sind. Ein geräumiger Aufenthaltsraum für die Zwischendecker befindet sich im E-Deck über dem Speiseraum. Er dient im allgemeinen als Promenade, kann aber auch als Ergänzung des Speisesaales benutzt werden. Dieser Aufenthaltsraum ist deshalb mit einer Anzahl umklappbarer Tische und mit Bänken aus Föhrenholz ausgestattet und enthält außerdem eine Reihe von zweckmäßigen Teakholzbänken (aus: Sonderdruck VDI-Zeitschrift, 1914).

Die Kabinen des »Vaterland« werden den unterschiedlichsten Ansprüchen gerecht und bieten folgende Einrichtungen: In der I. Klasse 752 feste Metallbetten einschließlich Dienerbetten und außerdem eine entsprechende Anzahl Sofabetten. Außerdem zwei Kaisersuiten, zehn Staatszimmer, bestehend aus Salon, Schlafzimmer, Bad (mit WC und Dusche) und Kofferraum. Die verschiedenen Zimmer der I. Klasse sind insgesamt über fünf Decks verteilt, vom oberen Promenadendeck bis hinunter zum 2. Deck. In der II. Klasse 330 feste Betten, 205 Sofabetten und 19 Kinderbetten. Die Kabinen befinden sich auf dem unteren Promenadendeck, 1., 2., 3. und 4. Deck. In der III. Klasse 850 feste Betten auf dem 2., 3. und 4. Deck. Für die Zwischendeckspassagiere sind außer den allgemeinen Schlafräumen Kammern für zwei, vier und sechs Personen verfügbar (aus einer Broschüre der Hamburg-Amerika Linie zum Bau der Schiffe).

Gelder und Wertsachen.

Es wird dringend gebeten, Gelder und Wertsachen nicht in der Kammer zu lassen; sie können dem Zahlmeister zur Aufbewahrung in dem an Bord befindlichen Geldschrank übergeben werden, allerdings ohne Gewähr der Gesellschaft.

Auch steht eine beschränkte Anzahl von Tresorfächern in der Zahlmeisterei den Passagieren unentgeltlich zur Verfügung.

Außerdem befindet sich in jedem Zimmer der ersten Kajüte ein eiserner Aufbewahrungsschrank für Schmuck- und Wertsachen. Der Schlüssel zu diesem Schrank, der vom Vertreter der Abteilung Personenverkehr abgefordert werden kann, wird den Reisenden gegen Zahlung einer Miete von M. 4.20 für die Reise überlassen; der Inhalt eines vermieteten Schrankes ist gegen Diebstahl mittels Einbruchs bis zum Betrage von M. 5000.— versichert.

Abbildung oben links: Aus einer Schrift für die Reisenden des »Vaterland« im Mai 1914 (Archiv Hapag-Lloyd).

Bild unten links: Auf »Vaterland« ein Schlafzimmer der 2. Kajüte (J. und H. Hamann, Medienzentrum Hamburg).

Bild unten rechts: Eine im direkten Vergleich zum »Imperator« bereits wesentlich komfortablere Außenkabine der 3. Kajüte mit vier Betten auf dem »Vaterland« (Archiv Blohm+Voss).

In den Wassertanks sind ca. 2.000 Kubikmeter Frischwasser zur Versorgung der Kabinen und Bäder, der Küchen, Pantrys, Bars, Aufwaschräume, des Hundehauses, der Druckerei usw. Der Trinkwasserdruckfilter filtriert pro Stunde 50 Kubikmeter Wasser. Darüber hinaus sind zwei Destillierapparate zu je 50 Kubikmeter pro Tag vorhanden, betrieben durch die Verdampfungsanlage.

Sämtliche Kammern haben elektrische Anschlüsse für Beleuchtung, Heizung, Klingeln, Ventilationsfächer usw. erhalten. Wo gelegentlich die Dampfheizung nicht ausreichen sollte, sind elektrische Öfen als Ersatz gestellt. Alle vorhandenen Kammern sind überdies an die künstliche Ventilation des Schiffes angeschlossen. Beim »Vaterland« ist außer der natürlichen Ventilation eine künstliche Lüftung aller Gesellschafts- und Wohnräume der I. und II., III. und IV. Klasse sowie der Besatzungs- und Wirtschaftsräumlichkeiten durch von Elektromotoren angetriebene Ventilatoren vorgesehen. Sämtliche Hospitäler, Toiletten und Bäder werden besonders durch elektrische Absaugung gelüftet. Die III. Klasse hat Lüftung in den Gängen, die IV. Klasse und das Schwimmbad werden durch Thermotanks ventiliert und geheizt. Eine besondere Ozonanlage ist für die Kühlräume, das Schwimmbad, die Toiletten und Passagierräume IV. Klasse vorhanden (aus einer Broschüre der Hamburg-Amerika Linie zum Bau der Schiffe).

DAS ZWISCHENDECK

Bild auf dieser Seite

Im D-Deck beginnt der überaus steile Niedergang zu den tiefergelegenen Räumen im Bug des »Imperator«, dem „Zwischendeck".

Abbildungen Seite 147

Zeichnung: Die Kabineneinteilung für die Zwischendecksreisenden im 3. Deck (G-Deck) des »Vaterland«.

Bild: Im vordersten Teil des Schiffes, im untersten, dem 5. Deck, mit Blick auf die Steuerbordseite, befinden sich Schlafstätten, Aufenthaltsraum und Gepäcklast beim »Imperator« (Photos: Brown & Dawson, Stamford, Archiv Hapag-Lloyd).

Mit dem »Imperator« änderte sich schlagartig die Situation für Passagiere der 4. Kajüte, die im allgemeinen als Zwischendeckspassagiere bezeichnet wurden. Die Unterbringung in großen Schlafsälen, getrennt nach Männern und Frauen, wurde aufgehoben. Erstmals wurden für Reisende, die mit bescheidenen Mitteln rechnen mußten, auf den Dampfern Kammern mit zwei und vier Betten angeboten. Außerdem war jetzt ein Arzt an Bord und behandelte während der Überfahrt erkrankte Passagiere kostenlos. Auch die dabei verabreichten Medikamente waren für die Betroffenen unentgeltlich.

In einem Prospekt „Beförderungsbedingungen und Ratschläge für Zwischendecks-Reisende" der Hamburg-Amerika Linie aus dem Jahr 1913 heißt es unter anderem: „Die Einrichtung des Zwischendecks ist in jeder Hinsicht zweckentsprechend und bietet den Passagieren behagliche Unterkunft. Die Wände sind sauber in heller Farbe gemalt. Besondere Aufwärter und Aufwärterinnen sorgen für Ordnung und Sauberkeit. Im Winter wird das Zwischendeck, ebenso wie die Kajüten, durch Dampfheizung erwärmt. Jedem Passagier wird ein vollständig hergerichtetes Bett zur Verfügung gestellt. Ebenso wird jedem das Eßgeschirr, wie Messer, Gabel, Löffel, Teller usw., geliefert, welche Gegenstände die Reisenden bei Beendigung der Reise als ihr Eigentum mitnehmen können." Für viele Auswanderer war dieses ein Anreiz, mit Hapag-Schiffen zu fahren, hatten sie so doch in der Neuen Welt ihre Grundausstattung zum Essen und Trinken. Auf dem »Imperator« waren 270 Kammern für Familien, Verwandten-Gruppen und Ehepaare eingerichtet worden.

Von den maximal 1.700 Zwischendeckspassagieren konnten etwa 1.000 in den Kammern untergebracht werden.

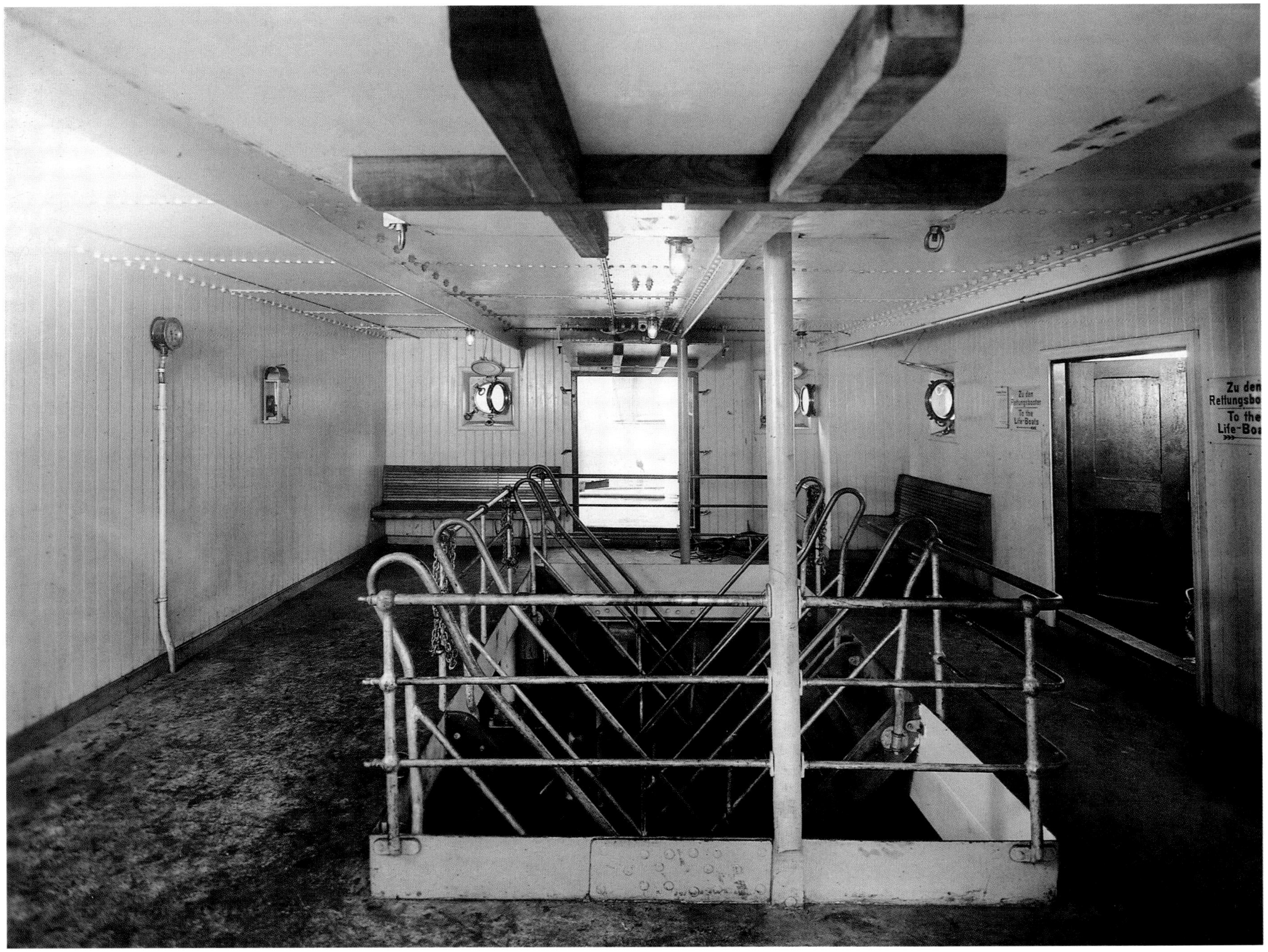

Für das Zwischendeck sind besonders große und luftige Räume vorgesehen und mancherlei Verbesserungen gegen die Zwischendeckseinrichtungen früherer Dampfer eingeführt worden. Neu ist auf dem »Imperator«, daß neben dem bisher üblichen offenen Zwischendeck eine größere Anzahl von Reisenden in einem Raume zusammen untergebracht ist, der durch zahlreiche Seitenfenster erhellt und durch Vorrichtungen neuester Bauart gelüftet wird. Beleuchtet werden die Räume mittels elektrischer Lampen; die Feuergefährlichkeit offenen Lichtes ist dadurch vollkommen beseitigt. Der mittlere Raum ist mit bequemen Tischen und Bänken ausgestattet. Besonders erwähnenswert ist die Einrichtung der Unterbringung der Zwischendecksreisenden in einer stattlichen Anzahl von Kammern zu zwei und vier Betten. Familien und Bekannten ist dadurch die Möglichkeit gegeben, abgesondert von den anderen Passagieren zu reisen; die zweibettigen Kammern sind natürlich für Ehepaare bestimmt und können nur solchen zur Verfügung gestellt werden. Eine Annehmlichkeit ist auch das sehr geräumige Deck, das zum Ergehen in frischer Seeluft einlädt (Auszüge aus einer Broschüre der Hamburg-Amerika Linie).

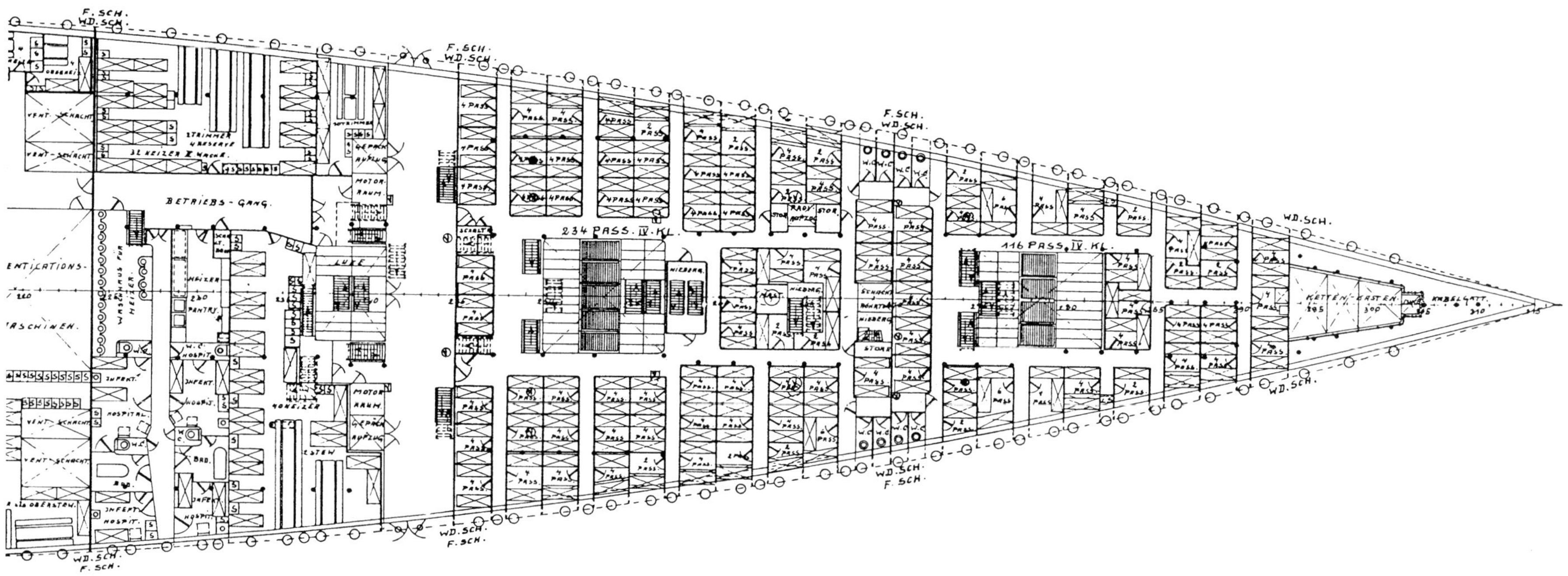

Für alleinreisende Mädchen und Frauen sowie für Jugendliche und Männer gab es an Bord des »Imperator« auch noch größere Schlafsäle.

Die Räume des Zwischendecks beanspruchten den vorderen, bei Kollisionen gefährdeten Teil des Schiffes. Über fünf Decks war Platz für die Ausreisewilligen vorhanden. Im 1. Deck (E-Deck) befand sich zwischen Bug und vorderen Aufbauten eine Art Promenade. Zwischen den Ladeeinrichtungen und -luken konnten die Reisenden der 4. Kajüte sich an der frischen Luft bewegen. In den Bugaufbauten befanden sich auch die Waschräume und im darüberliegenden Brücken- oder Backdeck (D-Deck) die Toiletten für Frauen und Männer, weit abgeschirmt von den übrigen Fahrgästen. Hier machten sich aber auch die Schiffsbewegungen, das Auf und Nieder des gewaltigen Bugs bei stürmischer See, besonders unangenehm bemerkbar.

Direkt unter der Promenade auf dem 2. Deck (F-Deck) war der Speisesaal mit 550 Sitzplätzen. Über das vordere Treppenhaus konnte man in die Räume des 3. Decks (G-Deck), des 4. (H-Deck) und 5. Decks (I-Deck) gelangen. Insgesamt waren Schlafgelegenheiten für ca. 1.745 Fahrgäste der Zwischendecksklasse des »Imperator« vorhanden. Ein Teil der Kammern, die sich hier bis in den äußersten Schiffsbug zogen, konnte aber auch umgebaut werden. Im untersten Deck war damit sowohl Platz für das Gepäck der Reisenden und für Fracht sowie für Zusammenkünfte der Fahrgäste geschaffen. Bei der Konstruktion hatten die Ingenieure an alle Möglichkeiten gedacht, um das Schiff optimal auslasten zu können. Insgesamt konnte der »Imperator« mit Passagieren und Besatzung ca. 5.700 Menschen mitnehmen, doppelt soviel wie die 1912 gesunkene »Titanic«.

Bilder auf dieser Seite

Bild unten links: Auf dem 2. Deck (F-Deck) befindet sich über die ganze Breite des Vorschiffes des »Imperator« der Speiseraum, eingedeckt für 550 Personen. In der Mitte sind die Pantry und eine Schänke. Die dazugehörige Küche versorgt auch einen Teil der Mannschaft, die ebenfalls im Vorschiff wohnt. Im linken Bildteil der durch die Decks geführte vordere Mast des Schiffes (J. und H. Hamann, Archiv Hapag-Lloyd).

Bild unten rechts: Ein Behälter zur Entnahme von Trinkwasser für die Passagiere im Zwischendeck (Brown & Dawson, Stamford, Archiv Hapag-Lloyd).

Bilder Seite 149

Bild oben links: Ein Gemeinschaftswaschraum für die Reisenden im Zwischendeck.

Bild unten links: »Imperator«, der Abort für Männer im 1. Deck (E-Deck) auf der Steuerbordseite, Blick in Fahrtrichtung (Photos: Brown & Dawson, Stamford, Archiv Hapag-Lloyd).

Bild rechts: Die Schlafgelegenheiten, ausgestattet mit Wolldekken, in einer Vier-Bett-Kammer im Vorschiff des »Imperator«. Das niedrigste mit Passagierkammern ausgestattete Deck, das F-Deck, liegt immer noch 7,30 Meter über dem Wasserspiegel. Die Kammern im 4. Deck (H-Deck) sind die am tiefsten bewohnbaren Räume auf dem Schiff. Das darunterliegende 5. Deck (I-Deck) ist für unterschiedliche Zwecke ausgelegt, für Zusammenkünfte oder auch für Gepäck, je nach der Auslastung des Schiffes (Deutsches Museum München).

Zeichnung rechts: Darstellung der einzelnen Decks des Dampfers »Imperator«: 4. Deck (H-Deck), 5. Deck (I-Deck), 6. Deck und 7. Deck in der Aufsicht (Archiv Hapag-Lloyd).

Die Räume für die Schiffsbesatzung sind von den Teilen des Schiffes, die dem Aufenthalt der Fahrgäste dienen, vollständig getrennt und derart angeordnet, daß die einzelnen Glieder der Besatzung möglichst in der Nähe ihres Tätigkeitsortes wohnen. So sind die Räume für die Kapitäne und Offiziere in der Nähe der Navigationszentrale im A-Deck untergebracht, für die Maschinenoffiziere in der Nähe der Maschinen- und Kesselräume, für die über 1.100 Kopf starke Mannschaft in zusammenhängenden, nach der Beschäftigungsart eingeteilten Räumen, teilweise im Mittelschiff, teilweise im Vorschiff. Die Räume für die Schiffsbesatzung sind außerordentlich geräumig und so eingerichtet, daß sie auch der Mannschaft einen angenehmen Aufenthalt auf dem Schiff gewähren (aus: Sonderdruck VDI-Zeitschrift, 1914).

Trotz der Größe des »Imperator« wurde jeder Winkel an Bord genutzt. In den Kontoren der Reedereien und überall auf der Welt wurde mit jedem Quadratmeter gegeizt und jeder Penny mehrmals umgedreht, bevor er ausgegeben wurde. Und so wurde auch auf dem neuen Giganten der Weltmeere jeder Raum genutzt, um Menschen und Fracht, aber auch Besatzungsmitglieder und Proviant unterzubringen.

Platz für die Kohlen zu finden war den Konstrukteuren nicht schwer gefallen. Sie mußten nur oben in die Bunker geschüttet werden. Ihren Weg bis vor die Feuertüren der Kessel fanden sie allein durch Schwerkraft. Durch ein ausgeklügeltes System waren die Kohlebunker so gestaltet, daß immer ausreichend Brennmaterial vorhanden war. Je nach geforderter Geschwindigkeit, ob mit oder gegen den Wind, je nach Beladung betrug der Verbrauch bei einer Reise um die 7.000 Tonnen Steinkohle.

Und diese Mengen mußten von den Trimmern und Heizern, der „schwarzen Gang“, im Innersten des Dampfers erst einmal vor die Kessel gebracht und dann auf besondere Klingelzeichen in die riesigen Öfen geworfen werden - Schaufel für Schaufel. Allein an Bord des »Imperator« waren 250 Mann damit beschäftigt, die Feuer in Gang zu halten, damit - bis auf die Liegezeiten im Hafen - immer genügend Dampf für die Turbinenanlage zur Verfügung stand. Diese Männer haben während der Überfahrten kaum frische Luft gehabt und waren froh, sich nach ihrer Schicht waschen zu können, um dann zu schlafen. Alt wurden die wenigsten von ihnen, und der Lohn war gering – zwischen 70 und 98 Mark im Monat. Das Essen war nicht besser als das der Zwischendeckspassagiere, und die Schlafstellen der „schwarzen Gang“ waren ganz in der Nähe ihrer warmen Arbeitsplätze.

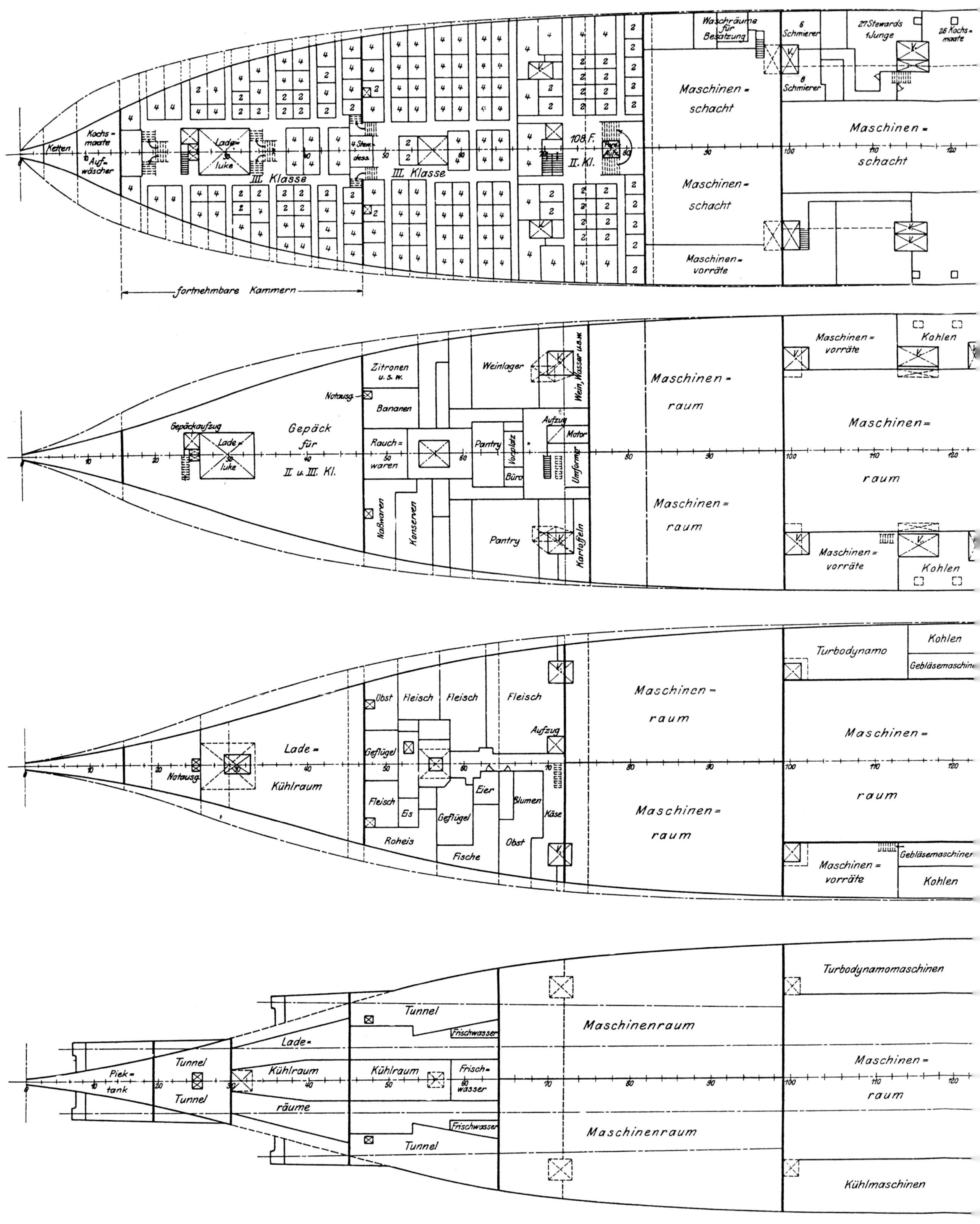

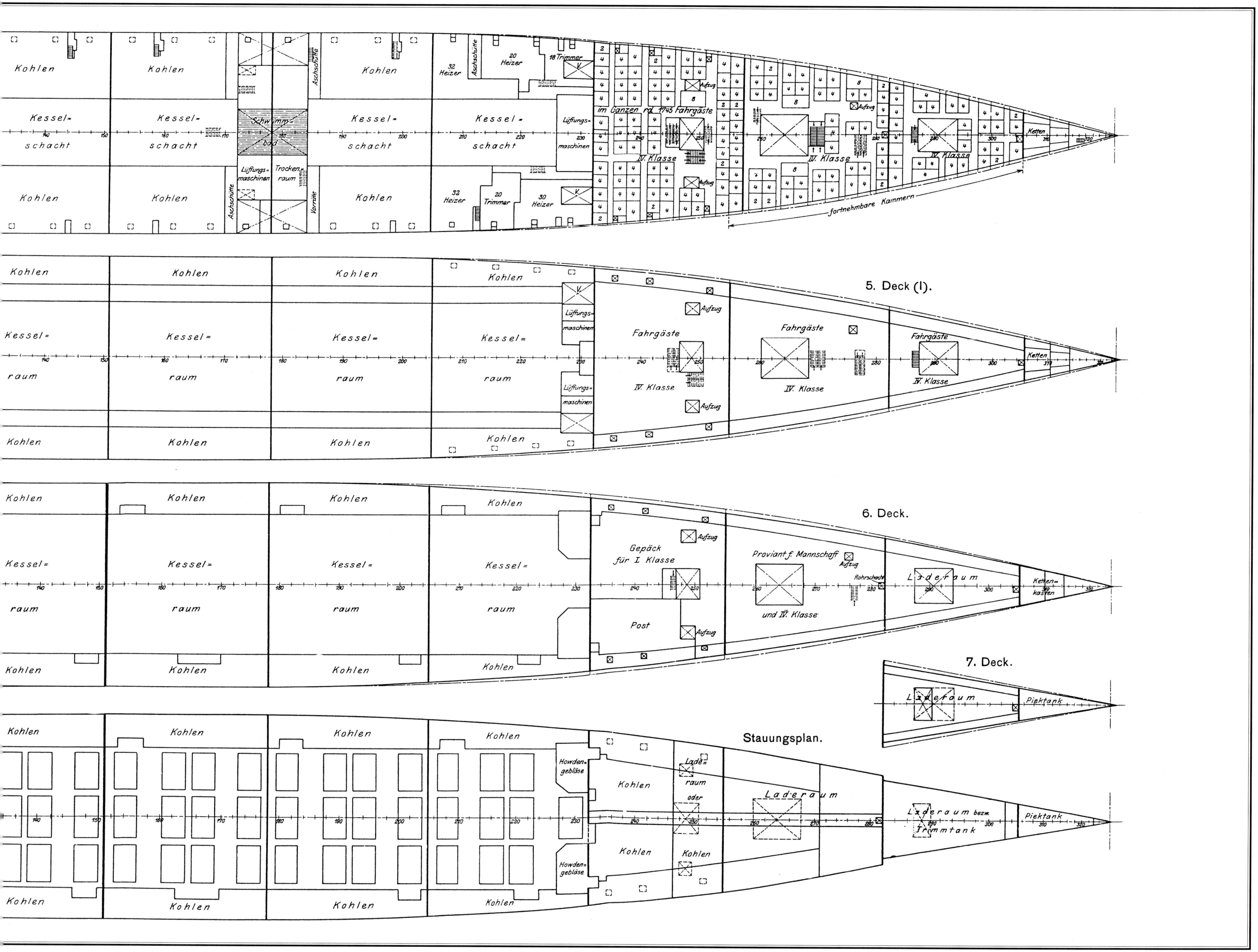
5. Deck (I).
6. Deck.
7. Deck.
Stauungsplan.
Kohlen
Kessel=schacht
Schwimmbad
Trockenraum
Lüftungsmaschinen
Aschschütte
Vorräte
32 Heizer
20 Heizer
18 Trimmer
20 Trimmer
30 Heizer
im Ganzen rd. 1745 Fahrgäste
IV. Klasse
Aufzug
fortnehmbare Kammern
Ketten
Kessel=raum
Fahrgäste
Gepäck für I. Klasse
Post
Proviant f. Mannschaft
und IV. Klasse
Rohrschacht
Laderaum
Ketten=kasten
Piektank
Howden=gebläse
Lade=raum oder Kohlen
Laderaum bezw. Trimmtank

DIE ERSTE AUSFAHRT »IMPERATOR«

Bild Seite 153

»Imperator« auf der Elbe vor Altona am 22. April 1913 zur ersten Probefahrt. Um 4½ Uhr wird das Schiff von vier Schleppern bei Ostwind und Hochwasser der Elbe von ca. 5 Meter über Normalnull vom Ausrüstungskai verholt. Das Schiff hat einen Tiefgang von 10 bzw. 11 Meter (vorn bzw. hinten). Kurz nach Fahrtaufnahme mit eigener Kraft läuft der Dampfer auf Grund und liegt für mehrere Stunden fest. Nachdem die Rettungsboote vom Oberdeck gelassen werden und Wasser aus den Ballasttanks gepumpt wird, kommt das Schiff bei einem Tiefgang von maximal 10,3 Meter erst mit der auflaufenden Tide bei 5,2 Meter Hochwasser mit Hilfe stärkster Schlepper wieder frei. Mit eigener Kraft geht es erst nach Brunshausen, dann nach Brunsbüttel, jeweils nach einem Ankerstopp das Hochwasser ausnutzend, und schließlich zum Liegeplatz vor Altenbruch (G. Koppmann & Co, Archiv Hapag-Lloyd).

Am 31. März 1913 machte der »Imperator« seine erste Ausfahrt. Mit Hilfe von sechs starken Schleppern wurde der Riese zum Eindocken zu „Blohm & Voss" - so die damalige Schreibweise - gebracht. Die Vulcan-Leute hatten erst zwei der drei mächtigen, 21 Meter hohen abgasführenden Schornsteine aufgesetzt. Der dritte kam erst später als Zierde dazu, weil man damals ein derartiges Schiff mit nur zwei Schornsteinen für unmöglich hielt. Die oberen Ringkanten der drei Schornsteine lagen bei ausgebuchten Reisen gut 45 Meter über der Wasserlinie. Die Schlote waren am Decksboden 9 Meter lang und 5,5 Meter breit, also nicht kreisrund, sondern oval. Schiffe, die etwas galten, trugen zu jener Zeit sogar vier „Röhren". Die vier gewaltigen Schrauben fehlten ebenfalls noch. Sie wurden jetzt in dem zusammengeschweißten riesigen Dock am Schiff angesetzt. Gleichzeitig erhielt es bei Blohm & Voss einen letzten Anstrich.

Der von dem Berliner Bildhauer Professor Bruno Kruse geschaffene bronzene Adler, thronend auf einer Weltkugel (mit der Inschrift: „Mein Feld ist die Welt", Albert Ballins Motto) und geschmückt mit einer Kaiserkrone, „verlängerte" den »Imperator« optisch um drei Meter, also auf 280,3 Meter. Die an die Galionsfiguren der Segelschiffe gemahnende Plastik maß neun Meter. Erst nach der Ausdockung wurde der Kaiseradler unmittelbar über der Klüse des mittleren Bugankers angesetzt und später die Weltkugel mit einer Strahlenumkränzung auf dem Rumpf versehen.

Am 22. April 1913 war es soweit: Das fast fertige Passagierschiff wurde bei Hochwasser von vier Schleppern vom Ausrüstungskai abgeholt und sollte bis Cuxhaven begleitet werden. Man hatte ja noch keine Erfahrungen bezüglich Schiffen mit so großen windgefährdeten Seitenwänden. Und als wenn der Teufel seine Hand im Spiel gehabt hätte, lag der Riese trotz Schlepperassistenz wenig später im Schlick gegenüber dem Altonaer Fischmarkt fest. Die Schlepper mühten sich vergebens, der Gigant war nicht zu bewegen. So konnten die zahlreichen Schaulustigen, die eigentlich nur die erste Ausfahrt verfolgen wollten, den mächtigen »Imperator« aus nächster Nähe in aller Ruhe betrachten. Die Nachricht machte in der Stadt wie ein Lauffeuer die Runde. Die Straßenbahn setzte Sonderwagen ein, um Neugierige zum Ort des Geschehens zu bringen. Auch die Rundfahrtschiffe, die den Havaristen umkreisten, machten gutes Geld. Jeder wollte Ballins Dampfer einmal festliegend gesehen haben.

Mit dem folgenden Hochwasser am Nachmittag kam der Riese wieder frei und setzte seine Fahrt in Richtung Cuxhaven fort, als wenn nichts gewesen wäre. Die Ingenieure hatten den Doppelboden inspiziert und keinen Wassereinbruch feststellen können. Zur Sicherheit hatte die Vulcan-Werft einen fünften Schlepper geordert, um eine weitere Grundberührung auf der Unterelbe zu vermeiden. Am 23. April konnte der »Imperator« endlich an den Duckdalben in der Elbe vor Altenbruch bei Cuxhaven festmachen.

Eine besondere Probefahrt mit Kaiser Wilhelm II. an Bord wurde für den 28. April bis zum 3. Mai 1913 festgesetzt. Doch zur Sicherheit schob man eine heimliche Probefahrt ein, die auch bestens klappte. Doch auf der Rückfahrt überhitzte sich ein Turbinenlager. Der Riese mußte zurück zur Werft nach Hamburg geschleppt werden. Auch waren bei der Ausrüstung mit Kohle und Proviant vier Werftarbeiter ums Leben gekommen, als ein Benzinfaß explodierte. Nach erfolgter Reparatur konnte der Neubau am 23. Mai seine offizielle Probefahrt beginnen. Und diese verlief dann wirklich ohne Zwischenfälle. Die vereinbarte Höchstgeschwindigkeit von 23,5 Seemeilen (43,5 Kilometer) in der Stunde wurde leicht erreicht und sogar noch überschritten. Damit hatten die Hamburger Vulcan-Werke gleich ein Meisterstück abgeliefert. Die Indienststellung erfolgte dann am 24. Mai.

Den Regeln entsprechend hätte nun die Übergabe des Schiffes an die Reederei erfolgen müssen. Doch nicht so bei diesem Dampfer. Zwar übergab der Werftkapitän sein Kommando an die Hapag-Kapitäne. Der Vertrag zwischen Werft und Reederei sah indessen vor, daß der Vulcan bis zur Beendigung der ersten Reise die Verantwortung für das Schiff und alle technischen Einrichtungen behalten sollte. Bei einem derartigen Neubau wollte Ballin kein Risiko eingehen.

Zur Jungfernreise vom Cuxhavener Landungshöft (später Steubenhöft), legte der »Imperator« am 11. Juni 1913 ab. 1.699 Passagiere hatten gebucht. Oberster Chef an Bord war der 51jährige zum Kommodore ernannte Kapitän Hans Ruser, dem vier erfahrene Kapitäne zur Seite standen. Ruser hatte seit 1900 - unterbrochen durch seine im Reichsregierungsauftrag erfolgende nautische Leitung des deutschen Expeditionsschiffes »Gauß«, das von 1901 bis 1903 das Südpolargebiet erforschte - Schiffe der Hamburger Packetfahrt, wie die Hapag an der Küste kurz genannt wurde, geführt. Über Southampton, wo weitere 299 Passagiere an Bord kamen, und Cherbourg - hier stiegen 230 Fahrgäste hinzu -, begann die Jungfernfahrt mit zusammen 2.228 Gästen. Am 19. Juni machte das größte Schiff der Welt erstmals an der Hobokenpier fest. New York bereitete dem Schiff einen grandiosen Empfang. Der »Imperator« war nicht das schnellste Schiff auf dem Nordatlantik, aber das Feinste, was die Schiffbauer bisher überhaupt hervorgebracht hatten. Die interna-

IMPERATOR

Bild auf dieser Seite

Tausende Hamburger haben sich frühmorgens eingefunden, um den Beginn der Probefahrt des neuen Flaggschiffs der Nation zu erleben. Der Dampfer läuft bei Altona auf eine Untiefe und kann erst mit Hilfe der Schlepper »Wendemuth«, »Brunshausen«, »Schulau« und »Stade« und bei auflaufendem Wasser wieder freikommen und seine Fahrt nach Brunshausen fortsetzen. Vorsichtshalber wird auch der Heckanker, vom Sockel schon abgehoben, bereitgehalten (J. und H. Hamann, Medienzentrum Hamburg).

Bilder Seite 155

Nur bei günstigen Wasserverhältnissen kann ein Dampfer dieser Größe die Elbe problemlos befahren. Trotz gewaltigen Dampfs und Qualms - das Schiff liegt über Stunden fest und wird so zur Attraktion für viele Schaulustige. Ironie des Schicksals, im Elbstrom liegen zwei Schaufelbagger, um die Fahrrinne zu vertiefen. Photos: Ullstein Bilderdienst (2), Archiv Hapag-Lloyd (2).

tionale Fachwelt zollte den Hamburger Schiffbauern ausnahmslos große Anerkennung.

Lob und Anerkennung für die Vulcan-Schiffbauer resultierten vor allem aus der Größe des »Imperator«. Die Fachwelt hatte bis dahin noch kein so großes Schiff gesehen. So war es selbstverständlich, daß Experten aus aller Welt, die zur Besichtigung des Schiffes nach Hamburg gekommen waren, das Schiff „über den grünen Klee" lobten. Schließlich wollte die Werft alte Kunden mit ihrer Arbeit beeindrucken und auch neue Auftraggeber für ein derartiges Schiff gewinnen, hatte man jetzt doch Erfahrungen beim Bau derartiger Giganten gesammelt und fühlte sich gerüstet, weitere Aufträge problemlos bewältigen zu können. In der Tat, der Vulcan-Vorstand konnte sich vor Anfragen kaum retten. Reedereien, Kapazitäten von Ingenieurschulen und Universitäten überschütteten die Werft mit Wünschen um vielerlei Auskünfte. Doch einen weiteren Auftrag für ein Schiff dieser Größenordnung gab es nicht. Erst mit dem Bau des Tankers »Tina Onassis« - mit einer Tragfähigkeit von 45.242 Tonnen - wurde 1953 wieder ein derart großes Schiff gebaut - auf dem Helgen, auf dem einst der »Imperator« als Baunummer 314/1 der Werft entstanden war. Wegen seiner außerordentlichen Stabilität erhielt der Helgen später auch den Namen »Imperator-Helgen«. Er war so gut dimensioniert und stabil, daß 1963 hier dann das erste deutsche Handelsschiff der 100.000-Tonnen-Klasse gebaut werden konnte, der Tanker »Esso Deutschland« mit 91.630 Tonnen Tragfähigkeit. Später wurden als größte Schiffe noch drei Supertanker mit 130.000 Tonnen Tragfähigkeit für polnische Rechnung hergestellt, bevor der Container-Schiffbau auch auf dieser Werft Einzug hielt, die dann im Zuge der Schiffbaukrise im Jahr 1986 geschlossen wurde.

Alex M. Carlisle, Leitender Ingenieur der Belfaster Werft Harland & Wolff, der unter anderem die britischen Luxusliner »Olympic« und »Titanic« sowie die »Amerika« der Hapag mitgebaut hatte, sagte nach einer Fahrt: „Der »Imperator« übertrifft alles, was die Schiffbauindustrie bisher hervorgebracht hat. Nicht die geringste Vibration, selbst bei voller Fahrt. Kein Rollen, auch nicht bei schwerem Wetter. Einfach ein wunderbares Schiff."

Der Herausgeber der Zeitschrift „Scientific American", J. B. Walker, erklärte später in seinem Blatt: „Ich war sogleich von der bemerkenswerten Stetigkeit und ruhigen Gangart des jüngsten und größten Dampfers der Welt überzeugt, und vielleicht ist das wirklich völlige Fehlen des Rollens der wichtigste Grundzug der riesigen Schiffe der »Imperator«-Klasse. Die große Tiefe des Schiffes - es ist unbiegsam wie ein Tragbalken - bewährte sich, als wir unterwegs in schwere See gerieten. Die Bewegungen der Expansionsröhrenverbindungen auf dem obersten Deck waren nur zwischen ¼ und ¾ Zoll bemerkbar."

In einer Schrift der Hamburg-Amerika Linie hieß es damals nach der Havarie auf der Elbe vor Altona: Das mächtige Schiff liegt von früher Morgenstunde bis zum Spätnachmittag vor den Augen einer 100.000köpfigen Menge, die sich stündlich vergrößert. Am folgenden Tag finden wir den Dampfer »Imperator« kurz vor Cuxhaven, wo der Elbstrom von Ufer zu Ufer nicht mehr zu überblicken ist, bei den Duckdalben vor Altenbruch wieder. Es ist der vorläufige Liegeplatz bis zur Fertigstellung der Cuxhavener Hafenanlagen. Von Altenbruch aus finden dann die technischen Probefahrten des »Imperator« statt. Hier gehen die Passagierräume und das Innere der endgültigen Fertigstellung entgegen.

REISEN MIT DEM »IMPERATOR«

***Bild unten:** Ab 1914 als Empfangshalle im Überseeheim der Hapag genutzt, eine der ehemaligen Auswandererhallen der Hamburg-Amerika Linie (Staatsarchiv Hamburg).*

Bilder Seite 157

***Bild unten links:** Bereits im Hamburger Hafen gehen Auswanderer und einige Matrosen an Bord eines Tenders der Hamburg-Amerika Linie, der sie direkt zum Liegeplatz des »Imperator« in Cuxhaven bringt (J. und H. Hamann, Medienzentrum Hamburg).*

***Bild oben links:** Einer der Dampfkräne auf dem Achterschiff beim Laden (Brown & Dawson, Stamford, Archiv Hapag-Lloyd).*

***Bild oben Mitte:** Zwischendeckspassagiere haben den Tender verlassen und begeben sich über die seitlichen Pforten ins Schiff.*

***Bild oben und unten rechts:** Gepäckverladung von einem der Zubringerschiffe zum Dampfer (Photos: Archiv Hapag-Lloyd).*

Nach Abschluß der ersten »Imperator«-Rundreise sollte der Taufpate Kaiser Wilhelm II. noch einmal an Bord kommen. Ballin versprach sich davon eine großartige Werbung für das neue Schiff und sein Konzept. Für die Zeit vom 7. bis zum 9. Juli 1913 war daher eine zweite „Kaiserfahrt" angesagt. Alles war für das deutsche Staatsoberhaupt und sein Gefolge vorbereitet, doch erst am 9. Juli kam man an Bord. Reederei-Chef Albert Ballin konnte zufrieden sein: der Kaiser an Bord des »Imperator«, das verfehlte seine Wirkung in Europa und Amerika nicht.

Bald zeigte sich, daß am Schiff einige kleinere Änderungen unumgänglich waren. So mußte die Dampfpfeife - 48 Meter über der Wasserlinie - auf etwa 40 Meter heruntergesetzt werden, weil sie in bestimmten Entfernungen nicht zu hören war. Eine Mittelmeerreise, die beim Publikum für Fahrten mit dem Riesenschiff werben sollte, wurde abgesagt. Es fand sich kein Hafenplatz, der ein Schiff von den Ausmaßen des »Imperator« hätte aufnehmen können.

Probleme bereitete Kommodore Hans Ruser und seinen vier Wachkapitänen das Bunkern der Kohle. Immerhin mußten vor jeder Ausreise mehr als 7.000 Tonnen übernommen werden, was einfach zu lange dauerte. Auch stellte sich bei den ersten Reisen heraus, daß mit den vorhandenen Heizern der Dampfdruck nicht gehalten werden konnte. Zusätzliches Personal mußte angeheuert werden. Dies brachte natürlich den Wirtschaftsplan für den Ozeanriesen durcheinander. So entschloß man sich, bei der nächsten Werftliegezeit eine Veränderung an der Kesselanlage vorzunehmen. Auch hier kamen der Hapag die Erfahrungen der Marine zugute. Zusätzlich zur Kohle wurde Schweröl in die Verbrennungskammern eingespritzt. So ließ sich auch (weiter Seite 160)

AMERIKA

H.S.Chipman

Anläßlich der Jungfernfahrt im Juni 1913 konstatiert man entsetzt, daß der »Imperator« topplastig ist und schon bei leichter Ruderlage Schlagseite zeigt. Im November 1913 werden die Schornsteine um drei Meter gekürzt und auf den oberen Decks besonders schwere Möbelstücke, Marmorbadewannen und Messingteile entfernt. Der Grillraum wird umgebaut und mit Korbmöbeln ausgestattet. Diese Maßnahmen verbessern die Schwerpunktlage. Eingebaut wird bei dieser Gelegenheit auch eine Zusatzölfeuerung.

Bild oben links: Der »Imperator« läuft mit Schlepperhilfe an die neugestaltete Pier in Cuxhaven (Ullstein Bilderdienst).

Bild unten links: 11. Juni 1913, »Imperator« legt zum erstenmal am Landungshöft in Cuxhaven an (Archiv Hapag-Lloyd).

Bild oben und unten rechts: Der »Imperator« am Landungshöft, im Hintergrund die Einfahrt zum „Fischerhafen“ und zum „Alten Hafen“ mit der „Alten Liebe“, dazwischen liegt die Pier für den Seebäderverkehr (J. und H. Hamann, Medienzentrum Hamburg).

Die Hafenanlagen von Cuxhaven: Der westliche Hafenkopf des 12 ha großen „Neuen Hafens", das „Landungshöft" genannt, hat eine Länge von 400 Meter und eine Breite von 21,85 Meter. Die Schaffung einer Landungsanlage von solcher Länge ist nötig geworden, als die Hamburg-Amerika Linie ihren „276" Meter (bei „Hamburg und seine Bauten" genannt) langen Dampfer »Imperator« gebaut und zwei weitere Dampfer in ähnlicher Größe in Bestellung gegeben hatte.

Bereits im Jahre 1909 war eine Verlängerung des westlichen Hafenkopfes aufgrund der gesteigerten Abmessungen der Schnelldampfer auf 180 Meter nötig geworden, die noch in Holzbauweise ausgeführt worden war. Da für die »Imperator«-Klasse eine weitere Verlängerung erforderlich ist, wird im Jahr 1912 der westliche und auch der östliche Hafenkopf des „Neuen Hafens" zum neuen „Landungshöft" vereinigt. Die ehemalige 100 Meter breite Einfahrt wird durch einen Holzbau auf gerammten Pfählen geschlossen. Gleichzeitig wird das ganze „Landungshöft" an der Stromseite um 8 Meter, an der Hafenseite um 6,5 Meter in Holzbauweise verbreitert. Die Brückenbahn liegt dabei 5,25 Meter über dem mittleren Niedrigstand der Elbe. Der „Neue Hafen" erhält im Osten eine neue 295 Meter breite Einfahrt und wird in den Jahren 1913/1914 noch einmal erheblich vergrößert und in „Amerikahafen" umgetauft. An der Südwestseite entsteht ein gerades Ufer von 748 Meter Länge, um dort für zwei Schiffe vom Ausmaß des »Imperator« gesicherte Liegeplätze zu schaffen. Die Wassertiefe wird von 9 auf 12 Meter vergrößert. Unabhängig von Flut- oder Ebbeströmung können jetzt die gewaltigen Schiffe dort schräg gegen den Strom einfahren.

Die Schiffe der »Imperator«-Klasse können in drei Tagen zwischen Ankunft und Abfahrt mit Kohlen, Wasser und Nahrungsmitteln versorgt werden. Allein der Wasserbedarf beträgt einschließlich des Wassers zum Deckwaschen etwa 3.000 cbm, die in 8 Stunden geliefert werden müssen. Hiervon sind 2.000 cbm Trinkwasser. In der vorgesehenen Zeit von 8 Stunden kann das Cuxhavener Wasserwerk aber nur 556 cbm Wasser liefern, die riesigen Schiffe der »Imperator«-Klasse benötigen in der gleichen Zeit die neunfache Menge. Um dies zu ermöglichen, sind auf der Landzunge zwischen dem Hafenarm und dem Liegeplatz der Schiffe unterirdische Wasserbehälter aus Eisenbeton angelegt, in denen Wasser aufgespeichert wird. Der im Jahr 1913 ausgeführte Wasserbehälter hat ein Fassungsvermögen von insgesamt 1.200 cbm. Im Jahr 1912 liefert das Cuxhavener Wasserwerk an die Stadt und die im Hafen liegenden Schiffe 610.909 cbm Wasser, davon gehen 47.699 cbm an die Schiffe (aus: Hamburg und seine Bauten/II).

Bild unten: »Imperator« zu einem späteren Zeitpunkt, bereits mit gekürzten Schornsteinen, an der im Umbau befindlichen Passagierschiffsanlage, dem neuen „Amerikahöft" in Cuxhaven. Die beiden äußeren Luftschächte hinter der Brücke sind zwecks besserer Luftzuführung zu den Kesselräumen nach oben verlängert worden. Deutlich zu erkennen die Oberlichter (von links nach rechts) für den Rauchsalon, die große Festhalle, den Wintergarten und das Ritz-Carlton-Restaurant (Archiv Hapag-Lloyd).

genügend Dampf erzeugen, ohne auch nur einen Heizer mehr an Bord zu haben. Vor allem ging es auch schneller. Ein weiterer Vorteil war, daß die mitzuführende Kohlenmenge jetzt um gut 1.000 Tonnen reduziert werden konnte.

Im November 1913 ging das Schiff wieder in die Werft. Die vorgesehenen Arbeiten wurden ohne weitere Schwierigkeiten ausgeführt. Bei dieser Gelegenheit verkürzte man auch die drei Schornsteine um je drei Meter. Auch wurde in den oberen Decks das Mobiliar durch leichteres ersetzt, um die Stabilität des hoch aufragenden Schiffes nicht zu gefährden. Und schließlich sollten ja Kohlen eingespart werden.

Doch bevor das größte Schiff der Welthandelsflotte zurück zum Vulcan kam, hatte es auf der Elbe bei Cuxhaven einen Zwischenfall gegeben, der den Verantwortlichen der Hapag zu denken gab. Es hatte sich nämlich gezeigt, daß das Schiff nicht so unverwundbar war, wie die Konstrukteure es gesagt hatten. Der Schock der »Titanic«-Katastrophe in der Nacht vom 14. auf den 15. April 1912 war noch nicht vergessen. Bei der Übernahme von Kohle war der Leichter »Weichsel« heftig gegen die Bordwand des Luxusliners gestoßen. Es gab am »Imperator« Dellen in der Außenhaut und vor allem feine Risse, durch die Wasser in das Schiff tropfte. Der Schaden konnte aber schnell behoben werden.

Schlimmer war da schon ein Brand an Bord in New York, vermutlich verursacht durch einen Kurzschluß in einem Proviantraum. Ein II. Offizier und ein Zimmermann drangen mit Rauchhelmen vor, konnten aber nicht viel ausrichten. Während der Zimmermann sich schneller vom Brandherd zurückzog, kam der Offizier ums Leben. Abgesehen von diesem Todesfall lief die Brandbekämpfung (weiter Seite 165)

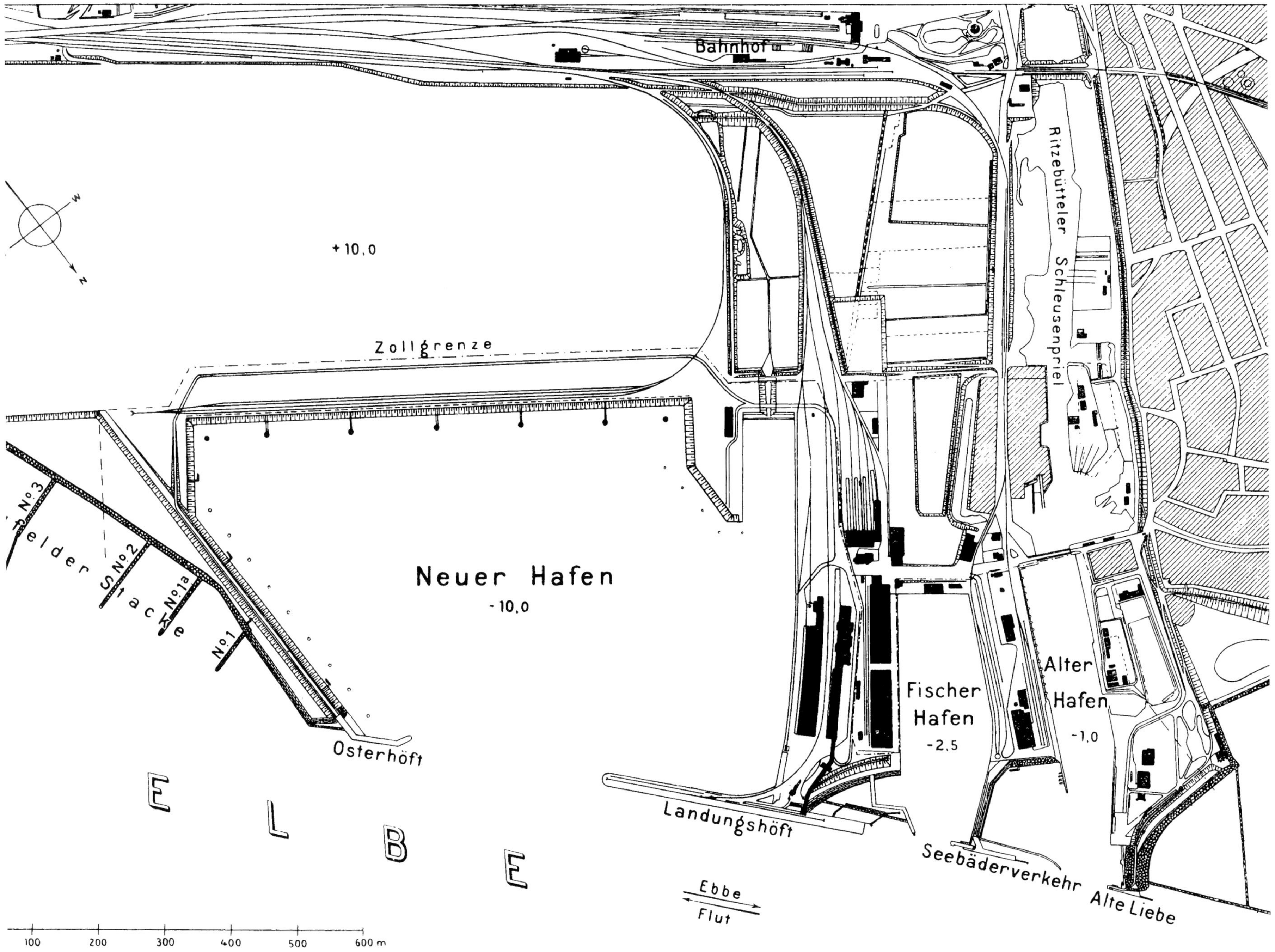

„Beim ersten Anblick des »Imperator«. War das wirklich ein Schiff, das mit seinen schwarzen Umrissen einen überwältigenden, um nicht zu sagen unheimlichen Eindruck bot, als wir es bei der Fahrt von Hamburg nach Cuxhaven in der Elbmündung vor uns auftauchen sahen? Die brave »Cobra«, die uns an schönen Sommertagen so oft nach Helgoland gebracht hatte, schlich ängstlich an den Giganten des Meeres heran, dessen finster qualmende Schornsteine solche Durchmesser aufweisen, daß ein Eisenbahnzug, ohne die Wände zu berühren, hätte hindurchfahren können. Über die Brükke, die vom Tender zum »Imperator« gelegt wurde, drängten sich die Passagiere ungeduldig vorwärts. Da reckten sich die Glieder des ungeheuren Baues so gewaltig in die Lüfte, daß man eher an eine befestigte Bergmauer mit langen Gängen, breiten Terrassen, Türmen und Rampen dachte. Aus den Hunderten von Bull-augen, die in elf Reihen übereinander liegen, blickten uns überall neugierige und fragende Gesichter entgegen. Was auf dem Wasser schwimmt, ist kein Haus mehr, kein Palast oder Hotel, sondern eine ganze Stadt mit Häusern, Plätzen und Straßen, zu deren Besichtigung Stunden erforderlich sind" (Eugen Zabel).

Bilder Seite 160

Bild oben links: Cuxhaven 1913, vom Bahnhof auf dem Lentzkai kommende Passagiere aus den Sonderzügen der I. Klasse auf dem Weg zum Schiff (J. und H. Hamann, Medienzentrum Hamburg).

Bild oben rechts: Das Abfertigungsgebäude der Hapag in Cuxhaven, Fertigstellung 1902. Ankommende Reisende gehen durch einen gedeckten Gang zur Zollhalle und zu den Wartehallen, von wo aus sie die Schnellzüge besteigen. Während das auf der Fahrt von Cherbourg hierher zollamtlich abgefertigte Gepäck auf dem Landungshöft in die verschiedenen Packwagen der Eisenbahnverwaltungen geladen wird (Archiv Deutsches Schiffahrtsmuseum).

Bilder auf dieser Seite

Bild links und rechts: Der »Imperator« dreht in den Strom und läuft zu einer neuen Reise Richtung Nordsee aus (Altonaer Museum/Deutsches Schiffahrtsmuseum und Archiv Hapag-Lloyd).

Vierschrauben-Turbinen-Schnellpostdampfer **Imperator,**
Raumgehalt 50000 Tons, Länge 279,66 Meter, Breite 29,87 Meter, Tiefe 19,20 Meter.
Hinfahrt: Richtung **von** Europa **nach** New York über Southampton—Cherbourg.

Nach New York	Preise für die Hauptreisezeit vom 1. August bis 15. Oktober			Preise für die übrige Zeit vom 16. Oktober bis 31. Juli		
	von Hamburg	von London über Southampton	von Paris über Cherbourg	von Hamburg	von London über Southampton	von Paris über Cherbourg
	M	M	M	M	M	M
G- und H-Deck . . . . pro Platz	290	277	314	290	277	314
E-Deck: Innenkammern „	290	277	314	290	277	314
Außenkammern „	300	280	314	290	277	314
C-Deck . . . . „	310	290	314	290	277	314

Abbildung oben: Die Fahrpreise für die 2. Kajüte auf den verschiedenen Decks. Die Preise für eine Überfahrt von Hamburg nach New York mit dem »Imperator« betragen im Jahr 1913 für die 1. Kajüte zwischen 520 Mark und 2.000 Mark (Luxussuite).

Verzeichnis der Teilnehmer an der Probefahrt

des Turbinen-Schnelldampfers

„Imperator“

vom 28. April bis 3. Mai 1913

Seine Majestät der Kaiser und König

Allerhöchstes Gefolge:

Seine Excellenz, Herr Oberhof- und Hausmarschall Graf zu Eulenburg
Seine Excellenz Herr General-Adjutant, Generaloberst von Plessen
Herr Flügel-Adjutant, Korvetten-Kapitän Freiherr von Paleske
Herr Flügel-Adjutant, Oberst-Leutnant von Mutius
Herr Leibarzt, Oberstabsarzt Dr. Nietner
Seine Excellenz Herr Wirklicher Geheimer Rat von Valentini
Seine Excellenz Herr General-Adjutant General der Infanterie Freiherr von Lyncker
Seine Excellenz Herr General-Adjutant, Admiral von Müller
Seine Excellenz Herr Wirklicher Geheimer Rat von Treutler
Seine Durchlaucht Fürst zu Fürstenberg

Herr Geheimer Kommerzienrat Ed. Arnhold
Seine Excellenz Herr General der Infanterie von Below
Herr Ad. Binder
Seine Excellenz Herr General der Kavallerie Freiherr von Bissingen
Seine Excellenz Herr General der Kavallerie von Boehn
Herr H. Edm. Bohlen
Herr Oberlandesgerichts-Präsident Brandis
Herr Professor Dr. Brauer
Herr Gesandter Graf Brockdorff-Rantzau
Seine Excellenz Herr Admiral Büchsel
Herr Gesandter Kammerherr von Bülow
Herr Geheimer Regierungs-Rat, Professor Dr. Busley
Herr Flügel-Adjutant, Major von Caprivi
The Right Honorable Sir Ernest Cassel
Herr General à la suite, General-Major von Chelius
Seine Excellenz Herr Staatssekretär Dr. Delbrück
Herr Flügel-Adjutant, Oberstleutnant von Dommes
Herr Direktor Arthur Duncker
Herr Flügel-Adjutant, Oberstleutnant von Estorff

Abbildungen auf dieser Seite

Liste links: Prominente Teilnehmer an der „Kaiserfahrt“ 1913, deren Beginn aber auf den 23. Mai verschoben werden muß.

Bild oben rechts: Begrüßung durch die offiziellen Abgeordneten von Southampton beim Anlaufen des »Imperator«. Eingeladen zur Reise nach Southampton sind Vertreter großer Zeitungen und Verlage, um sich einen Eindruck von der Bedeutung des Schiffes für Deutschland zu verschaffen (Brown & Dawson, Archiv Hapag-Lloyd).

Bild unten: Die Kapitäne des »Imperator«: Kommodore H. Ruser (in der Mitte) und (von links nach rechts) die Kapitäne H. von Meibom, K. Schetelig, K. Heyer und A. Hoefer (Archiv Hapag-Lloyd).

Bild Seite 163

Der »Imperator« in der Elbmündung, noch mit den langen Schornsteinen (J. und H. Hamann, Medienzentrum Hamburg).

Am 19. Juni 1913 trifft der »Imperator« in New York ein. Mit einer Geschwindigkeit von 23,5 kn benötigt das größte Passagierschiff der Welt von Hamburg nach New York 5 Tage. Dabei sind 2.128 Passagiere und ca. 1.200 Besatzungsmitglieder befördert worden.

Bilder auf dieser Seite unten links und rechts: Anlaufen New Yorks im Juni 1914. Vor der kleinen Plattform auf der Back befinden sich der Ankerkommandoapparat und der Signalgeber für die Eisberggefahrenanlage. Beim Sichten eines Eisberges wird vom Bug aus nach der Kommandobrücke und den Maschinenräumen eine Meldung gegeben. Die Anlage besteht aus dem Glühlampengebertableau, je einem Empfängertableau auf der Brücke und im Hauptmaschinenraum sowie vier wasserdichten Alarmglocken, von denen zwei in den Maschinenräumen und je eine auf der Brücke und im Kartenhaus untergebracht sind.

Bild oben rechts: Kommodore Ruser mit dem Lotsen im Kartenhaus bei der ersten Reise im Juni 1913 (Literarisches Bureau der Hamburg-Amerika Linie, Archiv Hapag-Lloyd).

Bilder auf Seite 165

Bild oben links: Wachsamkeit auf der Brücke des »Imperator« bei voller Fahrt. Auf dem Kommandodeck befindet sich auch eine große Glocke von 80 Zentimeter Durchmesser nebst Hammerwerk und einer mit einem Elektromotor von ¼ PS gekuppelten wasserdicht gekapselten Antriebsvorrichtung. Diese elektrische Signalanlage gibt bei Nebel jede Minute einen Ton von fünf Sekunden Dauer, dabei werden jedesmal zehn Glockenschläge, das sind zwei in der Sekunde, abgegeben (Photos und Texte: Archiv Hapag-Lloyd).

Bild oben Mitte: Die eigens verlängerte Pieranlage für die neuen Überseeschiffe der „Hamburg American Line" in New York.

Bild oben rechts: 1912, die Passage-Halle der Hapag in der Fifth Avenue in New York (Photos: Archiv Hapag-Lloyd).

Bild unten rechts: Kommodore Ruser und Direktor Eggers beim Anlaufen in New York an der Hobokenpier in der Brückennock (Brown & Dawson, Stamford, Archiv Hapag-Lloyd).

dann aber wie nach Lehrbuchangaben ab. So blieb der Schaden mit rund 200.000 Mark gering und wurde in New York provisorisch behoben.

In der Zeit von November 1913 bis März 1914 wurden umfangreiche Arbeiten an Maschine, Kessel und im oberen Schiffsbereich ausgeführt. Gleich auf der ersten Ausreise nach dem Umbau geriet der »Imperator« in einen sechs Stunden lang wütenden Orkan. Es zeigte sich, daß die Maschinenanlage einwandfrei funktionierte. Viele Schiffe gerieten damals in Seenot, doch der »Imperator« dampfte mit gleichbleibender Geschwindigkeit dem Ziel New York entgegen, verlor dabei allerdings vier seiner Rettungsboote. Eines wurde später von dem britischen Dampfer »Antillian« auf dem Atlantik entdeckt. An Bord des Liverpooler Schiffes dachte man an eine zweite »Titanic«-Katastrophe und löste Alarm aus. An den Küsten herrschte große Aufregung: Was ist mit dem Stolz der deutschen Flotte passiert? Sollte jetzt auch der »Imperator« wie die »Titanic« mit einem Eisberg kollidiert und gesunken sein? Bange Fragen wurden gestellt. Doch dann meldete sich der »Imperator« mit einem Telegramm. Darin hieß es unter anderem: „... die Stimmung der Passagiere ist vorzüglich, durch die ruhige und stabile Lage des Schiffes haben dieselben wenig von dem Unwetter bemerkt." Man atmete auf, nicht nur im Reederei-Kontor am Alsterdamm in Hamburg.

Allerdings verlor damals, in der Nacht vom 13. auf den 14. März 1914, auch der riesige Kaiseradler am Bug des Dampfers eine seiner Schwingen, was man in New York lediglich zur Kenntnis nahm. Zurück in Hamburg, wurde der Vogel gänzlich entfernt und als neue Bugzier beiderseits ein Wappen mit Kaiserkrone angebracht.

Bilder auf dieser Seite links und unten: Passagiere bei den vorderen Aufbauten auf dem Bootsdeck (A-Deck) und oberen und unteren Promenadendeck (B-Deck und C-Deck). Auf dem vorderen Deck, das auch als Promenade für die 4. Kajüte genutzt wird, stapelt sich das Gepäck der Passagiere (Deutsches Schiffahrtsmuseum).

Bilder Seite 167

Bild oben links und rechts: Der »Imperator« wird mit Hilfe einiger Schlepper an die Pieranlage der „Hamburg American Line" in New York bugsiert (Photos: Archiv Hapag-Lloyd).

Bild unten links: Passagiere bei der Ankunft auf den achteren Decks (Deutsches Schiffahrtsmuseum).

Die Pieranlagen der Hamburg-Amerika Linie in New York befinden sich bislang in Hoboken, gegenüber von Manhattan. Im Juni 1912 kann die Hapag auch für ihre neuen großen Schiffe der »Imperator«-Klasse geeignete Hafenanlagen in Brooklyn pachten.

Aus den Aufzeichnungen des Passagiers Paul R. Krause: „Nun, es wehte gleich auf der ersten Überfahrt nach England ein Nordwester, dessen Wirkungen man bei einem gewöhnlichen Schiff recht deutlich bemerkt hätte; wir aber glitten lautlos dahin wie auf einem Glyzerin-Schlitten. Die 1.700 Passagiere hatte der ungeheure Bauch des Riesenschiffes in wenigen Minuten spurlos verschlungen, nur hier und da sah man Versprengte treppauf, treppab irren, die seit Stunden nach ihren Gefährten suchten. Reisenden des Schiffes ist zu raten, daß sie mit ihren Freunden festgesetzte Orte zu bestimmten Tageszeiten vereinbaren, wenn sie sicher sein wollen, sich zu finden in der Flucht der Räume, von denen immer einer prachtvoller und zweckentsprechender ist als der andere. Sicherlich ist der »Imperator« eine sehr positive Errungenschaft moderner Technik, dabei aber mutet er auch an wie ein Zukunftstraum, und zwingend drängen sich die Fragen auf: Wo wird der menschliche Genius haltmachen, was wird er nicht noch erreichen, bevor die Erschöpfung der Steinkohlenlager dieser Erde der Weiterentwicklung der Technik ein Ziel setzt? Oder wird auch für Kohle ein Surrogat gefunden werden?"

Besatzungsliste des »Imperator« bei der Indienststellung 1913

Bezeichnung der Position	Monatliche Heuer in Mark
1 Kommandant	nicht preisgegeben
4 Kapitäne	à 8.000,- pro Jahr
1 Proviantverwalter	225,-
3 II. Offiziere	2 à 170,-, 1 à 215,-
3 III. Offiziere	1 à 110,-, 1 à 120,-, 1 à 130,-
1 IV. Offizier	110,-
1 I. und Einzelbootsmann	135,-
2 II. Bootsleute	à 110,-
1 I. und Einzelzimmermann	140,-
2 II. Zimmerleute	à 110,-
1 Tischler	105,-
1 Schneider	80,-
6 Quartiermeister	3 à 98,-, 3 à 103,-
36 Vollmatrosen	à 78,-
16 Leichtmatrosen	à 43,-
1 Gärtner	lt. Kontrakt
1 Proviantmeister	225,-
6 Jungen	à 15,-
1 Ober-Ingenieur	600,-
3 I. Ingenieure	à 425,-
3 II. Ingenieure	1 à 280,-, 2 à 325,-
16 III. Ingenieure	2 à 180,-, 5 à 190,-, 9 à 210,-
3 IV. Ingenieure	à 135,-
14 Ingenieur-Assistenten	7 à 85,-, 7 à 90,-
4 Elektriker	1 à 300,-, 3 à 155,-
3 Mechaniker	à 105,-
12 Oberheizer	à 120,-
15 Schmierer	à 110,-
186 Heizer	à 98,-
154 Kohlenzieher (Trimmer)	80 à 83,-, 74 à 70,-
6 Maschinistenjungen	à 15,-
2 Oberköche	1 à 450,-, 1 à 500,-
2 IV. Köche	à 60,-
6 Dampfköche	à 85,-, 4 à 75,-
39 Kochsmaate	à 45,-
8 Köche, Partie Chefs	3 à 190,-, 2 à 180,-, 3 à 220,-
2 I. Köche	1 à 200,-, 1 à 250,-
24 II. Köche	6 à 110,-, 10 à 120,-, 6 à 130,-, 2 à 140,-
7 III. Köche	à 90,-
2 Ritualköche	à 100,-
3 Oberstewards	1 à 120,-, 1 à 110,-, 1 à 90,-
14 Obersteward-Assistenten	7 à 80,-, 7 à 90,-
8 Silberputzer	à 80,-
2 Kaffeeköche	à 100,-
2 Storekeeper	à 120,-
1 Chorführer	50,-
8 Musikstewards	à 25,-
289 Stewards	62 à 60,-, 33 à 45,-, 194 à 50,-

Bild links: Kommodore Hans Ruser am Peilkompaß, bekannt geworden als Führer des Forschungsschiffes »Gauss« bei einer Südpolar-Expedition (Archiv Hapag-Lloyd).

Bild rechts: Die drei Funkoffiziere des »Imperator« (Archiv Hapag-Lloyd).

3 Telegraphenstewards	à 25,-
1 Zwischendeck-Obersteward	100,-
32 Zwischendeckstewards	à 70,-
4 Messestewards	à 40,-
4 Pantrystewards	1 à 200,-, 2 à 120,-, 1 à 70,-
5 Pantrygehilfen	à 70,-
26 Stewardessen	22 à 25,-, 4 à 40,-
1 Oberaufwäscher	50,-
32 Aufwäscher	à 35,-
1 Masseuse	80,-
2 Kassiererinnen	1 à 150,-, 1 à 125,-
4 Kupferputzer	à 55,-
3 Ärzte	1 à 300,-, 2 à 150,-
2 Arztgehilfen	à 60,-
6 Barbiere	à 15,-
1 Friseuse	15,-
1 Zahlmeister	330,-
3 Zahlmeistergehilfen	2 à 90,-, 1 à 75,-
1 Bademeister	120,-
1 Badewärterin	80,-
1 Schwimmbadsteward	50,-
3 Drucker	1 à 110,-, 2 à 80,-
1 Buchhändler	lt. Kontrakt
6 Konditoren	1 à 220,-, 1 à 180,-, 1 à 120,-, 3 à 70,-
10 Bäcker	1 à 110,-, 4 à 90,-, 5 à 55,-
5 Schlachter	1 à 90,-, 1 à 100,-, 3 à 70,-
1 Masseur	80,-
3 Telegraphisten	lt. Kontrakt
6 Küper	1 à 110,-, 5 à 75,-
1 Gepäckvorsteher	120,-
1 Kontrolleur (Restaurant)	335,-
1 Krankenschwester	180,-
2 Gepäckaufseher	à 70,-
4 Fahrstuhlwärter	à 35,-
1 Vertreter v. Personenverk.	lt. Kontrakt
1 Materialienverwalter	130,-
2 Telephonisten	à 100,-
2 Turnhallenwärter	à 55,-
7 Pagen	à 40,-
1 Kapellmeister	ca. 300,-
8 Ensemblemusiker	à ca. 200,-
4 Messejungen	à 15,-
1 Barkeeper	150,-
1 Barjunge	20,-
4 Oberkellner	1 à 200,-, 3 à 150,-
16 Kellner	à 80,-
15 Kellner-Commis	à 60,-
3 Pageboys	à 20,-
1 Logisjunge	20,-
8 Logisstewards	à 70,-
5 Klingelstationsstewards	à 100,-

Gesamt: 1.184

Bild links: Ab März 1914 führt Kommodore Kier den »Imperator«, Ruser den »Vaterland« (Hamann, Medienzentrum Hamburg).

»Imperator« vor Anker liegend, die offene, nur durch die vorderen Fenster geschützte Kommandobrücke (G. Koppmann & Co, Archiv Hapag-Lloyd).

Bilder auf dieser Seite: Der »Imperator« wird auf der Reede vor Brunshausen ausgerüstet. Zwei Fettgasglühlichtfeuer mit schmiedeeisernen Kesseln, die den unter Druck stehenden Brennstoff für einen mehrmonatigen Betrieb sicherstellen, kennzeichnen die in den Strom geschlagenen Duckdalben zum Festlegen der Schiffe.

Bilder Seite 171: »Imperator« und »Vaterland« benötigen täglich ca. 1.000 Tonnen Kohle. Seitlich und vor den Kesseln befinden sich eingebaute Bunker für etwa 8.500 bis 9.000 Tonnen Kohle. Die Hauptbunker werden über 52 in die Außenhaut geschnittene Kohlenschütten befüllt, dazu bedarf es ca. 700 Eisenbahnwaggons (Photos: Archiv Deutsches Schiffahrtsmuseum).

Bild rechts: »Imperator« mit Schuten im Hamburger Kohlenhafen und mit gekürzten Schornsteinen.

Bilder links unten und oben: Die ehemals markante Bugverzierung ist einer dem »Vaterland« ähnlichen gewichen (Photos: J. und H. Hamann, Medienzentrum Hamburg (2) und Axel Springer Verlag).

DIE ERSTE AUSFAHRT »VATERLAND«

***Bild unten:** Der Steven des »Vaterland« mit dem Wappen des Deutschen Kaiserreiches, in Weiß und Gold gehalten, sowie die Kette mit dem Buganker (Archiv Ullstein Bilderdienst).*

Bild Seite 173

April 1914, der Dampfer vor seiner ersten Ausreise im Hamburger Hafen vor der Kulisse von Blohm & Voss wird von je drei Schleppern vorn und hinten zur Elbe gedreht. Links am Werftkai liegt der unfertige »Bismarck« (Archiv Hapag-Lloyd).

Am 25. April 1914 erfolgt die Verlegung des »Vaterland« - mit 10,7 Meter Tiefgang auf ebenen Kiel getrimmt - bei steifem WNW-Wind und Elbhochwasser von der Werft zum vorläufigen Liegeplatz vor Altenbruch mit eigener Kraft. Am 29. April sind eine sechsstündige Probefahrt sowie am 30. April und 1. Mai die offizielle Abnahme-Probefahrt bis vor die norwegische Küste vorgesehen.

Bevor der »Vaterland« am 14. Mai 1914 zur ersten Reise auslief, besuchten am 2. Mai Reichstag, Bundesrat und Vertreter der Regierung den gerade fertiggestellten Passagierdampfer. Der Vorsitzende des Hapag-Aufsichtsrats, Max Schinckel, empfing die Gäste an Bord, weil Albert Ballin wegen einer wichtigen Konferenz nicht in Hamburg war. Der »Vaterland« lag auf Reede vor Altenbruch bei Cuxhaven. Um die Gäste an Bord bringen zu können, hatte die Hamburg-Amerika Linie den Seebäderdampfer »Cobra« eingesetzt. Dieses Schiff brachte die etwa 250 Gäste zum neuen Wunderwerk deutscher Schiffbaukunst.

Schinckel wie Ballin wollten mit dieser Einladung das Interesse der Abgeordneten und Ländervertreter für die deutsche Handelsflotte wecken. Zwar war mit dem »Imperator« die deutsche Schiffbauindustrie mit der englischen gleichauf, aber das Interesse in Berlin an der deutschen Handelsflotte war eher gering, zumal Ballin die rund 35 Millionen Mark je Schiff ohne staatliche Beihilfen finanzierte. Die Millionen-Anforderungen der Kaiserlich-Deutschen Marine für Kriegsschiffe, die den Engländern Paroli bieten sollten, wurden diskutiert und schließlich abgesegnet. Auch Kaiser Wilhelm II., der sich für eine starke Handelsflotte einsetzte, kümmerte sich nun doch mehr um die Kriegsmarine.

In seiner Ansprache hatte der Hapag-Aufsichtsratsvorsitzende - immer zu verstehen unter dem Eindruck der damaligen Zeit - betont, daß der Name »Vaterland« die Deutschen auch jenseits des Ozeans veranlassen sollte, ihr Vaterland nicht zu verleugnen. „Sie werden mir recht geben, das Schiff, das »Vaterland« heißt, kann nicht schön und groß genug sein!“ rief er seinen Gästen zu. „Aufgabe der Seestädte ist es, ein Stück neuen Vaterlandes unter deutscher Flagge auf die Meere zu verlegen.“ Die Gäste aus Berlin fuhren nach der Besichtigung des Schiffes mit der »Cobra« zu den St. Pauli Landungsbrücken. Von hier ging es in einer endlosen Wagenkolonne durch fahnengeschmückte Straßen zum Hauptbahnhof. Ein Sonderzug brachte die zahlreichen Politiker und Verwaltungsspitzen zurück nach Berlin.

Besonders imponierten den Volksvertretern die umfangreichen Sicherheitseinrichtungen des neuen Schiffes. So gab es an Bord des »Vaterland« allein 450 elektrische Feuermelder. Die feuerfesten Glastüren waren so konstruiert, daß sie Temperaturen bis 1.600 Grad standhalten konnten. Einen Beweis mußten die Türen allerdings nicht liefern. Das Schiff wurde von den Werftvertretern als unsinkbar beschrieben. Die Besucher waren davon auch überzeugt.

In einer Information der Reederei über die Schiffsausrüstung heißt es: „Die Dampfer erhalten zwei ältere Erste Offiziere, von denen einer ausschließlich für die Navigation des Schiffes und für das gesamte Sicherheitswesen an Bord zu sorgen hat. Zentralstellen an Land versorgen alle Schiffe der Flotte mit den neuesten und besten Karten, Seefahrtsbüchern, Instrumenten und Instruktionen. Und werden alle nautischen Hilfsmittel sorgfältig benutzt, alle internationalen Abmachungen der Seeschiffahrt und die gesetzlichen Vorschriften der heimischen Behörden, die strengen Instruktionen der Reedereien hinreichend befolgt, wird namentlich auch das nötige Maß von Vorsicht und Wachsamkeit angewandt, so ist nach menschlichem Ermessen eine Gefahr so gut wie ausgeschlossen. Das gilt selbst für die Eisberggefahr, die man nicht unterschätzen sollte, da sie in bestimmter, jedem Kapitän genau bekannter Zone der nordatlantischen Fahrt von jeher bestanden hat, ohne Unheil anzurichten.“

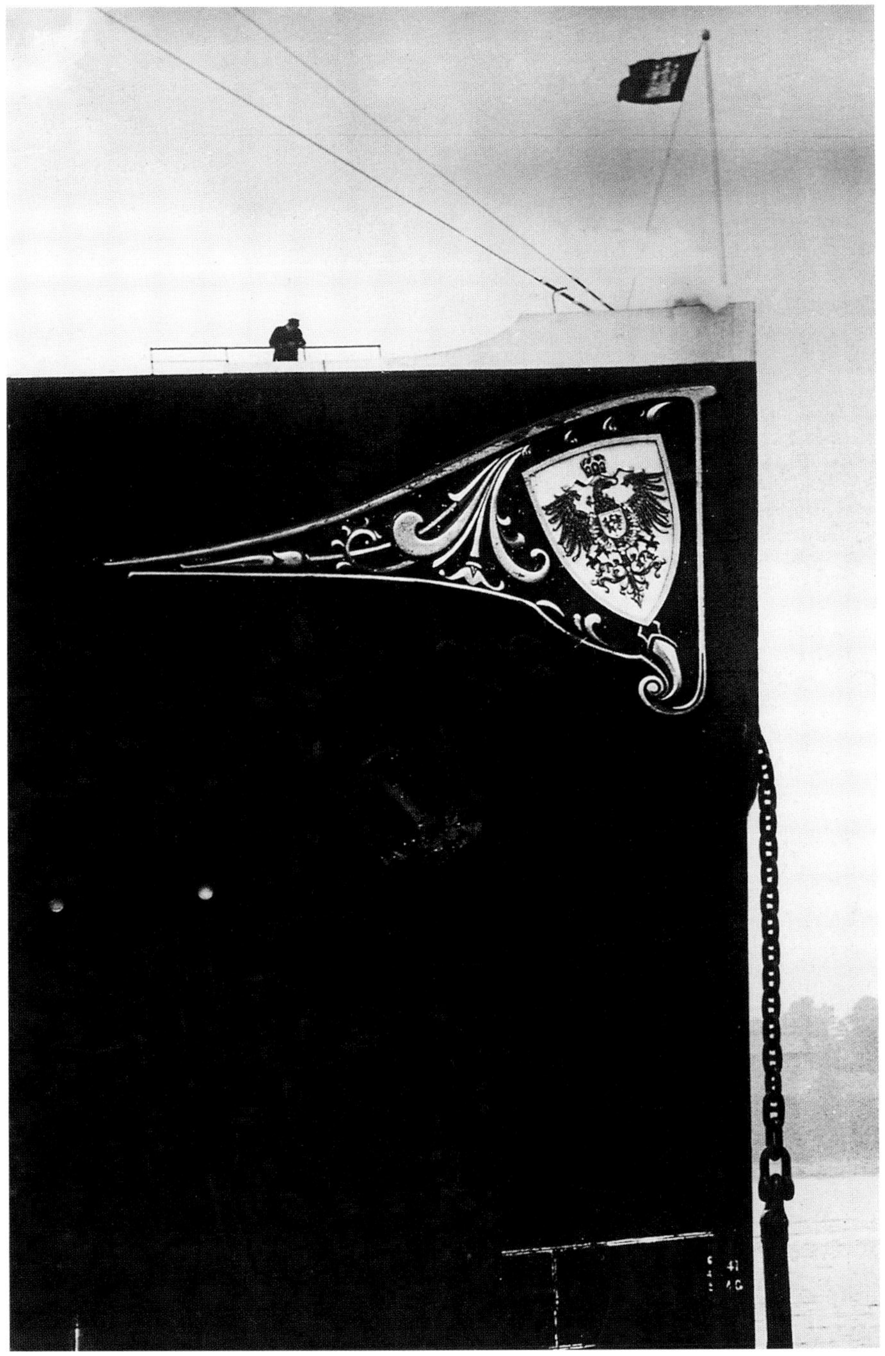

Bilder auf dieser Seite

Bild oben rechts: Erste Ausreise des »Vaterland«. Das neue Schiff ist zur ersten Atlantiküberquerung nur zur Hälfte seiner Kapazität ausgebucht. An Bord sind, als der Riese sich am 14. Mai 1914 um 14.00 Uhr in Bewegung setzt, außer den 1.234 Besatzungsmitgliedern nur ungefähr 1.600 zahlende Fahrgäste.

Bild unten: Mit Schlepphilfe von »Wendemuth«, »Brunshausen« und »Kuhwärder« (nicht sichtbar) vor den Anlagen der Bauwerft.

Bild unten rechts: Kommodore Ruser in der holzausgekleideten Backbordnock des »Vaterland«. Ein souveräner Kommandant, der genügend Erfahrung mit dem »Imperator« gesammelt hatte, dann am Morgen der Reise: „Ich werde den »Vaterland« einfach Richtung Amerika lenken und den Ozean vorbeiwehen lassen“ (J. und H. Hamann, Medienzentrum Hamburg).

Bild Seite 175

Das Schiff auf der Unterelbe. Während einer Probefahrt vor Norwegen im April 1914 erreicht »Vaterland« die beeindruckende Geschwindigkeit von maximal 26,3 Knoten (J. und H. Hamann, Archiv Hapag-Lloyd).

Der Erste Maat der »St. Louis«, Herbert Hartley - er sollte später Kapitän dieses Schiffes, dann als Flaggschiff der American Line, werden - sichtet den »Vaterland« bei seiner Jungfernfahrt vor der Isle of Wight im Ärmelkanal und erinnert sich seines ersten Eindrucks: „Steuerbord voraus tauchte in der Ferne am Horizont eine Rauchfahne auf. Ich hob mein Doppelglas. Was ich sah, war genug, jedem Seemann den Wind aus den Segeln zu nehmen. Sie hielt aufs offene Meer hinaus, und ihre drei hohen Schornsteine ragten stolz vom Oberdeck empor. Ich sagte kein Wort. Ich stand nur da und schaute. Sie war das größte Schiff, das je auf den Meeren gefahren war.“

REISEN MIT DEM »VATERLAND«

Die Reeder der angeblich „guten alten Zeit" waren Geschäftsleute, die keine Gelegenheit ausließen, jede auch noch so kleine Chance wahrzunehmen, um ihre Einnahmen zu verbessern. Und so war es schon damals selbstverständlich, für Reisen mit dem »Imperator« oder dem »Vaterland« und den anderen Schiffen je nach Gelegenheit ganz unterschiedliche Preise zu nehmen. Die verschiedenen Kabinenklassen - je nach Ausstattung und Komfort - sind dabei natürlich berücksichtigt. Die Reedereien unterschieden bei ihrer Preisgestaltung zunächst nach Klasse und dann nach Fahrtrichtung, also von Hamburg nach New York oder von New York nach Hamburg. Darüber hinaus gab es unterschiedlich festgelegte Hauptreisezeiten. Die Rückfahrkarten, die im voraus bezahlt werden mußten, galten auch bei anderen Reedereien.

Wer von Hamburg aus in die Neue Welt reiste, mußte sich entscheiden, ob er in der Hauptreisezeit zwischen dem 1. August und dem 15. Oktober den Atlantik überqueren wollte oder aber die Reise lieber zwischen dem 16. Oktober und 31. Juli antrat. In der 2. Kajüte kostete die Passage in einer Kabine mit vier Kojen für jeden Erwachsenen auf dem C-Deck für die einfache Fahrt 310 Mark in der Hauptsaison, ansonsten nur 290 Mark.

Die Hauptreisezeit für die Fahrten von Nordamerika nach Europa war auf den Zeitraum 1. Mai bis 15. Juli festgelegt. Für die übrige Zeit galt der günstigere Tarif. Wurden kleinere Dampfer benutzt, dann lag der Preis bei 280 und 260 Mark. Kinder zwischen 1 und 12 Jahren, wenn sie in einem Bett schliefen, zahlten den halben Fahrpreis. Babys kosteten 30 Mark je Reise. Bis zum vollendeten 16. Lebensjahr durften sie nur in Begleitung Erwachsener, „die in der-

Bilder Seite 176: Erste Ausfahrt am 25. April 1914 in Begleitung zahlreicher kleiner Schiffe und Boote auf der Unterelbe (oben: A. Bruhn, Ullstein Bilderdienst, und unten: Archiv Hapag-Lloyd).

Bild Seite 177: »Vaterland«, qualmend mit Ziel Nordsee (J. und H. Hamann, Medienzentrum Hamburg).

Die 1.234 Besatzungsmitglieder des »Vaterland« sind u.a.: 1 Kommodore, 4 Kapitäne, 7 Offiziere, 1 Oberingenieur, 3 erste Ingenieure, 35 Ingenieure und Elektriker, 3 Ärzte, 3 Arztgehilfen, 1 Krankenschwester, 3 Gepäckbeamte, 1 Zahlmeister, 1 Proviantmeister, 4 Zahlmeisterassistenten, 6 Proviantaufseher, 1 Oberfeuerwehrmann und 5 Feuerwehrleute, 3 Telegraphisten, 3 Telephonisten, 1 Stenotypist, 1 Gesellschaftsdame, 1 Bademeister, 1 Buchhändler, 1 Gärtner, 1 Tischler, 1 Masseur, 1 Masseuse. Für Küche und Bedienung u.a. 3 Oberköche, 52 Köche, 350 Stewards, 5 Konditoren, 36 Kellner (für den Restaurantbetrieb), 4 Fahrstuhlwärter, 11 Pagen. Für die Kesselanlagen standen bereit: 12 Oberheizer, 2 Storekeeper, 15 Schmierer, 187 Heizer, 189 Trimmer.

Bilder auf dieser Seite

Bild unten: Gespannte Wachsamkeit auf der Kommandobrücke des größten Schiffes der Welt, des »Vaterland«.

Bild rechts: Passagiere der 4. Kajüte auf dem vorderen Deck bei voller Fahrt des Dampfers (Photos: Archiv Hapag-Lloyd).

Bilder Seite 179

Bild oben links: Die gewaltigen Glieder der Ankerkette auf dem Vorschiff (Staatsarchiv Hamburg).

Bild links: Passagiere direkt unter der Brücke des Schiffes auf dem Bootsdeck (A-Deck). Hinter den Fenstern befindet sich der Rauchsalon der 1. Kajüte.

Bild rechts: Auf der Unterelbe, »Vaterland« begegnet einem Segler (Photos: J. und H. Hamann, Medienzentrum Hamburg).

selben Klasse und nach demselben Ort reisen, befördert werden, und auch nur wenn sie zu ihren Eltern oder älteren Geschwistern reisen“, hieß es damals in den Beförderungsbestimmungen. Wer Pech hatte, mußte sich unter Umständen mit Fremden eine Kabine teilen.

Wer mit dem Dampfer nach Übersee wollte, hatte bereits vor der Einschiffung viel Zeit aufzuwenden. In Hamburg, auch das war Vorschrift, hatten sich die Passagiere bereits einen Tag vor der Abfahrt im Passagebüro der Paketfahrt einzufinden, wo ihnen die Fahrkarten ausgehändigt wurden. Mit diesen Papieren gingen die Reisenden dann zum Gepäckbüro, um ihr Gepäck dort abzuliefern.

Jeder Passagier durfte in der 2. Kajüte 75 Kilogramm frei mitnehmen. Bis auf das persönliche Handgepäck wurden die größeren Koffer und Kisten in den Gepäckräumen der Schiffe untergebracht, die täglich zu bestimmten Zeiten zugänglich waren. In den Kabinen standen je nach Klasse größere und kleinere Kleiderschränke zur Verfügung. Reisende der 4. Kajüte, die Zwischendeckspassagiere, verstauten ihr Handgepäck unter den Betten.

Für jeden einzelnen Fahrgast und für die gesamte Besatzung gab es genügend Korkwesten. Außerdem waren zahlreiche Rettungsbojen, leuchtende Nachtrettungsbojen und zwei Notsignalkanonen vorhanden. Von den 83 Rettungsbooten waren zwei Benzinmotorbarkassen. Sie sollten im Falle ernster Gefahr zuerst zu Wasser gelassen werden, damit sie die übrigen Boote von der Schiffsseite fortschleppen konnten. Eine Anzahl elektrischer Bogenlampen stellte sicher, daß das Einbooten der Passagiere auch in der Nacht glatt vonstatten gehen konnte.

Bei strahlendem Sonnenschein trifft der »Vaterland« am Morgen des 21. Mai 1914 erstmals in New York ein. Das Ereignis wird von der größten Menschenmenge, die sich je zur Begrüßung eines Schiffes eingefunden hat, stürmisch gefeiert. Die Schlagzeile der New York World lautet: „Majestätisches Einlaufen des Sechs-Millionen-Dollar-Seeungeheuers »Vaterland« heute im Hafen". Beim langsamen Manövrieren an die Pier von Hoboken muß der Lotse den Riesen stoppen, weil ein Schlepper mit Lastkähnen den Bug kreuzt. Wind, Strömung und Tide lassen den kurze Zeit bewegungslosen Schiffsrumpf plötzlich flußabwärts treiben. Die gemeinsame Kraft der Maschinen und der eilig herbeigerufenen 14, dann sogar 25 Schlepper reicht nicht aus, das Schiff unter Kontrolle zu bringen. Die aufkommende Flut verhütet ein Unheil; mit drei Stunden Verspätung, um 12.15 Uhr, kann ein neues Anlegemanöver erfolgen. Erst nach einer weiteren Stunde wird das Schiff, das nun acht Meter über die Pier in den Hudson hinausragt, festgemacht, und die Reisenden können von Bord gehen.
Als »Vaterland« knapp fünf Tage später vormittags die Rückreise antreten soll, überschätzt der Hafenlotse die Maschinenkraft und läßt das Schiff rückwärts über den Hudson rauschen und mit dem Heck zwischen der Pier 50 und 51 in den Schlick festkommen. Die hastig eingeleiteten Maschinen- und Ruderbefehle führen dazu, daß durch das aufgewühlte Wasser zwei kleine Dampfer beschädigt werden, ein Lastkahn sinkt, und ein Mann eines Schleppers ertrinkt. Das große Schiff aber kann sich befreien und dampft ungerührt auf die offene See hinaus. Die amerikanische Presse kommentiert diese Vorfälle mit entsprechendem Sarkasmus.

Die festen Stationen auf der Reise zwischen Cuxhaven und New York, wo Passagiere zusteigen oder das Schiff verlassen können, sind der englische Hafen Southampton, der nach einer Fahrtdauer von ca. 19 Stunden erreicht wird (Ankerplatz nahe der East-Bramble-Boje), und der französische Hafen Cherbourg nach weiteren 3½ Stunden Fahrzeit (Ankerplatz inner- oder außerhalb des Brechwassers). Als letzter europäischer Punkt wird Bishop Rock (Isles of Scilly) ca. 5 Seemeilen querab gepeilt. Auf der Rückreise werden die Häfen Plymouth und Cherbourg angelaufen und dann wieder am Amerikahöft in Cuxhaven festgemacht.

Bild links und unten: »Vaterland«, Ausrüstung und Vorbereitung zur nächsten Ausreise. Übernahme von Frischproviant von Zubringern mit Kühleinrichtung. »Vaterland« hat 12 Dampfwinden von je 3 Tonnen Hebekraft. Auf Back- und Achterdeck befinden sich 3 Verholwinden sowie 1 elektrische Winde für Gepäck und 4 elektrische Bootswinden (Photos: Hamann, Medienzentrum Hamburg).

Bild Seite 181

Im Juni 1914 am Landungshöft in Cuxhaven, zur Ausreise bereit (J. und H. Hamann, Archiv Axel Springer Verlag).

Bilder Seite 182 und 183

Bild linke Seite: Immer ein Ereignis - »Vaterland« vor Cuxhaven.

Bilder rechte Seite, obere Reihe und unten rechts: Das Schiff nähert sich der Anlegestelle, die Trossen werden klargemacht. Vorn links der Ausflugsdampfer »Kaiser« und ein Raddampfer. Zu den Dampfern des Seebäderdienstes der Hamburg-Amerika Linie gehören im Jahr 1912 die »Silvana«, »Cobra«, »Prinzessin Heinrich«, »Kaiser«, »Adler« und »Königin Luise« (Photos: Archiv Hapag-Lloyd, J. und H. Hamann, Medienzentrum Hamburg).

Bild unten links: »Vaterland« liegt gestoppt (Archiv Hapag-Lloyd).

Bilder Seite 184

***Bild links:** »Vaterland« am Ende einer Atlantikreise am Landungshöft in Cuxhaven. Das Gepäck der Passagiere der II. und III. Klasse sowie die Post werden aus den hinteren Laderäumen mittels eigenem Geschirr und Rutschen von Bord gebracht. Zur Sicherheit sind Netze gespannt. Ein Teil des Reisegepäcks wird in die auf der Pier stehenden Güterwagen verladen. Das Frachtraumvolumen des Schiffes beträgt bis zu 12.000 Tonnen.*

***Bild oben rechts:** Kommodore Hans Ruser auf der Brücke.*

***Bild unten rechts:** Passagiere gehen über die Gangway von Bord.*

***Bild auf dieser Seite:** Das Gepäck der 1. Kajüte wird ins Vorschiff verladen (Photos: J. und H. Hamann, Medienzentrum Hamburg).*

***Abbildung unten:** Verzeichnis der Reisenden nach New York für die erste und zweite Klasse (Archiv Hapag-Lloyd).*

Hamburg-Amerika Linie, Hamburg

Verzeichnis der Reisenden

des

Vierschrauben-Turbinen-Schnell-Postdampfers

Vaterland

Kommodore **Ruser**

Von **Hamburg** nach **New York**

Abfahrt von Hamburg

am Donnerstag, den 14. Mai 1914

Bilder auf dieser Seite

Bild unten links: Kurz vor der Abfahrt an einem schönen Sommertag im Jahr 1914. »Vaterland« am Landungshöft in Cuxhaven. Rechts im Bild die modernisierte Anlage mit teilbetoniertem Anleger. Die Passagiere der II. Klasse betreten das Schiff über das Brückendeck (D-Deck) durch eine eiserne Doppeltür.

Bild oben rechts: Die Passagiere der I. Klasse betreten das Schiff über die Pforten im 2. Deck (F-Deck) in das große Treppenhaus.

Bild unten rechts: Abfahrt des »Vaterland« vom Landungshöft.

Bericht vom 29. Juli 1914: Die an den Kesselschächten liegenden Zimmer sind noch immer sehr heiß, die Isolierung muß unbedingt verbessert werden. Die Klosettleitung verschiedener Kammern muß überprüft werden, da das Spülwasser bis zu 42 Grad erhitzt durchläuft. Es gab Klagen über das heiße Salzwasser für die Badewannen, das morgens mit einer öligen braunen Masse vermischt ist.

Bilder Seite 187

Bild links oben: Ein Ständchen für die Passagiere auf dem Promenadendeck (B-Deck), Blickrichtung nach achtern. Links hinter dem großen Fenster befindet sich die Bibliothek des »Vaterland«.

Bild rechts: Kurz vorm Ablegen (Archiv Hapag-Lloyd).

Bild links unten: An einem Tag mit strahlendem Sonnenschein verläßt »Vaterland« Cuxhaven zu einer neuen Nordatlantikreise und läuft Richtung Nordsee aus. Die Zurückbleibenden schützen sich mit Schirmen vor der prallen Sonne (alle weiteren Photos: J. und H. Hamann, Medienzentrum Hamburg).

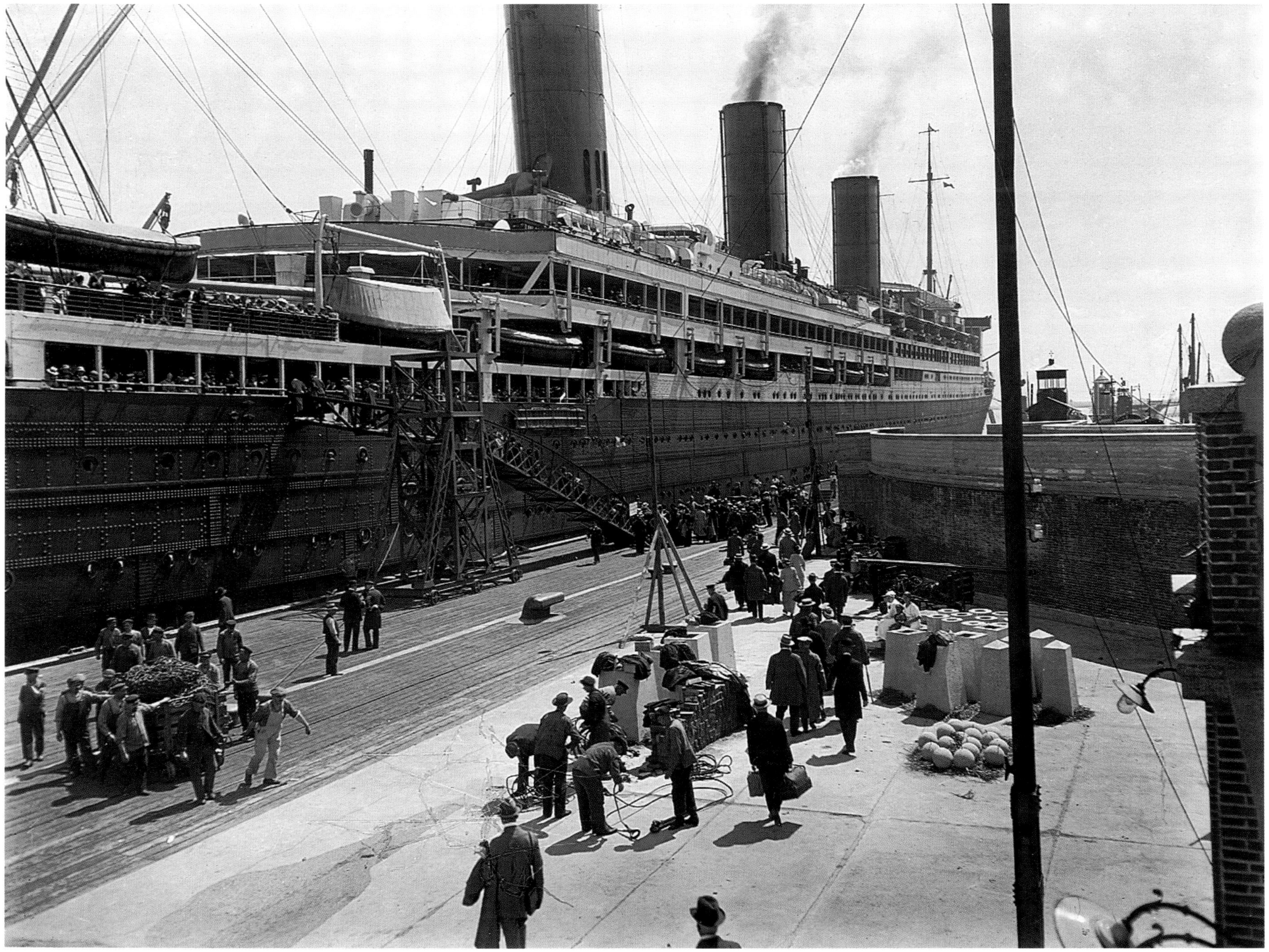

ERSTE AUSFAHRT »BISMARCK«

Bilder auf dieser Seite

Bild oben rechts: »Bismarck« vor Cuxhaven (Archiv Blohm+Voss).

Bild unten: »Bismarck« in der Elbmündung (Archiv Hapag-Lloyd).

Bilder auf Seite 189

Bild oben links: Im Kuhwärder-Hafen 1921, links am Werftkai von Blohm & Voss die »Cap Polonio« (Deutsches Museum, München).

Bild oben rechts und unten: Der »Bismarck« in der Elbmündung mit einem englischen Versorger und Seeschiffsassistenzschleppern (Photos: Archiv Blohm+Voss und Archiv Hapag-Lloyd).

Mit Kriegseintritt der USA am 6. April 1917 hatte die US Navy bereits den »Vaterland« in New York als Kriegsbeute beschlagnahmt. Als Truppentransporter kam das Schiff unter dem Namen »Leviathan« noch im selben Jahr wieder in Fahrt und wurde später Flaggschiff der United States Lines. Die Briten erhielten 1920 reparationshalber den in Hamburg aufliegenden »Imperator« zugesprochen. Zuvor aber brachte der Dampfer unter seinem alten Namen US-Truppen und militärisches Gut von Europa zurück in die USA. Die Liverpooler Reederei Cunard charterte das Schiff nach der Übergabe zunächst für ein Jahr. Dann endlich, im Februar 1921, kaufte die Reederei den »Imperator« und benannte ihn in »Berengaria« um. Unter Cunard-Flagge verkehrte das Schiff im Transat1antik-Dienst. Der noch unfertige »Bismarck« wurde ebenfalls den Briten als Reparationsleistung zugesprochen. Unter britischer Aufsicht mußte Blohm & Voss den Bau des Schiffes fortsetzen. Und da die Briten wußten, was für gute Wertarbeit in Hamburg geleistet wird, wollten sie nicht lange auf das Schiff warten. Doch ein Großfeuer an Bord, es war am 5. Oktober 1920 ausgebrochen, verzögerte die Fertigstellung. Die Brandursache konnte nie eindeutig geklärt werden. Großbritannien bestand auf dem Weiterbau und der Vollendung des wertvollen Schiffes. Die Behörden verkauften den halbfertigen Neubau im Februar 1921 an die White Star Line in Liverpool. Ende März 1922 war der »Bismarck« fertig. Noch unter der deutschen Flagge und dem Taufnamen verließ der »Bismarck« Hamburg und ging auf Reede vor Cuxhaven, um ab 1. April 1922 eine zehntägige Probefahrt zu absolvieren, die zur vollen Zufriedenheit der Engländer verlief. Mit 56.551 BRT war der »Bismarck« das größte Passagierschiff, welches jemals die deutsche Flagge führte. Zudem war es - wenn auch nur für kurze Zeit - das größte Passagierschiff der Welt.

WETTBEWERB AUF DEM ATLANTIK

Bild Seite 191

Das Bootsdeck (A-Deck) auf der Backbordseite des »Imperator« mit den sechs Rettungsbooten. Hinter den Fenstern befindet sich der Rauchsalon der 1. Kajüte, dem sich die Schänke derselben Klasse anschließt. Direkt unter dem Rauchsalon liegen der Damensalon, das Schreibzimmer und die Bibliothek der 1. Kajüte, zu erreichen über das vordere Treppenhaus (Brown & Dawson, Stamford, Archiv Hapag-Lloyd).
Pressemeldung: Die Versicherung der Dampfer »Imperator« und »Vaterland« ist jetzt, wie „Fairplay" meldet, bei Lloyd's in London aufgelegt. Der zu versichernde Wert der Schiffe ist mit 1.100.000 Lstrl. respektive 1.150.000 Lstrl. (£ Sterling) eingesetzt. Die Assekuradeure verlangten anfänglich 5 Lstrl. pro hundert, gingen dann auf 4 Lstrl. herunter, und jetzt wird auf die Schiffe zu 70 Schilling pro hundert gezeichnet. Da es nicht leicht ist, solche großen Summen im Markte unterzubringen, wird die Hamburg-Amerika Linie voraussichtlich zu einem Drittel der Werte unversichert bleiben müssen.

Wer besserzahlende Passagiere an sich binden wollte, der mußte seinem Publikum auch etwas bieten, was die Konkurrenz (noch) nicht hatte. Eine sehr große Rolle spielte hierbei selbstredend die Dauer der Überfahrt. Die »Arizona« der Guion-Line - in amerikanischer Inhaberschaft, aber unter britischer Flagge (Liverpool) - setzte mit ihrer Indienststellung im Jahre 1879 sogleich den bestehenden Wettlauf auf der Nordatlantik-Rennstrecke fort mit einer Durchschnittsgeschwindigkeit von 16 Knoten oder etwa 30 Kilometer in der Stunde, was ihr die imaginäre Trophäe des „Blauen Bandes" einbrachte. Damit löste die »Arizona« die »Britannic« der White Star Line ab, die bereits 1876 annähernd 16 Knoten erreicht hatte. Dank der voranschreitenden Technik - die Antriebsmaschinerie, aber auch die Schiffsform betreffend - verkürzte sich die Passage Southampton - New York damals auf 8 Tage.

Und schon 1881 folgte der erste deutsche Schnelldampfer, die »Elbe« des Norddeutschen Lloyd, die ebenfalls 16 Knoten erreichte. Immer monumentaler, prachtvoller und schneller wurden die Passagierschiffe auf dem Nordatlantik. Die Marke von 20 Knoten, das sind mehr als 37 Kilometer in der Stunde, wurde schnell überschritten. Mit 26 Knoten oder fast 50 Kilometer je Stunde war die britische »Mauretania« mehr als 20 Jahre lang das schnellste Schiff auf dem Atlantik. Eine Überfahrt erforderte auf diesem Schiff die Verfeuerung von knapp 7.000 Tonnen Kohle.

Im wesentlichen waren es vier Reedereien, die sich bemühten, schnelle und komfortable Einheiten in Fahrt zu setzen. Neben Cunard und der White Star Line beteiligten sich noch der Norddeutsche Lloyd und die Hapag an diesem „Wettbewerb" um das schnellste und luxuriöseste Schiff. Ihre Einheiten waren bis zum Ausbruch des Ersten Weltkriegs tonangebend auf der Route Europa - Nordamerika.

Schon vor Ausbruch des Krieges hatten die Reeder aber erkannt, daß zwar schnelle Schiffe gefragt waren, aber es mußten nicht die schnellsten sein. Mit jedem Knoten mehr an Geschwindigkeit stiegen auch der Verbrauch an Brennmaterial und damit die Kosten. Das war neben der Kohle die Heuer für die zusätzlichen Kohlentrimmer und Heizer, von denen die Passagiere kaum jemanden zu Gesicht bekamen. Ballin und seine Mitwettbewerber sahen schnell ein, daß andere Dinge wichtiger waren, um wirtschaftlich zu fahren. Das „Blaue Band" für die schnellste Atlantiküberquerung war zwar gut für die Werbung, aber nicht alles. Die Ausstattung der schwimmenden „Grandhotels" und der Service an Bord waren inzwischen bedeutende Werbeargumente geworden.

Und die Passagiere schwärmten von der prachtvollen Ausstattung sowie der bemerkenswerten Qualität der Ozeanriesen. Die heute so überschwenglich klingenden Lobeshymnen auf den »Imperator« und später auf den »Vaterland« muß man aus der Sicht der damaligen Zeit sehen. Stimmen von den Passagieren der Pressefahrt im Juni 1913:

... der »Imperator« - eines der größten Wunderwerke, das Menschengeist erdacht und Menschenhand erschaffen. Ein ungeheuerliches Riesenwerk, das aufgehört hat, ein Schiff zu sein, das eine schwimmende Stadt geworden ist, ein unüberwindliches Bollwerk, ein Ungetüm, für das unsern Sprachen der Name fehlt ... - K.F. Kurz.

... Als ich das Riesendeck entlangsah, kam über mich ein Gefühl frohlockender Bewunderung, das ich beim Umherwandern im hohen Gestänge des Eiffelturms gespürt habe. Ein Glück über technischen Mut. Ich billige durchaus den hier betätigten letzten Luxus; weil er ein menschliches Verlegenheitsmerkmal im großen „Preisgegebensein" an Wind, Fische, Wogen, Einsamkeit ist ... - Alfred Kerr.

... Vor der Einfahrt ins Southamptonwater wurden wir aus dem Wunderschiff ausgetendert. Vom Bord des alten Raddampferkastens, der sich an der Flanke des Riesen in den Grund zu schämen schien, starrten wir wieder die maßlos aufsteigende Wand an, die sich wie ein Dolomitenmassiv zum Himmel reckte und die drei Zinnen der Schornsteine in die Wolken stieß. Der »Imperator« lag da, den Horizont versperrend, und ließ uns im Schatten seiner elementaren Ungeheuerlichkeit. Ringsum glitten die englischen Kreuzer und Torpedoboote vorbei und fuhren mit grüßend gesenkter Flagge Parade. In herankreuzenden Segelbooten saßen die Leute mit aufgesperrtem Mund. Auf dem Tender drängten sich die Menschen, die aus Southampton mitgekommen waren, das neue Meerwunder und den Akt der zeremoniellen Begrüßung durch ihren Bürgermeister anzusehen. Vom Gipfel des »Imperator« flatterten fernher und zerrissen die Klänge der Nationalhymne. Man feierte einen geschichtlichen Tag der Schiffahrt ... - Gustav Kauder.

... Das Gleiten und Jagen übers Meer ist beinahe so unmerklich geworden wie der Kreislauf der Erde. Das Reisen ist ein Verweilen geworden, ausgefüllt von ruhigem Schlaf, von seltsamen Spaziergängen auf Landstraßen von Holz. Und während man allen möglichen Luxus genießt, die Muskeln mit Turngeräten kräftigt, die Haut in salzigen Bassins netzt, entdeckt man eines Tages, daß man in diesem Ruhezustand bis New York vorgedrungen ist ... - Dr. Emil Faktor.

Vorderes-Treppenhaus.
Fore-Staircase.

Karte unten: Das tägliche Musikprogramm (Archiv Hapag-Lloyd).

Bild Seite 193

Gute Laune beim Ball im Festsaal des »Imperator«. Die aufgebauten Scheinwerfer am rechten Bildrand und die Blicke des Publikums zum Photographen zeigen, daß man seinen Spaß dabei haben kann (C. Brasch, Berlin, Archiv Hapag-Lloyd).

DAS LEBEN AN BORD

Die erste Kajüte und auch die zweite Kajüte auf den drei Luxusdampfern wurden ausgelegt für ein zahlungskräftiges Publikum. Ballin und sein Stab dachten dabei vor allem an Industrielle, Politiker, Spitzen der Verwaltung und gutverdienende Freiberufler. Und da der europäische Markt hier nur ein beschränktes Aufkommen bot, setzte man auf die reichen Amerikaner, denen man nachsagte, sie würden jeden Preis zahlen, Hauptsache, das Schiff war neu, komfortabler als andere und schnell. Die Hamburger Packetfahrt hatte sich daher gleich auf ein internationales Publikum für ihre drei Neubauten eingestellt. Um dies zu unterstreichen, hatte sich die Reederei nicht auf nur einen Stil und nur einen Innenarchitekten verlassen, sondern beschäftigte auch hier Experten aus mehreren Ländern. So konnten im Speisesaal der ersten Kajüte gleichzeitig alle Passagiere tafeln, an kleinen oder größeren Tischen, wie in einem weltstädtischen Restaurant. In dieser Klasse gab es ein eigenes Eßzimmer für Kinder und mitreisende Bedienstete.

Um die Passagiere versorgen zu können, gibt es acht Küchen an Bord. Jede Klasse hat ihre eigene. Um die Gäste der ersten Kajüte verwöhnen zu können, gibt es den großen Speisesaal, einen Grillraum, einen kleinen Privat-Speisesaal und das Ritz-Carlton-Restaurant. Auch die Passagiere der zweiten Kajüte hatten mehrere Möglichkeiten, ihre Mahlzeiten einzunehmen. Fahrgäste der dritten Kajüte und die Zwischendecker, die hauptsächlich Plätze für Reisen von Europa nach Amerika buchten, hatten bescheidene Speisesäle. Aber auch hier war man bemüht, eine abwechslungsreiche Kost zu bieten.

Der Fest- und Ballsaal stand naürlich nur den Gästen der First Class zur Verfügung. Für die Passagiere der zweiten Kajüte gab es neben dem Rauchzimmer für die Herren und dem Salon für die Damen noch ein Schreib- und Lesezimmer. Für die anderen beiden Klassen waren derartige Räume nicht vorgesehen.

Die Eindrücke bei seiner Reise beschreibt Dr. Wilhelm Doerkes-Boppard: ... Nachtfahrt durch den Kanal vom 11. auf den 12. Juni, Windstärke 9. Die Sonne ist längst in grauer Ferne versunken, am Himmel jagen dunkle Regenwolken, die Wogen gehen hoch, und in dem fahlen Dämmerlicht arbeitet sich der schwarze Schiffskoloß durch Wellenberge und Wellentäler hindurch - siegreich gegen alle Hindernisse ankämpfend. Während draußen der Sturm das Schiff umtost, ein ständiges Brausen, Klirren, Flattern und Krachen, und die weißen Wellenkämme im Dunkel des Abends die einzige Helle in der Finsternis des Meeres darstellen, hat sich im Innern des Schiffes ein Bild glänzender Pracht entfaltet. Wäre nicht das leise Vibrieren zu spüren, das den mächtigen Schiffskörper fast unmerklich durchzittert, man könnte glauben, im Speisesaal eines der bekannten Hotelpaläste in Berlin zu sein, wo Herren und Damen in großer Toilette bei den Klängen des Orchesters die Abendmahlzeit einnehmen. Die Illusion ist so vollkommen, daß die Gewißheit, sich auf dem größten Dampfer der Welt zu befinden, der auf der Fahrt nach Amerika ist, ganz in den Hintergrund tritt und mit Gewalt ins Gedächtnis zurückgerufen werden muß. Draußen rauscht der Regen, klatschen die Wogen gegen die Schiffswände, und drinnen spielt die Musik das entzückende Menuett von Boccherini...ein Schimmer zauberischer Eleganz liegt über dem Saal und der Gesellschaft, die sich sorglos und freudig dem Reiz der Stunde und der Stimmung hingibt. Nachher folgt der behagliche Schlußtrunk in dem wunderbar gemütlichen Rauchzimmer ...

Hamburg-Amerika Linie

Musik-Programm

1.	Erzherzog Albrecht-Marsch	Komzàk
2.	Ouverture z. Op. ‚Der Calif von Bagdad‘	Boieldieu
3.	Margarethen-Walzer a. d. Op. „Faust“	Gounod
4.	„Apple Blossoms“, Reverie	Robert
5.	Intermezzo russe	Franke
6.	„A Trip to Japan“, Selection	Klein
7.	„La Polichinette“, Dance Nouvelle ...	Valverde

Auf dieser Seite:
***Karte links:** Frühstück an Bord des »Imperator« am 1. Mai 1913.*

***Bild unten:** Gäste im exklusiven Restaurant „Ritz-Carlton“ auf dem »Imperator« (Brown & Dawson, Stamford, Archiv Hapag-Lloyd).*

***Bild oben links:** In der Veranda der Kaiserzimmerflucht des »Vaterland« mit Fahrgästen im Mai 1914.*

***Bild oben rechts:** Dinner im großen Speisesaal des »Imperator«.*

Bilder Seite 195
***Bild oben links:** Im Kinderspeisezimmer des »Imperator«.*

***Bild unten links:** Die tägliche Speisekarte im Ledereinband.*

***Bild unten rechts:** Allgegenwärtig der Kaiser. Die Büste Seiner Majestät, des Taufpaten, beherrscht auch den großen Tanz- und Festsaal des »Imperator«, 1913 (Photos: Archiv Hapag-Lloyd).*

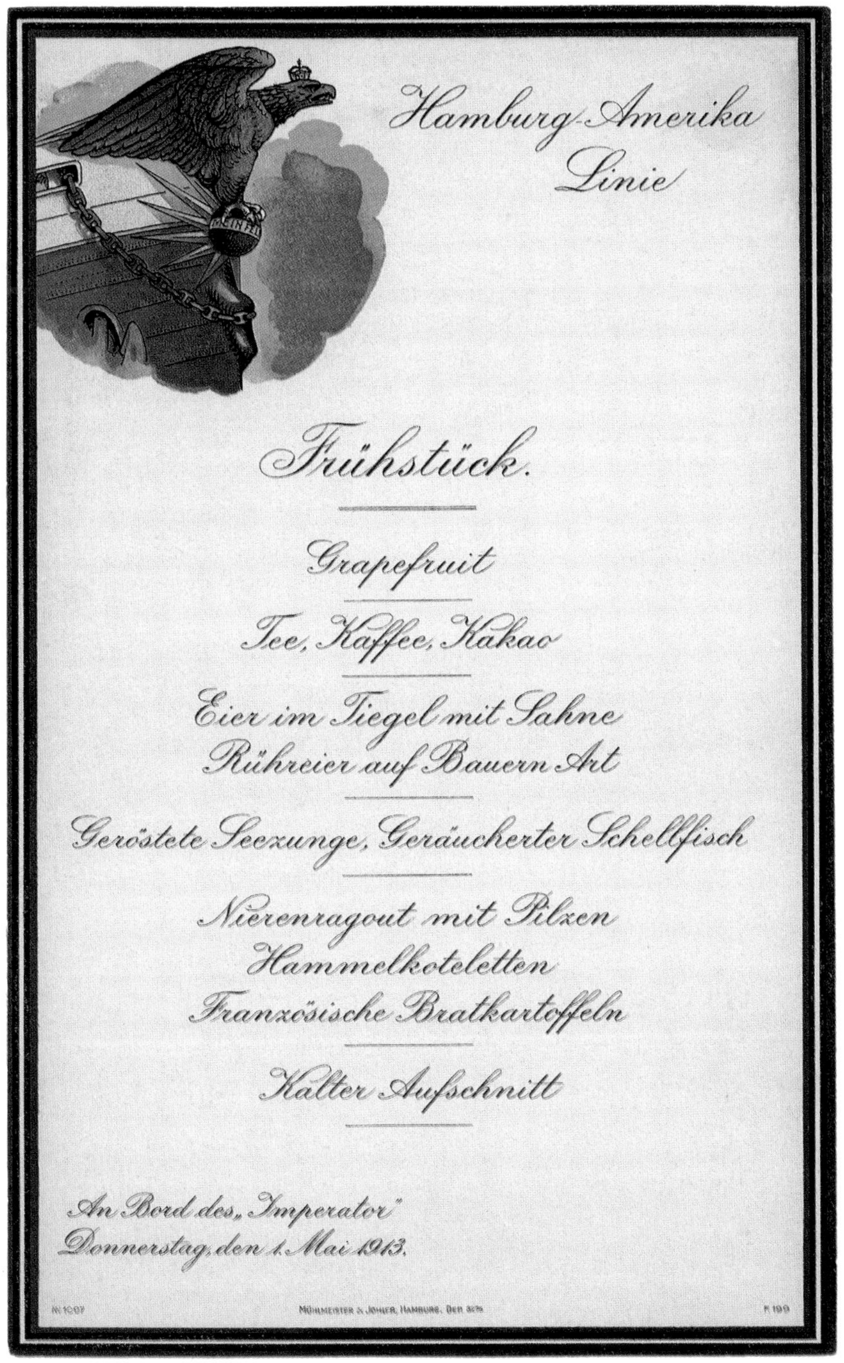

Hamburg-Amerika Linie

Frühstück.

Grapefruit

Tee, Kaffee, Kakao

Eier im Tiegel mit Sahne
Rühreier auf Bauern Art

Geröstete Seezunge, Geräucherter Schellfisch

Nierenragout mit Pilzen
Hammelkoteletten
Französische Bratkartoffeln

Kalter Aufschnitt

An Bord des „Imperator“
Donnerstag, den 1. Mai 1913.

Bilder auf den Seiten 196 und 197

Der große Speisesaal des »Vaterland« im 2. Deck (F-Deck) mit Blick nach achtern. Im Gegensatz zum »Imperator« sind im darüberliegenden 1. Deck (E-Deck) keine weiteren Tische und Sitzplätze vorhanden, sondern Kabinen der 1. Kajüte. Die Kuppel ragt in das Brückendeck (D-Deck). Hinter den oberen Fenstern an der hinteren Stirnseite befindet sich die Balustrade für das Orchester. Die Treppe führt zum achteren Treppenhaus für die erste Kajüte. Dahinter sind die Räume der Stewards und die verschiedenen Kücheneinrichtungen, die Silber- und Aufbewahrungsschränke und Räume für den Silber- und Messerputzer (Archiv Hapag-Lloyd).

Die »Seating List« für die Passagiere der I. Klasse des »Vaterland« für Montag, den 25. Mai 1914 im großen Speisesaal. Gäste, deren Teilnahme nicht rechtzeitig vermerkt werden konnte, haben freie Auswahl bei den noch zur Verfügung stehenden Plätzen. Kommodore Hans Ruser hat seinen Platz in der Mitte am Tisch 72, die anderen Kapitäne unter den Gästen (Archiv Hapag-Lloyd).

Bilder auf Seite 198

Bild oben links: Eine der gemütlichen Nischen im Rauchsalon der 1. Kajüte des »Imperator« (Atelier Schaul, Archiv Hapag-Lloyd).

Bild oben Mitte: Gediegene Atmosphäre herrscht im I.-Klasse-Rauchsalon des »Vaterland«, der sich auf dem Bootsdeck (A-Deck) im vorderen Schiffsaufbau befindet.

Bild oben rechts: Kartenspiel in der Nische des Bridgeraums des »Vaterland« im hinteren Teil des oberen Promenadendecks (B-Deck).

Bild unten links: Herrenrunde am Kamin des I.-Klasse-Rauchsalons »Imperator« mit Blickrichtung nach achtern. Die Oberlichter befinden sich direkt vor dem ersten Schornstein in Höhe des Peildecks (Photos: G. Koppmann & Co, Archiv Hapag-Lloyd).

Abbildung unten rechts: Das in Leder gebundene umfangreiche Bücherverzeichnis der Bordbibliothek (Archiv Hapag-Lloyd).

SEATING LIST

LUNCHEON

Monday, May 25th, 1914

S. S. "Vaterland"

Hamburg-American Line

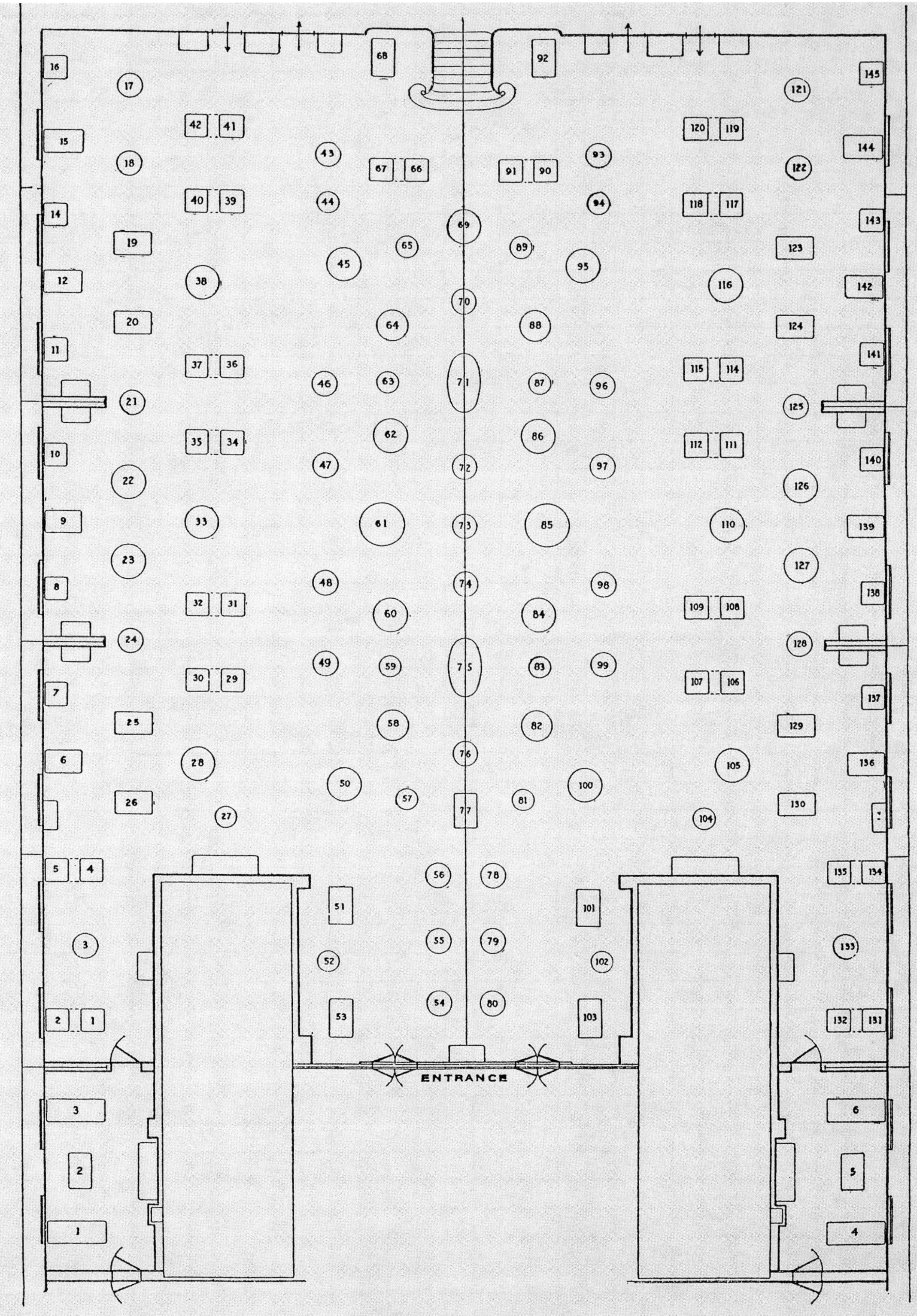

PLAN OF TABLES

Name	Table
Abbot, Col. F. V., U.S.N.	75
Adair, Neil	129
Adams, Francis A.	114-115
Adamson, Hon. Robt.	72
Adelman, H.	126
Agnew, S. H.	126
Alcorn, Geo. H.	122
Alexander, Herman	134-135
Allen, Edw. Frank	143
Andrews, Barrett	70
Argyros, A.	145
Ashby, Hon. B. S.	84
Aspegren, John	85
Atkinson, Chas. D.	4-5
Auth, Henry J.	28
Auerbach, Meyer	43
Baker, Charles Whiting	3
Baker, Elbert H.	72
Balderston, John L.	116
Barker, James T.	28
Barnum, J. D.	114-115
Barr, L. A.	114-115
Barrett, W. H.	97
Barry, F. H.	105
Bates, W. C.	26
Baum, Michael	129
Baxter, W. W., and one	119-120
Beamish, R. J.	114-115
Beck, C. J.	84
Berdan, Henry L.	28
Bernholdt, Herr Kapitaen V.	82
Bernstein, Herman	3
Berko, Geza D.	145
Bigelow, W. F.	114-115
Bisbee, E. S.	22
Bishop, Jos. W.	138
Black, Col. W. M., U.S.A.	85
Black, E. Martin	114-115
Bliss, William	78
Borden, J. W.	15
Bosshard, Theo.	133
Boyer, Norman	125
Bradley, J. E.	79
Bremner, L. S.	28
Bridgman, H. L.	72
Brock, H. J.	128
Brown, D. Russell	127
Brown, Richard	105
Bruere, Hon. Henry	60
Buckhout, F.	133
Bucklin, Frederick	45
Buenz, His Excellency Dr. Karl	71
Bull, J. C.	111-112
Burhorn, C. Alfred	93
Burke, Hugh	4-5
Burlingame, E. L.	63
Burlingame, W. R.	131-132
Butterworth, B. F.	33
Call, E. P.	65
Cameron, D.	129
Cameron, George	76
Carney, Edw. M.	31-32
Carrington, O. H.	111-112
Carroll, Dan. A.	133
Cashman, Joseph	120
Charlton, G. T.	95
Chase, Lt. Com. Gilbert P., U.S.N.	84
Chater, W. A.	33
Cheney, J. B.	19
Cholmeley-Jones, R. G.	3
Clarke, A. C.	97
Clark, W. F.	19
Clapp, Henry M.	95
Claussen, M. B.	36-37
Clevenger, J. L.	130
Clifford, D. J.	128
Clymer, E. F.	110
Cody, Dr. Harry C.	43
Coe, Franklin	87
Colgate, Col. Austen	84
Collins, F. A.	19
Combs, Charles E.	125
Comes, W. Irving	58
Conlin, Edward C.	31-32
Considine, James P.	119-120
Cook, John C.	72
Cooke, Hon. Martin	71
Copithorn, F. H.	105
Corcoran, Cornelius J.	100
Cosgrave, J. O'H.	77
Crafts, T. Y.	87
Crane, Aug. S.	137
Craster, Dr.	43
Cresson, B. F., Jr.	1-2
Cristel, Thos. F.	17
Crone, J. L.	100
Cronemeyer, A. L.	75
Cruger, B. De N.	62
Cuddihy, R. J.	95
Curtin, William	39-40
Daniel, Charles	111-112
Darkow, Dr. M.	29-30
Dart, E. M.	33
Darville, E. H.	144
David, John	1-2
Davis, Howard	94
Davis, R.	101
Dayton, Jas. C.	50
Dear, J. A.	33
Dear, Walter M.	117-118
De Tankerville, R.	46
Deutschberger, Leopold	134-135
Dewar, John R.	69
Dewart, William T.	119-120
DeYoung, M. H.	76
Dickinson, F. E.	114-115
Dingwall, Adam	18
Dodsworth, A. W.	89
Dodsworth, M. J.	77
Dodd, Charles F.	18
Dosewiecz, Jos. S.	53
Doty, D. Z.	19
Doyle, Maurice J.	101
Draper, A. S.	96
Duffy, John W.	127
Dunn, Capt. H. O.	85
Duprey, F.	22
Duprey, F. H.	20
Dupuy, R. E.	34-35
Dwight, W. G.	127
Eaton, Henry M.	98
Ebersole, Dr. R. E.	93
Eckhardt, John A.	28
Eisele, Ernest	108-109
Eisenhauer, Egon	29-30
Ellsworth, W. W.	63
Elsworth, Richard C.	142
Evans, Brig. General Robert K., U. S. A.	85
Evans, S. Keith	111-112
Farley, C. J.	64
Feibelmann, H.	82
Finley, J. F.	121
Flagg, J. F.	131-132
Fireman, J. C.	33
Foerster, Herr Dr. Ernst	74
Foley, F. R.	125
Foley, Patrick	121
Foltz, Chas. S.	4-5
Forbes, E. A.	36-37
Fox, A. W.	3
Fraehm, Herr Director	70
Francis, John M.	122
Frank, L. C.	145
French, R. T.	111-112
Friedkin, Israel	8
Frost, John F.	12
Gabryel, Arthur	114-115
Gallagher, J. H.	31-32
Garde, C. P.	103
Gardner, W. E.	127
Gary, L. B.	103
Gauss, F. L. E.	111-112
George, Charles H.	116
George, E. B.	127
Germania-Herold, Milwaukee	55
Gillespie, R. H.	130
Gilroy, Foster	125
Glasgow, W. J., Jr.	24
Gleaves, Capt. Albert, U. S. N.	85
Glynn, His Excellency, Governor Martin H.	71
Goos, Emil	62
Gorman, J. C.	70
Graham, R. C.	105
Griffith, William	31-32
Grzybowski, Paul	93
Grifenhagen, Hon. Max S.	60
Hachmeister, A.	73
Hague, Frank B.	28
Hadcock, John	56
Hajduk, Mr.	45
Hale, W. H.	97
Hall, Charles H.	119-120
Hamilton, J. Stuart	31-32
Hamilton, W. P.	77
Hannan, John W.	103
Hannoch, Louis	98
Hanson, M. F.	89
Harding, Earl	39-40
Harrington, John	39-40
Harris, W. W.	97
Hart, Chas. S.	41-42
Hart, Thos. S.	26
Harte, Leo Connor	26
Hayward, Boynton	31-32
Hayes, F.	51
Hazen, Chas. A.	138
Hearn, Alfred S.	3
Heberlein, Geo.	121
Hedges, D. L.	41-42
Heffernan, John A.	95
Heinrici, Max	134-135
Held, Adolph	29-30
Helfner, E.	16
Henrici, E. H.	29-30
Henry, Gen'l Nelson H.	75
Herrman, L. Ed.	130
Hetzer, Dr. W.	43
Heyn Mr.	93
Hiatt, Walter	39-40
Higgins, Frank A.	128
Higgins, Frederick A.	1-2
Hilder, Chapman	1-2
Hill, Geo. R.	1-2
Hirschfield, Mr.	34-35
Hoegg, D. W., Jr.	142
Hoffman, A. C.	52
Holland, W. B.	131-132
Holman, Dudley M.	64
Holt, Hamilton	103
Hoover, Hon. D. N., Jr.	100
Hormann, Dr. W.	45
Horvath, Jos.	29-30
Hough, Geo. A.	131-132
Houston, H. S.	111-112
Hovey, Carl	77
Howe, Arthur M.	117-118
Howland, Arthur	7
Howland, Harold J.	31-32
Hoyt, Frank C.	111-112
Hoyt, Roger C.	131-132
Huggins, Leon M.	12
Hudson, Dr. C. S.	58
Hungerford, Edw.	31-32
Hursdemann, J. L.	34-35
Hyatt, Walter S.	82
Jablinowski, Ludwig	16
Jacobs, Harry G.	15
Jacobs, Henry L.	26
Jacobsen, F.	100
Jarka, Capt. F.	34-35
Jenkinson, Hon. R. C.	100
Jewett, Wm. S.	43
Joachim, Henry	10
Johnson, Harold	27
Johnson, William	38
Jones, C. H.	22
Jones, Francis A.	26
Jones, Henry L.	41-42
Jordan, J. S.	22
Junge, Georg	101
Kaempffert, Waldemar	122
Karbiner, Herr Kapitaen R.	69
Kass, Wm. R.	34-35
Katz, M.	55
Kauffman, Franz	29-30
Keach, C. H.	105
Kellerman, B.	50
Kemp, A. M.	108-109
Kennel, Lt. Wm.	88
Kerr, Alfred, Dr.	62
Klebahn, Lewis	73
Klein, W. R.	51
Knox, Dr. H. A.	88
Koch, Herr Kapitaen Th.	95
Koetter, Geo.	62
Kolb, Lawrence	88
Kornfeld, Alfred E.	133
Koty, M.	10
Kraske, Herr Vize Konsul, Dr.	61
Krause, Julius	134-135
Krone, Herr Ingenieur F.	4-5
Krug, Otto	88
Kuthy, Rev. Z.	7
Langer, A. A.	6
Latte, Max	29-30
Lawrence, Andrew M.	98
Lawrence, J.	11
Lawrence, S.	22
Lederer, Emil	60
Ledlie, Geo.	64
Lee, David	25
Lee, Lawrence P.	90-91
Lee, Richard	20
Leland, F.	38
Lemke, H.	126
Levine, J. C.	130
Lewis, Capt. A. W.	76
Lindsay, G. A.	126
Little, A. W.	78
Little, Raymond D.	75
Lose, Ludwig	16
Lowndes, P. K.	28
Lyon, James R.	96
Lyrich, Jas. F.	133
McCardell, Roy L.	36-37
McBride, R. M.	110
McCarthy, J. X.	133
McCarty, J. T.	33
McCausland, F. M.	21
McCormack, Hon. C. J.	75
McDonnell, J. O. D.	39-40
McSpadden, J. Walker	108-109
McGovern, Hon. John J.	64
McIndoe, W. J.	17
McKay, J. A.	75
McKelway, Dr. St. Clair	70
McMitchell, L.	21
McNally, Joseph T.	117-118
Mack, Arthur C.	124
Mack, Norman E.	98
Mackay, Mr.	124
MacLean, Chas. A.	24
Mahoney, John P.	4-5
Mains, Fred. H.	119-120
Malone, Hon. Dudley Field	71
Marble, Wm. A.	86
Marshall, Edward	36-37
Marshall, Otto	48
Martin, C. L.	12
Martin, E. C.	17
Mathews, Dr. Wm. F.	58
Matthews, Franklin	15
Mathewson, Hon. Douglas	85
Maurice, Mr.	103
Maxwell, W. J.	90-91
Maxwell, Mr.	41-42
Mayer, Gustav	83
Mayo, Earl	20
Meaney, Thos. F., Jr.	144
Melnik, Mr.	62
Merriam, F. A.	79
Merrill, O. B.	110
Meyer, Director J. P.	61
Meyer, Louis	108-109
Meyer, Paul	110
Michel, Fred'k	136
Miller, Commodore J. W.	86
Miller, K. B.	12
Miller, R. T., Jr.	52
Miner, George R.	94
Minnick, Guy F.	101
Mitchel, Hon. John Purroy	71
Moldovan, Dr. D.	53
Moore, Dr. Dunlop	90-91
Morgan, A. M.	117-118
Morgan, Chas. M.	41-42
Morgan, Hon. Edward M.	71
Morrissey, D. A.	38
Morse, Arthur M.	108-109
Morton, J. P.	128
Moseley, M. P.	117-118
Mullan, Dr. E. H.	101
Munsey, Frank A.	86
Murphy, J. E.	117-118
Murphy, M. F.	41-42
Murphy, P. J.	117-118
Murphy, R. F.	23
Musmann, Herr Oberinspektor	51
Nagle, John	106-107
Neal, Wm. J.	108-109
Niroczyk, H. M.	53
Nowak, K. F.	95
Norton, Geo. L.	50
Norton, Joseph P.	17
Obrist, Jacob	106-107
Ochs, Geo. W.	86
Oestreicher, W. M.	4-5
Ogden, Rollo	85
Olmstead, D. P.	6
Olmsted, Stanley	126
Opffer, Emil	106-107
Orbach, Rev. C. L.	53
O'Brien, James	51
O'Connell, Dr. Jos. J.	60
O'Donnell, Dr. E. J.	121
O'Reilly, H. C.	117-118
O'Rourke, John J.	129
O'Hara, Edward H.	47
O'Keeffe, D. J.	47
Pape, William J.	47
Parker, Don M.	110
Pasvolsky, M.	106-107
Patterson, W. A.	76
Paul, E. A.	4-5
Payne, Geo. Henry	20
Peck, F. G.	23
Peinert, D., Purser	34-35
Pike, M. J.	116
Pounds, Hon. Lewis H.	61
Polk, Hon. Frank L.	75
Pollock, George	70
Prendergast, Hon. Wm. A.	75
Presbrey, Frank	76
Presbrey, Charles	56
Preuss, W. H.	106-107
Pugh, Chas. H.	1-2
Rache, Dr. Paul	69
Ramus, Dr. Carl	90-91
Randall, Henry M.	44
Randall, W. L.	47
Randolph, E. H.	48
Rank, George	8
Ranson, William	39-40
Rascovar, Edw.	116
Rascovar, James	48
Rascovar, Harry	38
Rauck, T. V.	121
Reed, Horatio R.	138
Reed, L. A.	36-37
Regan, J. P.	96
Rehbein, Paul	73
Reichard, Dr. M.	134-135
Reid, Ogden M.	61
Reis, Emil	134-135
Renner, A. F.	17
Reynolds, Mr.	122
Reynolds, Paul A.	108-109
Richardson, Geo. B.	25
Ridder, Victor	65
Roach, Walter T.	70
Roessler, Col. S. W., U.S.A.	61
Rogers D. G.	57
Rogers, G. V.	17
Roman, J.	101
Ronconi, Romeo	29-30
Roosevelt, P.	38
Rosen, Alex.	8
Rousseau, Theo. D.	58
Runyon, Hon. Walter P.	50
Ruser, Herr Kommodore Hans	71
Russell, L. T.	6
Rutherford, R. T.	41-42
Ryan, Wm. J.	56
Sachse, Herr Oberinspektor Kapitaen	72
Sadler, Gen'l Wilbur F. Jr.	61
Sague, John K.	90-91
Sandison, Geo. H.	140
Saphirstein, Jacob	10
Sarasohn, Mr.	55
Sarasohn, Mr.	55
Saunders, W. L.	82
Sauer, Dr. H.	93
Saylor, Hy. H.	14
Schell, A. P.	90-91
Schaffmeyer, A.	66-67
Schmidt, Herr Ingenieur O.	51
Schmidt, Henrich	144
Schneider, Wm. F.	73
Schreck, Mr.	124
Schoenstadt, Arthur	106-107
Scholz, Emil L.	99
Schroeder, Hans	34-35
Schroeder, J. E.	106-107
Schweppendick, Gustav	126
Scudder, Wallace M.	57
Scully, J. J.	131-132
Seeley, Henry M.	50
Seguine, William	11
Seibel, George	106-107
Seitz, Don	76
Selden, Chas. A.	15
Serrati, Dr. M.	60
Shaffer, John C.	81
Shirk, D. M.	27
Shuman, Edward L.	66-67
Sibley, Sidney	121
Sickel, Director, W. G.	85
Simkin, Simon L.	78
Simon, Dr. Max	18
Simmons, William	61
Simpson, Ernest L.	69
Skuse, Hon. Thomas J.	3
Sleicher, John A.	81
Sleicher, Reuben	23
Slosson, Edwin	123
Smith, C. B.	66-67
Smith, Dan	20
Smith, Everett R.	140
Smith, Geddes	7
Smith, Geo. D.	79
Smith, H. I.	11
Smith, Hon. J. Spencer	84
Smith, Hon. R. A. C.	61
Smith, Wayne C.	105
Sniffen, Frank D.	23
Snyder, Milton V.	124
Soule, Percy	39-40
Southworth, L. R.	38
Sparks, T. Ashley	86
Speer, P. A.	129
Sperling, Herr Ingenieur H.	142
Staaks, W.	34-35
Stair, Edw. D.	14
Stanion, E. E.	6
Steuer, C. G.	136
Stearns, George W.	66-67
Stewart, Rowe	66-67
Stillman, Prof.	72
Stone, Herbert L.	12
Strassman, R. K.	23
Strother, E. French	66-67
Stuart, Hon. Henry C.	84
Stuart, Wilmer	122
Sullivan, Dr. W. H.	45
Sullivan, James	21
Sullivan, Timothy	124
Sutherland, Leslie	44
Sutor, H.	116
Swasey, Hon. Lewis M.	82
Sweeney, Dr. A. R.	79
Swift, G. W.	6
Taintor, F. B.	119-120
Thatcher, H. L.	41-42
Thayer, John Adams	56
Thalheimer, H. S.	99
Thomas, E. B.	141
Thomas, M.	22
Thompson, John	78
Thorsen, J. M.	25
Tomes, Robert	137
Townsend, Dr. James Gayley	90-91
Tripp, L. C.	25
Turner, C. G.	137
Turner, O. L.	137
Van Alstin, R. D.	123
Van Anda, C. V.	74
Van Hamm, Caleb M.	122
Van Housen, Caleb M.	119-120
Van Note, Benj.	131-132
Viereck, Herr Oberinspektor A.	119-120
Vogel, Dr. C. W.	51
Volckens, H. Walter	69
Von Bernstorff, His Excellency, Count	71
Von Truppel, His Excellency Admiral	86
Von Wiegand, Herr	88
Von Maibom, Herr Kapitaen, H.	50
Voorhees, William P.	66-67
Voute, E. W.	21
Waldo, Richard H.	25
Waldorf, J. E.	64
Walker, J. B.	74
Walther, W. L.	69
Wardman, Ervin	59
Warnholtz, Director M.	71
Wasowicz, Theofil	53
Waters, Theo	19
Wazeter, Leon F.	136
Weaver, L. A.	123
Weber, Herr Hofrat Horst	45
Weil, Heinrich	134-135
Weller, S. M.	123
Werner, Louis	136
West, Paul	36-37
Westfall, E. A.	99
Wheeler, E. J.	141
Wheeler, Walter P.	110
Whiting, H. E.	116
Whiting, Robert R.	24
Whigham, H. J.	49
White, Matthew	142
White, Samuel M.	142
Whytock, R. D.	39-40
Wight, Frank C.	143
Wiley, Louis	74
Williams, Hon. John C.	62
Williams, L. L., Dr.	60
Williams, Theo.	24
Williams, T. W.	36-37
Wilson, Frederick W.	141
Wilson, H. P.	46
Wittpenn, H. Otto	93
Wright, Frank C.	46
Wolf, Herr Oberingenieur O.	100
Wolpert, Capt. O.	58
Wood, Sam	36-37
Woods, William Seaver	49
Woodward, J. B.	49
Xavier, Frank E.	140
Yard, Robt. Sterling	144
Youatt, J. R.	59
Young, G. G.	136
Zabriskie, Harry	103
Zittel, C. F.	1-2
Zoth, F.	53

As a number of acceptances were received too late to place in the seating list it is requested that any gentleman whose name does not appear on the list will seat himself at any of the unoccupied tables

(Plan of tables on fourth page.)

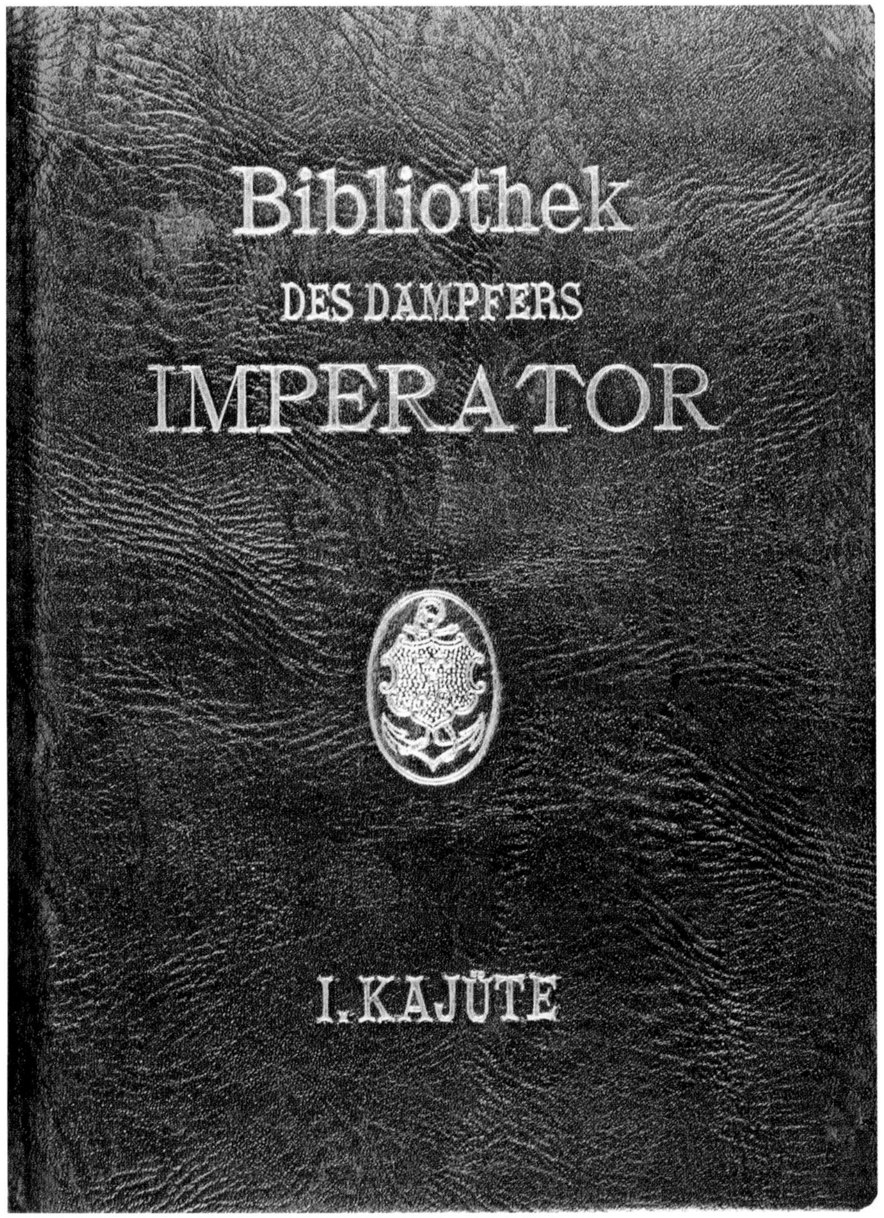
Bibliothek
DES DAMPFERS
IMPERATOR
I. KAJÜTE

Über die abwechslungsreiche Bibliothek des »Imperator« in der 1. Kajüte geben in Leder gebundene Verzeichnisse Auskunft, über die teilweise in mehreren Ausgaben vorhandenen insgesamt 592 Bücher in deutscher Sprache (einschließlich Jugendliteratur), 739 in englischer sowie einige hundert in französischer Sprache. Dazu gehören auch verschiedene Musikalien von Beethoven bis Wagner. Die Bordbibliothek des »Vaterland« umfaßt ca. 2.700 Bände (deutsch, englisch, französisch) sowie 70 Bände Musikalien.

Bilder auf dieser Seite
Bild unten links: Die Bibliothek des »Vaterland«, oberes Promenadendeck (B-Deck) mit Blickrichtung nach achtern auf ein Portrait von Ludwig von Bayern (Hamann, Medienzentrum Hamburg).

Bild unten rechts: Die Bibliothek mit dem großen Bücherschrank auf dem »Vaterland« (J. und H. Hamann, Archiv Hapag-Lloyd)

Abbildungen oben rechts: Auszüge aus der Benutzerordnung und dem Titelverzeichnis der Bibliothek der 1. Kajüte (Hapag-Lloyd).

BIBLIOTHEKSORDNUNG.

Die Schiffsbibliothek steht den Kajütspassagieren unentgeltlich zur Verfügung.

Bücher werden nur gegen Quittung abgegeben, und zwar gelangt an den einzelnen Passagier zu gleicher Zeit nie mehr als ein Werk zur Ausgabe. Nur nach Rückgabe des bereits entliehenen Buches können neue Bücher der Bibliothek entnommen werden.

Die Bücher werden der sorgsamen Behandlung der Reisenden bestens empfohlen, und es wird ganz besonders darum gebeten, die Bücher nicht in den Salons oder auf Deck liegen zu lassen und nach Lektüre baldigst dem Bibliothek-Steward zurückzugeben.

Leser, die Verluste oder Beschädigungen von Büchern verursachen, sind für den entstandenen Schaden haftbar.

NOTICE.

The books in the Library are lent to cabin passengers without charge, and are commended to their care.

Only one book at a time will be lent to each passenger, and new books can not be had until the one previously borrowed has been returned

Nr.	Titel der Werke	Anzahl der Bände
	I.	
	DEUTSCHE BÜCHER.	
1	**Aanrud, H.** Jungen. Vierzehn Geschichten von kleinen ganzen Kerlen	1
2	**Achleitner, A.** Der Waldkönig. Roman aus dem südsteierischen Bachergebirge	1
3	**Adlersfeld-Ballestrem, E. v.** Weiße Tauben. Roman	1
	Adreßbücher der Städte:	
4	Hamburg	1
5	Berlin	1
6	London	1
7	Paris	1
8	New York	1
9	**Anders, Fr.** Glossen zu bekannten Texten	1
10	„ Der Parnassus in Neusiedel	1

DIE PASSAGIERE

Wer mit dem »Imperator« von Deutschland nach Amerika fahren wollte, mußte nicht nur über ein gutes Bankkonto verfügen, sondern auch über eine entsprechende Auswahl an Koffern. Denn für die Passagiere der 1. und auch 2. Kajüte war es Pflicht, zum Mittag- und Abendessen perfekt gekleidet zu sein. Beim Bummel über die Decks waren die Passagiere indirekt gehalten, wohlgekleidet zu sein. So war der Binder bei den Männern selbstverständlich; und die Frauen hatten lange Röcke zu tragen, Hosen waren für sie verpönt. Als Mitglied des höheren Standes - sonst hätte man sich ja die Überfahrt gar nicht leisten können - hatte man zu wissen, was sich schickte. Eine Ausnahme bildeten Schriftsteller, Zeitungsleute, Künstler und Schauspieler: Ihnen gestand man legere Kleidung zu, erwartete gerade am Abend aber etwas Ausgefallenes.

Für die Passagiere der 3. Kajüte war es an Bord des größten Schiffes der Welt nicht so streng. Wer konnte, zog sich natürlich zum Abendessen etwas besser an als sonst am Tag. Aber es war keine Bedingung. Die Zwischendeckspassagiere hatten meist nur das mit, was sie am Körper trugen. Es kam bei ihnen nicht darauf an, zu „sehen und gesehen" zu werden, was für die obere Klasse während der Überfahrt eine der Hauptbeschäftigungen waren. Immerhin servierten dienstbare Geister den zahlungskräftigen Kunden auf den Promenadendecks laufend Kaffee und Tee sowie auf besondere Bestellung auch alkoholische Getränke. Außerdem mußten die unzähligen Liegestühle ausgerichtet und die Passagiere mit Wolldecken versehen werden, damit sie sich an Bord wohl fühlten. Verglaste Veranden und Decks hielten Gischt und Regen von den feinen Gästen fern. Die Zwischendecker hatten bei Sturm und Regen nur die Wahl entweder „unten zu bleiben" oder „naß zu werden".

Bild Seite 200:

Der dem Bug zugewandte Teil des oberen Promenadendecks mit verglaster Veranda, direkt unter der Kommandobrücke des »Imperator«. Den zahlreichen Passagieren der 1. Kajüte sind insgesamt drei Promenadendecks übereinander zugedacht. Das obere Promenadendeck wird vorn und an den Seiten auf zwei Dritteln seiner Länge durch große Schiebefenster, wie sie sich schon auf den Dampfern »Amerika« und »Kaiserin Auguste Victoria« bewährt haben, gegen den Wind geschützt. Die Höhe dieses Decks beträgt fast 3 Meter und die Breite 5 bis 7 Meter. Man erkennt hieraus, was für eine geräumige „Strandpromenade" die Passagiere dieses Ozeanriesen für ihre Spaziergänge und für ihre behaglichen Ruhestunden auf den Schiffsliegestühlen haben. Das Bootsdeck ist dabei natürlich nur so weit als Promenade mitzuzählen, als es von den vielen, im äußersten Notfall zur Aufnahme aller Menschen an Bord ausreichenden Rettungsbooten frei bleibt (J. und H. Hamann, Archiv Hapag-Lloyd/aus einer Broschüre der Hamburg-Amerika Linie zum Bau der Schiffe).

Bilder auf dieser Seite

Bild oben rechts: Prominenz an Bord des »Imperator«: Asta Nielsen (2. v. rechts, Schauspielerin), Alfred Kerr (4. v. rechts, Kritiker) und Heyduck (links, Maler) bei der Pressefahrt am 11. Juni 1913.

Bild Mitte links: Servicepersonal auf einem der drei Promenadendecks für das Wohlergehen der Passagiere der I. Klasse auf dem »Imperator« (Brown & Dawson, Stamford, Archiv Hapag-Lloyd).

Bild unten links: Backbordseite, Gäste vor den hölzernen Ruheliegen. Diese bequemen Deckstühle gehören einer besonderen Gesellschaft, der „Seereise-Komfort-Gesellschaft", und können für die ganze Dauer der Reise gemietet werden. Links vor der Ausbuchtung für den Abgasschacht befindet sich der Eingang zum vorderen Treppenhaus (Hamann, Medienzentrum Hamburg).

Bild unten rechts: Fahrgäste der 1. Kajüte kommen an Bord des »Imperator« (G. Koppmann & Co, Archiv Hapag-Lloyd).

Bild oben links: Promenade der 2. Kajüte mit offener Laube auf dem unteren Promenadendeck (C-Deck) im hinteren Schiffsteil des »Imperator«. Hinter den Fenstern 2-Bett-Kammern der 2. Kajüte.

Bild oben rechts: Das vollständig verglaste Gewächshaus mit Blumenpracht auf dem hinteren Bootsdeck (A-Deck) des »Imperator«.

Bild unten rechts: Das entsprechende Gewächshaus auf dem »Vaterland«, Steuerbordseite am Ende des Bootsdecks (A-Deck). Auf der Backbordseite befindet sich an gleicher Stelle der Zwinger für mitreisende Hunde (Photos: Archiv Hapag-Lloyd).

Bild unten links: »Imperator« im Juni 1913, Promenade der III. Klasse auf dem Brückendeck (D-Deck) am Ende des Schiffes. In den Aufbauten links befinden sich das Gesellschaftszimmer und das Rauchzimmer der III. Klasse. Ein Teil des darunterliegenden Hauptdecks (E-Deck) ist ebenfalls als Promenade für die III. Klasse vorgesehen. In deren Mitte steht das Ruderhaus mit der Rudermaschinenanlage (J. und H. Hamann, Archiv Hapag-Lloyd).

HL

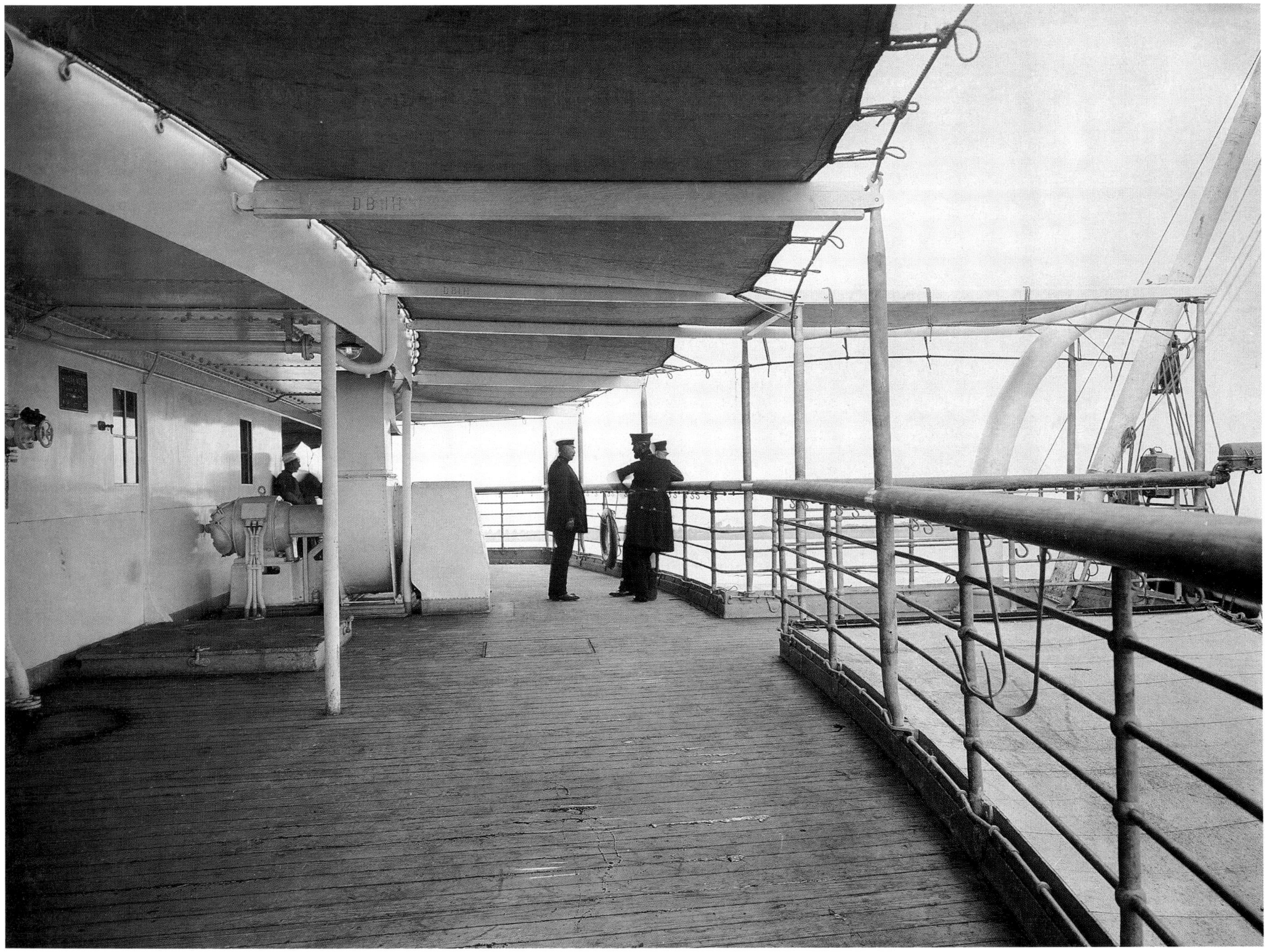

Bilder auf dieser Seite

***Bild unten links:** Oberstes Abschlußdeck, noch über dem Bootsdeck (A-Deck) des »Vaterland« beim hinteren Schornstein mit gelagerten Sonnenstühlen, Blick nach achtern. Die mit einem Drahtnetz versehenen Lufteinlaßöffnungen führen Frischluft über einen Schacht in den vorderen Turbinenraum (Archiv Hapag-Lloyd).*

***Bild unten rechts:** Passagiere der 1. Kajüte bei Gesellschaftsspielen, einem der üblichen Zeitvertreibe an Bord. Hier eine typische Szene auf dem hinteren Bootsdeck (A-Deck) von »Vaterland«, der Backbordseite (Archiv Hapag-Lloyd).*

***Zeichnung oben:** Größenvergleich - mit seinen 277 Meter Länge über alles (im Schaubild sind 268 Meter angegeben, also „zwischen den Loten") ist der »Imperator« beinahe doppelt so lang wie der Kölner Dom (156 Meter) hoch. Mit Zeichnungen dieser Art wirbt die Hamburg-Amerika Linie in Prospekten und demonstriert damit die Größe ihrer neuen Schiffsriesen (Archiv Hapag-Lloyd).*

DIE DRITTE KAJÜTE

(AUSZUG AUS EINER INSTRUKTIONSBROSCHÜRE DER HAMBURG-AMERIKA LINIE)

Es gibt Reisende, denen die zweite Kajüte zu teuer, das Zwischendeck aber nicht gut genug ist. Sie wollen gut und billig reisen, etwa wie in der dritten Klasse der Eisenbahn. Da es so etwas bisher nicht gab, das Verlangen danach aber sehr groß war, entschloß sich die Hamburg-Amerika Linie als erste Dampfschiffsgesellschaft, auf ihren Dampfern für das bessere bürgerliche Publikum des Handwerker-, Arbeiter- und Bauernstandes die dritte Kajüte einzurichten. Diese Neuerung wurde Anfang des Jahres 1907 in größerem Maßstabe eingeführt und erfreute sich schon von Anbeginn an besonderer Beliebtheit. Die dritte Kajüte besteht jetzt auf den größten und besten Schiffen der Hamburg-Amerika Linie:

»Vaterland« (54.000 BRT), »Cleveland« (16.900 BRT), »Imperator« (52.000 BRT), »Cincinnati« (16.700 BRT), »Kaiserin Auguste Victoria« (24.600 BRT), »Patricia« (13.000 BRT), »Amerika« (22.200 BRT), »Pennsylvania« (12.900 BRT), »President Lincoln« (18.100 BRT), »Pretoria« (12.800 BRT), »President Grant« (18.100 BRT) und »Graf Waldersee« (12.800 BRT).

Die dritte Kajüte bietet folgende Vorteile:

1. Einrichtung: Die dritte Kajüte ist einfach, aber gediegen eingerichtet; sie besteht aus hübsch ausgestatteten Schlafkammern für 2, 4 und 6 Personen, so daß Ehepaare, Familien, Freunde und Bekannte auf Wunsch in einer Kammer untergebracht werden können. Die dritte Kajüte verfügt über einen geräumigen Speisesaal, Promenadendecks und eine gutbürgerliche Küche. Auf den Dampfern »Imperator«, »President Grant« und »President Lincoln«, die sich durch ihre geräumigen Dritte-Kajüte-Anlagen auszeichnen, befindet sich ein bequem ausgestattetes Rauch- und Gesellschaftszimmer, in dem selbst ein Klavier nicht fehlt.

2. Zu den Vorteilen, die eine Überfahrt in der dritten Kajüte bietet, kommt noch hinzu, daß die Reisenden dieser Klasse von denjenigen des Zwischendecks vollkommen gesondert sind. Sie werden nicht wie die Zwischendecker von einem Flußdampfer an Bord gebracht, sondern fahren gleich den Reisenden der ersten und zweiten Kajüte mittels Sonderzuges von Hamburg nach Cuxhaven, wo sie an Bord des großen Ozeandampfers gehen. Für die zweistündige Bahnfahrt von Hamburg nach dem Dampfer in Cuxhaven haben die Reisenden keine besondere Zahlung zu leisten. Sie brauchen auch nicht die häufige ärztliche Untersuchung der Zwischendecker durchzumachen und sind nicht den vielerlei Vorschriften unterworfen, die für jeden Zwischendecker in Betracht kommen.

Als besondere Annehmlichkeit gegenüber dem Zwischendeck sind noch die Baderäume zu erwähnen, in denen warme und kalte Bäder kostenlos erhältlich sind, ferner steht den Dritte-Kajüte-Passagieren eine mit gutem Lesestoff ausgerüstete Bücherei zur Verfügung. Zur Unterhaltung der Reisenden veranstaltet die Schiffskapelle in der Regel zweimal wöchentlich Nachmittags-Konzerte in der dritten Kajüte.

3. Unterbringung: Die Reisenden wohnen wie in einem gutbürgerlichen Gasthause, nur mit dem Unterschiede, daß sie an Bord für Wohnung und Beköstigung nicht mehr zu zahlen haben. Die Kammern sind hell und luftig, und jedes Bett ist mit Matratze, leinenen Bettlaken, Kopfkissen und Bettdecke versehen. In allen Kammern sind Waschtische aufgestellt, jeder Reisende erhält sauber geplättete Handtücher.

4. Beköstigung: Die vollständige Verpflegung, mit Ausnahme von Wein, Bier, Spirituosen und Mineralwasser, ist in dem Fahrpreise inbegriffen, so daß der Reisende während der Seefahrt keine weiteren Kosten hat. Das Essen ist gut und reichlich. Die Speisen werden von besonderen Bedienten (Stewards) an gedeckten Tischen im Speisesaal verabreicht. Es gibt jeden Tag fünf Mahlzeiten. Die Speisenfolge ist täglich verschieden. Als Beispiel dienen folgende Tageskarten:

Erstes Frühstück (7.00 Uhr): Kaffee oder Tee mit Milch, Gebäck, Hafergrütze in Milch, gekochte Eier, Butter und Brot, Marmelade.
Zweites Frühstück (10.00 Uhr): Belegte Brötchen
Mittagessen (12.00 Uhr): Fleischbrühe mit Gemüse und Makkaroni, Rinderbraten, Schneidebohnen, Kartoffeln, Pflaumenkompott, Himbeercreme mit Vanillesauce
Nachmittags (3.00 Uhr): Kaffee mit Milch u. Zucker, Kuchen
Abendessen (6.00 Uhr): Bratwurst mit Linsen und Kartoffeln, verschiedene Sorten Aufschnitt, Tee, Butter und Brot

5. Arzt: Auf jedem Dampfer ist ein staatlich geprüfter Arzt angestellt. Reisenden, die während der Fahrt erkranken, wird unentgeltlich Beistand geleistet und für die verabreichten Heilmittel nichts berechnet.

6. Deckstühle: Behagliche Deckstühle werden den Reisenden gegen eine Miete von 4,20 Mark für die Dauer der Überfahrt leihweise überlassen. Anweisungen auf solche Stühle sind an unserem Bureau oder an Bord zu haben; zu denselben Bedingungen sind auch wollene Reisedecken erhältlich.

7. Ausweispapiere: Alle Reisenden müssen sich bei Empfangnahme der Schiffsfahrscheine in Hamburg über ihre Person

Bilder Seite 205

Bild oben links: Einige sonnenhungrige Passagiere der 3. Kajüte des »Vaterland« in bequemen Decksstühlen auf dem ihnen zugeteilten Promenadendeck, dem hinteren Brückendeck (D-Deck).

Bild unten links: Passagiere am Heck des »Imperator« auf der für sie vorgesehenen Promenade der 3. Kajüte auf dem 1. Deck.

Bild rechts: Blick über die hinteren Decks des »Imperator« in Fahrtrichtung. Hinter der Fensterreihe auf dem oberen Promenadendeck (B-Deck) befindet sich die Laube der 1. Kajüte. Die beiden Dampfdrehkräne sind in Höhe des Promenadendecks der 2. Kajüte, darunter befinden sich der Speisesaal und die Promenade für die Fahrgäste der 3. Kajüte (Photos: G. Koppmann & Co, Archiv Hapag-Lloyd).

Bild oben links: Die Größe des Schornsteindurchmessers wird von der Reederei gern mit dieser Zeichnung demonstriert - ein Elefant kann diesen ohne weiteres durchschreiten. Im Innern messen die Schornsteine 7 mal 5,20 Meter, der äußere Mantel hat einen Durchmesser von 9 mal 6 Meter (Archiv Hapag-Lloyd).

Bild unten rechts: Das Bootsdeck (A-Deck) des »Imperator« (G. Koppmann & Co, Archiv Hapag-Lloyd). Aufgrund des Platzbedarfs ist die Aufstellung der Rettungsboote auf dem »Imperator« zum Teil nicht mehr, wie gewöhnlich, nur auf dem obersten Deck, sondern auch auf einem tiefer gelegenen Deck vorgenommen worden. Die Brauchbarkeit des Aussetzmechanismus wurde bei dem ersten Festkommen des Dampfers auf der Elbe erprobt, als es sich darum handelte, das Schiff möglichst zu erleichtern. Die großen, etwa 75 Personen fassenden Boote wurden dabei auch von ungeübten Leuten aus der immerhin noch beträchtlichen Höhe von etwa 15 bis 20 Meter vollständig mit einer Geschwindigkeit von etwa 1,5 Meter in der Sekunde zu Wasser gelassen (aus: Zeitschrift „Schiffbau" 20/1913).

Abbildung Seite 207 links: Vorgesehene Reisen der Hapag-Schiffe von Mai bis September 1914 (Archiv Hapag-Lloyd).

Bild Seite 207 oben rechts: Die gesamte Häuserzeile des Hamburger Jungfernstiegs findet sich bequem in der Silhouette des größten Passagierschiffes der Welt, des »Imperator«, wieder. Ein Motiv, das häufig Verwendung in den Reiseprospekten der Reederei findet (Archiv Hapag-Lloyd).

Bild Seite 207 unten: Das »Imperator-Fest«, aufgenommen am 16. November 1913 (Hamburger Typen bei der „Eispolonäse"), nach der ersten Rückkehr des Schiffes im Heimathafen. Bei sieben erfolgreichen Amerikafahrten im Juni, Juli, August, September und Oktober beförderte die Hamburg-Amerika Linie insgesamt ausgehend und heimkehrend 35.549 Fahrgäste. Davon fuhren 22.460 Passagiere in den Kajüten und 13.089 im Zwischendeck. Auf Einladung Ballins kommen jetzt über 600 Gäste zum Vulcanhöft, zu einem Fest mit Frühstück, Theatervorstellung und anschließendem Ball (Archiv Hapag-Lloyd).

ausweisen. Im allgemeinen genügt als Ausweis für Ausländer und deutsche Frauen z.B. Geburts- oder Taufschein, Dienstbuch, Heiratsurkunde, Staatsangehörigkeitsschein, Bürgerbrief, Reisepaß. Minderjährige Deutsche beiderlei Geschlechts benötigen, sofern sie keinen Reisepaß haben, eine schriftliche, behördlich beglaubigte Reiseerlaubnis des gesetzlichen Vertreters (Vater oder Vormundes). Deutsche Staatsangehörige männlichen Geschlechts im Alter vom 17. bis 40. Lebensjahr gebrauchen: Militärpaß oder Ersatzreservepaß mit Urlaubsvermerk, Ausmusterungsschein, Landsturmschein, Entlassungsurkunde oder Reisepaß.

Ein Paß genügt jedoch nicht für deutsche Auswanderer vom 17. bis 25. Lebensjahr, die ihrer Wehrpflicht noch nicht entsprochen haben bzw. nicht nachgewiesenermaßen davon befreit sind; sie bedürfen vielmehr einer Entlassungsurkunde oder eines Zeugnisses der Ersatzkommission, daß ihrer Auswanderung nichts im Wege steht.

8. Beförderungs- und Landungsfähigkeit: Die Einwanderung nach den Vereinigten Staaten von Nordamerika und Kanada wird nur solchen Personen gestattet, die dort nach den Gesetzen dieser Länder landen dürfen. Als landungsfähig im allgemeinen wird jeder betrachtet, der erwerbs- und arbeitsfähig ist, von dem also nicht zu erwarten steht, daß er dem Staate zur Last fallen wird. Jeder Einwanderer muß aber im Besitz hinreichender Mittel sein, um die Weiterreise nach seinem Endziel, zu seinen Angehörigen oder Freunden sowie seine Beköstigung während der Eisenbahnfahrt bestreiten zu können.

Besitzt der Einwanderer bereits eine amerikanische Eisenbahnfahrkarte zur Weiterfahrt, so wird in den Vereinigten Staaten im allgemeinen ein Barbetrag von ungefähr 100 Mark pro Erwachsenen als ausreichend angesehen. Nach Kanada fahrende Reisende müssen bis zu ihrem Endziel eine Eisenbahnkarte besitzen. Außerdem schreibt das kanadische Gesetz vor, daß sie bei ihrer Landung in der Zeit vom 1. März bis 31. Oktober 100 Mark und während der übrigen Monate 200 Mark Barvermögen vorzuweisen haben. Kinder unter 16 Jahren können nur in Begleitung Erwachsener, die in derselben Klasse und nach demselben Orte reisen, befördert werden und sofern sie zu ihren Eltern oder auch älteren Geschwistern fahren.

Von der Landung in Amerika ausgeschlossen werden Personen, die sich nicht selbst ernähren können, die mit ekelhaften oder gefährlichen, ansteckenden Krankheiten behaftet sind (Favus, Trachoma, Tuberkulose usw.), denen von Amerika aus ein bestimmtes Arbeitsversprechen gemacht worden ist. Ferner solche Personen, die schwachsinnig, irrsinnig, blind, taubstumm, gebrechlich oder verkrüppelt sind, die Vielweiberei treiben, die wegen eines gemeinen Verbrechens verurteilt worden sind, ebenso auch unverheiratete schwangere Frauen sowie Frauen, die nicht zu ihrem Manne in Amerika reisen.

9. Gepäck: Die Hamburg-Amerika Linie befördert für jeden vollzahlenden Reisenden in der dritten Kajüte 100 Kilo Gepäck frei, für Kinder von 1 bis 12 Jahren die Hälfte. Für Mehrgewicht sind 25 Mark für je 100 Kilo zu zahlen. - Auf den amerikanischen Bahnen werden 150 englische Pfund (etwa 65 Kilo) Gepäck für jeden vollzahlenden Reisenden frei befördert, für halbzahlende Kinder die Hälfte. - Alles Gepäck muß seemäßig, d.h. in fest verschlossenen Koffern, Kisten, Reisesäcken oder dergleichen verpackt sein. - Im voraus ge-

Abfahrtsliste

Sailing-list :-: Liste des départs

der Postdampfer der Hamburg-Amerika Linie.

Linie: **Hamburg — New York**

Dampfer	Kapitän	Von Hamburg	Von Boulogne sur Mer	Von Southampton	Von Cherbourg	Von NewYork
Vaterland	Ruser	Donnerst. 14. Mai	—	15. Mai	15. Mai	26. Mai§
Graf Waldersee .	Fröhlich	Sonnabd. 16. „	—	—	—	4. Juni*
Kaiserin Auguste Victoria ...	Dempwolf	Donnerst. 21. „	—	22. „	22. „	9. „ §
Pretoria	Dugge	Sonnabd. 23. „	—	—	—	11. „ *
Imperator	Kier	Mittwoch 27. „	—	28. „	28. „	6. „ §
President Grant .	Meyerdiercks	Sonnabd. 30. „	31. Mai	31. „	—	18. „
Vaterland	Ruser	Sonnabd. 6. Juni	—	7. Juni	7. Juni	16. „ §
Pennsylvania ...	Russ	Sonnabd. 6. „	—	—	—	25. „ *
President Lincoln	Witt	Donnerst. 11. „	12. Juni	12. „	—	2. Juli
Imperator	Kier	Mittwoch, 17. „	—	18. „	18. „	27. Juni§
Batavia	von Hoff	Sonnabd. 20. „	—	—	—	16. Juli*
Kaiserin Auguste Victoria ...	Dempwolf	Dienstag 23. „	—	24. „	24. „	11. „ §
Vaterland	Ruser	Sonnabd. 27. „	—	28. „	28. „	7. „ §
Pretoria	Dugge	Donnerst. 2. Juli	—	—	—	23. „ *
Imperator	Kier	Mittwoch 8. „	—	9. Juli	9. Juli	18. „ §
President Grant .	Meyerdiercks	Sonnabd. 11. „	12. Juli	12. „	—	30. „
Pennsylvania ...	Russ	Donnerst. 16. „	—	—	—	6. Aug.
Vaterland	Ruser	Mittwoch 22. „	—	23. „	23. „	1. „ §
President Lincoln	Witt	Sonnabd. 25. „	26. „	26. „	—	15. „
Imperator	Kier	Freitag 31. „	—	1. Aug.	1. Aug.	12. „ §
Kaiserin Auguste Victoria ...	Dempwolf	Donnerst. 6. Aug.	—	7. „	7. „	27. „ §
Vaterland	Ruser	Mittwoch 12. „	—	13. „	13. „	29. „ §
Pretoria	Dugge	Freitag 14. „	—	—	—	3. Sept.*
President Grant .	Meyerdiercks	Donnerst. 20. „	21. Aug.	21. „	—	10. „
Imperator	Kier	Mittwoch 26. „	—	27. „	27. „	5. „ §
Pennsylvania ...	Russ	Sonnabd. 29. „	—	—	—	17. „ *
Vaterland	Ruser	Mittwoch 2. Sept.	—	3. Sept.	3. Sept.	12. „ §
President Lincoln	Witt	Sonnabd. 5. „	6. „	6. „	—	24. „
Kaiserin Auguste Victoria ...	Dempwolf	Sonnabd. 12. „	—	13. „	13. „	30. „ §
Imperator	Kier	Mittwoch 16. „	—	17. „	17. „	26. „ §

Änderungen vorbehalten.

§ Die Dampfer Imperator, Vaterland, Kaiserin Auguste Victoria und Amerika laufen auf der Reise von New York nach Hamburg Cherbourg u. Southampton an. Die übrigen Dampfer von New York nach Hamburg laufen Plymouth und Cherbourg an, mit Ausnahme der mit * bezeichneten Dampfer, welche direkt von New York nach Hamburg fahren.

§ The steamers Imperator, Vaterland, Kaiserin Auguste Victoria and Amerika Eastbound to Hamburg call at Cherbourg and Southampton.

Other steamers Eastbound to Hamburg touch at Plymouth and Cherbourg, except those marked * which sail from New York for Hamburg direct.

sandte Gepäckstücke oder Postpakete lagern bis zur Abfahrt des betreffenden Dampfers kostenfrei in den Gepäckhallen der Gesellschaft; sie müssen spätestens drei Tage vor Abfahrt des Dampfers in Hamburg eintreffen und sind in folgender Weise zu adressieren: „Gepäckannahme der Hamburg-Amerika Linie, Hamburg, Gepäck des Reisenden dritter Kajüte (z.B. „Friedrich Karl Meyer für Dampfer »Imperator«, am 9. Juli ab Hamburg nach New York"). Alle Voraussendungen nach Paris bittet man an die Firma Fr. Hahn, 5 Rue Godot de Mauroy, Paris, zu richten. Handgepäck nehmen die Reisenden erst am Abfahrtstage mit an Bord.

10. Einschiffung in Hamburg: Alle Reisenden dritter Kajüte haben sich zwei Tage vor Abfahrt im Bureau der Hamburg-Amerika Linie, Hamburg, Ferdinandstraße 60, zu melden, um ihre Beförderungsverträge in Empfang zu nehmen, die

genaue Abfahrtszeit zu erfahren und Gepäckangelegenheiten zu regeln. Die Reisenden dritter Kajüte werden in Sonderzügen frei von Hamburg nach Cuxhaven befördert.

11. Einschiffung in Frankreich: Da fast alle Dampfer der Hamburg-Amerika Linie auf der Ausreise Cherbourg oder Boulogne-sur-Mer anlaufen, können Reisende, denen der betreffende französische Hafen günstiger liegt, das Schiff dort besteigen. Solche Passagiere können über Paris reisen und ihre Fahrscheinangelegenheiten im Bureau der Hamburg-Amerika Linie, 7 Rue Scribe, Paris, der Hamburg-Amerika Linie, 47 Rue Cachin, Cherbourg, oder bei Herrn Hernu, Peron & Co., Ltd., 6 Quai Gambetta, Boulogne-sur-Mer, regeln. Nach Paris vorauszusendendes Gepäck ist an Herrn Fr. Hahn, 5 Rue Godot de Mauroy, Paris, zu adressieren. Die Schiffskarten sind spätestens einen Tag vor Abgang des Dampfers entgegenzunehmen.

12. Reiseweg: Die Beförderung erfolgt direkt von Hamburg nach New York, Boston oder Philadelphia, d.h., die Passagiere brauchen unterwegs nicht umzusteigen. Das ist ein wesentlicher Vorzug, da die Passagiere auf diese Weise den mit dem Umsteigen verknüpften Zeitverlust und die dadurch bedingten Kosten vermeiden.

13. Amerikanische Adresse: Für Reisende, die nicht amerikanische Bürger sind, ist es nötig, bei Entgegennahme der Schiffskarte in unserm Bureau die genaue Adresse an ihrem Bestimmungsorte, wo sie zuerst Wohnung nehmen werden, zur Eintragung in die amerikanischen Listen bereitzuhalten.

14. Amerikanische Eisenbahnfahrkarten: Die Reisenden der dritten Kajüte können im Anschluß an ihre Schiffskarte gleich

Alle Photos auf diesen Seiten an Bord des »Imperator«.

Bilder auf Seite 208

Bild links: Eine beliebte Betätigung zur Unterhaltung ist, lange Nägel in Bretter einzuschlagen. Hier behaupten sich die Damen.

Bild rechts: Die Gesellschaftsspiele an Bord verkürzen auch die Fahrzeit. Passagiere der III. Klasse beim Tauziehen.

Bilder auf dieser Seite

Bild oben links: Für die zahlreichen Kinder der 3. Kajüte werden es sicherlich unvergeßliche Stunden auf dem »Imperator« bleiben.

Bild oben rechts: Die Kinder lernen sich beim Spielen kennen.

Bild unten: Auf der Promenade der III. Klasse beim Achterdeck (Photos: Brown & Dawson, Stamford, Archiv Hapag-Lloyd).

ihre Fahrkarten nach dem Bestimmungsorte in Nordamerika oder Kanada zu den Preisen des ermäßigten Emigrantentarifes ausgestellt erhalten. Die gleichzeitige Lösung der amerikanischen Bahnkarten empfiehlt sich auch besonders deshalb, weil dadurch eine glattere Abfertigung des Reisenden bei Landung in New York, Boston oder Philadelphia erzielt wird. Auf der amerikanischen Bahn ist für Kinder von 5 bis 12 Jahren nur der halbe Fahrpreis zu zahlen, während Kinder unter 5 Jahren frei befördert werden.

15. Fahrpreise: Sie sind niedrig und übersteigen diejenigen des Zwischendecks nur um ein Geringes. Sie sind wie diese kleinen Schwankungen unterworfen und halten sich je nach Dampferart und Zeitpunkt der Buchung in der Regel zwischen ungefähr 150 Mark und 190 Mark für einen Erwachsenen.

16. Sicherung von Plätzen: Die Fahrgäste der dritten Kajüte können schon im voraus Plätze belegen lassen. Zu diesem Zwecke ist es erforderlich, der Gesellschaft oder einem ihrer Agenten auf den Fahrpreis eine entsprechende Anzahlung von 30 Mark, 40 K oder 40 Fr zu leisten. Über diese Anzahlung wird den Reisenden ein Empfangsschein ausgehändigt, auf dem die belegten Kammer- und Bettnummern angegeben sind. Da die dritte Kajüte in der Regel wochenlang vor Abfahrt besetzt ist, kann den Reisenden indessen nicht genug empfohlen werden, sich die gewünschten Plätze möglichst frühzeitig zu sichern.

Über Abfahrten und Fahrpreise geben die Fahrpläne und Preisverzeichnisse, die von der Hamburg-Amerika Linie oder deren Agenturen kostenfrei versandt werden, nähere Auskunft. Anfragen sind zu richten an die Hamburg-Amerika Linie oder deren Agenturen.

DAS LEBEN IM ZWISCHENDECK

Das Zwischendeck ist im Vorschiff gelegen, beim »Vaterland« durch 6 Decks hindurchgehend. Zum größten Teil ist es mit Kammern eingerichtet, dazu gehören auch Waschräume, Bäder und Duschen.

Bild auf dieser Seite

Aufmerksame Zuhörer bei einem Konzert tief unten im Schiff, im 5. Deck (I-Deck) des »Vaterland« (Archiv Hapag-Lloyd).

Bilder auf Seite 211

Bild rechts: Auf dem Vorschiff des »Imperator« befindet sich das Promenadendeck für die Passagiere der 4. Kajüte, die Zwischendecker (Brown & Dawson, Stamford, Archiv Hapag-Lloyd).

Bild unten: Zwischendeckspassagiere ganz vorn beim Bug des »Vaterland«. In dem Aufbau sind die Aborte für Männer (Steuerbord) und Frauen (Backbord), dazwischen sind die Küche und die Bäckerei sowie die Mannschaftskombüse (Archiv Hapag-Lloyd).

Für die Zwischendecker gab es eine eigene Küche. Die Verpflegung während der Überfahrt wurde von der Reederei als „reichlich und gut“ angepriesen. Täglich gab es deshalb vier Mahlzeiten an Bord. Im Fahrpreis waren diese Mahlzeiten eingeschlossen. Lediglich Wein, Bier, Spirituosen und Mineralwasser mußten zusätzlich gekauft werden. Eigene Getränke, besonders Bier und Schnaps, durften an Bord nicht getrunken werden. Wie aus einem Verpflegungsplan hervorgeht, sah das Essen wie folgt aus:

Das Frühstück wurde um 7 Uhr ausgegeben. Es gab Kaffee mit Milch und Zucker, frisches Brot, Butter, Haferwelgen, Corned Beef oder Käse oder Hering.

Zum Mittagessen um 12 Uhr gab es am
Sonntag: Fleischsuppe mit Reis und Gemüse, frisches Fleisch, Kartoffeln, Pudding mit Pflaumensauce;
Montag: Erbsensuppe, frisches Fleisch oder gesalzenen Speck, Kartoffeln, Sauerkohl und Kompott;
Dienstag: Fleischsuppe mit Reis, frisches Fleisch, Kartoffeln, Schnittbohnen und Kompott;
Mittwoch: Graupensuppe, frisches oder gesalzenes Fleisch, Kartoffeln, Karotten oder Kohl und Kompott;
Donnerstag: Fleischsuppe mit Reis und Gemüse, frisches Fleisch, Kartoffeln und Pudding mit Pflaumensauce;
Freitag: Bohnensuppe, frisches Fleisch oder gesalzenen Speck, Kartoffeln, Steckrüben oder Sauerkohl und Kompott;
Sonnabend: Graupensuppe mit Pflaumen oder frische Fleischsuppe, frisches oder gesalzenes Fleisch, Kartoffeln und Kompott.

Nachmittags um 3 Uhr wurden den Zwischendeckern Kaffee mit Milch und Zucker sowie Weißbrot oder Kuchen angeboten.

Das Abendessen um 6 Uhr bestand aus einer warmen Speise wie Milchreis oder Graupen mit Pflaumen, oder Kartoffeln mit Heringen, oder Labskaus, oder Ragout, oder Irish Stew sowie Weiß- oder Schwarzbrot, Butter, Tee mit Zucker und Milch.

Die Schonertakelung des Dampfers »Imperator« besteht aus 2 stählernen innen befahrbaren Pfahlmasten, die bis zum G-Deck eingelassen sind, mit größtem lichten Durchmesser von 1.100 (Großmast) und 950 mm (Fockmast), 10 Ladebäumen mit verschiedenen Tragfähigkeiten und am Fockmast - 41 Meter über dem Backdeck - einem Ausguck.

Um den Fockmast sind 6 Ladebäume gruppiert, davon 2 für 3-Tonnen-Lasten und 4 für 6-Tonnen-Lasten. Am Großmast befinden sich 7 Ladebäume, davon 5 für 3-Tonnen-Lasten und 2 für 6-Tonnen-Lasten. An den 2 Ladepfosten bei der Luke III sind 4 Bäume zu je 3 Tonnen; an den 2 Ladepfosten bei der Luke IV befinden sich 2 Bäume zu je 3 Tonnen.

Drei große Ladeluken von rd. 6 x 5 m reichen von den im Schiffsboden liegenden Laderäumen bis zum D-Deck, ferner sind zwei kleinere Ladeluken von 3,5 x 4,5 und 3,4 x 3 m vorhanden.

SCHWIMMEN UND SPORT

Bild auf dieser Seite

Das prachtvolle 20 mal 12,5 Meter große pompejanische Schwimmbad des »Imperator« im 3. Deck (G-Deck) mit weiblichen und männlichen Badegästen, aufgenommen im Juni 1914, in Fahrtrichtung gesehen. Der Zugang zum Schwimmbecken erfolgt über die seitlichen Emporen vom 2. Deck (F-Deck). Durch eine Drehtür gelangt man in die Massage-, Bäder- und Ruheräume auf der Steuerbordseite. Für die Körperertüchtigung der Reisenden 1. Klasse ist ferner eine Turnhalle vorhanden, die neben den bekannten Zander-Apparaten zum erstenmal auch deutsche Turngeräte aufweist. Sie befindet sich auf dem Bootsdeck und hat große Seitenfenster sowie Oberlicht. Als erster neuerer Schnelldampfer erhält der »Imperator« auch für die Fahrgäste der II. Klasse eine Turnhalle auf dem achteren Brückendeck (Archiv Hapag-Lloyd).

Die großen Schwimmbäder an Bord der Luxusliner »Imperator« und »Vaterland« erfreuten sich bei den Passagieren der 1. Kajüte außerordentlicher Beliebtheit. Sie waren neben den Palmengärten und den anderen gediegenen Räumlichkeiten ein Grund, mit den beiden Hapag-Schiffen den Atlantik zu überqueren. Beim gemeinsamen Bad, Frauen und Männer durften gleichzeitig baden, wurde so manche abendliche Verabredung getroffen. Auch standen den Gästen Sauna, Dampfbäder, Lichtbäder, Ruheraum und eine Turnhalle zur Verfügung.

Dazu Informationen aus einer Broschüre der Reederei: „Ein Schwimmbad an Bord eines Seeschiffes setzt außer einem großen Raum eine sehr ruhige Gangart des Fahrzeuges voraus, um seine Benutzung nicht gar zu sehr von der Wetterlage abhängig sein zu lassen. Die Hamburg-Amerika Linie hat die auf vielen ihrer Dampfer bereits bewährten Frahm'schen Schlingerdämpfungstanks auch in den Dampfer »Imperator« einbauen lassen. So ist zu erwarten, daß die Benutzung der Schwimmhalle selten oder nie während der Fahrt unterbrochen werden wird. Ein herrliches Vergnügen und ein gesundheitsdienlicher Sport ersten Ranges wird also den Kajütspassagieren des Dampfers »Imperator« winken."

Die Turngeräte für die 2. Kajüte standen in einem besonderen Raum, damit es keinen Kontakt zwischen den Gästen gab. So war die Turnhalle der weniger betuchten Gäste zwar sinnvoll, aber spartanisch eingerichtet. Für die 1. Kajüte waren die Wände hier sogar mit Eichenholz getäfelt. In den inneren Schwimmbädern standen Marmorbänke, damit sich die Gäste standesgemäß ausruhen und dem Treiben im Bassin zusehen konnten. Wer schwimmen wollte, mußte sich natürlich vorher in einer der Umkleidekabinen umziehen.

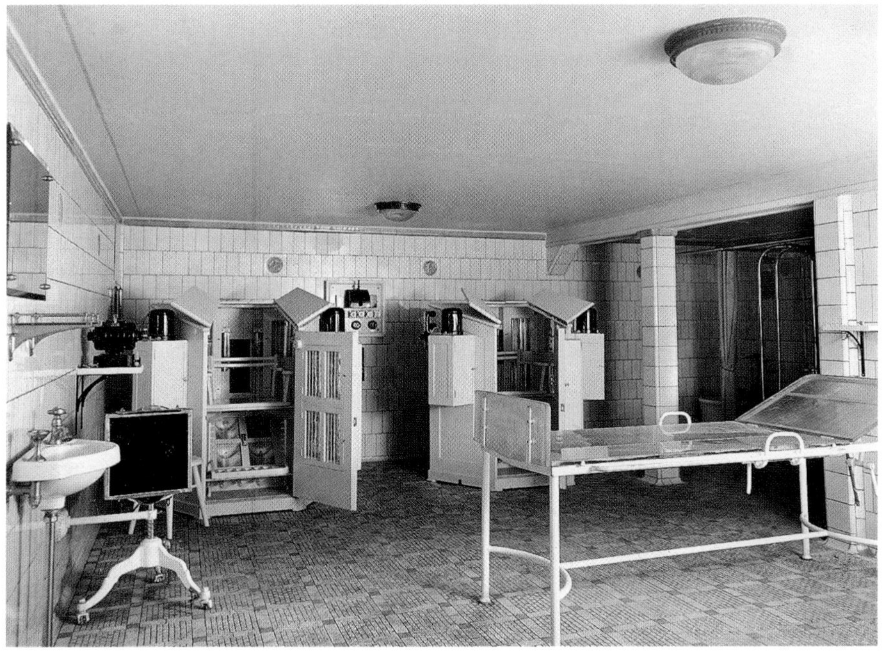

Mehr als 220 Wannenbäder und Duschen sind für die Passagiere aller vier Klassen vorgesehen. Eine großartige Neuerung ist darüber hinaus die Anlage einer Schwimmhalle, an die sich hygienische Bäder der verschiedensten Art in reicher Zahl anschließen. Den Ausbau der Schwimmhalle haben zwei erste deutsche Firmen übernommen. Die Aufgabe ist, die alten Römer, die ja Meister in der Kunst des Bäderbaues und des Badens gewesen sind, nachzuahmen und durch Einfügung modernster Einrichtungen des medizinischen und hygienischen Badens, wo angängig, noch zu ergänzen. Zur Verfügung steht ein Raum von fast 20 Meter Länge und 12,5 Meter Breite. In ihm ist ein Bassin für Schwimmer und Nichtschwimmer von fast 12 Meter Länge, 6,5 Meter Breite und annähernd 3 Meter Tiefe angelegt worden. Die größte Wassertiefe beträgt 2,25 Meter. Pompejanische Säulen tragen die reich beleuchtete Glasdecke und zugleich eine Galerie, die als Zuschauerraum dient. Der von den Aus- und Ankleidekabinen begrenzte Umgang um das Bassin ist großenteils in Marmor ausgeführt worden. Marmorbänke, bronzene Gitter, Plaketten nach alten pompejanischen Originalen verschönern den Raum. Treppen führen von der Galerie zum Vorplatz und hinab zum Bassin. Kaskaden erneuern ständig das Seewasser. An die Schwimmhalle schließt sich ein Ruheraum an mit schönen alten Malereien, ebenfalls Lichtbäder, Kohlensäurebäder, Massageräume, Dampfbäder und Heißluftbäder (aus einer Broschüre zum Bau der Schiffe).

Bilder Seite 213

Bild oben links: Das Schwimmbad auf dem »Vaterland«, im romanischen Stil, zieht sich mit den dazugehörigen Räumen über das 2. und 3. Deck (F-Deck bzw. G-Deck). Hinter den marmornen Bänken die Badekabinen und Duschen. Das Bad wird über das Vestibül betreten - wo sich auch Damenfriseur und Barbier I. Klasse befinden -, das Bassin über die geschwungene Treppe im Hintergrund. Der Zugang zum Ruheraum liegt hinter der Skulptur.

Bild rechts: Das Schwimmbad des »Imperator« mit Springbrunnen und Wasserspender, Blick in Fahrtrichtung. Der Zugang zum Bassin erfolgt über die Treppe (Photos: Archiv Hapag-Lloyd).

Bild Mitte links: Das elektrische Lichtbad der I. Klasse auf dem »Vaterland« ganz in der Nähe der großen Schwimmhalle (Brown & Dawson, Stamford, Archiv Hapag-Lloyd).

Bild unten links: Der Wasserzulauf im Schwimmbecken auf dem »Vaterland«, in Fahrtrichtung gesehen (Archiv Hapag-Lloyd).

Bilder auf dieser Seite

Bild links: Das I.-Klasse-Warmluftbad auf dem »Imperator« beim großen Schwimmbad auf dem G-Deck der Steuerbordseite.

Bild oben und unten rechts: Holzgetäfelte Wände im Turnsaal I. Klasse mit Geräten auf »Vaterland« sowie auf »Imperator«, Bootsdeck (A-Deck) an der Steuerbordseite. Zwei Turnhallen beherbergt der »Vaterland«, in der 1. Kajüte eine in Eiche getäfelte Halle mit 14 x 5 Meter Grundfläche sowie in der 2. Kajüte eine Turnhalle mit den Abmessungen 16 x 4 Meter (Brown & Dawson, Stamford, und J. und H. Hamann, Archiv Hapag-Lloyd und Blohm+Voss).

DIE SERVICE-EINRICHTUNGEN

Bilder auf dieser Seite

Bild links: Die Barbierstube der III. Klasse auf dem »Vaterland«, 2. Deck (F-Deck) im hinteren Teil des Schiffes.

Bild rechts: Der Barbier II. Klasse, ebenfalls auf dem »Vaterland«, hat seinen Raum mit holzvertäfelten Decken und Wänden auf dem 1. Deck (E-Deck) beim hinteren Treppenhaus der II. Klasse (Photos: J. und H. Hamann, Archiv Hapag-Lloyd).

Der Damenfriseur und der Barbier für Herren der 1. Kajüte sind beim »Vaterland« auf dem 2. Deck (F-Deck) beim Vestibül zum Eingang des großen Schwimmbades zu finden, beim »Imperator« indessen im 3. Deck (G-Deck), direkt beim großen Bad.

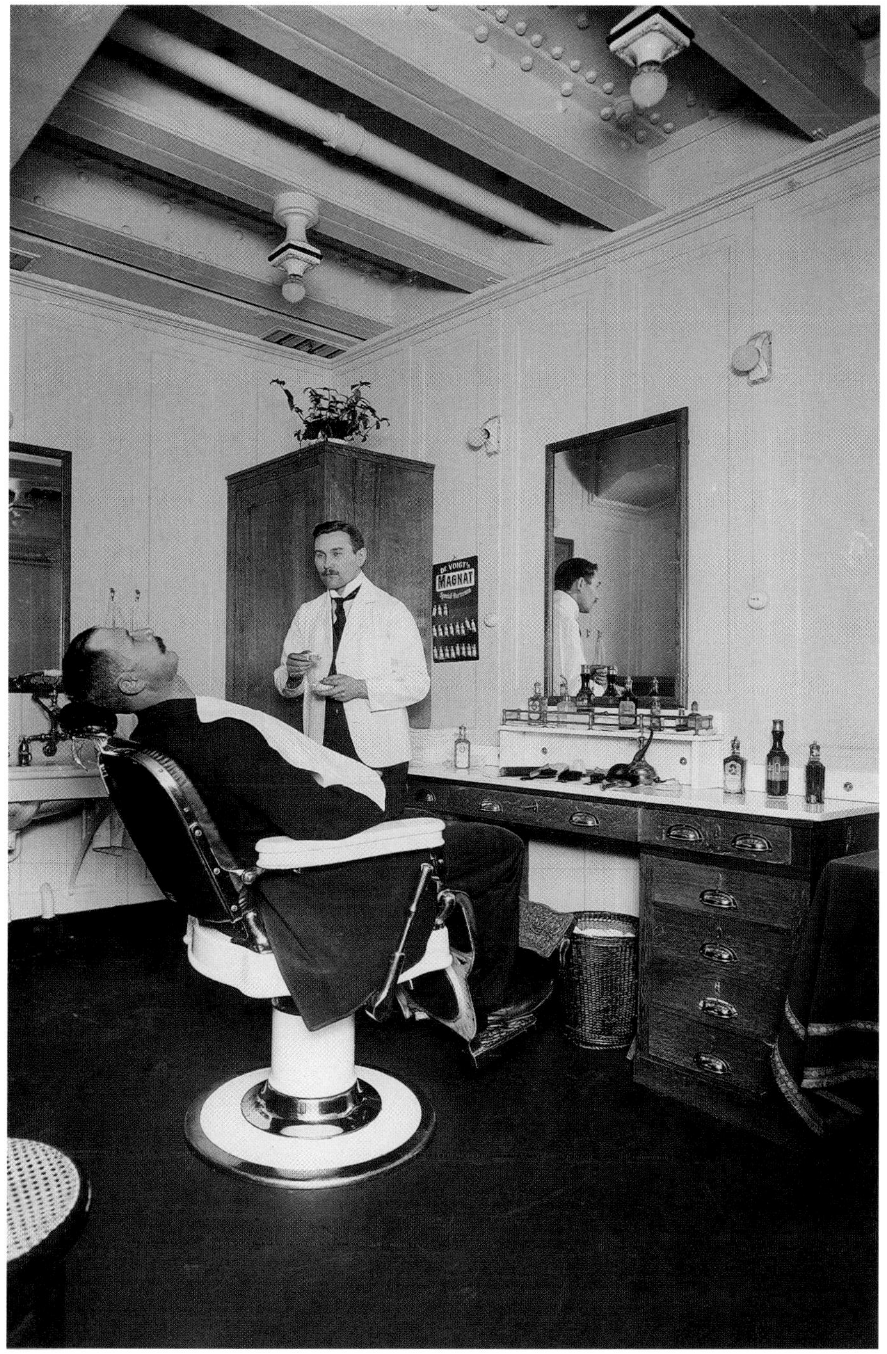

Für die Bedienung der Passagiere und die Aufrechterhaltung des Betriebes in den Passagier- und Wirtschaftsräumen, in der Maschine und allen übrigen Teilen des Schiffes wird eine außerordentlich große Besatzung angenommen werden. Ihre Zahl dürfte 1.180 Personen noch übersteigen. Besonderen Wert wird man auf eine zahlreiche Decksmannschaft, d.h. auf den speziell seemännischen Teil der Besatzung, legen. Unter dem Schutz einer solchen beruflich wohlausgebildeten und anerkannt tüchtig disziplinierten deutschen Mannschaft wird sich jeder Passagier vom einfachen Zwischendecker bis zum verwöhntesten Reisenden der 1. Kajüte geborgen und sicher fühlen dürfen.

Die beste Gewähr für eine glückliche Überfahrt bieten ja an Bord eines gutgebauten Schiffes unter allen Umständen die Tüchtigkeit, das Pflichtgefühl und die Manneszucht der Besatzung. Zum Glück besitzt der deutsche Seemann in dieser Beziehung den denkbar besten Ruf, und so liegt keine Gefahr darin, wenn die Hamburg-Amerika Linie ihm große Aufgaben zumutet (aus einer Schrift der Hamburg-Amerika Linie zum Bau des »Imperator«).

Auszug aus einer Anweisung der Reederei: Den Gepäckträger-Dienst versehen Angestellte in Uniform zur Besorgung von Gepäck nach und von den Docks sowie Erledigung kleinerer Reiseangelegenheiten gegen eine entsprechende Vergütung.

Zur Bequemlichkeit unserer Reisenden und um die so oft geübte Übervorteilung seitens der öffentlichen Gepäckträger zu verhindern, haben wir in Hoboken einen Dienst mit Angestellten eingerichtet, die das Handgepäck der Reisenden befördern und ähnliche Dienste leisten. An den Tagen der Ankunft und Abfahrt unserer Dampfer befindet sich zur Bedienung der Reisenden an unseren Docks sowie an den Fähren und Bahnhöfen in Hoboken eine Anzahl Gepäckträger, die durch das Wort „Attendant" auf dem Kragen ihrer grauen Uniform sowie durch ihre mit dem Namen „Hamburg American Line" versehenen roten Mützen erkennbar sind. Eine entsprechende feststehende Gebühr, laut Verzeichnis, wird für den Dienst zwischen den Landungs- und verschiedenen Plätzen zwischen $ -,25 und $ 2,- erhoben.

Die Angestellten werden die Reisenden nach allen Stadtteilen New Yorks zur Beförderung ihres Gepäcks, Herbeischaffung von Wagen und Verrichtung ähnlicher Dienste begleiten. Auf seinen dahingehenden Wunsch, der von dem Reisenden an uns entweder schriftlich oder telegraphisch gerichtet oder durch Fernsprecher an unser Bureau (Amt „Rector", Rufnummer 1900) oder an unseren Landungsplatz in Hoboken (Amt „Hoboken", Rufnummer 770) übermittelt werden kann, wird einer unserer Angestellten in seine Wohnung oder in sein Hotel kommen.

Da die Gepäckträger mit allen Verhältnissen auf den Landungsplätzen Bescheid wissen, ist tatsächlich jede Verwirrung bei Ankunft und Abreise ausgeschlossen, wodurch den Passagieren Unannehmlichkeiten, Mühseligkeiten und Zeitverlust erspart werden. Dieser Dienst ist besonders wertvoll für größere Reisegesellschaften und alleinreisende Damen, die so den Weg nach unseren Landungsplätzen unbehindert zurücklegen können. Die meisten Angestellten sprechen außer Englisch auch Deutsch.

Albert Ballin überließ nichts dem Zufall. Was er planen konnte, wurde auch geplant. Und so war es für die männlichen Passagiere aller drei Kajüte-Klassen selbstverständlich, daß genügend Barbiere an Bord waren, damit die Bärte gerichtet, die Haare geschnitten und die kleinen Fältchen geglättet werden konnten. Für die Damen gab es natürlich eigene Salons, damit sie immer perfekt aussahen. Der tägliche Besuch beim Frisör war für die Damen der 1. Kajüte fast eine Pflicht. Wer wollte denn auch mit vom Wind zerzausten Haaren zum Essen gehen? Einer Künstlerin etwa sah man dieses natürlich nach.

Doch nicht nur für die Schönheit wurde an Bord gesorgt. Oberstes Gebot war die Sicherheit für Passagiere und Schiff. Und hier knauserte der Generaldirektor der Reederei nicht. Er wußte, ein derartiges Schiff verlangt nach den am besten ausgebildeten Kapitänen. Und so stand auf seinen Schiffen ein Kommodore vier weiteren Wachkapitänen vor, die alle ihre festen Aufgaben hatten. Diesen standen wiederum sieben nautische Offiziere zur Seite. Ballin wollte kein Risiko eingehen, denn der Verlust eines dieser prestigekräftigen Dampfer hätte die Reederei in große Schwierigkeiten gebracht. Neben den Nautikern arbeiteten noch 29 Schiffsingenieure und Elektriker an Bord des »Imperator«.

Um das Wohl der Kunden bemühten sich auch drei Ärzte, die ständig an Bord waren. Ferner verzeichnete die Heuerliste noch zwei Arztgehilfen und eine staatlich geprüfte Krankenschwester. Die nach Klassen getrennten Schiffshospitäler hatten zusammen 62 Betten. Angegliedert waren Operationsräume und die Schiffsapotheke. Der Arzt für die Passagiere der 1. Kajüte hatte sein Sprechzimmer mit großem Wartezimmer im Zentrum der „Schiffsstadt", in einem Vorraum des Haupttreppenhauses. Auch die reichhaltige Ausrüstung der Behandlungsräume sorgte - nach damaligen Vorstellungen - für das Wohlbefinden der Passagiere.

An Bord waren auch Mitarbeiter der Reichspost, die die mitgeführte Post begleiteten und bewachten. Sie hatten auf den Überfahrten nur den Postschalter zu besetzen und die aufgegebene Post zu bearbeiten. Mehr zu tun gab es dagegen für die Telegraphenbeamten. Sie sorgten dafür, daß immer eine Verbindung zur nächsten Küstenstation bestand. Die Beamten nahmen Telegramme entgegen und leiteten sie weiter. Auch gab es für die Gäste der 1. Kajüte einen eigenen Fernsprechraum, damit sie private und geschäftliche Gespräche führen konnten.

Den Reisenden der ersten, zweiten und dritten Kajüte standen jeweils eine umfangreiche Bibliothek mit Werken in verschiedenen Sprachen, Musikalien sowie Jugendliteratur zum Ausleihen zur Verfügung. Ledergebundene Bände informierten über die 2.400 angebotenen Bücher. Auf den verschiedenen Decks in Höhe der großen Treppenhäuser der I. Klasse befanden sich kleine Läden, so zum Beispiel ein Kiosk mit Magazinen und Zeitschriften, ein Konfitüren- und Süßigkeitenladen und ein Blumengeschäft sowie Servicebüros für Passage und Gepäck und für den Zahlmeister.

Mitreisende Musiker, Sängerinnen und Sänger sowie Unterhaltungskünstler vertrieben den Fahrgästen während der Überfahrten die Zeit. Auch Gymnastiklehrer standen zur Verfügung, damit die auf ihre Figur bedachten Passagiere die vorgemachten Übungen nachmachen konnten. Besonders die US-Passagiere gehörten zu den ständigen Besuchern der Turnhallen, um die neuen Sportgeräte kennenzulernen.

Bild Seite 216

Der separate Fernsprechraum für die I.-Klasse-Passagiere an Bord des »Imperator« (Archiv Hapag-Lloyd).

Bilder auf dieser Seite

Bild oben links: Die Poststelle auf dem »Imperator« (Photo: Literarisches Bureau der Hamburg-Amerika Linie von der ersten Reise am 11. Juni 1913, Archiv Hapag-Lloyd).

Bild unten links: Die Borddruckerei des »Imperator« in Höhe des mittleren Schornsteines auf dem Bootsdeck. Die verschiedenen Druckmaschinen werden mit Elektromotoren angetrieben (J. und H. Hamann, Archiv Hapag-Lloyd). Die bordeigene Druckerei des »Vaterland« liegt ebenfalls auf dem Bootsdeck. Hier werden die für den Nachrichtendienst und die Herstellung von Speisekarten, Programmen usw. erforderlichen Drucksachen erstellt. Für die Photographen steht, auch auf dem Bootsdeck, eine Dunkelkammer zur Verfügung, ausgerüstet mit Fayence-Spülbecken und Frischwasserleitung und wahlweiser Beleuchtung in Weiß, Rubinrot, Gelb. Auf dem C-Deck (dem unteren Promenadendeck) liegt die dazugehörige Platteneinlegekammer mit kompletter Einrichtung (Archiv Hapag-Lloyd).

Bild unten rechts: Die Apotheke des Dampfers »Vaterland« mit Apotheker und Gehilfin (Miehlmann, Archiv Hapag-Lloyd). Beim »Imperator« ist eine Reihe von modern eingerichteten Hospitälern für die Fahrgäste der verschiedenen Kajüten vorgesehen. Die erste Kajüte hat 2 Hospitäler auf dem Bootsdeck. Für die zweite, dritte und vierte Kajüte gibt es auf dem zweiten Deck zwei Hospitäler mit sechs Krankenräumen. Auf dem dritten Deck sind drei allgemeine Hospitäler mit elf Krankenräumen angeordnet.

Eine schiffseigene Werkstatt befindet sich beim »Vaterland« im vorderen Maschinenraum, ausgerüstet mit Bohrmaschine, Drehbank, Hobelmaschine, Schleifstein mit Eisentrog, Schmirgelscheibe und Feilbank mit Schraubstöcken.

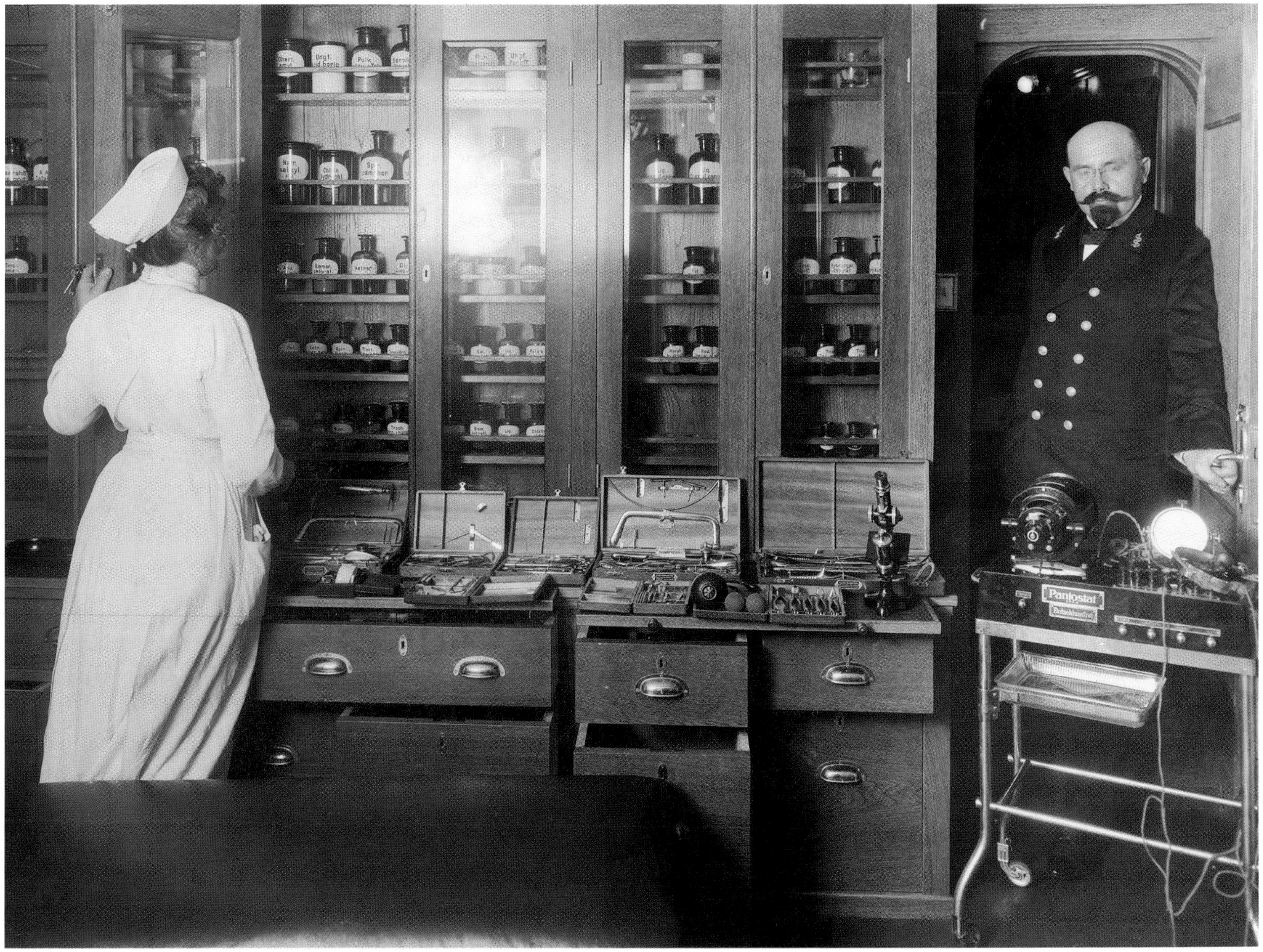

Die Küchen für die Fahrgäste I. und II. Klasse befinden sich auf dem »Imperator« im F-Deck zwischen den Speisesälen 1. und 2. Kajüte. Die Küchen für die III. Klasse sind auf dem hinteren Teil des ersten Decks, die Küchen für die IV. Klasse und die Mannschaft vorn auf dem Brückendeck untergebracht.

SPEISERÄUME UND KÜCHEN

Für die Überfahrt eines transatlantischen Dampfers wie des »Imperator« waren ungeheure Mengen an Ausrüstungsgegenständen, Kohlen, Proviant und vielen anderen Dingen notwendig. Für die Übernahme standen in den Häfen jeweils nur wenige Tage zur Verfügung. Mehr als 5.000 Menschen konnten sich an Bord bewegen, wenn es hieß, Abschied zu nehmen von Europa. Auf den Rückfahrten waren nur wenige Zwischendecks-Reisende an Bord. Von den knapp 4.000 Passagieren konnten 700 in der ersten Kajüte (heute First Class), 600 in der zweiten Kajüte (zweite Klasse) und 950 in der dritten Kajüte (dritte Klasse) untergebracht werden. 1.700 fuhren als Zwischendecker. Schon damals gab es den Versuch, dies auch als vierte Klasse zu verkaufen. Doch man blieb letztendlich beim Begriff Zwischendecker. Die Besatzung zählte mehr als 1.100 Frauen und Männer.

Vor jeder siebentägigen Reise von Hamburg/Cuxhaven nach New York mußte der »Imperator« 7.000 Tonnen Kohle übernehmen. Für die Aus- und Heimreise kamen 55.000 Kilogramm Kartoffeln an Bord. Zur Grundausstattung gehörten auch ca. 8.500 ganze und 5.800 halbe Flaschen Wein. Dabei überwogen die Rhein-, Mosel- und Saarweine. Ihnen folgten Bordeaux und Burgunder mit 2.200 Flaschen und fast ebenso viele Champagnerflaschen. Feurige Dessertweine waren mit 800 Flaschen in den Weinkellern vertreten. An Likören und Spirituosen standen etwa 3.500 Flaschen an Bord bereit. Um durstige Kehlen zu befriedigen, wurden 32.000 Liter Faßbier, 7.000 ganze und 13.000 halbe Flaschen Mineralwasser eingelagert. Zur Erstausstattung gehörten auch 4.000 Dosen mit eingemachten Früchten und 1.500 Pfund Keks, Zwieback und Waffeln. In den Endhäfen wurden jeweils 22.000 Kilogramm frisches Fleisch, 48.000 Eier, 12.500 Kilogramm Gemüse und 15.000 Liter Milch in die Kühlräume gebracht. Verwöhnt wurden die Passagiere von acht Küchen. Mit 2.000 Kubikmeter Frischwasser zur Versorgung der Küchen, Bäder, Aufwaschräume und anderer Räumlichkeiten wurden Ausfahrten begonnen. Mit zwei Destillierapparaten konnten je 20.000 Liter in 24 Stunden zusätzlich gewonnen werden. Für eine vollbesetzte Aus- und halbbesetzte Heimreise führte der »Imperator« für die Passagiere aller Klassen mit: 2.500 Badelaken, 150 Bademäntel, 4.900 Badetücher, 800 Gläsertücher, 30.000 Handtücher, 950 Rollenhandtücher, 12.250 große und kleine Kissen-, Plumeau- und Kopfrollenbezüge, 1.125 Piquédecken, 45.300 Servietten, 13.800 Servicetücher, 4.400 Tellertücher, 6.870 Tischtücher aller Größen, 8.000 Toilettentücher, 700 Wischtücher, 1.550 Kellner- und Küchenschürzen, 2.000 leinene Decken sowie 1.375 Wäschesäcke und Wäschebeutel.

Während in den Fahrpreisen die Verpflegung bis auf die Getränke enthalten war, gab es auf dem »Imperator«, wie später auch auf »Vaterland«, das Ritz-Carlton-Restaurant. Die Hapag hatte mit der Londoner Zentrale einen Vertrag über die Bewirtschaftung geschlossen. Das Ritz-Carlton führte eine eigene Küche und verfügte über eigenes Personal. Passagiere der ersten Kajüte, die hier tafelten, mußten allerdings extra zahlen. Diese Annehmlichkeit lockte ein zahlungskräftiges Publikum auf die Luxusliner. Hier wurde an manchen Tagen ein Mehrfaches vom Passagepreis ausgegeben.

Von den 1.180 Besatzungsmitgliedern gehörten 422 zum Maschinen- und 118 zum Küchenpersonal. Mehr als 500 betreuten als Stewards, Stewardessen und Wäscher die Gäste an Bord. Nur 84 Männer gehörten zur Decksbesatzung, waren also Seeleute.

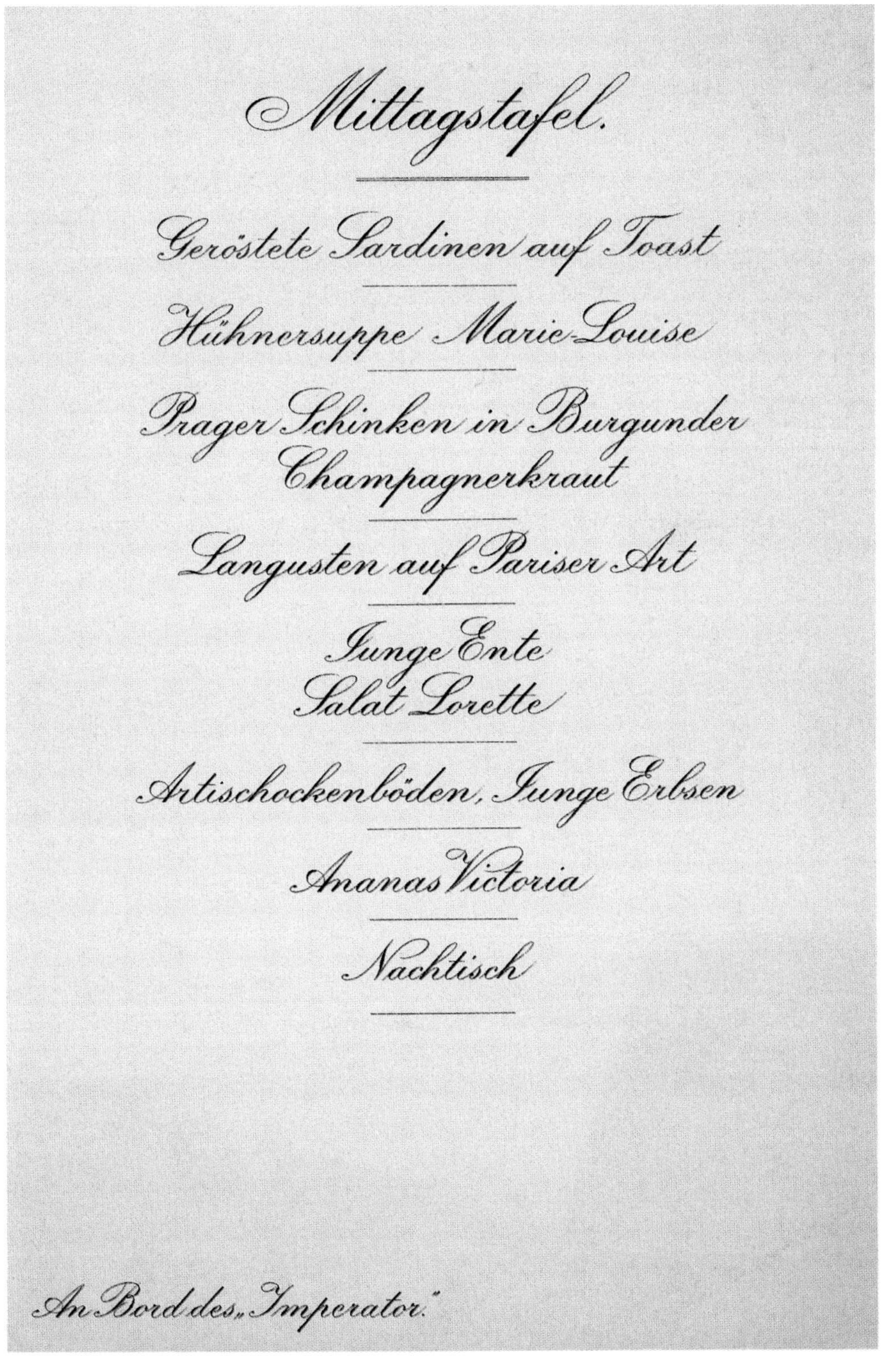
Mittagstafel.

Geröstete Sardinen auf Toast

Hühnersuppe Marie Louise

Prager Schinken in Burgunder
Champagnerkraut

Langusten auf Pariser Art

Junge Ente
Salat Lorette

Artischockenböden, Junge Erbsen

Ananas Victoria

Nachtisch

An Bord des „Imperator."

Verschiedene nach den Klassen getrennte Küchen sorgen auf dem »Vaterland« für das leibliche Wohl. Hierzu gehören zwei große Bäckereien, die Konditorei und Schlachterei mit besonderen Kühlräumen, Aufwaschräumen, Anrichten usw. Dazu kommen noch rituelle Küchen im Zwischendeck für Fahrgäste jüdischen Glaubens. Die Lagerung der Lebensmittel erfordert Vorrats- und Kühlräume von etwa 2.830 cbm Inhalt (Hamburg und seine Bauten/II).

Für jeden Zweck gibt es spezielle Kühlräume, zum Teil tief unten im Schiffsrumpf: für Schiffsproviant, d.h. Fleisch, Geflügel, Speiseeis, Roheis, Eier, Obst, Gemüse, Käse, Bier, Fisch, sowie für Blumen. Außerdem für Teile der Ladung sowie Trinkwasser der 1., 2. und 3. Kajüte. Das Ritz-Carlton-Restaurant und der Grillraum haben eine eigene französische Küche unter Leitung der Londoner Carlton-Hotel-Gesellschaft.

Abbildung Seite 218

Die täglich neu gedruckte Menükarte des »Imperator« für die Mittagstafel (Archiv Hapag-Lloyd).

Bilder auf dieser Seite

Bild rechts: Die Bäckerei der I. Klasse auf dem »Imperator«.

Bild unten links: Die Schlachterei der I. Klasse des »Imperator« (Photos: Brown & Dawson, Stamford, Archiv Hapag-Lloyd).

Bild unten rechts: Die Schlachterei für die Verpflegung der II. Klasse des »Imperator« auf dem 2. Deck (F-Deck), Backbordseite (J. und H. Hamann, Medienzentrum Hamburg).

Bild oben links: Die Küche der II. Klasse des »Imperator« auf der Backbordseite des 2. Decks, des F-Decks (Technikmuseum, Berlin).

Bild oben rechts: Die Küche und die Pantry der 3. Kajütklasse des »Imperator« befinden sich auf dem 1. Deck (E-Deck), Backbordseite, direkt beim dazugehörigen Speisesaal (Brown & Dawson, Stamford, Archiv Hapag-Lloyd).

Bild unten: Im eingedeckten Speisesaal der III. Klasse auf dem »Imperator« im hinteren Schiffsteil auf der Steuerbordseite (Deutsches Museum, München).

Besondere Aufzüge und Gänge verbinden die Küchen mit den ausgedehnten Proviant- und Kühlräumen.

Auf dem »Vaterland« gibt es acht Küchen, getrennt für alle Klassen. Auf dem Bootsdeck ist eine besondere Küche für das Restaurant mit Schlachterei, Konditorei usw., eigener Kühlanlage und Aufzug. Die Küchen I. und II. Klasse liegen nebeneinander zwischen den Speisesälen. Ausgerüstet sind die Küchen mit großen, doppelseitigen Tafelherden, zahlreichen Bratöfen, Etagenbratöfen, Grillöfen, Wärmeschränken, die gleichzeitig als Anrichten dienen und zum Teil mit Wasserbad versehen sind; die Dampfkochkessel fassen je 200 Liter Inhalt.

Die Küchen für die III. Klasse befinden sich hinten auf dem 1. Deck. Die Küche für die IV. Klasse und Mannschaften ist vorn auf dem Brückendeck. In den Küchen gibt es Dampfkochtöpfe und Kochherde. An die Küchen angegliedert sind: eine Schlachterei mit eigenen Kühlräumen, zwei große Bäckereien, Konditorei, verschiedene Pantrys, Aufwaschräume mit Geschirr- und mit Silberschränken, Anrichten, Tellerwärmern, elektrisch betriebenen Tellerwasch- und Messerputzmaschinen, elektrischen Eierkochern und Kartoffelschälmaschinen, Kaffee- und Teemaschinen, besonderen Milch- und Schokoladekochern, Entkorkmaschinen, Heißwasserkesseln, Wasserfiltern usw. Die Sondermaschinen sind ihrem Verwendungszwecke nach, ebenso wie die zu den Küchen gehörenden großen Bäckereien, Konditoreien, Schlachtereien, Kühlräume, Aufwaschräume usw., größtenteils in voneinander getrennten Räumen untergebracht, um die verschiedenen Abteilungen des Küchenbetriebes wirtschaftlich und reinlich zu betreiben. Großzügige Bars und Pantrys für Getränke befinden sich auch neben den Salons, wie dem Rauchzimmer, der großen Halle usw. Die notwendigen Lagerräume für anfallende Wäsche auf dem Schiff sind in der 1., 2. und 3. Kajüte getrennt.

Bild oben links und unten links: Die Küche für das Zwischendeck auf dem 2. Deck (F-Deck) - in Höhe des vorderen Mastes - für die Mahlzeiten der Passagiere und auch für die der Mannschaften des »Imperator« (Brown & Dawson, Stamford, Archiv Hapag-Lloyd).

Bild oben rechts: Die Ingenieurmesse liegt auf dem 2. Deck (F-Deck) des »Imperator« (Deutsches Technikmuseum, Berlin).

Bild unten rechts: Der Speisesaal für die Zwischendeckspassagiere auf dem »Vaterland« im Vorschiff auf dem 2. Deck (F-Deck). Hier gibt es keine Tischtücher und Servietten und statt der bequemen Einzelbestuhlung der anderen Klassen nur Holzbänke zum Sitzen. Auch machen sich hier die schrägen Bordwände des Vorderschiffes besonders bemerkbar (Archiv Hapag-Lloyd).

"Imperator" in Amerika

"Imperator" in Amerika (von Dr. O. Bongard):

Aber alles, was ich in deutschen Blättern gelesen habe, zeigt, daß sich die Begeisterung in Deutschland nicht im entferntesten mit der Spannung vor der Ankunft des "Imperator" in New York und dann mit der Begeisterung bei seinem Eintreffen im Hafen von Hoboken vergleichen läßt. Schon monatelang vorher bildeten der "Imperator", die Hamburg-Amerika Linie und die Persönlichkeit Ballins eine stehende Rubrik in den amerikanischen Zeitungen, und man war hier über alle Einzelheiten des Baues und der Probefahrten wohl besser unterrichtet als in Deutschland, wo das Interesse für alles, was mit großer Schiffahrt zusammenhängt, lange nicht so entwickelt ist wie in Nordamerika.

Am Tage der Ankunft des Riesenschiffes war ganz New York in Aufregung, und wo man auch hinkam, überall bildete der "Imperator" den Gesprächsstoff. Zehntausende fuhren nach Hoboken hinüber, und die Plattformen, die einzelnen Stockwerke und die Dächer der benachbarten großen Piere waren schwarz von Menschen. Tausende fuhren auf Vergnügungsdampfern dem Giganten entgegen, und als der dann stolz daherkam, freudig begrüßt von vielhundertfachem Tuten der großen Dampfer und den schrillen Pfiffen der Sirenen, die gerade ausfahrenden großen Europadampfer gewaltig überragend, da kannte die Begeisterung keine Grenzen, und von allen Seiten erbrauste ungeheurer Jubel; die kühnsten Erwartungen waren übertroffen.

Am Ankunftspier hatten Händler mit bunten Fähnchen, die den Aufdruck "Imperator" trugen, sowie mit Photographien des Schiffes Aufstellung genommen. Sie wurden geradezu gestürmt, und in kurzem waren ihr nach Tausenden zählender Vorrat und die nachgebrachte Ware vergriffen, so daß am Nachmittag in ganz New York kein Stück mehr zu erhalten war. Die Zeitungen brachten über ganze Seiten sich erstreckende Begrüßungsartikel, denen noch mehrere Tage lang spaltenlange Einzelschilderungen mit Bildern folgten, kurz, es war ein Taumel, wie man ihn selbst in Amerika selten erlebt. Sogar die Inserate der großen Warenhäuser, wie Wanemaker (der New Yorker Wertheim), waren mit dem "Imperator"-Bildnis geschmückt, um die Aufmerksamkeit auf sich zu lenken.

Einen ausgezeichneten Eindruck hat es gemacht, daß der Kommandant des Schiffes, Kommodore Ruser, lieber einen Tag später ankam, anstatt durch rasches Fahren im Nebel seine Passagiere zu gefährden.

Die mit dem "Imperator" Ankommenden waren alle des Lobes voll über die Bequemlichkeiten, die sie genossen hatten und die sie ganz vergessen ließen, daß sie sich an Bord eines Schiffes befanden. Besonders rühmten sie die Seetüchtigkeit und ruhige Lage des Schiffes in schwerem, mehrere Tage anhaltendem Sturm.

Eine gewisse Unzufriedenheit unter den Stewards herrschte dadurch, daß der "Imperator" infolge des vielen Nebels einen Tag später, als geplant war, in New York eintraf, was ihnen den Urlaub an Land verkürzte.

Drei Tage von der Liegezeit waren für die Besichtigung des Dampfers bestimmt worden, um den vielen tausend Gesuchen zu entsprechen. Über 60.000 Menschen sind an diesen Tagen trotz der fürchterlichen Hitze und des zu wohltätigen Zwecken bestimmten Eintrittsgeldes von 2 Mark an Bord gewesen, und die Stewards hatten keinen leichten Stand. Stundenlang in der dichtgedrängten Menge auszuhalten und aufzupassen, daß nicht zu viele "Souvenirs", als welche besonders die zierlichen Mokkalöffel und die hübsch geschliffenen Gläser auf den Waschtischen beliebt waren, verschwanden.

Auszug aus einem Brief vom 29. Juli 1913
an Herrn Direktor Meyer, Hamburg-Amerika Linie,
New York:

Jetzt habe ich Ruser selbst gesprochen und auch den offiziellen Bericht erhalten. Der "Imperator" hat auf der Ausreise nach Newyork bis Southampton 21½ Seemeilen Durchschnittsfahrt gemacht, von Southampton nach Cherbourg 22,76 und von Cherbourg nach Newyork 22,28 Seemeilen. Die Reise über den Ozean war im allgemeinen gut und hätte die Durchschnittsfahrt sicherlich 22½ Meilen betragen, wenn nicht für einige Stunden Nebel geherrscht hätte. Die Rückreise des "Imperator" am 19. Juli von Newyork war ebenso günstig. Die Durchschnittsfahrt war bis Plymouth 22,42, von Plymouth nach Cherbourg 21,85 Meilen. Hierbei ist zu bemerken, daß er starken Gegenstrom hatte und auf der Fahrt von Cherbourg nach Hamburg nur 18,2 Meilen Durchschnittsfahrt machte. Der "Imperator" war zwischen Terschelling und Borkum in eine Nebelwand geraten und mußte mit ganz langsamer Fahrt während sechs Stunden laufen.

Die Passagiere sind wieder mal sehr begeistert gewesen. Smith, den ich gestern und heute in Hamburg herumgeführt habe, hat mir Wunderdinge von dem Schiff erzählt. Das Schwimmbad ist z.B. von rund 200 Personen täglich besucht worden. Es hat sich aber herausgestellt, daß das Schwimmbad höchstwahrscheinlich der Vermietung der Kammern mit Bad Abbruch tun wird. Die Leute werden sich in Zukunft Kammern ohne Bad nehmen und lieber für das Schwimmbad 1 Mark bezahlen.

Was nun die Abfahrt von Newyork am 9. August anbetrifft, so möchte ich bemerken, daß auf der letzten Reise der "Imperator" gegen 3 Uhr an der Quarantäne war und um 5 Uhr seine Passagiere landete. Es wurde dann von Mittwoch abend bis eine Stunde vor Abgang des Schiffes, das war 10 Uhr vormittags, gekohlt. Das Kohlen geht also viel langsamer, als wir gedacht haben, und Ruser hat mit Jarka Vereinbarungen dahin getroffen, daß die nächste Reise in Newyork versucht werden soll, ohne Elevatoren zu kohlen. Jarka meint, dadurch mindestens 12 Stunden sparen zu können, und glaubt auch das Kohlen dadurch billiger zu gestalten. Ruser weist ferner darauf hin, daß bei Westwind durch das Kohlen mit Elevatoren das Schiff unendlich beschmutzt wird, daß der Kohlenstaub sogar durch die geschlossenen Fenster in die Kammern dringt. Leider bleibt für das Schiff nicht genügend Zeit zur Reinigung übrig. Bei Ankunft hier habe ich bemerken können, daß der Kohlenstaub überall, wo weiße Farbe war, diese ruiniert hatte und tatsächlich tief in die Farbe eingedrungen war.

Mit Rücksicht darauf ist es nicht zu empfehlen, namentlich wenn "Imperator" eine schlechte Reise hat, die Abfahrtszeit am 9. August um 3 Uhr morgens festzusetzen. Wir müssen dann mindestens schon die Passagiere im Laufe des Abends an Bord nehmen, wo das Schiff mit Kohlen lange nicht fertig ist. Die Abfahrt muß also, wie z.Zt. festgesetzt war, um 11 Uhr vormittags stattfinden. Erst auf die Erfahrungen hin, die wir mit dem Kohlen in Newyork machen, kann bestimmt werden, wann das Schiff am 30. August abfahren soll. Ich würde den Abgang auch dann um 9 Uhr bestehenlassen und schließlich die Abfahrt am 20. September mittags gleichfalls aufrechterhalten, zumal dann schon die kurze Route über den Atlantik ist, die uns etwa 4 Stunden erspart. Wenn Sie wünschen, daß wir darüber nach Newyork kabeln sollen, so schreiben Sie mir bitte ein paar Zeilen.

Die Besatzung des »Imperator« für die Reise, die am 31. Juli 1914 beginnen sollte, aber aufgrund der Kriegsgefahr abgesagt wurde (Archiv Hapag-Lloyd).

Besatzung des Imperator

Kommandant . . **Th. Kier**
Kapitän . . . . . **F. Kruse**
„ . . . . . . **W. Witt**
„ . . . . . . **M. Schwierz**
„ . . . . . . **G. von Brandis**

2. Offizier	**A. Nitsche**	4. Ingenieur . . .	**H. Jäppelt**
2. „	**H. Wessels**	4. „ . . .	**H. Lemke**
2. „	**S. von Wedel**	4. „ . . .	**W. Kuhl**
3. „	**F. Martin**	Ober-Elektriker .	**H. Jahn**
3. „	**F. Willers**	Elektriker	**W. Kirchner**
3. „	**C. v. Bomsdorff**	„	**P. Müller**
4. „	**W. Silbersdorff**	„	**A. Stoob**
		Ingenieur-Aspirant	**E. Schneider**
		„	**F. Vollet**
		„	**G. Gurke**
Oberingenieur . .	**L. Christlieb**	„	**P. Chemnitz**
1. Ingenieur . . .	**W. Buchert**	„	**M. Hinsch**
1. „ . . .	**F. Zinnius**	„	**E. Brauns**
1. „ . . .	**J. Uffen**	„	**W. Landrath**
2. „ . . .	**P. Pink**	„	**W. Zander**
2. „ . . .	**N. Petersen**	„	**W. Thoebe**
2. „ . . .	**P. Alpen**	„	**H. Pape**
3. „ . . .	**H. Reepen**	„	**M. Stern**
3. „ . . .	**J. Pein**	„	**J. Bentzen**
3. „ . . .	**P. Exner**	„	**R. Höflich**
3. „ . . .	**A. Laubinger**	„	**H. Mühlke**
3. „ . . .	**M. Benthien**		
3. „ . . .	**H. Stoye**		
3. „ . . .	**W. Pohl**		
3. „ . . .	**W. Wiese**	1. Arzt	**Dr. W. Boccius**
3. „ . . .	**A. Jückstock**	2. „	**Dr. H. Helle**
3. „ . . .	**C. Gieschen**	3. „	**Dr. P. Wymer**
3. „ . . .	**G. Severin**		
3. „ . . .	**P. Trepkau**		
3. „ . . .	**H. Rissmann**		
3. „ . . .	**E. Hintze**		
3. „ . . .	**W. Eberhardt**	Krankenschwester	**Martha Harden**
3. „ . . .	**M. Müller**		
4. „ . . .	**J. Gerling**		
4. „ . . .	**W. Maass**		
4. „ . . .	**F. Scheid**	Oberzahlmeister .	**H. Büge**
4. „ . . .	**R. Steinkopf**	Proviantverwalter	**H. Rehmke**
4. „ . . .	**H. Gatow**	Proviantmeister .	**K. Zeplien**
4. „ . . .	**K. Witt**	Zahlm.-Ass. . . .	**W. Schwedersky**
4. „ . . .	**H. Bartelt**	„ „ . . .	**P. Böttger**
4. „ . . .	**L. Wulff**	„ „ . . .	**F. Müller**
4. „ . . .	**J. Eisermann**	„ „ . . .	**B. Voss**

Obersteward der 1. Kajüte .	**C. Scholz**	Obersteward der 3. Klasse .	**C. Hartung**
2. Obersteward der 1. Kajüte .	**M. Schönewald**	Oberstew.-Ass. .	**H. Bleier**
Oberstew.-Ass. .	**A. Bösel**		
„ „ .	**A. Johannsen**	Chorführer	**H. Roth**
„ „ .	**J. Plath**		
„ „ .	**E. Hoppe**		
„ „ .	**A. Eger**	Bademeister . . .	**J. Hessen**
„ „ .	**F. Hamann**		
„ „ .	**A. Bennin**		
„ „ .	**A. Specht**		
„ „ .	**J. Meier**	Oberkoch	**K. Stute**
Obersteward der 2. Kajüte .	**W. Volckmer**	2. „ . . .	**J. Hartmann**
Oberstew.-Ass. .	**W. Brinkmann**	Sous-Chef	**A. Falk**
„ „ .	**O. Heller**	1. Koch der 2. Kajüte .	**G. Gaedke**

Frau Dr. **Degenhardt**
Leiterin für gesellschaftliche Unterhaltungen
(Social Director)

Vertreter der Hamburg-Amerika Linie Abteilung Personenverkehr:
W. Witte

Vorsteher des Gepäck-Dienstes:
O. Fromm

Drahtlose Telegraphie:
1. Telegraphist . **H. Brauer**
2. „ . **O. Steincke**
3. „ . **K. Hain**

Ritz-Carlton Restaurant
Oberkellner. . . . **A. Keller**
Oberkellner-Ass. **H. Meyer**
„ „ . **A. Holzer**
„ „ . **A. Checchi**
Oberkoch. . . . . **C. Dienz**
Kapellmeister . . **A. Sonnenschein**

Rechnungsführer . . . . **F. Smeikal**
Rechnungsführer-Assistent . . . . **M. Paul**

An Bord befindet sich ein
Deutsch-Amerikanisches See-Postamt

Unterwegs mit "Vaterland"

Das "Berliner Tageblatt" schreibt:

Seit sechs Tagen jagt der Dampfer mit seinen sechzigtausend Tons in großartigem Stil durch den Atlantik. Der messerscharfe Bug durchschneidet unerbittlich das Wasser, und eine ideale, gleichmäßige Bugwelle flieht Tag und Nacht taumelnd und kochend an den schwarzen Flanken des Schiffes rückwärts. In den Wellentunnels, ganz hinten, wo die vier Propeller das Wasser peitschen, trommelt rasend der Ozean gegen die Stahlplatten, eine ununterbrochen donnernde Salve der Empörung, eine ununterbrochen donnernde Salve des Triumphs. Die Rudermaschine poltert und faucht, das Kielwasser kocht in keuchenden Wirbeln, wie von Unterseeminen zermalmt, kreist in schneeweißer Wut, siedet und brodelt und jagt ohnmächtig rückwärts. Bis zum Horizont zeigt unsere breite, schäumende Bahn. Ein Seebeben sind wir, zu den Seiten und achtern und vorn am Bug saugen wir auf Hunderte von Metern voraus die Wassermassen an uns. So fahren wir.

Wir wettern jetzt 24 Knoten in der Stunde herunter, eine lebhafte Dünung läuft achterlich an, wir haben 7.000 Tonnen Kohlen durch die Schornsteine geblasen, und doch liegt das Schiff fest und ruhig wie eine Brücke; kaum daß der Koloß zuweilen bebt. Diese Stabilität, die selbst die alten Ozeanratten verblüfft, ist eine Folge von Neuerungen, zu denen der Konstrukteur der Schiffsform, Dr. Foerster, durch langdauernde Modellversuche geführt wurde. Er hat dem Schiff die scharfe, steile Bugform des Linienschiffs und hinten die breiten Kreuzerlinien gegeben. Wie ein Kriegsschiff ist "Vaterland" gebaut, aber sie ist ein Fahrzeug des Friedens. Vierundfünfzig schweißtriefende Ingenieure und Maschinisten und 350 schweißtriefende Heizer und Trimmer halten uns im Schwung. Im Maschinenschacht, durch den der Lift zehn Stockwerke tief hinabklirrt, tief unten, wo die stahlgrauen Turbinen summen, gibt es nur einen Willen: "Vorwärts!" ... "Umdrehungen" heißt hier die Losung. 160 Wellenumdrehungen in der Minute sind eine Enttäuschung, 180 sind ein Triumph. Wir laufen mit 63.000 Pferden, und es sind noch 30.000 Pferde in der Maschine. Auf der Probefahrt an der Südküste von Norwegen haben vier Stunden lang 91.000 Pferde gedonnert, und diese Pferde müssen heraus! In jeder Stunde, in jeder Minute schwankt die Chance auf und ab.

Drahtlose Telegramme fliegen hin und her. In der obersten sozialen Schicht aber wird dieser Kampf, der an die Nerven geht, zum heiteren Spiel. Man wettet auf das Etmal, und am Abend werden "low field" und "high field" versteigert. Der Pool geht in die Tausende, und das Triumphgelächter der heutigen Sieger umgibt mich in diesem Moment: "high field" hat gewonnen.

Es wird Tag, es wird Nacht, es wird wieder Tag. Der Dampfer fährt. Ohne jeden kleinsten Waffenstillstand tobt da unten die Schlacht. Die Bataillone der Heizer stürzen sich tapfer ins Feuer und heizen mit ihrem Schweiß die 46 Kessel des Dampfers. Der Trimmer kämpft sich heroisch mit seinem Kohlenkarren durch die heißen, dunklen Schluchten zwischen den hohen Kesselbäuchen. Die Kohle stürzt aus den Bunkern herab, Kohlenstaub in der Luft, glühender Kohlenstaub auf dem Boden und eisernen Treppen, und die 136 Feuer speien Hitze. Die Feuermänner, Kohle in Menschengestalt, stehen in dunklen Rotten in den Heizstollen. Die Glocke schrillt, die vier Meter lange Eisenbrücke stößt die Kesseltüre ein, und die weißglühende Hölle tanzt und deliriert. Sie will heraus, aber der Feuermann schlägt sie mit der Schaufel zurück. Er krampft sich zusammen zu einem schaufelschwingenden Muskelbündel, die Haare peitschen über das Gesicht, die Augen blenden weiß und rot, der glutrote Körper aber verteidigt sich gegen die buchstäbliche Verbrennung, indem er Ströme von Schweiß durch die Poren preßt. Die Balancetür klappt zu. Dunkel. Der Feuermann wirft die Schaufel weg und schöpft kalten Tee aus dem Eimer. Dreiviertel Million Kubikmeter Luft drücken die Maschinen in der Stunde in den Heizraum und machen die Temperatur erträglich. In diesen Luftwirbeln, die in die Hitze und den Kohlenstaub herabfegen, kühlen die Feuerleute ihre schweißigen Körper, bis die Glocke wieder schrillt. Sechs Tonnen Kohlen verfeuert der Mann am Tag. Die Arbeit ist schwer und verlangt einen ganzen Kerl. Der Dampfer aber fährt.

Morgen sind wir in New York, und mit einer schwindelnden Energie fegt der Dampfer in die Nacht hinein. Wir bringen neue Menschen, neue Gedanken, neuen Mut, neue Hoffnungen, neue Kraft – fort, wir haben keine Zeit zu versäumen. Die Bugwelle braust und glänzt, die Flanken des Kolosses beben. Der Kurs steht direkt auf Nantucket-Feuer. Im Ballsaal wird getanzt, Twostep, Fishwalk, das ganze Schiff schwimmt in Licht und Ausgelassenheit. Oben auf der Kommandobrücke aber, die sich wie eine breite Stirn hoch über den Dampfer spannt, ist es nachtschwarz und still. Selbst die Lichter des Vorschiffes sind abgedämpft und abgeblendet und nur im Steuerraum schimmert matt die Kompaßscheibe. Schatten, kaum zu unterscheiden, stehen und spähen scharf aus in die pechschwarze Nacht. Hier oben herrscht ein tödlicher Ernst. Die schwarze, tote, leblose Brücke ist das Hirn und Auge des Dampfers.

"Leipziger Neuesten Nachrichten":

Von der Kommandobrücke, hoch oben zehn Stockwerke über dem Wasser, wo die Kapitäne schweigsam in Sonne, Wolken, Nacht und Finsternis hinausspähen, kann man, wenn der Kommodore hold ist, in solch sieben Tagen, da "Vaterland" unaufhaltsam den Atlantik durchfurcht, das ganze Schiff zu Kiel und Schraubenhaus durchklettern. Im Wintergarten, im Ritz-Carlton, in der großen Halle, wo die Herren im Frack und die Damen im großen Decollete die Stunden über schimmerndem Parkett vertanzen, im Rauchsalon mit dem weiten Blick übers Meer, wo die Amerikaner in Hemdsärmeln wettwütig auf die Stühle steigen und hundert Dollars auf das Erraten der Tagesgeschwindig-keiten bieten: überall dort weiß man nichts vom Schiff. Carlton in London, Adlon in Berlin könnten das gleiche sein. Bummelt man dreimal übers Promenadendeck, so ist's ein Kilometer, eine Strandpromenade auf hohem Felsen an südlich milder See, deren Küste vielleicht Riviera heißt. Aber die Geheimnisse schlummern abseits von Staatszimmern, Turnsalon und Badehalle nach pompejanischen Mustern. Von der Kommandobrücke verbindet sie in der fernsten Schiffstiefe, vielfältig in ihren Provinzen, ein einziger langer Weg.

"Hamburger Nachrichten" (P. Grzybowski):

Der kurze Besuch, den das größte Schiff der Welt, der neue Passagierdampfer "Vaterland" von der Hamburg-Amerika Linie, in New York gemacht hat, genügte vollständig, um die Deutsch-Amerikaner mit berechtigtem Stolze, und die Amerikaner mit hoher Achtung vor dem Unternehmungsgeiste der Deutschen zu füllen. Die lärmend begrüßte Einfahrt in den Hafen, die zu einer Triumphfahrt des Riesenschiffes wurde, das langsame Hineinbugsieren des Dampfers in seinen Pier, die verschiedenen Empfänge eingeladener Gäste an Bord des Schiffes und dieses selbst, das trotz seiner gewaltigen Größe allein durch seine schönen Linien doch einen äußerst harmonischen und fast eleganten Eindruck hervorrief, haben die Presse stark beschäftigt und eine wahre Wallfahrt interessierter Menschen nach Hoboken erzeugt.

Die Besatzung des »Vaterland« für die Reise vom 14. Mai 1914 (Archiv Hapag-Lloyd).

Besatzung der Vaterland

Kommodore . . . H. Ruser
Kapitän . . . . . H. von Maibom
" . . . . . V. Bernholdt
" . . . . . Th. Koch
" . . . . . R. Karbiner

2. Offizier . . . . C. Häussler
2. " . . . . H. Schmidt
2. " . . . . W. Busch
3. " . . . . J. Fuchs
3. " . . . . M. Linke
3. " . . . . G. Stockfisch
4. " . . . . W. Thomas

Oberingenieur . . O. Wolf
1. Ingenieur . . . O. Schmidt
1. " . . . H. Sperling
1. " . . . F. Krone
2. " . . . F. Knaack
2. " . . . H. Deelwater
2. " . . . C. Hänsel
3. " . . . Th. Vanselow
3. " . . . H. Lüdemann
3. " . . . W. Böhme
3. " . . . H. Zachlehner
3. " . . . C. Schmidt
3. " . . . E. Thiel
3. " . . . J. Krämer
3. " . . . W. Dade
3. " . . . L. Reichmann
3. " . . . A. Steingräber
3. " . . . F. Alberti
3. " . . . E. Meincke
3. " . . . J. Olbers
3. " . . . C. Schumann
3. " . . . A. Möller
3. " . . . B. Trendt
4. " . . . J. Köhnke
4. " . . . J. Knöcklein
4. " . . . W. Körner
4. " . . . E. Behrendt
4. " . . . O. Plath
4. " . . . J. Luck
4. " . . . F. Gläser
4. " . . . J. Wiechmann
4. " . . . E. Fritzsche

4. Ingenieur . . . E. Karow
4. " . . . C. Gernand
4. " . . . H. Spieckermann
Ober-Elektriker . H. Grimmer
Elektriker . . . . H. Evers
" . . . . B. Uebler
" . . . . E. Wulff
Ingenieur-Aspirant F. Brettschneider
" J. Eichholz
" W. Mertens
" E. Schmidt
" G. Wigert
" W. Quester
" C. Ottenberg
" C. Witt
" M. Bosch
" F. Grambow
" L. Behnke
" C. Hauschild
" F. Köhler
" E. Halle

1. Arzt . . . . . Dr. W. Hormann
2. " . . . . . Dr. W. Hetzer
3. " . . . . . Dr. H. Sauer

Krankenschwester
Adele Westermann

Oberzahlmeister . D. Peinert
Zahlmeister . . . R. Leschper
Proviantverwalter A. Thiele
Provm.-Anwärter J. Böhde
Zahlm.-Ass. . . . E. Rose
" " . . . M. Wichert
" " . . . J. Suchecki

Obersteward
der 1. Kajüte . C. Herrmann
2. Obersteward
der 1. Kajüte . H. Schüssler
Oberstew.-Ass. . E. Henningsen
" " . E. Reupke
" " . H. Jalant
" " . O. Zwanzig
" " . G. Klose
" " . O. Schröder
" " . R. Bayer
" " . P. Biesterfeld
" " . H. Friedrich
Obersteward
der 2. Kajüte . R. Uslar
Oberstew.-Ass. . F. Nieratzky
" " . K. Gold

Obersteward
der 3. Klasse . H. Däwers
Oberstew.-Ass. . C. Petersen

Chorführer . . . . P. Instinsky

Bademeister . . . W. Troch

Oberkoch . . . . A. Meyer
2. " . . . . P. Kopetzky
Sous-Chef . . . . H. Friis
1. Koch
der 2. Kajüte . R. Nothnagel

Vertreter der Hamburg-Amerika Linie Abteilung Personenverkehr:
W. Stemmler

Vorsteher des Gepäck-Dienstes:
P. Schmidt

Drahtlose Telegraphie:
1. Telegraphist . G. Westphal
2. " . W. Debus
3. " . K. Schicke

Ritz-Carlton Restaurant

Oberkellner . . . C. Jllert
Oberkellner-Ass. W. Stolz
" " D. Alberti
" " F. Lanz
Oberkoch . . . . C. Scotto
Kapellmeister . . H. Reimers

Rechnungsführer . . . . C. Hohmann
Rechnungsführer-Assistent . . . . W. Ehren

An Bord befindet sich ein
Deutsch-Amerikanisches See-Postamt

VERBLEIB DER SCHIFFE

Im Jahr 1914 ist die Hamburg-Amerika Linie die größte Reederei der Welt mit einem Aktienkapital von 180 Millionen Mark. 175 Schiffe befinden sich in Fahrt, weitere 19 sind im Bau, dazu kommen 245 Hilfsschiffe von zusammen 1.360.360 Bruttoregistertonnen. Die Seeschiffe durchliefen den Ozean 1913 auf 2.218 Reisen und beförderten 463.571 Personen und 8.297.141 cbm Waren. Es existieren 74 feste Linien, von denen 11 Europa mit Nordamerika verbinden. Die schönsten und schnellsten Passagierschiffe verkehren auf der Stammlinie zwischen Hamburg und New York. Darüber hinaus hatte sich die Hapag an einer Reihe in- und ausländischer Reedereien finanziell beteiligt (aus: Hamburg und seine Bauten/II).

»BERENGARIA« ex »IMPERATOR«

Am 10. Juni 1913 trat der 52.117 Bruttoregistertonnen große »Imperator« seine Jungfernfahrt vom Cuxhavener Landungshöft nach New York an. Albert Ballin hatte den ersten seiner drei in Auftrag gegebenen „dikken Dampfer“ von knapp 280 Meter Länge in Fahrt gesetzt. Reichlich ein Jahr lang überquerte der »Imperator« mit der Präzision eines Uhrwerks den Nordatlantik. Ohne große technische Schwierigkeiten hatte der Dampfer dabei Stürme und sogar einen Orkan „abgewettert“.

Ende Juli 1914, der »Imperator« hatte gerade wieder in Cuxhaven festgemacht und die Passagiere bereiteten sich auf die Heimreise nach Amerika vor, brach in Europa der „Erste Weltkrieg“ aus. Reeder Albert Ballin war überzeugt, daß dieser Krieg den Ruin Deutschlands bedeutete. Vergeblich hatte er sich vor Ausbruch des Krieges bei Freunden in Berlin und London dafür eingesetzt, lieber zu verhandeln als die Waffen sprechen zu lassen. Doch in Berlin war man von einem kurzen Krieg überzeugt. Ballin wollte kein Risiko eingehen und ließ das ausgebuchte Riesenschiff räumen. Die Passagiere, die alle nach Hause, also nach Amerika, wollten, mußten sich jetzt selbst durchschlagen. Im Hamburger Hafen wurde das Schiff im August 1914 aufgelegt. Eine kleine Crew hielt den Ozeanriesen in Schuß. Es sollte ja bald wieder losgehen mit der Passagierschiffahrt. Daraus wurde nichts. Erst im Herbst 1918 endete der Krieg mit Millionen von Toten auf beiden Seiten.

Am Sonntag, dem 27. April 1919, war der »Imperator« klar zum Auslaufen. An Bord war nur eine deutsche Überführungscrew. Am Heck war die deutsche Flagge gesetzt. Erst nach dem Passieren des letzten deutschen Feuerschiffes wurde das schwarz-weiß-rote Tuch niedergeholt und durch

Bild Seite 224:

Am 8. Juli 1914 ist der »Imperator« zur letzten Reise nach New York ausgelaufen und Ende des Monats wieder wohlbehalten in Cuxhaven zurück. Das Photo vom 30. April 1915 zeigt im Hintergrund den seit August 1914 aufgelegten »Imperator« am Kai der Bauwerft, wo er während des Krieges unbehelligt bleibt. Rechts von den Anlagen der Vulcan-Werft befindet sich - nach der westlichen Verlegung des Köhlbrandes - der neue Kohlenschiffshafen. Vorn die Docks von Blohm & Voss (Archiv Blohm+Voss).

Der in Sand und Schlick festsitzende »Imperator« muß durch Baggerarbeiten „befreit" werden. Mehrere Wochen benötigen die Experten von Blohm & Voss, um die zum Teil auseinandergenommene Maschine wieder zusammenzubauen. Auch die Kessel, sie waren konserviert worden, müssen erst wieder betriebsbereit gemacht werden. Am 27. April 1919 verläßt das Schiff Hamburg zur Übergabefahrt an die USA. Am 5. Mai wird es von der US Navy als Truppentransporter übernommen, dann im August 1919 in New York wieder aufgelegt. Im Februar 1920 erhält Großbritannien das Schiff. Es erfolgt die Vercharterung an die Cunard S.S. Co. durch den Shipping Controller. Die erste Reise führt am 21. Februar 1920 von Liverpool nach New York. Unter dem neuen Namen »Berengaria« verläßt es am 16. April 1921 Southampton. Nach einem sechsmonatigen Umbau ist der Dampfer ab 1922 wieder - bis zu seiner endgültigen Aufgabe - für weitere 16 Jahre im Einsatz. Die neuen Liner »Queen Mary« und »Queen Elizabeth« der Cunard White Star Line (Fusion 1934) sollen die »Berengaria« und auch die »Majestic«, ex »Bismarck«, dann ersetzen.

Bild auf dieser Seite

Der Cunard-Liner »Berengaria« ex »Imperator« in voller Fahrt nach dem sechs Monate dauernden Umbau 1921 bei der Werft Armstrong, Whitworth & Co. in Newcastle. Der große Scheinwerfer am vorderen Mast ist entfernt worden. In diesem späteren Zustand sind auch die Plätze für die Rettungsboote auf dem Promenadendeck (C-Deck) aufgegeben worden, diese Boote finden jetzt alle Platz auf dem Bootsdeck, dem A-Deck. Die Reihe der Boote reicht deshalb bis nach achtern. Die Boote auf dem kurzen Poopdeck sind ebenfalls entfernt worden. Die Promenade des B-Decks ist in der ersten Hälfte verglast worden. Ein Teil des vorderen Schanzkleides auf der Back wurde durch eine offene Reling ersetzt. Die Aufgabe der Kräne vor der Brücke übernehmen jetzt Ladebäume (Deutsches Schiffahrtsmuseum).

die weiß-blau-weiße Flagge der Alliierten ersetzt. Jetzt wurde dem Kapitän der Anlaufhafen mitgeteilt: Brest. Am 5. Mai machte der stolze »Imperator« in dem französischen Atlantikhafen fest und wurde noch am selben Tag von den Amerikanern übernommen, die das Sternenbanner setzten und die Alliiertenflagge in den Großtopp verbannten. Das Schiff dampfte mit Militärgut und Soldaten zur Übergabe an die Amerikaner in Richtung USA. Zunächst dann in New York aufgelegt, wird das Schiff im Februar 1920 den Briten zugesprochen. Diese verchartern es an die Cunard Line. Damit hatte der einstige Konkurrent das Meisterstück deutscher Schiffbaukunst erhalten. Eingesetzt wird der Dampfer auf dem Nordatlantik. 1921 kauft Cunard den »Imperator« und nennt das Schiff »Berengaria«: Tochter des spanischen Königs Sancho VI. von Navarra, die 1191 Richard Löwenherz heiratete.

Bei Armstrong, Whitworth & Co. wird der Luxusdampfer umgebaut und erhält eine Ölfeuerung. Im Mai 1922 kommt das Schiff wieder in Fahrt. Bis zum 3. März 1938 fährt es unter dem Namen »Berengaria« noch über den Nordatlantik. Dann wird es bei einem Feuer in New York so stark beschädigt, daß sich Cunard entschließt, die „Grand Old Lady" an die Jarrow Shipbreaking Co. (Jarrow/Tyne) zwecks Verschrottung zu verkaufen. Vorher, im Januar 1939, wird die Inneneinrichtung bei einer 10tägigen Auktion versteigert. Die Schneidbrenner von Jarrow besiegeln das Schicksal des Schiffes, das mit der Weltkugel am Bug einst der Stolz der deutschen Passagierschiffahrt war. Der Doppelboden des Schiffes blieb zunächst erhalten und diente als Ponton, bis er 1946 nach Rosyth bei Edinburgh geschleppt und abgewrackt wurde. Damit war der erste von den drei „Ballin-Dampfern" für immer vom Wasser verschwunden.

Bilder auf dieser Seite

Bild unten links: Im Jahr 1933. Ein seltenes Foto, vier der größten Schiffe Englands in den Docks von Southampton. Links die »Majestic« (ex »Bismarck«) 56.551 BRT, dahinter die »Berengaria« (ex »Imperator«) 52.117 BRT, rechts die »Olympic«,45.326 BRT, gebaut bei Harland & Wolff, Belfast (Stapellauf 20. Oktober 1910), dahinter die 45.647 BRT große »Aquitania«, gebaut bei John Brown, Clydebank (Stapellauf 21. April 1913).

Bild oben rechts: Der Cunard-Liner »Berengaria« wird am 5. Januar 1934 zur Überholung in ein geflutetes Dock bei Southampton bugsiert (Ullstein Bilderdienst).

Bild unten rechts: 11. März 1936, Southampton, Beölung des britischen Ozeanriesen, der innerhalb von 14¾ Stunden für eine neue Reise ausgerüstet wird (Bilderdienst Süddeutscher Verlag).

Bild Seite 227

Die »Berengaria« im Jahr 1935 beim Einlaufen in den Hafen von Southampton. Rechts liegt das große deutsche Passagierschiff »Bremen«, 51.656 BRT, gebaut bei der A.G. Weser, Bremen, Stapellauf 16. August 1928 (Ullstein Bilderdienst).

In einem Artikel einer Hamburger Tageszeitung wird 1938 berichtet: Nun wird auch dieser letzte schwimmende Zeuge von der Bildfläche verschwinden, nachdem der damals in »Leviathan« umgetaufte »Vaterland« bereits vor einiger Zeit außer Dienst gestellt wurde. In diesen Tagen hat die »Berengaria« von Southampton aus ihre letzte Reise angetreten und ist mit eigener Kraft zu ihrer „Beerdigung“ gefahren. In dem kleinen Hafen von Jarrow an der Tynemündung hatte man nicht weniger als 70.000 Tonnen Schlamm ausgebaggert, damit der 52.000-Tonnen-Riese hier einlaufen konnte, um von einer englischen Firma, die die »Berengaria« für 100.000 Pfund erwarb, das sind mehr als eine Million Reichsmark, abgewrackt und verschrottet zu werden. 800 Arbeiter werden mit dieser Tätigkeit zwei Jahre lang beschäftigt sein. Der Doppelboden wird Jahre später nach Rosyth gebracht und erst dort endgültig beseitigt. Die letzte Reise des Schiffes, das im Juni 1913 seine Jungfernfahrt von Cuxhaven nach New York antrat, kostete 5.000 Pfund. 25 Jahre hat die „Beri“, wie die englischen Seeleute liebkosend das schöne Schiff nannten, den Transatlantikdienst versehen. 3.350 Passagiere konnte sie befördern, und ihre Mannschaft zählte 1.150 Köpfe. Auf hoher See entwickelte sie eine Geschwindigkeit von 24 Knoten. Es gab, als die »Berengaria« als »Imperator« vom Stapel lief, keinen Dampfer auf den Weltmeeren, der eine ähnliche Geschwindigkeit hätte entwickeln können. Die englischen Blätter schreiben, daß zahlreiche Mitglieder der Besatzung mit Tränen in den Augen von der »Berengaria« Abschied nahmen und der Chefingenieur Alec Duncan, der 19 Jahre lang auf der »Berengaria« Dienst getan hat, die Bitte äußerte, den Ozeanriesen, der ihm zur zweiten Heimat geworden war, auf seiner letzten Reise begleiten zu dürfen, was ihm auch gewährt wurde.

BERENGARIA
WEL INGTON
10 TONS

»LEVIATHAN«
ex »VATERLAND«

Die sieben Fahrten des »Vaterland« unter deutscher Flagge sind erfolgreich gewesen und ohne jeden Zwischenfall verlaufen. Für die anstehende Rückreise von New York nach Europa im Sommer 1914 buchen 2.700 Passagiere, die der Hamburg-Amerika Linie über 225.000 Dollar einbringen. Dann aber informiert ein Telegramm der Reederei über vermutete britische und französische Kreuzer, die den Auftrag hätten, das Schiff nach Verlassen New Yorks zu beschlagnahmen. Die Reise wird abgesagt. Am 3. August erfolgt die Kriegserklärung Deutschlands an Frankreich und bereits am nächsten Tag die Großbritanniens an Deutschland. Das größte Passagierschiff der Welt und acht andere deutsche Passagierdampfer sitzen in Hoboken fest, durch „den dümmsten Krieg, den die Weltgeschichte je gesehen hat", wie Albert Ballin formuliert. Er regt aus Sorge um die Zukunft seines Schiffes an, »Vaterland« für politisch neutral zu erklären und als Friedensschiff für den Transport von Hilfsgütern nach Belgien einzusetzen. Die deutsche Admiralität lehnt den Vorschlag ab.

Nach dem Versailler Friedensdiktat mußte Deutschland alle seine Schiffe, die mit 1.600 BRT und mehr vermessen waren, an die Siegermächte abliefern. Auch die noch nicht fertiggestellten Schiffe mußten gemäß den Bestimmungen von Versailles den drei Alliierten Großbritannien, den USA und Frankreich übergeben werden. Außerdem mußten die deutschen Reeder die Hälfte aller Schiffe zwischen 1.000 und 1.600 BRT abliefern. Und nachdem sich die deutsche Kriegsflotte in der Bucht von Scapa Flow anläßlich der Auslieferung selbst versenkt hatte, wurde zur Strafe noch die Hälfte aller Tankschiffe, Schlepper und Leichter in die Liste der zu übergebenden Schiffe aufgenommen.

Den »Vaterland«, mit 54.282 Bruttoregistertonnen das größte Schiff der Welt, erreichte die Nachricht vom Ausbruch des Krieges am 28. Juli 1914 mitten auf dem Atlantik, zwei Tagesreisen von New York entfernt. Aber ohne Behinderung erreichte das Riesenschiff den Hafen und machte an dem gewohnten Liegeplatz an der Hobokenpier, gegenüber von Manhattan, fest.

Voll ausgebucht, war das Schiff in New York mit 3.151 Passagieren eingetroffen und hatte dabei zahlreiche Amerikaner, die den Ausbruch des Krieges witterten, noch nach Hause gebracht. Auch etwa 1.700 Auswanderer dankten nach der Ankunft in Amerika ihrem Herrn dafür, daß sie den Ereignissen in Europa entgangen waren. Die Rückfahrt war für den 31. Juli vorgesehen. Das Gepäck der Passagiere war bereits in die Kammern gebracht, als ein Telegramm aus Deutschland Kommodore Hans Ruser eine Last von den Schultern nahm. Der »Vaterland« sollte zunächst in New York bleiben, bis weitere Order folgte. Man ging davon aus, daß es nur ein kurzer Krieg sein würde und man bald wieder in See

Durch Sabotage und mangelnde Wartung ist der Luxusliner in einem erbärmlichen Zustand. Der Ltd. Ingenieur des »Vaterland«, Otto Wolf, prophezeit den Marinetechnikern der US Navy beim Verlassen des Dampfers, „daß sie das Schiff nie in Betrieb nehmen würden". Die Rohrleitungen der 46 Kessel sind undicht, die Schaufeln der Rückwärtsturbinen müssen ersetzt werden. Von Coe Brass Works in New Britain, Connecticut, kommen die erforderlichen Ersatzteile dafür und 38.000 neue Turbinenschaufeln. Darüber hinaus sind verschiedene Pleuelstangen und Kolben mutwillig zerstört sowie die Maschinentelegraphenanlage unbrauchbar gemacht worden. Die amerikanischen Monteure haben außerdem Angst vor Sabotageakten und untersuchen das Schiff auf Sprengstoffallen. Auch die Funkstation von Telefunken ist nicht mehr zu gebrauchen. Es fehlen Bedienungsanweisungen und Schaltpläne. Sämtliche Röhren und Leitungen werden überprüft und umfassend erneuert. Um bis zu 12.000 Soldaten auf jeder Fahrt transportieren zu können, wird das Passagierschiff völlig umgebaut, die Salons und Kabinen werden entfernt. Sieben Monate nach der Beschlagnahmung, am 17. November 1917, kann das Schiff, in grauem Tarnanstrich, der neuen Verwendung zugeführt werden. Der Truppentransporter bereitet den neuen Eignern vielerlei Überraschungen: So läßt die Anlage für die Schiffsbelüftung eines Tages plötzlich giftige Dämpfe aus dem Maschinenraum in alle Decks strömen. Bei einer anderen Reise läuft das Schiff vor Liverpool auf eine Untiefe. Als unvorhergesehen an der Backbord-Rudermaschine ein Ventilschaft bricht, dreht der Koloß einen vollen Kreis, ohne daß die Schiffsführung etwas bewirken kann, kurz darauf fällt die gesamte Steuerbord-Anlage aus.

Der Rückbau zum Passagierschiff erfolgt ab 1922 auf der Newport News Shipbuilding and Dry Dock Co., Virginia. Im Juni 1923 ist die »Leviathan« wieder einsetzbar. Die Kohlefeuerung wurde auf ölbeheizte Kessel umgestellt, dabei verbessert sich die erzielbare Höchstgeschwindigkeit um vier auf knapp 28 Knoten. Für jede Überfahrt werden über 9.500 Tonnen Brennstoff in die nun eingebauten 46 Tanks gefüllt. Für die Hin- und Rückfahrt müssen für Öl 120.000 Dollar aufgewendet werden. Am 4. Juli 1923 beginnt die erste Überfahrt der »Leviathan« nach Europa.

stechen könnte. An der Hobokenpier lag man in einem neutralen Hafen, sicher vor britischen und französischen Kriegsschiffen, die nur darauf warteten, den Stolz der deutschen Handelsflotte aufzubringen oder zu versenken.

Sehr schnell wurden die Räumlichkeiten jetzt zum Treffpunkt der feinen New Yorker Gesellschaft. Die Bordkapelle spielte bei jedem Empfang an Bord und war auch bei Festen an Land engagiert. Waren die Berichte in den amerikanischen Zeitungen zunächst freundlich, änderte sich das in den Zeilen mit dem Fortgang des Krieges in Europa. Und als am 7. Mai 1915 die britische »Lusitania« von einem deutschen U-Boot in der Irischen See versenkt wurde und auch viele Amerikaner dabei ums Leben kamen, war es mit dem schönen Leben in den USA vorbei. Von der 1.200köpfigen Besatzung waren im Frühjahr 1917 nur noch 300 Mann auf dem Schiff. Der Rest hatte ein Angebot der Amerikaner angenommen, sie nach Deutschland zu bringen. Am 5. April 1917 beschlagnahmten die amerikanischen Behörden das Schiff, das die restliche Besatzung inzwischen fahruntüchtig gemacht hatte. Tags darauf erklärten die USA den Deutschen den Krieg. Von den 300 Mann der Restbesatzung, die auf Ellis Island verhört wurden, gingen 250 an Land und erhielten die US-Staatsbürgerschaft. Kommodore Hans Ruser und 49 seiner Offiziere aber wurden bis Kriegsende in Hot Springs interniert.

Auf Geheiß von US-Präsident Woodrow Wilson erhielt der für den Truppentransport umzurüstende »Vaterland« am 6. September den Namen »Leviathan«, das Ungeheuer aus der Tiefe. Nach siebenmonatigem Umbau konnte das nicht wiederzuerkennende Schiff seine zweite Jungfernfahrt antreten. Während 19 Reisen brachte es fast 145.000 US-Sol-

Bild Seite 228: 1930, die größten Passagierschiffe der Welt, »Leviathan«, »Majestic« und »Berengaria« (Ullstein Bilderdienst).

Bild Seite 229: Am 2. August 1925, „America's Queen of the Seas", der ehemalige »Vaterland«, nun bereits unter dem neuen Namen »Leviathan« (Kennung WSBN), der Stolz der amerikanischen Handelsflotte, im Trockendock von Süd-Boston zur Reinigung des Unterwasserschiffes, um danach wieder den transatlantischen Passagierdienst aufzunehmen (Bilderdienst Süddeutscher Verlag).

Bilder Seite 230

Bild oben rechts: Im Dock von Newport News erfolgt der Rückbau vom Truppentransporter zum Luxusschiff (Axel-Springer-Archiv).

Bild unten links: Die »Leviathan« läuft 1928 mit den blau-weiß-roten Schornsteinfarben der United States Lines in New York ein. Bemerkenswert die dreifache Reihe von Rettungsbooten auf dem vorderen Teil des A-Decks (Bilderdienst Süddeutscher Verlag).

Bilder auf dieser Seite

Bild rechts: 1932, nach über 18 Jahren, legt das Schiff, nun unter amerikanischer Flagge, erstmals wieder in einem deutschen Hafen an. Nicht Hamburg, sondern Bremerhaven mit der Columbuskaje wird der neue Endhafen bei den zukünftigen Europareisen der United States Lines (Archiv Hapag-Lloyd).

Bild unten: »Leviathan« an ihrem Liegeplatz in New York, 1931. Eine neue Vermessung bringt das Schiff nach dem Umbau (ohne tatsächliche Vergrößerungen) ab 1923 auf 59.959 BRT, damit ist es jetzt - publikumswirksam - das „größte Schiff der Welt". Als 1929 die Weltwirtschaftskrise ausbricht, werden diese Angaben revidiert, der Dampfer ist nunmehr mit 48.943 BRT bzw. 15.796 NRT vermessen (Ullstein Bilderdienst).

daten nach Europa und verwundete Soldaten zurück. Im September 1919 wurde das Schiff in New York aufgelegt.

Nach zweieinhalbjähriger Liegezeit wurde der Riese 1922 nach Newport News in Virginia verholt, um wieder als Luxusliner hergerichtet zu werden. Der amerikanische Schiffsingenieur William F. Gibbs setzte seine ganze Schaffenskraft dafür ein, aus dem Truppentransporter das Flaggschiff der United States Lines zu machen. Als er dazu von Blohm & Voss Baupläne anforderte, war man bereit zu helfen, wollte sich dies aber mit einer Million Dollar bezahlen lassen. Das war den Amerikanern zuviel. So brauchten sie mehr als ein Jahr, um die Pläne für den Umbau auszuarbeiten. Zehn Millionen Dollar hatten sie dafür veranschlagt, 13 Millionen Dollar waren nach Fertigstellung zu zahlen.

Die United States Lines wollten mit dem Luxusliner unbedingt an die alten Zeiten anknüpfen und Neues bieten. Aus diesem Grunde bauten sie auf dem obersten Deck diagonal über die Backbordseite der »Leviathan« eine gut 30 Meter lange Rampe, um ein Postflugzeug starten zu können. Die „Piste" bestand aus Holzbohlen. Damit leistete der ehemalige »Vaterland« am 1. August 1927 auf der Überfahrt nach New York erneut eine Pioniertat. Es war das erste Mal, daß ein Flugzeug von Bord eines Schiffes startete. Clarence Chamberlin saß hinter dem Steuerknüppel des kleinen Fokker-Doppeldeckers, als die Maschine etwa 130 Kilometer östlich von Ambrose Light startete. Bereits nach 23 Metern hob der Doppeldecker ab, erreichte mühelos sein Ziel New York und lieferte die erste auf diesem Wege transportierte Post ab. Diese Art der beschleunigten Postbeförderung wurde später auch von den Deutschen aufgegriffen, die damit Sendungen schneller nach Südamerika brachten.

Der 33jährige William Francis Gibbs übernimmt 1920 als verantwortlicher Marineingenieur das schiffbauliche Abenteuer, aus dem ehemaligen Truppentransporter das zukünftige Flaggschiff der United States Lines zu entwickeln. Mangels vorhandener Baupläne und technischer Spezifikationen - laut Gibbs weiß man nicht einmal, wo der Schwerpunkt des Schiffes liegt - vermessen jetzt 100 Konstrukteure und Zeichner das Schiff neu, um ein Jahr später neben 1.024 maßgerechten Zeichnungen auch noch 20 komplette Konstruktionszeichnungen des Schiffes vorzulegen. Zwischenzeitlich schlägt die New York Times vor, man sollte aus dem Dampfer eine schwimmende Unterkunft am oberen Hudson für ca. 3.000 Menschen schaffen. Im Frühjahr 1922, nach fast zwei-einhalbjähriger Liegezeit in Hoboken, wird die »Leviathan« nach Newport News in Virginia zur Umrüstung überführt. Über 15 Monate sind bis zu 2.600 Arbeiter mit den Umbauten beschäftigt.

Mit nur 1.792 Passagieren läuft das renovierte und neu eingerichtete Schiff mit den blau-weiß-roten Schornsteinen am 4. Juli 1923 zur Jungfernfahrt aus. Auf der Rückfahrt hat es 1.174 Gäste an Bord und ist trotz der geringen Auslastung - es kann die doppelte Anzahl Passagiere befördern - für beide Fahrten rentabel. Nach den vorgesehenen acht Fahrten bleibt aber am Jahresende ein erhebliches Defizit von 70.897 Dollar bestehen.

Kapitän ist für die folgenden Jahre Herbert Hartley, der das Schiff 1914 im englischen Kanal gesichtet und diese Begegnung so beeindruckend beschrieben hatte. Er berichtet auch über eine Reise, die im November 1925 begann. In Southampton und Cherbourg steigen über 1.000 Passagiere ein. Am zweiten Tag der Reise gerät das Schiff in einen starken Sturm mit Geschwindigkeiten bis zu 58 Knoten. Riesige Seen kommen auf die »Leviathan« zu, die vom Rudergänger in einem Winkel von 45 Grad angesteuert werden, um zu vermeiden, daß der Rumpf durch frontal zulaufende Wellen zu hohen Belastungen ausgesetzt wird oder bei seitlichen Seen gar kentert. Hartley bleibt 72 Stunden auf der Kommandobrücke: „Es war wie die Fahrt in einer riesigen Berg-und-Tal-Bahn. Die meiste Zeit wurden mir die Füße weggerissen. Nur wenn die »Leviathan« in die Täler zwischen den gewaltigen Wellenbergen hinabtauchte, konnte ich meine Füße in eine sichere Stellung bringen. Dann kam ein kurzes Abflauen, ein Schwebezustand, und dann ging es wieder los, herauf und hinunter, ständig hämmernde, alles überflutende, sich brechende Wellen, und ich packte die Reling und hielt mich ums liebe Leben daran fest." Nachdem das Schiff 66 Seemeilen vom Kurs nach Norden abgetrieben wird, trifft es in New York mit nur einem Tag Verspätung ein.

Bild Seite 232: Der Betrieb ist auch für die Amerikaner längst unwirtschaftlich. 1933 soll der ehemalige »Vaterland« deshalb zum Tanzpalast umgebaut werden (Ullstein Bilderdienst).

Bild unten: An der Pier in Hoboken liegt im Juli 1935 der ehemals luxuriöseste Passagierdampfer der Welt. Aber das Ende ist dem Schiff bereits anzusehen. Dahinter strebt, als Zeichen eines neuen Zeitalters der Passagierschiffahrt, Frankreichs eleganter Superliner, die »Normandie« mit 79.280 BRT, gebaut bei Chantiers et Ateliers de St. Nazaire (am 29. Oktober 1932 vom Stapel gelaufen) der Neuen Welt zu (Bilderdienst Süddeutscher Verlag).

Zahlreiche Prominente wurden auf dem Luxusschiff befördert: noch zu Kriegszeiten als Navy-Steuermannsmaat Humphrey Bogart, dann die Filmstars Douglas Fairbanks, Gloria Swanson und Mary Pickford, der Golfspieler Walter Hagen, der Herzog und die Herzogin de Richelieu, der Präsident der American Tobacco Company Percival S. Hill, der Maharadscha Rajena Bahadur von Jin, der Violinist Jascha Heifetz sowie Fung Chung, der chinesische Botschafter am Hofe von St. James. Im Oktober 1926 wird auch die Königin Marie von Rumänien an Bord begrüßt.

Von 1923 bis 1934 fuhr die »Leviathan« für die United States Lines. Dabei wechselten sich Schicksalsschläge und Superleistungen ab. In der Nacht vom 11. auf den 12. Dezember 1929 wurde das größte Passagierschiff der Welt von einer mächtigen See getroffen. Ein zwei Zentimeter breiter und sechs Meter langer Riß war durch die Gewalt der Wassermassen auf der Steuerbordseite entstanden. Mit dem Seegang erweiterte oder verengte sich der Riß. In Southampton mußte eine Notreparatur vorgenommen werden.

Bis 1931 war der ehemalige »Vaterland« in Fahrt, um 1932 aufgelegt zu werden. Im Juni 1934 überholte man das Schiff noch einmal, machte fünf Europa-Reisen und legte es wieder auf. Im Jahr 1937 wurde die »Leviathan« nach Schottland zum Abwracken verkauft. Unter britischer Flagge und mit einer bunt zusammengewürfelten Crew sowie einem bereits pensionierten Kapitän verließ das Schiff am 26. Januar 1938 New York. Am 14. Februar 1938 ist die letzte Reise in Rosyth/Schottland beendet. Die Franzosen hatten 1935 mit ihrer »Normandie« ein neues, der modernen Sachlichkeit verpflichtetes Passagierschiff in Dienst gestellt. Alle Welt wollte jetzt mit dem neuen Liner über den Atlantik fahren.

Bild auf dieser Seite

Auch im Jahr 1929 ein imposanter Anblick, die »Majestic« als größtes Passagierschiff der Welt im Dock (Ullstein Bilderdienst).

Bild Seite 235

Der ehemalige »Bismarck« nach einer Überfahrt beim Einlaufen in den Hafen von New York. Das Brückenhaus ist jetzt weiß gestrichen (Bilderdienst Süddeutscher Verlag).

»MAJESTIC« ex »BISMARCK«

Als letztes Schiff des Ballin-Trios war der »Bismarck« am 20. Juni 1914 nach der Taufe bei Blohm & Voss vom Stapel gelaufen. Mit Beginn des Krieges wurden alle Arbeiten eingestellt. Nach Ende des Weltkrieges sollte der deutsche Gigant der Meere endgültig fertiggestellt werden. Mit über 56.000 BRT sollte er noch größer und viel luxuriöser als »Imperator« und »Vaterland« sein.

Der Bau des »Bismarck« war bis zum Ausbruch des Ersten Weltkriegs planmäßig verlaufen. Ja man war sogar vor dem Zeitplan. Umsichtige Kaufleute und Ingenieure hatten das Material so eingesetzt, daß zum Teil Platten und Spanten für das zweite Schiff von Blohm & Voss gleich mitgeschnitten wurden. So konnte der Kiel des dritten Hapag-Liners schneller gelegt werden als beim ersten Schiff. Außerdem hatten die Werftarbeiter, die mit derartig großen Schiffen genau wie ihre Kollegen vom benachbarten Vulcan Neuland betraten, genügend Erkenntnisse gesammelt.

Auf Befehl der Siegermächte mußte das Schiff nach Kriegsende fertiggestellt werden. Am 28. März 1922 war der »Bismarck« fertig und verließ den Hamburger Hafen als Reparationsleistung für die Briten. Als der mächtige Dampfer elbabwärts glitt, standen an den Ufern Tausende, um Abschied zu nehmen. Das 56.551 BRT große Schiff war die größte Einheit des Ballin-Trios geworden. Nie mehr kehrte es in die Hansestadt zurück. Nach Abschluß der Erprobungsfahrten wurde der »Bismarck« dann an die britische White Star Line in Liverpool abgeliefert. Vor der offiziellen Indienststellung in Southampton benannten die Engländer den »Bismarck« in »Majestic« um. Die Jungfernreise startete am 10. Mai 1922 in Southampton mit Ziel New York. Bis Anfang 1936 pendelte die »Majestic« ohne besondere Zwischenfälle zwi-

Bilder auf dieser Seite

Bild oben: Beherrscher der Meere - der ehemalige »Bismarck« - nun unter dem Union Jack und mit den Schornsteinfarben der White Star Line (Deutsches Schiffahrtsmuseum).

Bild unten: Zur jährlichen Überholung fährt der Welt immer noch größtes Passagierschiff am 19. Januar 1934 als erstes Schiff in das neu erbaute »King George V. Dock« ein. Das größte Trockendock der Welt wurde im Juli des Vorjahres feierlich von König George V seiner Bestimmung übergeben. Deutlich zu sehen: Die ursprüngliche schwarze Farbgebung des oberen Rumpfteiles wurde wiederhergestellt und beginnt jetzt wieder in Höhe des Back- bzw. Brückendecks, D-Decks (Bilderdienst Süddeutscher Verlag).

Bild Seite 237

Die »Majestic« beim Einlaufen in das neue »King George V Dock« in Southampton (Ullstein Bilderdienst).

schen der Alten und der Neuen Welt. Wie ihre beiden Schwestern erhielt die »Majestic« noch kohlebefeuerte Kessel. Erst viel später entschlossen sich die neuen Eigner auch, den Riesendampfer mit Ölfeuerungsanlagen auszurüsten.

Bis 1931 besaßen die britischen Reedereien Cunard und White Star gemeinsam jeweils einen Anteil von 50% an den beiden ehemaligen Schiffen der Hamburg-Amerika Linie. Die »Majestic« war das größte Schiff unter den dreien der White Star Line, die beiden anderen waren die »Olympic« und die »Homeric«. Cunard verfügte in diesen Jahren neben der übernommenen »Berengaria« noch über die » Mauretania« und die »Aquitania«. Die Reedereien konnten mit diesen Schiffen jetzt einen geregelten Expreßdienst auf dem Nordatlantik realisieren. Aufgrund der zahlreichen Fahrten mit hoher Geschwindigkeit und bei starkem Seegang bildeten sich im Laufe der Zeit haarfeine Risse im mittleren Rumpfteil der »Majestic«. Man behalf sich, indem man in bis ca. 30 Meter vor und hinter den Beschädigungen das Deck durch Aufnieten von Stahlplatten einfach verdoppelte.

1934 fusionierten die Reedereien Cunard und White Star Line. Im Februar 1936 wurde die »Majestic« nach ihrer 207. Reise aus dem Dienst genommen und am 15. Mai desselben Jahres schließlich zum Abwracken verkauft. Aber die britische Admiralität übernahm den ehemaligen Luxusliner und ließ ihn bei Thornycroft in Southampton zum Schulschiff für jeweils 2.000 Marinesoldaten umbauen. Im April 1937 traf es als HMS »Caledonia« in Rosyth ein und füllte mit einigen Geschützen an Bord die nächsten zwei Jahre seine neue Aufgabe aus. Nach Kriegsbeginn wurde das Schiff im Firth of Forth verankert. Bevor aber der einstige Luxusliner noch zum Truppentransporter umgebaut werden konnte,

Abbildung links: Die White Star Line wirbt für ihr Flaggschiff »Majestic« ex »Bismarck« mit attraktiven Plakaten.

Bild unten: Im Dezember 1936 geht die »Majestic« zur Rumpfinspektion und zur Erneuerung des Unterwasseranstriches in das Trockendock King George V. Um die Übernahme einer der schweren Trossen bemühen sich 12 Festmacher.

Das ehemalige Passagierschiff soll künftig nur noch als Ausbildungsschiff dienen und im folgenden Jahr nach Rosyth verlegt werden. Um den zukünftigen Liegeplatz erreichen zu können, mußten die Schornsteine verkürzt und die Masten gekappt werden. Die Rettungsboote sind bereits abgenommen, und die Farbe blättert ab (Bilderdienst Süddeutscher Verlag).

brannte er am 29. September 1939 fast völlig aus und sank aufgrund des eingesetzten Löschwassers. Weil sich die Reparatur nicht mehr lohnte, übernahm im März 1940 T.W. Ward & Co. als Abbrecher das Schiff direkt an seinem Liegeplatz. Stahl war für die britische Rüstungsindustrie nach Ausbruch des Zweiten Weltkriegs lebensnotwendig. Erst im Jahr 1943 waren - nachdem Teile des gehobenen Doppelbodens nach Inverkeithing im Firth of Forth geschleppt worden waren - auch die letzten Überbleibsel des Schiffes verschwunden. Damit waren die drei Luxusliner endgültig aus den Schiffsregistern gelöscht. Was einst Ballins ganzer Stolz war, endete in den britischen Hochöfen. Eine Epoche war zu Ende gegangen. Nach dem Zweiten Weltkrieg übernahmen kleinere Schiffe den Dienst auf dem Nordatlantik. Doch das Flugzeug, zuerst propellerangetrieben mit Zwischenlandungen zur Treibstoffergänzung und später turbinenangetrieben im Non-stop-Flug, setzte sich durch. Heute fahren nur noch Kreuzfahrer mit zahlungskräftiger Klientel über die Weltmeere. Allein die »Queen Elizabeth 2« verkehrt in den Sommermonaten zwischen New York und Southampton regelmäßig über den Nordatlantik und einmal im Jahr von New York via Southampton nach Hamburg und zurück.

Der Autor Peter Zerbe ist Hamburger des Jahrgangs 1941. Aufwachsend in einer durch Bombenangriffe verwüsteten Stadt, machte er schon als Kind Bekanntschaft mit dem Hafen, dessen Wiederaufbau er miterlebte, so daß er den Entschluß faßte, einmal zur See zu fahren. Gefestigt wurde dies durch Kapitän Victor Horn, der dem Louisenlunder Internatszögling auf der Schlei das Segeln beibrachte. Doch wie so häufig mußten die beruflichen Träume aufgegeben werden, und zwar zugunsten einer Ingenieurslaufbahn. Diese stellte sich aber als wenig befriedigend heraus, und das Schreiben gewann die Oberhand. Seit über 25 Jahren berichtet Peter Zerbe als Redakteur im Axel Springer Verlag aus den Bereichen Verkehr (Schiffahrt, Eisenbahn, Luftfahrt), Post und Telekommunikation, davon mehr als zwei Jahrzehnte für die große überregionale Tageszeitung DIE WELT.

LITERATURNACHWEIS

„Mein Feld ist die Welt" (Hamburger Auswandererhallen),
Verlag der Buchhandlung Walter König, Köln

„Die Geschichte der Luxusschiffe
»Imperator« - »Vaterland« - »Bismarck« in Bildern und Zeitdokumenten",
Eberhard Mertens, Olms-Presse, New York 1974

„Ballins dicke Dampfer", Hans Jürgen Witthöft,
Koehlers Verlagsgesellschaft, Herford 1974

„Der Vierschrauben-Turbinen-Schnelldampfer Imperator",
Sonderdruck der Zeitschrift des Verein Deutscher Ingenieure, 1914, Springer, Berlin

„Blohm+Voss", Hans Georg Prager,
Koehlers Verlagsgesellschaft, Herford 1977

„Die elektrischen Kommandoanlagen auf dem Schnelldampfer »Imperator« der Hamburg-Amerika Linie",
Siemens & Halske AG, Berlin 1915

„Die deutschen Schnelldampfer", Teil IV, Arnold Kludas

„Dampfer »Imperator« - Das größte Schiff der Welt",
Literarisches Bureau der Hamburg-Amerika Linie, 1912

„Luxusliner. Glanz und Ende der großen Passagierschiffe des Atlantiks", Ulrich Blumenschein

„Die Geschichte der Hamburg-Amerika Linie",
2. Teil von Kurt Himer, 1927

„Imperator auf See", Pressefahrt im Juni 1913,
Herausg.: Literarisches Bureau der Hamburg-Amerika Linie

Broschüre vom Literarischen Bureau der
Hamburg-Amerika Linie, Verfasserin Else Grüttel, Hamburg

„50 Jahre Werksgeschichte", Howaldtswerke Hamburg A.-G.,
3. Auflage 1962

„Der Stettiner Vulcan", Armin Wulle, 1989

„Hamburg und seine Bauten", 1914, Band II

„Blohm & Voss 1877 - 1927", Werksband

LÄNGSSCHNITT DES DAMPFERS IMP